제 자

생명나무에 이르는 길

학생용 지침서

성문서 ◆ 요한복음 · 서신 ◆ 요한계시록

Writers of
DISCIPLE: UNDER THE TREE OF LIFE
Study Manual

Richard Byrd Wilke
Julia Kitchens Wilke

Consultants to the Writers
William J. A. Power, Old Testament
Leander E, Keck, New Testament

DISCIPLE: UNDER THE TREE OF LIFE IN KOREAN
Study Manual, Copyright © 2006 by Abingdon Press
All rights reserved

Scripture quotations in this publication, unless otherwise indicated, are from the HOLY BIBLE Old and New Testaments, New Korean Revised Version, copyrighted © 1998 by the Korean Bible Society. Used by permission. All rights reserved.

Maps and tree art by **Nell Fisher;** other illustrations by **Mitch Mann;**
cover design by **Mary M. Johannes.**

Geumhee Cho, Translator

Dal Joon Won, Senior Editor; EunRan Um, Production Editor;
Roy Wallace III, Designer; Nicole Anderson, Unit Assistant; MiYeon Yu, Input Specialist,

For more information about DISCIPLE or DISCIPLE training seminars,
call toll free 866-629-3101 or 800-672-1789.

06 07 08 09 10 11 12 13 14 15—10 09 08 07 06 05 04 03 02 01

MANUFACTURED IN THE UNITED STATES OF AMERICA

차 례

제자 성경연구를 계속하며 4

성문서
1. 기업을 이어가다 6
2. 꿈이 회복되다 16
3. 예루살렘의 흥망 24
4. 다시 건축하라 32
5. 이 때를 위함이 아닌지 40
6. 왕국의 도래 46
7. 지식의 근본 54
8. 생명 길 62
9. 죽을 수밖에 없는 삶 70
10. 생명은 하나님이 주신 선물 78
11. 타당한 불평 86
12. 하나님의 때 94
13. 마음의 관심사 102
14. 믿음의 노래 110
15. 고통의 노래 118
16. 기쁨의 노래 126

요한복음 · 서신—요한계시록 133
17. 말씀이 육신이 되어 134
18. 물과 성령으로 거듭나다 140
19. 생명의 떡 148
20. 세상의 빛 156
21. 십자가를 위한 준비 162
22. 열매를 맺는 능력 170
23. 아무도 갈 수 없는 곳 174
24. 우는 자들이 증인이 되다 184
25. 함께 하는 삶 192
26. 혀의 위력 200
27. 마지막 때의 비전 208
28. 교회에 보내는 편지들 214
29. 마땅히 일어날 일들 222
30. 악의 세력 230
31. 새 하늘과 새 땅 238
32. 생명나무에 이르는 길 248

제자

제자

제자 성경연구를 계속하며

여러분은 적어도 제자: **제자화를 위한 성경연구**를 끝마치고 **제자: 생명나무에 이르는 길**을 공부하기 위하여 등록하였을 것이다. 그리고 혹 어떤 이는 제자 II(**말씀 속으로 세상 속으로**)와 제자 III(**너희는 누구인가를 기억하라**)을 모두 공부한 사람도 있을 것이다. 그래서 여러분은 이전의 제자 경험을 통해서 성경공부에 소요되는 시간과 훈련 면에서 기대하는 것이 무엇인지를 알고 있을 것이다. 일주일에 엿새 동안 말씀을 묵상하고 기도하면서 매일 30분에서 45분간 성경 읽기와 노트를 적고, 32주 동안에 걸쳐 매주 2시간에서 2시간 30분에 걸친 그룹 학습에 참가하여야 한다. 성경 교재의 포맷은 이제 여러분에게 아주 익숙해져 있을 것이다.

그러므로 여러분은 제자 교재를 처음 대하는 사람이 아니며, 제자 교재 역시 당신에게 낯설지 않을 것이다. 그러나 여러분은 새로 시작하는 것이다. 제자를 공부할 때 여러분은 성경을 난생 처음 읽는 것처럼 성경구절을 읽어야 하며, 기록하는 노트 또한 새로운 시각에서 따온 것이라야 할 것이다.

성경을 큰 소리로 읽기

생명나무에 이르는 길에 있는 매일 읽어야 할 성경 읽기는 큰 소리로 읽기를 바란다. 매일 성경을 공부할 장소와 시간을 잘 선정하도록 하라. 큰 소리로 읽을 때 다른 사람을 방해하지 않도록 하고, 또한 소리 내어 읽는 동안 자신을 의식하지 않고 편안한 마음으로 스스로를 표현할 수 있는 곳이 좋다. 이 교재의 성경에 있는 시와 상징적인 언어는 눈과 귀 둘 다에 호소하게 될 것이다. 매일 성경을 읽는 분량은 날에 따라 또 주에 따라 차이가 난다. 또한 큰 소리로 읽을 구절 역시 매일 매주 길이가 다르다. 매일 시간을 따로 내어 성경공부를 하는 훈련을 지속적으로 하는 것이 중요하다.

학생용 교재 포맷

학생용 교재 포맷에서 두 부분이 새로운 제목을 달게 되었다. 하나는 "생명나무의 열매"로 주석 부분이고, 또 하나는 "신실한 공동체의 모습"으로 제자의 신분에 관한 부분이다. 이 두 부분 다 여섯째 날에 읽게 되어 있으며, 두 부분 다 글로 답을 쓰도록 요구하고 있다.

"신실한 공동체의 모습" 부분에서 의도하는 것은 공동체의 제도에 신실하라는 뜻이 아니라, 신실한 공동체가 되려고 애쓰라는 뜻이다. 그리고 비고란에 적혀있는 "신실한 믿음의 공동체"는 언제나 "우리는 신실한 믿음의 공동체이기 때문에" 라는 식으로 표현되어 있다. "신실한 공동체의 모습"의 내용은 성경을 살펴보고 난 후에 도달한 "인간의 모습"에 응답한 것이다. 이 두 부분은 항상 함께 곰곰이 생각해야 한다.

학생용 교재 포맷에는 두 개의 새로운 구성 요소들이 추가되었다. 이 새로운 구성 요소들은 "금주의 시편"과 "철저한 제자"이며, 이 교재가 특별하게 강조하는 부분들이다. "금주의 시편"은 매일 성경 본문 안에서 살아가도록 기회를 제공해 주며, 시편을 길잡이로 사용하여 반원들로 하여금 좀 더 깊이 있는 기도생활로 인도하려고 고안된 것이다. "금주의 시편"은 성경연구 중 매일 큰 소리를 내어 기도하고, 매주 전체 그룹으로 모일 때도 큰 소리로 기도하게 될 것이다. "금주의 시편"을 경험하기 위해서는 단어뿐만 아니라 감정에도 관심을 기울일 것을 제안한다.

"철저한 제자"는 제자로서 생활하려고 전심전력을 다하여 결단할 수 있도록 매주의 주제와 관련된 생각과 행동에 초점을 맞춘다. "금주의 시편"과 "철저한 제자" 부분은 신실한 공동체의 모습 안에 속하여 있다. 시편을 기도하든지 혹은 철저한 제자를 향한 발자국을 떼든지, 반원들은 홀로 그 길을 가는 것이 아니라 공동체가 함께 한다는 것을 알게 될 것이다.

학생용 교재 포맷에서 우리에게 익숙해진 짤막한 시편 기도는 예전과 마찬가지로 이 책에도 실려 있다. 짧은 시편은 "금주의 시편"과는 다른 시편에서 따온 것들이다.

"철저한 제자" 부분은 학생용 교재 포맷에서 항상 같은 부분에 나타나지 않을 것이다. 강조하려는 내용에 따라 각과마다 다르게 배정되어 있다. 내용 또한 차이가 있어서, 때로는 행동을 요구하고, 때로는 성찰을 요구하기도 한다.

다른 성경 번역본을 참작할 때도 있지만, 학생용 교재에 실려 있는 성경은 주로 한글 개역개정판 성경을 인용하고 있다. 장과 절을 비교하기 위해 다양한 번역본을 사용하면 성경연구에 도움이 될 것이다. 그 이유는 표현의 미묘한 차이가 구절을 더욱 생기 있게 만들어 주기 때문이다. 성문서를 신선하게 읽어 보기를 원한다면, 유대인들이 사용하는 성경(Tanakh)을 구입하여 읽으면 도움이 될 것이다.

생명나무에 이르는 길이 다루는 성경 내용

생명나무에 이르는 길에서 구약성경 부분은 성문서에 집중한다. 성문서는 룻기, 역대상하, 에스라, 느헤미야, 에스더, 욥기, 시편, 잠언, 전도, 아가서, 예레미야애가, 다니엘서이다. 구약성경은 토라, 예언서, 성문서로 나뉘어져 있는데, 성문서는 토라나 예언서에 있지 않은 모든 책을 포함한다.

신약성경 부분은 요한복음, 요한1서, 요한2서, 요한3서, 야고보서, 유다서, 그리고 요한계시록을 포함한다.

이 성경연구의 성경은 마음과 머리 둘 다에 호소하고, 독자들을 메시지의 정점으로 인도하며, 약속이 성취되는 곳으로 안내해 줄 것이다.

제 자

성문서

가족

"룻이 이르되 내게 어머니를 떠나며
　어머니를 따르지 말고 돌아가라 강권하지 마옵소서
어머니께서 가시는 곳에 나도 가고
　어머니께서 머무시는 곳에서 나도 머물겠나이다
어머니의 백성이 나의 백성이 되고
　어머니의 하나님이 나의 하나님이 되시리니."

—룻기 1:16

1 기업을 이어가다

인간의 모습

가정을 유지하는 것은 쉬운 일이 아니다. 가정은 우리를 단단히 죄고, 기대를 많이 한다. 가정은 항상 편리한 것만도 아니다. 다른 사람을 배려하는 것은 우리를 지치게 만들고 고통스럽게 할 수 있다. 항상 연대감을 갖는 것도 쉬운 일이 아니다. 우리 한 몸을 돌보는 것이 기껏 우리가 현실적으로 할 수 있는 일인지도 모른다.

성경 읽기

룻기 전체를 한 번에 읽어라. 새로운 번역본이 있으면 그것으로 읽어 보라. 이 아름다운 이야기를 맘껏 즐겨라. 그러고 나서 서론을 포함하여 다시 한번 읽어 보라. 이번에는 천천히 자세히 넌지시 암시하는 것과, 숨겨진 의미와, 룻기가 쓰여진 사회적인 상황과 종교적인 상황을 생각하면서 읽어라.

첫째　날: 룻기 1–4 (이야기)
둘째　날: 룻기 1 (모압에서의 룻과 나오미);
　　　　사사기 3:12–30 (이스라엘과 모압 간의 긴장
　　　　관계); 시편 13; 77 (구원을 위한 기도)
셋째　날: 룻기 2 (룻이 보아스를 만나다);
　　　　레위기 19 (거룩하라); 23:9–22 (지정된 절기);
　　　　신명기 24:10–22 (가난한 자를 보호하기
　　　　위한 법); 시편 69 (구원을 위한 기도)
넷째　날: 룻기 3 (가정에 대한 충성);
　　　　창세기 38 (유다와 다말);
　　　　시편 103 (감사)
다섯째 날: 룻기 4 (보아스가 룻과 결혼하다);
　　　　신명기 25:5–10 (기업을 이어가다);
　　　　예레미야 32:1–15 (예레미야가 밭을 사다);
　　　　역대상 2:1–17 (유다의 후손);
　　　　마태복음 1:1–17 (룻, 왕들의 조상);
　　　　시편 111 (주님을 찬양하는 찬송)
여섯째 날: "생명나무의 열매"와
　　　　"신실한 공동체의 모습"을 읽고 답하라.
일곱째 날: 안식

금주의 시편

32주 동안 매주 날마다 우리는 시편 속에서 살게 될 것이다. 우리는 수세기에 걸쳐 내려온 믿음의 공동체와 우리의 목소리를 합치게 될 것이고, 전 세계에 있는 믿음의 공동체에 우리의 목소리가 미치게 할 것이다. 금주에는 매일 시편 146편을 큰 소리로 기도하라.

기도

매일 성경공부하기 전에 드릴 기도:
　"여호와여 우리의 포로를 남방 시내들 같이
　돌려 보내소서 눈물을 흘리며 씨를 뿌리는 자는
　기쁨으로 거두리로다" (시편 126:4–5).

금주의 기도 제목:

가족

첫째 날: 룻기 1–4 (이야기)

둘째 날: 룻기 1 (모압에서의 룻과 나오미); 사사기 3:12-30 (이스라엘과 모압 간의 긴장 관계); 시편 13; 77 (구원을 위한 기도)

셋째 날: 룻기 2 (룻이 보아스를 만나다); 레위기 19 (거룩하라); 23:9-22 (지정된 절기); 신명기 24:10-22 (가난한 자를 보호하기 위한 법); 시편 69 (구원을 위한 기도)

넷째 날: 룻기 3 (가정에 대한 충성); 창세기 (유다와 다말); 시편 103 (감사)

다섯째 날: 룻기 4 (보아스가 룻과 결혼하다); 신명기 25:5-10 (기업을 이어가다); 예레미야 32:1-15 (예레미야가 밭을 사다); 역대상 2:1-17 (유다의 후손); 마태복음 1:1-17 (룻, 왕들의 조상); 시편 111 (주님을 찬양하는 찬송)

여섯째 날: "생명나무의 열매"와 "신실한 공동체의 모습"을 읽고 답하라.

제자

생명나무의 열매

랍비들은 성경에 룻기를 포함시키는 데 큰 어려움이 없었다. 룻기의 이야기는 마음을 강하게 끌 수 있는 것이고 교훈적이었기 때문이다. 그러나 랍비들은 룻기를 성경 어디에 포함시킬 것인가를 결정하는 데에는 어려움을 겪었다. 룻기의 역사적인 상황이 "사사들이 치리하던 때" 라고 되어 있으니까 사사기 다음에 넣어야 할 것인가? 실제로 구약성경이 희랍어로 번역된 70인역과 기독교인 성경은 사사기 다음에 포함시키고 있다. 그러나 좀 더 오래된 성경인 오늘날의 히브리 성경은 시편, 잠언, 욥기 그리고 아가서 바로 다음, 즉 히브리 성경의 세 번째 부분에 해당하는 성문서에 룻기를 포함시키고 있다. 이는 아마도 룻기에 나타난 슬픔과 사랑의 주제 때문이기도 하겠지만, 더 그럴 듯한 이유는 룻기가 다윗과 솔로몬의 가계를 이어주는 거의 기적에 가까운 연대성을 제공하기 때문일 것이다.

룻기가 씌어진 연대를 밝혀내는 것은 거의 불가능하다. 이는 룻기가 한 시대에 한정되어 있지 않는 사랑의 메시지로 히브리 역사에서 떠오르고 있기 때문이다. 룻기는 우리가 성문서 연구를 시작하기에 최고로 좋은 곳이다. 룻기는 일상생활에서 일어나는 험난한 현실을 똑바로 보고 있으며, 그 속에서 어떻게 살아야 할지를 우리에게 가르쳐 준다.

이야기 속에서 우리와 같은 평범한 사람들은 인생의 일상적인 일—음식, 가정, 일, 결혼, 아기들—과 씨름하면서 생존하는 방법을 모색하고 있다. 엘리멜렉, 나오미, 말론, 기룐, 오르바, 룻, 보아스, 심지어 무명의 친척까지 모든 사람들은 제각기 맡은 역할이 있다. 그러나 무대 뒤에서 조용히 주역을 맡아 일하는 분이 계시니, 그분은 언약을 잊어버리지도 저버리지도 않으시는 전능하신 하나님이시다. 룻기의 이야기는 세상에 있는 위대한 이야기들 중의 하나이다. 맘껏 즐겨라. 룻기의 교훈이 당신의 마음속으로 스며들게 하라.

가족의 비극

이야기는 비극으로 시작한다. 이야기가 시작하는 처음부터 우리는 기근 소식을 듣게 된다. 초원과 곡식이 자라나던 땅이 태양 아래서 쩍쩍 갈라지고, 메말라 버렸다. 우리는 갓 살림을 차린 가정이 간소하게 소지품을 꾸리고 수많은 다른 피난민들과 더불어 고향 땅을 떠나 삶을 연명하고자 길을 떠나는 모습을 보게 된다. 그들은 산을 넘고 요단 강을 지나, 때로는 호의적이었고, 때로는 적대시하던 모압 땅에서 농부로 자리를 잡게 된다. 하지만 나오미의 남편 엘리멜렉은 그곳에서 아내 나오미에게 두 아들, 말론과 기룐을 남기고 죽고 만다. 두 아들은 모압 여인들과 결혼을 하지만, 그들은 후사를 보기도 전에 죽어 버린다. 말론이란 이름은 "병약함"을 의미하고, 기룐은 "약함"을 뜻하기도 한다. 나오미는 무덤 사이를 오가며 걷는다. 아마도 나오미는 욥과 똑같은 생각을 했었음에 틀림없었을 것이다.

"참으로 나는 전능자에게 말씀하려 하며 하나님과 변론하려 하노라…
　주께서 어찌하여 얼굴을 가리시고
　　　나를 주의 원수로 여기시나이까" (욥기 13:3, 24).

우리는 시편 기자가 그러했던 것과 마찬가지로, 나오미 또한 두려움 없이 하나님을 향한 분노의 절규와 애도의 통곡을 터뜨리는 것을 상상할 수 있다. 과연 기근, 초라함, 죽음 앞에서 하나님 외에 그 누구를 비난할 수 있겠는가?

가족

> "여호와여 어느 때까지니이까 나를 영원히 잊으시나이까
> 주의 얼굴을 나에게서 어느 때까지 숨기시겠나이까
> 나의 영혼이 번민하고 종일토록 마음에 근심하기를
> 어느 때까지 하오며
> 내 원수가 나를 치며 자랑하기를 어느 때까지 하리이까"
> (시편 13:1-2).

나오미는 자신이 남편과 두 아들과 더불어 "풍족하게" 나갔으나 그녀는 "비어" 돌아오게 되었다고 말하고 있다.

이제 가진 땅도 없고, 아이도 없는 세 명의 과부가 자포자기 하여 서로 마주 보고 있다. 농경사회에서 땅이나 보호해 줄 남자가 없는 여자들이 무엇을 할 수 있었겠는가? 우리의 이야기는 하나님이 버리신 듯해 보이는 여자들을 하나님께서 과연 어떻게 돌보아 주실 것인가에 따라 결정될 것이다.

머물 것인가 갈 것인가

룻의 가족은 베들레헴에 뿌리를 두고 있었는데, 거기에는 여러 세대에 걸쳐 조상 대대로 전해지던 땅 한 뙈기가 있었다. 베들레헴은 "떡집"을 의미하지만, 때때로 식품 저장실은 비어 있었다. 어떤 농부에게는 보리밭이나 밀밭이 있었지만, 예루살렘 남서부 언덕은 비가 드물게 내리는 지역이었고, 곡식을 심기보다는 가축을 위한 목초를 재배하기에 더 적당한 곳이었다. 룻과 보아스의 후손이었던 다윗이 농부가 아니라 목동이었던 것을 기억하라. 베들레헴은 다윗의 고향이었다 (사무엘상 16:18). 천사들은 베들레헴 근처에서 목동들에게 예수의 탄생을 알렸다. 엘리멜렉과 나오미에게는 가족에 속한 땅 뙈기를 버리고, 말라버린 초장을 떠나서 이사 가야만 하는 것이 무척 마음이 쓰라렸을 것이다.

그들은 아브라함과 롯을 통해 먼 친척뻘이 되는 셈족이 있는 모압으로 가서 양과 염소를 치고 또 약간의 곡식과 과실을 재배했다. 그들은 사해 동쪽-동남쪽에 있는 고원지대에 정착했는데, 이는 요르단 골짜기 위로 3천 피트 가량 깎아지르듯 높이 위치한 지대였다. 그렇게 갑작스레 높이 위치하고 있는 탓에 습기가 모여, 가로세로 40마일에서 25마일인 이 지역에는 매년 12-16인치의 강우량이 내렸다. 오늘날 요르단에 속한 이 땅은 이제 관개시설로 인해 풍성한 과실, 채소, 그리고 곡식을 산출해 내고 있다.

이제 중년 줄에 접어든 나오미는 자신이 "며느리들"에게 안전을 보장해 줄 수 없다는 것을 깨닫는다. 며느리들에게 어떻게 하면 남편과 자손과 땅을 줄 수 있을까. 그녀는 자신이 알고 있는 유일한 안전책을 강구하기 시작한다. 나오미는 생각 끝에 어처구니없는 것까지 생각한다. 비록 나오미가 이제 결혼해서 아들을 낳아 다시 시작한다고 하더라도, 그건 너무 늦을 것이었다. 이제 그들에게 남은 것은 갈라서서, 각자 고향으로 가서 친척들과 공동체와 하나님의 섭리 앞에 자신을 맡기는 것이었다.

오르바—이 이름은 목 뒤의 아름다운 목선을 의미하기도 한다—는 시어머니를 사랑하나, 이성적인 길을 취한다. 나오미의 간청에 못 이겨, 오르바는 자신의 안녕을 찾아 자기 고향, 자기 백성에게 돌아간다. 나중에 전개되는 이야기 속에서 가족을 거의 되찾을 뻔 했다가 결코 그렇게 하지 못하는 가까운 친척들처럼, 오르바는 뒤돌아선다.

비고란

제자

룻은 똑같은 결정을 내려야 했다. 집으로 돌아가면 약간의 안정이 보장될 것 같다. 나이든 과부, 감정적으로 기진맥진한 여인과 함께 한 번도 가보지 못한 땅으로 향한다는 것은 룻에게는 위험을 무릅쓰는 일이었다. 마을 사람들이 그들을 외면하면 어찌할 것인가? 그들은 어디서 살 것인가? 무엇을 가지고 살 것인가? 나오미가 죽어버리면 어찌하나? 그러나 마음 한가운데서 룻은 스스로에게 또한 이렇게 물었음에 틀림없다. 나오미가 터벅터벅 베들레헴으로 혼자 걸어가면 어떻게 될까? 어떻게 나이 든 여인이 혼자서 육체적으로, 감정적으로, 재정적으로 살아갈 수 있을까? 얼마나 무력하게 될 것인가? 나오미에게는 누군가가 필요했다. 그녀는 가족이 필요했다.

우리는 가족을 살리기 위해 얼마만큼 희생해야 하는가?

룻의 충성스런 맹세는 은빛 종소리처럼 온 세기를 걸쳐 울려 퍼지고 있다.
"어머니께서 죽으시는 곳에서
 나도 죽어 거기 묻힐 것이라" (룻기 1:17).
룻의 열렬한 사랑의 시는 외국에서 태어난 며느리와 시어머니가 딸과 시어미의 관계로 맺어지면서 나온 말이다. "나도 죽어 거기 묻힐 것이라"라는 말을 그럴 듯한 말로 얼버무리지 말라. 그 당시 가족의 구성원이 사망하게 되면 시신을 향료로 처리하지 않고 땅에 묻었다. 시신이 분해되고 난 후, 가족들은 뼈를 모아 뼈를 담는 납골당이나 혹은 가족 묘지의 바닥에 있는 더미에 놓았다. 멀리서 사망한 사람의 뼈는 가족의 납골당이나 가족 묘지에 가지고 와서 열조와 함께 놓이게 되었다 (열왕기하 22:20). 룻은 그녀의 뼈는 나오미의 뼈와 함께 영원히 안식할 것임을 천명하고 있는 것이다.

룻은 거룩한 맹세를 한다. 그녀는 이스라엘의 하나님 "여호와"라는 말을 사용한다 (룻기 1:17). 룻은 전적으로 종교적이고 민족적인 가족의 충성을 나오미와 그 백성에게 맹세한다. 언약의 하나님께서 역사하신 것이다. 아들은 잃었지만 나오미에게 딸이 생겼다.

그러나 지치고 슬픔에 젖어 베들레헴에 돌아온 나오미는 희망이라곤 찾아볼 수 없는 말로 옛 친구들에게 대답한다. 나오미는 "상냥한" "유쾌한"의 뜻을 가진 이름이지만, 이제는 자기를 "쓴맛"을 나타내는 "마라"로 불러달라고 한다. 이 말은 모세와 히브리 백성들이 광야에서 헤맬 때에 마라에서 찾았던 쓴 물에 대해 언급하고 있다 (출애굽기 15;23-25). 하나님은 모세를 통해 쓴 물을 달게 변화시키셨다. 여기서 나오미는 하나님께서는 정반대의 일을 하셔서 단 것을 쓰게 하셨다고 주장하고 있다.

가물거리는 희망

나오미는 남편과 아들들을 잃고 공허하다는 생각이 들었다. 그러나 그녀는 자신의 생각만큼 공허하지 않았다. 그녀에게는 공동체, 가족, 언약의 하나님의 자비로운 가르침, 그리고 곁에 서 있는 딸의 도움이 가까이 있었다. 그러나 나오미는 괴로움을 움켜지고 있는 것처럼 보인다. 그러다 갑자기 가장 어두운 시각에 희망의 빛이 아른거린다. 나오미가 고향에 돌아온 것은 "보리 추수 시작할 때"였다 (룻기 1:22). 보리 추수는 가장 먼저 하는 첫 추수여서 희망을 상징한다. 사람들은 가을에 비가 내리기를 기도했다. 추수는 기도

비고란

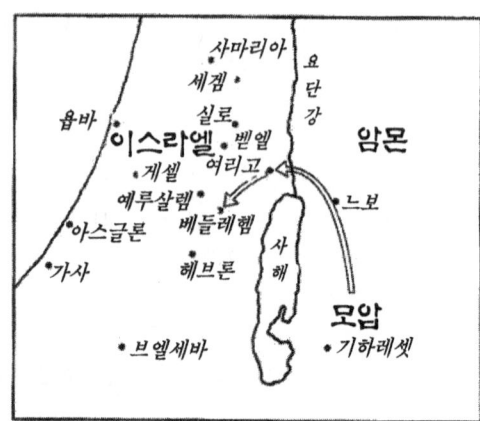

룻과 나오미는 아마도 북쪽으로 여행했을 것이다. 즉 모압을 통과하여, 요단 강을 지나 언덕을 통과하여, 여리고를 지나고, 그리고는 남서쪽으로 틀어서 베들레헴으로 향했을 것이다. 그들이 베들레헴에 도착했을 때는 이른 봄으로 보리 추수를 할 무렵이었다.

에 대한 응답이었다. 룻과 나오미는 고향, "떡집"에, 먹을 양식이 있을 때에 도착한 것이다. 룻은 이삭을 줍는 여인으로 들에 일하러 갔다.

가족과 일꾼들이 추수를 했다. 남자와 소년들, 여자와 소녀들이 낫을 휘두르면서 볏짐을 묶어 단을 쌓았다. 토라는 그들에게 낟알 머리가 떨어진 것이나, 성긴 줄대는 줍지 말고 내버려두고, 또한 얼기설기 버려지고 잊어버린 뭇(sheaf)이나, 밭 한 모퉁이에서 자라나는 자르기 힘든 보리와 벼는 취하지 말고 객과 고아와 과부와 가난한 자를 위해 남겨두라고 명하고 있다 (신명기 24:19-22). 왜 언약에는 가난한 자를 보호하라고 요구하고 있을까? 왜 토라는 궁핍한 자를 위해 안전망을 강요하는 것일까? 그 이유는 "하나님은 고아의 아버지시며 과부의 재판장"이시기 때문이다 (시편 68:5). 가난한 자는 언약 공동체라는 "가족"의 구성원이었다. 토라는 너 또한 애굽에서 한때는 가난한 노예였음을 기억하라고 말하고 있다. 우리는 인생이라고 불리는 한 배를 타고 있다.

"우연히"

여기에 이야기꾼의 말솜씨가 있다! 룻이 보아스가 소유한 밭에 가게 된 것이 우연이었을까? 독자들이 더 잘 알 것이다. 어찌 되었든 하나님의 섭리의 손길이 "우연히"라는 구절에 들어 있다. 친족! 보아스는 엘리멜렉의 친척이었다. 구원의 하나님은 흔히 섭리의 손길을 수행할 수 있는 사람의 도움을 필요로 하신다. 나오미와 룻에게는 도움을 줄 수 있는 가족의 일원이 필요했다.

출애굽 이후 모든 가족에게는 땅 떼기가 주어졌다. 그러나 시간과 운, 탐욕과 고생은 차차 해악을 가져왔다. 어떤 사람들은 부유해지고 어떤 사람들은 가난해졌다. 하나님은 연민을 기대하시고, 공동체가 공동체에 속한 사람들뿐 아니라 심지어는 이방인들도 돌보기를 요구하신다. 그러나 과연 사람들이 그렇게 하는가? 과연 베들레헴에서도 항상 그렇게 했는가? 그렇게 하지 않았음에 틀림없다. 그렇다면 초기에 가뭄이 들어 엘리멜렉, 나오미와 그들의 두 아들에게 도움이 필요했을 때 가족과 친구들은 어디에 있었겠는가? 왕정시대의 이사야 선지자는 회개를 촉구했다.

"너희는 스스로 씻으며 스스로 깨끗하게 하여
  내 목전에서 너희 악한 행실을 버리며 해악을 그치고 선행을 배우며
  정의를 구하며 학대 받는 자를 도와 주며
  고아를 위하여 신원하며 과부를 위하여 변호하라 하셨느니라"
                                                    (이사야 1:16-17).

보아스는 룻에게 다른 밭에 가면 일꾼들이 그녀를 해하거나 쫓아낼지도 모른다고 경고한다. "내 딸아 들으라 이삭을 주우러 다른 밭으로 가지 말며 여기서 떠나지 말고 나의 소녀들과 함께 있으라" (룻기 2:8-9). 이후에 나오미 역시 이렇게 경고한다, "내 딸아 너는 그의 소녀들과 함께 나가고 다른 밭에서 사람을 만나지 아니하는 것이 좋으니라" (2:22). 사람들은 다들 제 몸만 돌보는 성향을 지니고 있다.

모든 말로 미루어 보아 보아스 역시 나오미와 마찬가지로 중년인 것 같다. 둘 다 충고를 하고 있다. 둘 다 나이가 더 든 사람들에게서 보이는 확신을 가지고 말하고 행동하고 있다. 둘 다 룻이 25세나 30세가 되었음에도 불구하고 룻을 가리켜 "내 딸아"라고 부르고 있다. 나오미와 보아스는 40대 중반이거나 혹은 이보다 나이가 더 많았을지도 모르는데, 그 시대에 이는 나이가 많은 축에 속했다. 보아스는 결혼한 적이 있었을까? 상처를 했을까? 그는

가족

비고란

성경에 나오는 이스라엘에서 두 가지 주식 곡물의 하나였던 보리는 밀보다 더 풍부하고 값도 저렴했다. 그래서 수입이 적은 사람들의 주식이 되었다. 보리 추수는 가장 이른 추수였다. 오순절의 시작에 흔들었던 "곡물의 첫 이삭 한 단"(레위기 23:10)은 보리 단이었다. 룻기는 Shavuoth (장막절, Feast of Weeks)에 읽혀졌는데 왜냐하면 이야기의 배경이 보리 추수 때이기 때문이다.

제자

곡식에 대해서는 후했으나 감정에는 신중한 태도를 보이고 있다. 결혼을 청혼한 사람은 룻이었다 (3:9-11).

룻의 말과 행동은 젊고, 의지에 차 있으며, 정중하고, 열정적이다. 보아스는 조심스럽고, 사려 깊고, 권위가 있고, 신중하다. 보아스의 사환은 룻이 아침부터 와서는 잠시 집에서 쉬었을 뿐 앉지도 않고 구부리지도 않고 계속 일한다고 고하고 있다 (2:7). 독자들은 아마도 다른 여인이 기억났을 것이다. 바로 아브라함의 종이 이삭의 아내감을 구하러 갔을 때 낙타에 물을 먹이기 위해 뛰어가던 리브가이다 (창세기 24:10-21). 우리는 보아스도 리브가를 떠올렸을까 궁금하다. 확실히 하나님은 자기 역할을 충실히 행하는 사람들을 좋아하신다. 보아스도 마찬가지였다.

룻이 청혼을 하자, 보아스는 성경에 별로 자주 나타나지 않는 구절을 사용한다. 그는 그녀를 가리켜 "현숙한 여자" (룻기 3:11) 라고 한다. 이 구절은 잠언에서 "현숙한 아내"—성경에서 별로 사용되지 않는 구절—을 나타내는 히브리어와 똑같다.

"누가 현숙한 여인을 찾아 얻겠느냐
그 값은 진주보다 더 하니라" (잠언 31:10).

율법에 호소

나오미의 간청에 따라, 룻은 차려입고 기름을 바르고 보아스의 발치 이불을 들고 눕는다 (룻기 3:3-4). 그녀의 행동은 낭만적이지만, 기본적으로는 정중하고 율법적인 것이다. 엘리멜렉의 과부의 모압 며느리인 룻은 보아스에게 기업을 무르라는 요청을 하고 있다. 적극적인 나오미마저도 미처 보아스가 엘리멜렉의 친척이었던 것에까지는 생각이 미치지 못하였는데 말이다. 룻은 청혼을 하고 있지만 사실은 호소를 하고 있다.

과연 무엇에 이 여인들은 호소하고 있는 것일까? 수혼법(혹은 계대법, levirate)이라는 관습에 호소하고 있다. 이 종교법이자 민법인 수혼법은 이스라엘의 전통에 깊이 뿌리박고 있어서 족장 시대까지 거슬러 갈 수 있다. 나중에는 모세의 율법으로 발전된 수혼법은 쉽게 말해, 어떤 남자가 후손이 없는 채 죽으면, 그의 남자 형제가 형수와 결혼해서 아이를 가져야 한다는 것이었다. 그렇게 함으로써 죽은 형의 이름이 없어지지 않고, 그의 기업 또한 상실되지 않았다 (신명기 25:5-10). 하지만 동생이 이를 거절하거나 죽어버리면 문제가 되었다. 더욱 문제인 경우는 동생이 아직 어린아이이거나 혹은 동생이 전혀 없을 경우였다. 그러면 사촌, 삼촌, 혹은 시아비는 어떠한가? 이에 대해 토라는 무어라 말해 주지 않는다. 의심할 여지없이 랍비들은 이론적이고 실제적인 해석들을 무수히 많이 만들어내었다. 어떤 사람들은 도전을 받았고, 어떤 사람들은 고소를 당했으며, 어떤 사람들은 당황했다. 신 벗기는 일화는 수치의 행동으로 시작되었으나 증서를 정리하는 것과 같은 법적 행위의 형식으로 발전되어져 갔다 (신명기 25:7-10; 룻기 4:7-11).

그러나 그 땅의 어느 법정도 보아스더러 룻을 책임지라고는 명하지 않을 것이다. 그것이 중요한 대목이다. 보아스는 법적인 의무를 뛰어넘었다. 다말이 가족을 살리기 위해 수혼법의 한계를 넘은 사람으로 기억되듯이 (창세기 38), 보아스와 룻도 남들보다 더 노력을 했기 때문에 칭송을 받는다. 앞서 나오미가 다른 아들들을 낳아줄 것이라고 말하면서 수혼법을 언급했던 것을 기억해 보라. 하지만 그러한 그녀조차 더 먼 친척들은 생각조차 하지 못했다.

비고란

가장 가까운 친족, 때로는 "기업을 무를 자"에 해당하는 히브리어는 go'el (ga'al)인데, 이는 구속자, 구속하다, 구속을 뜻한다. 가장 가까운 친족은 가족의 땅 가운데 팔리거나 잃어버린 것이 있으면 사들일 (구속할) 의무가 있었다. 그리고 그러한 의무는 노예로 팔린 가족의 일원을 다시 사들이는 것으로 확장되었다. 룻기에서 go'el의 의무는 수혼법의 권리를 포함했다.

가족

그럼에도 불구하고 안전망이 유효했던 것은, 보아스와 룻이 둘 다 언약의 하나님의 마음에 거하는 따뜻한 마음을 가지고 있었기 때문이다.

변치 않는 하나님의 사랑 (헤세드)

하나님의 본성은 헤세드, 즉 호의, 변치 않는 사랑에 있다. 시편 136편에 계속 나타나는 후렴은 하나님의 "인자하심이 영원함이로다" 라는 것이다. 보아스는 룻이 나오미에게 변치 않는 사랑을 보이는 것을 칭찬한다 (그는 마을에 퍼진 룻에 대한 소문을 들었다) (룻기 2:11). 이제 그 자신이 호의를 보이려고 한다, "여호와께서 네가 행한 일에 보답하시기를 원하며 이스라엘의 하나님 여호와께서 그의 날개 아래에 보호를 받으러 온 네게 온전한 상 주시기를 원하노라." 후에 룻이 과감하게 옷자락을 들고 보아스의 발치에서 잠을 잘 때, 보아스의 날개야말로 하나님의 날개가 된다.

당신의 가족이나 다른 가족이 책임감 이상으로 호의를 베풀어 주었던 때를 상기해 보라.

_____

_____

룻은 아이를 낳았다. 그러나 아마도 당신은 나오미가 아이를 낳았다고 생각할 것이다. 이전의 결혼에서 자식이 없었던 모압 며느리는 이제 중년의 남편 보아스와의 사이에서 아이를 낳아 나오미의 팔에 안겨 준다. 마을 여인들은 "찬송할지어다 여호와"를 외치며 룻이 나오미의 일곱 아들보다 더 낫다고 외친다. 가장 중요한 것은 그들이 이 아이를 주님께서 주신 것으로 인정하는 것이다. 여인들은 아이를 오벳으로 이름 지었는데, 이는 이새의 아비요, 이새는 곧 다윗 왕의 아비이다. 모압인이요 이방인인 룻이 왕들의 할미가 된 것이다. 하나님의 섭리가 아닐 수 없다!

이렇게 룻의 이야기는 유대교와 기독교의 사상을 통해, 우리들에게 언약의 하나님은 우리를 지켜주시고, 역경 중에 있는 가족이 살아남도록 도우시고, 우리가 다른 사람을 위해 희생하도록 도전하시고, 우리로 하여금 어쩌면 삶 가운데 하나님의 뜻을 이루는 연결고리가 될지도 모를 외부인을 품도록 초청하고 계시다.

신실한 공동체의 모습

제자는 가정을 소중하게 여기고, 때로는 상당한 희생을 치르면서도 가정을 위한 책임과 대가족을 위한 책임까지에도 우선순위를 둔다. 경우에 따라서, 우리는 가정을 넘어 혈연관계가 없는 다른 사람들에게도 손길을 뻗쳐야 할 경우가 있다. 제자는 또한 가정생활을 강화하는 사회적이고 정치적인 구조를 추구한다.

당신의 가정생활을 강화시킬 수 있는 우선순위는 무엇인지 적어 보라.

_____

_____

비고란

우리는 신실한 믿음의 공동체이기 때문에 가정을 소중하게 여긴다. 이는 때로는 상당한 희생을 치르면서도 가정의 책임과 더 나아가 대가족의 책임에 우선순위를 두는 것을 뜻한다.

제자

가정에서 사랑의 관계를 위협하는 것들은 무엇인가?

_____

신실한 공동체의 경험은 당신의 가정이 어떻게 단결할 수 있도록 강화시키고 혹은 약화시키는가?

_____

_____

당신이 대가족 관계를 유지하기 위해 노력할 용의가 있고 희생을 무릅쓸 수 있다고 결심하게 하는 것은 무엇인가?

_____

제3자를 우리의 가정생활에 포함시키는 데 불편하게 만드는 것들에는 어떤 것이 있는가?

_____

_____

그러한 불편한 장애물을 극복하는 행동이나 태도에는 어떤 것이 있을까?

_____

_____

철저한 제자

당신의 주의를 필요로 하는 가정의 일은 무엇인가? 중독성을 보이는 행위가 있는지? 남을 학대하는 것이 있지 않은가? 의사소통에 문제가 있진 않은가? 화해할 필요가 있는가? 짚고 넘어 가야 할 비밀이 있는가? 재정적으로 어려움이 있는가? 고립이나 고독인가? 시간, 에너지, 그리고 경제적으로 어떤 대가가 요구되는가?

추가 연구

기독교인들이 구약성경이라고 부르는 책을 유대인들은 타낙(Tanakh, TNK)이라고 부른다. T는 토라 (성경의 첫 다섯 권), N은 Nevi'im (예언서), 그리고 K는 Kethuvim(성문서)이다. 유대교 성경을 이렇게 세 부분으로 나누는 것은 아마도 정경 발달의 단계를 반영하는 것 같다. 토라는 대략 주전 450년경, 예언서는 대략 주전 100년, 그리고 성문서는 대략 주후 90년경에 정경이 되었다.

비고란

학생용 교재는 우리에게 익숙한 주전과 주후라는 용어를 사용한다. 여기서 주전은 B.C, 주후는 A.D이다.

가족

성문서는 여러 가지 책으로 이루어져 있다. 지혜서—시편, 잠언, 그리고 욥기; "다섯 두루마리" 혹은 메길로스 (megilloth) 라고 불리우는 절기 때 쓰이는 다섯 가지 책—아가서, 룻기, 애가서, 전도서, 그리고 에스더; 묵시적인 다니엘서; 그리고 역사책—에스라, 느헤미야, 역대상하가 성문서를 이룬다. 성문서의 정경 순서는 거의 2세기 전에 알려졌던 다섯 두루마리를 제외하면, 주후 13, 14세기인 중세 후기에야 정해졌다.

히브리 성경

토라	예언서	성문서
창세기	여호수아	시편
출애굽기	사사기	잠언
레위기	사무엘상하	욥기
민수기	열왕기상하	아가서
신명기	이사야	룻기
	예레미야	예레미야애가
	에스겔	전도서
	호세아	에스더
	요엘	다니엘
	아모스	에스라
	오바댜	느헤미야
	요나	역대상하
	미가	
	나훔	
	하박국	
	스바냐	
	학개	
	스가랴	
	말라기	

다섯 두루마리—*Megilloth*

다섯 두루마리는 각기 회당에서 특별한 유대 절기 때 읽혀진다. 두루마리는 절기 순서에 따라 정렬되어 있다.

　　　　아가서—Pesach (유월절)
　　　　룻기—Shavuoth (오순절)
　　예레미야애가—Av의 아홉째 날 (성전 파괴된 날을 추도)
　　　　전도서—Sukkoth (장막절)
　　　　　에스더—부림절

성문서에 대해서 더 알고 싶으면 성경 핸드북, 성서사전, 성서주석의 일반 기사를 참고하라.

비고란

유산

"또한 내 종 다윗에게 이처럼 말하라 만군의 여호와께서 이처럼 말씀하시기를 내가 너를 목장 곧 양 떼를 따라다니던 데에서 데려다가 내 백성 이스라엘의 주권자로 삼고… 전에 내가 사사에게 명령하여 내 백성 이스라엘을 다스리던 때와 같지 아니하게 하고 또 네 모든 대적으로 네게 복종하게 하리라 또 네게 이르노니 여호와가 너를 위하여 한 왕조를 세울지라 네 생명의 연한이 차서 네가 조상들에게로 돌아가면 내가 네 뒤에 네 씨 곧 네 아들 중 하나를 세우고 그 나라를 견고하게 하리니."

—역대상 17:7, 10–12

2 꿈이 회복되다

인간의 모습

지금, 현재 우리가 누구인지가 중요하다. 우리는 과거에 머물러 살 수 없다. 실제로 우리는 과거로부터 자유로워지기를 원한다. 게다가 뒤를 돌아보는 사람들은 "좋았던 옛 시절"의 감상에 젖는 경향이 있어서 현 생활에 별로 도움이 안 된다. 우리는 과거나 미래가 우리의 삶을 주장하기를 원치 않는다. 여기서 지금 자유롭게 존재하는 것! 바로 그것이 우리들이다.

성경 읽기

이번 주와 다음 주에 걸쳐 우리는 역대상하를 읽게 될 것이다. 어떻게 하면 2주 동안에 65장을 읽을 수 있을까? 마치 우리가 산 능선을 바라볼 때, 바위 수를 세는 것이 아니라 눈으로 덮인 산봉우리와 전경을 훑어보듯이 하면 될 것이다.

첫째 날: 역대상 1–6 (창조에 뿌리를 둔 족보; 아브라함과 유다의 후손—다윗과 솔로몬, 요단 강 동쪽의 부족, 그리고 레위 지파를 포함)

둘째 날: 역대상 7–12 (북쪽 열 지파의 족보; 베냐민의 후손, 유배 후 예루살렘 백성, 사울 왕의 죽음, 왕으로 기름부음 받은 다윗)

셋째 날: 역대상 13–18 (언약궤를 예루살렘으로 가져옴, 찬송 시편, 다윗과 맺은 하나님의 언약, 다윗의 왕국 확장)

넷째 날: 역대상 19–23 (다윗의 전쟁, 인구조사와 재앙, 성전 건축을 위한 준비, 레위족의 의무)

다섯째 날: 역대상 24–29 (제사장의 반열, 군대 직무, 문지기의 직무, 성전 인사제정; 솔로몬 성전의 계획)

여섯째 날: "생명나무의 열매"와 "신실한 공동체의 모습"을 읽고 답하라.

일곱째 날: 안식

금주의 시편

날마다 시편 132편을 큰 소리로 읽는 동안 당신이 속한 회중과 예배당을 생각하라. 예배를 드릴 수 있도록 돕는 사람들을 생각해 보라. 매주 예배를 위해 준비하는 사람들을 위해 기도하라. 신앙을 표현할 장소와 또 신앙의 유산을 당신에게 전해준 사람들을 마음속에 그려보고 그들에게 감사를 드리자.

기도

매일 성경공부하기 전에 드릴 기도:
"주께서 택하시고 가까이 오게 하사
　주의 뜰에 살게 하신 사람은 복이 있나이다
우리가 주의 집 곧 주의 성전의 아름다움으로
　만족하리이다" (시편 65:4).

금주의 기도 제목:

유산

첫째 날: 역대상 1–6 (창조에 뿌리를 둔 족보; 아브라함과 유다의 후손—다윗과 솔로몬, 요단강 동쪽의 부족, 그리고 레위 지파를 포함)

둘째 날: 역대상 7–12 (북쪽 열 지파의 족보; 베냐민의 후손, 유배 후 예루살렘 백성, 사울 왕의 죽음, 왕으로 기름부음 받은 다윗)

셋째 날: 역대상 13–18 (언약궤를 예루살렘으로 가져옴, 찬송 시편, 다윗과 맺은 하나님의 언약, 다윗의 왕국 확장)

넷째 날: 역대상 19–23 (다윗의 전쟁, 인구조사와 재앙, 성전 건축을 위한 준비, 레위족의 의무)

다섯째 날: 역대상 24–29 (제사장의 반열, 군대 직무, 문지기의 직무, 성전 인사제정; 솔로몬 성전의 계획)

여섯째 날: "생명나무의 열매"와 "신실한 공동체의 모습"을 읽고 답하라.

제자

생명나무의 열매

원래 한 권의 책이었던 역대기는 역대상과 역대하 두 권의 책으로 나뉘어졌다. 역대기라는 단어는 문자 그대로 "일대에 일어난 사건들"을 의미한다. 많은 학자들은 에스라와 느헤미야를 역대상하의 연장으로 보아, 에스라, 느헤미야와 역대상하, 이 네 권을 하나의 역사책으로 만들려던 어떤 역사가의 작품으로 보고 있다. 하지만 차츰 에스라와 느헤미야를 별개로 분리해서 보는 학자들이 많아지고 있다. 역대기 기자는 세계 방방곡곡에서 피난민들이 예루살렘으로 돌아오던 시기, 특히 바벨론에서 포로생활을 하다가 예루살렘으로 돌아오던 시기 훨씬 이후에 역대기를 썼다.

학자이며 역사가였던 역대기 기자가 책상 앞에 붓을 잡고 앉자 원고들—역사, 연설, 족보, 정부 기록, 세금 문서, 설교, 예문, 시편—에 둘러싸여 이스라엘 역사를 신학적으로 조심스럽게 기록하는 모습을 눈앞에 그려 보라. 왜 그는 그다지도 열심히 수고를 하고 있는가? 그는 과거를 기억하고자 했다. 즉 자기 시대에 비추어 과거를 기억하려고 했다. 그러나 그는 또한 우리가 앞으로 천천히 다루게 될 사안을 좇아가고 있었다. 그가 어떤 특별한 자료를 선택하고 다른 자료들을 빠뜨린 것은, 그와 동시대인의 피곤한 걸음걸이에 힘을 실어주고, 영광스런 미래를 꿈꾸도록 겨냥한 것이었다. 역대기는 이스라엘로 하여금 다시 한번 하나님께 순종하는 위대한 백성이 되도록 영감을 불어넣는 데 그 목적이 있다.

기사는 아담(창조)으로부터 시작한다. 왜? 이스라엘의 신앙은 부족 신이 아니라 하늘과 땅을 창조한 하나님에 근거하고 있기 때문이다. 다른 나라들에는—바벨론, 바사 (페르시아), 그리스—지역적인 신이 있었다. 그러나 히브리인들의 하나님은 우주의 하나님이시다.

이것이 바로 이삭의 자손들뿐 아니라 이스마엘의 자손들도 적힌 이유이며, 이스라엘(야곱)의 족보뿐 아니라 에서의 족보도 적힌 이유이다. 여기에는 세일(Seir)의 백성과 에돔의 왕들에 대해서도 적혀져 있다. 우리가 이스라엘의 자손들에 초점을 맞출 즈음에는 (역대상 2:1) 더 이상 애굽과 메소포타미아 사이의 좁은 경계 땅, 다양한 민족으로 이루어진 세계, 디아스포라의 세계에 있는 것이 아니라, 보다 훨씬 큰 세상에 살고 있다는 것을 알게 된다. 그 세상 속에서 이스라엘 백성들은 신실한 증인으로 불려지고 있다. 그들이 예배드렸던 장소, 성전은 어디를 가든지 유대교의 중심이 되었다. 성전은 부족의 장막이 아니라, 우주의 하나님을 위한 거룩한 집이었다.

가계

족보는 유다를 주목하고 있다. 유다는 야곱의 열두 아들 중 가장 연장자인 장남이 아니었다. 유다는 넷째 아들이었지만, 그로부터 다윗 왕과 솔로몬 왕이 후손으로 태어나게 되었다. 그리고 다윗과 솔로몬으로 인하여 성전이 생겼다. 다윗 왕국과 성전은 400년간 지속되었고, 역대기 기자에 의하면, 만일 왕들과 백성이 계속 신실했더라면 왕국과 성전은 영원히 지속되었을 것이다.

때로 다윗의 가계는 존속이 위태로울 때도 있었다. 유다의 가나안 며느리인 다말은 수혼법을 사용하여 가족의 대를 이어나갔다. 그녀는 베레스를 낳았는데 이는 쌍둥이 중 둘째로서 다윗의 선조가 되었다. 생각해 보라. 다윗의 왕국, 예루살렘 성, 성전 건축이 두 명의 남편이 죽은 후 다말의 행동에 달

비고란

역대기 기자가 사용했을 법한 두루마리는 가죽 종이, 양피지, 나무로 만든 두루마리에 감긴 파피루스로 만들어졌을 것이며 대개 용기 안에 보존되었다.

유산

려 있었다. 창녀 옷을 입고, 길가에 쭈그리고 앉아, 시아버지 유다를 부르고, 그와 잠자리를 같이한 (창세기 38) 용기 있는 다말을 생각해 보라. 섭리와 믿음의 행위가 가계를 지속해 나갔다. 룻의 이름이 언급되어 있지 않지만, 모든 이스라엘 사람들은 "오벳의 보아스, 이새의 오벳" (역대상 2:12) 이라는 구절을 읽을 때, 가계가 어려움에 빠질 때는 하나님이 개입하신다는 것을 알았다. 그리고 모압인 과부가 다윗의 가계를 이어가게 하였다.

이새의 두 딸이 그의 일곱 아들과 더불어 언급되어 있다 (딸은 흔히 족보에 포함되지 않았다). 이들은 모두 다윗의 오누이들이다 (2:13-16). 다윗에 이르기까지 복잡한 가계가 형성되어져 왔다. 다윗은 조심스레 일곱 번째 아들, 막내로 주목되고 있다. 그 시대는 상속권과 권력의 자리를 주로 장자에게 주던 문화였다. 종종 그러하듯이 하나님은 인간의 기대와 전략을 뒤집으신다 (사무엘상 16:1-13).

다윗의 아들들의 이름과 더불어 심지어 그들이 태어난 장소도 나와 있다. 이들은 모두 잠재적으로 왕위를 이을 수 있는 후계자들이었다. 모친들의 이름이 나와 있는데 종종 그들의 국적도 함께 나와 있는 것으로 보아 다윗이 정략에 재주가 있었던 증거가 된다. 솔로몬의 셀 수 없이 많은 아들들의 이름도 몇몇 나와 있는데 이들도 왕위를 이을 후계자들이었다. 특별히 작은 베냐민 지파에게 관심이 주어져 있다 (역대상 8:1-28). 그 이유는 베냐민 지파가 지파 초창기에 견고한 여부스족 경계 안에 있었기 때문이고, 여부스는 이스라엘의 수도가 된 예루살렘의 전 이름이다. 역대기에서 별로 주목을 받지 못하는 사울 왕이 베냐민 지파 출신이었다.

왜 역대기 기자는 유다의 다른 아들들을 열거하고 있는 것일까? 연합이 중요한 주제이기 때문이다. 이스라엘 모두가 포함되어야 했다. 연합은 다윗과 솔로몬에게 하나님의 인정과 성공을 가져다주었다. 분열은 하나님의 불인정, 왕국의 분열, 그리고 재앙을 불러왔다. 다윗 왕 때 다른 지파들은 가장 강력한 지파이자 남왕국과 동의어나 마찬가지인 유다를 지지했다. 바벨론 포로생활에서 돌아온 대부분이 유다 사람들이었다.

예루살렘으로 뿔뿔이 돌아온 포로들은 자신들을 미미한 존재요, 광대한 바사 (페르시아) 제국에서 그렇게도 중요하지 않던 사람들이었다고 생각했을까? 그들에게는 군대도 없었고 국가의 경계도 없었다. 그들은 외국 왕들에게 공물을 바쳤다. 성전과 성벽으로 둘러싸인 도성조차 외국 세력을 위협에 떨게 하지 못했다. 과연 아브라함의 백성들은 "별 볼일 없는 사람들"이 된 것일까? 거대한 족보는 백성들에게 한때는 그들이 "잘 나가는 사람들"이었음을 상기시켜 주었다. 그들에게는 이름이 있었고, 전통이 있었고, 뼈대가 있었다. 그들은 믿음의 위대한 영웅들의 후손이며 한때 하나님을 경외하는 통일 왕국에서 살았던 것이다. 그들은 뿌리가 깊은 백성들이었다. 그들은 고개를 숙이지 않아도 좋았다. 다시금 강대해질 수 있을 것이다.

이상적인 다윗 왕

옛날 이스라엘 지파는 승리를 거두었었다. "왜냐하면 그들이 전쟁터에서 하나님께 부르짖었으며, 그들이 하나님께 의지하였기 때문에 하나님께서 그들의 간청을 들어주셨기 때문이다." 그러나 "저희들이 그 땅 백성의 신들을 간음하듯 섬길 때"에는 하나님은 그들을 파멸과 유배의 길로 버려두셨다 (역대상 5:20-26). 사울은 불순종하고 실패했다. "그가 여호와의 말씀을 지키

비고란

미스바에서 발견된 도자기로 된 이 항아리 파편의 연대는 페르시아가 유다를 지배하고 있던 주전 539년 경으로 거슬러간다. YHD라고 하는 찍혀 있는 문자는 Yahud라는 이름으로, 이는 유다(Judah)를 페르시아식으로 표기한 것이다.

제자

지 아니하고 또 신접한 자에게 가르치기를 청하고 여호와께 묻지 아니하였으므로…" (10:13-14).

역대기 기자는 말하기를 백성들은 사울 왕 때 하나님의 언약궤를 "의뢰하지" 않았다고 말한다 (13:3). 하지만 다윗 왕은 하나님께 인도함을 구하고 사람들에게 도움을 요청했다. 역대기에서 다윗은 통상적으로 이렇게 말하고 있다 "만일 너희가 좋게 여기고 또 우리의 하나님 여호와께로 말미암았으면…" (13:2). 고대 왕들의 오만한 태도에 비해 얼마나 대조되는가. 주님 앞에서 다윗의 겸손을 일컫는 찬사가 아닐 수 없다. 만일 하나님과 상의하는 것이 주제라면, 백성들과 상의하는 것은 부주제가 되고, 또 언약 공동체 내에서 평등을 나타내는 것이 된다.

역대기에는 다윗의 간통과 압살롬의 반역이 빠져 있다. 대신에 백성들을 배려하는 목동이었던 다윗, 하나님의 충고에 기꺼이 귀를 기울이는 왕, 하나님의 집을 위해 계획을 세우는 시편 기자로서의 다윗에 주목하고 있다. 역대기 기자가 다윗 왕국을 회복의 이상이요 기준이라고 주장한 것은 당연하다. 만일 이스라엘이 과거로부터 교훈을 배운다면, 백성들은 다시 한번 위대해질 수 있을 것이었다. 심지어 구세주에 때한 꿈도 다윗 왕국의 전례에서 끌어온 것이었다.

사울과 다윗의 신생 왕국은 200년간 느슨하게 묶여졌던 동맹국이라는 토대 위에 세워진 것이었다. 열두 지파는 전통과 종교를 통해 한 백성으로 함께 자유롭게 동맹을 이루었다. 다윗은 지파 동맹국을 중앙정부로 변화시켰다. 그는 전 이스라엘을 포함하도록 군사력을 통일하였다. 그는 하나님 예배를 위해 제사장과 레위족을 조직하면서 레위족의 영예를 높였다. 그의 예루살렘 포위는 특히 독창적인 것이었다. 사무엘하 5:8에 따르면, 다윗의 부하들은 수구를 통해 성으로 들어갔다. 예루살렘은 작고 산성으로 둘러싸인 여부스 사람의 도시로 산 속에 둘러싸여 있었으며, 남쪽 지파와 북쪽 지파 사이의 경계에 자리 잡고 있었다. 사울의 진중은 기브아에 있었고, 다윗의 진중은 헤브론에 있었다. 다윗은 수도를 헤브론 지파의 성읍으로부터 (비록 아브라함, 이삭, 야곱이 그곳에 장사되어 있었지만) 보다 중립적이고 중간에 있는 예루살렘으로 옮겼다.

다윗은 전 이스라엘로 영토를 확장했다. 그는 하나님의 축복과 백성들의 동의를 얻기 위해 일했다. 그는 지역마다 지키고 있는 풍습을 존중하고 지파 전통을 중심으로 조심스레 행동했다. 그는 모든 지파에 성스러웠던 언약궤를 조심스레 옮겼다.

성전을 위한 장소

이제 일련의 사건들을 살펴보라. 다윗은 왕국 내에서 싸울 수 있는 남자들의 인구조사를 명령했다. 비록 법으로 금지되어 있는 것은 아니라 해도, 이러한 행동은 전쟁할 때 필요한 군대를 하나님께서 제공하시지 않을 것이라는 데서 나온 믿음이 부족한 소치로 여겨질 수 있었다. 하나님은 이스라엘이 인구조사 한 것을 벌하셨다. 그리고 다윗은 하나님께 "내가 이 일을 행함으로 큰 죄를 범하였나이다 이제 간구하옵나니 종의 죄를 용서하여 주옵소서 내가 심히 미련하게 행하였나이다" (역대상 21:8) 라고 고한다. 하나님께서 그에게 주신 세 가지 선택사항 중 그는 "땅의 전염병"을 택한다. 그러자 재앙이 내려 죽은 자가 7만 명에 이르렀다. 자신의 잘못 때문임을 깨달은 다윗은 예

비고란

유산

루살렘까지 걸어가 여부스 사람 오르난의 타작마당을 산 후, 그곳에서 여호와를 위하여 단을 쌓았다. 온 세대를 걸쳐서 종교인들은 다윗이 그 땅을 점령하지 않고 샀던 것에 감명을 받아왔다. "내가 반드시 상당한 값으로 사리라 내가 여호와께 드리려고 네 물건을 빼앗지 아니하겠고 값 없이는 번제를 드리지도 아니하리라" (21:24). 왕의 번제는 바쳐졌고, 재앙은 멈추었다. 그리고 그 땅은 이후에 솔로몬의 성전이 지어진 장소가 되었다.

다윗이 그린 성전 예배의 비전

역대기 기자는 출애굽 사건에 주의를 기울이지 않는다. 그는 우리의 관심을 모세와 성막으로 이끌어주지 않고, 다윗과 성전으로 이끌어준다. 그는 모세를 언급하고 있는데 광야에서의 만나를 우리에게 말해 주기 위해서가 아닌, 공평의 상징으로서의 땅의 분배를 묘사하기 위해서이다. 그는 독자들에게 예루살렘, 성전, 다윗과 솔로몬 시대를 말해 줌으로써 영감을 불러일으키려고 한다.

모세와 여호수아는 땅을 다른 열한 지파에게 주었으나 레위 지파에게는 주지 않았다. 레위 지파는 영원히 백성들을 위한 제사장으로 성별되어, 백성들로부터 십일조와 헌물을 지원받았다. 레위 지파는 어떤 도시 안에서 살도록 허락되었으며, 공공 초장에서는 목축에게 풀을 먹일 수가 있었다 (역대상 6:54-60). 그들은 대부분 가난하였고, 때로는 체류자이기도 하였으며, 성전이 없을 때에는 궁핍하였다.

다윗의 꿈이 실현되고 솔로몬의 성전이 세워졌을 때, 어떤 레위인들은 제단에서 희생제물을 담당하는 제사장들이 되었다. 또 다른 사람들은 희생제사를 돕거나 성가대에서 시편을 노래하거나, 악기를 부르거나, 성문을 지키는 것으로 예배를 도왔다. 다윗은 제사장과 레위 지파를 정비하여 24그룹으로 나누었다. 각 제사장들은 독특한 역할을 맡고 있었다. 예배를 맡은 사람들은 성전이 세워지기 훨씬 전부터 예비되어 있었다. 다윗은 예배가 제대로 드려지기를 원했다. 만일 토라가 지켜지기 위해서는, 절기 또한 올바로 지켜져야 한다고 믿었다.

모세는 우리들에게 토라에 대한 가르침을 주었다. 이사야와 선지자들은 정의와 긍휼을 요구했다. 역대기 기자는 제대로 수행된 성전 예배에 한껏 기뻐하면서 자세한 세부사항에 주의를 기울였다.

이스라엘 백성들이 외국 땅에 흩어져 있었을 때, 많은 레위 지파는 제사장들을 도와 거룩한 날들을 지키고, 시편을 노래하고, 기도를 드리고, 성경을 가르치는 일을 기억하도록 도왔다. 어떤 레위 지파 사람들은 에스라와 느헤미야의 인도 하에 성을 재건하고 성전에서 섬기기 위해 되돌아왔다. 다른 사람들은 디아스포라로 남아 있었으며, 여전히 성전 예배에 심리적으로 연관된 채, 성전의 거룩한 절기들을 영적으로 그리워하고 있었다. 레위족의 인도함을 받아, 예루살렘 성전 예배는 유대인들이 어디에 있든지—심지어 다른 성읍에 있는 장소에서도, 영적인 일치감과 종교적인 구심점을 제공해 주었다.

주로 유다에 관심을 가진 역대기 기자는 간략하게 북쪽 지파에 주의를 돌려 족보와 군사 목록을 언급하고 있는데, 그 목적은 모든 이스라엘이 다윗을 기쁘게 섬겼다는 것을 보여주기 위함이었다 (7장). 그는 일관되게 연합에 대해 말하고 있다 "온 이스라엘이 그 계보대로 계수되어" (9:1); "온 이스라엘이 헤브론에 모여 다윗을 보고 이르되 우리는 왕의 가까운 혈족이니이다…

비고란

두 번째 유대 반란(주후 132-135)에 주조된 이 동전은 천 년 전에 고대 히브리에서 사용되던 새김무늬와 다윗 왕 때 쓰던 현악기 모양을 담고 있다.

제자

왕의 하나님 여호와께서도 왕에게 말씀하시기를 네가 내 백성 이스라엘의 목자가 되며 내 백성 이스라엘의 주권자가 되리라 하셨나이다." "이에 이스라엘의 모든 장로가 헤브론에 있는 왕에게로 나아가니" (11:1-3). 장로들은 한 목소리로 다윗이 그들의 목자되신 왕이라고 외쳤다. 용사들은 심지어 사울 왕의 친족을 비롯한, 정의 구현과 질서 확립을 위해 곳곳에서 모습을 드러내었다 (12장). 사무엘상하를 읽을 때, 우리는 정치적인 전환이 그리 무난하지 않았다는 것을 안다. 그러나 역대기 기자는 이스라엘이 살아남기 위해서는 영적인 연합이 필수적이라는 것을 알고 영적인 연합을 강조하기를 원한다. 역대기 기자의 주장은 이러하다. 바사(페르시아)의 지배 하에서 예루살렘 성전은 곳곳에 흩어져 살던 모든 유대인들을 환영하면서 연합시켜 주었다.

다윗이 기여한 핵심적인 것은 무엇인가? 목자의 마음을 가진 왕도 아니다. 왕국의 확장도 아니다. 심지어 이스라엘 지파를 통일한 것도 아니다. 역대기 기자에 따르면, 다윗의 뛰어나며 지속적인 재능은 그가 가진 성전 예배에 대한 비전이었다. 다윗이 이스라엘에 인구조사를 함으로써 일으켰던 재앙은 다윗이 예루살렘에 있는 장작 마당을 사서 희생제물을 드리게 되자 그치게 되었다. 그 순간부터, 다윗 왕은 예배의 중심적인 장소를 꿈꾸었다. 그는 조심스레 수도를 헤브론에서 예루살렘으로 옮겨서 남쪽 지파와 북쪽 지파 사이에 중심적이고 중립적인 장소를 준비하였다. 그는 두 번째로 오직 레위 지파만 사용하여 언약궤를 예루살렘으로 가져왔다 (15:1-3). 기쁨에 젖어, 그는 레위족과 노래하는 자들처럼 세마포를 입고서 축하하는 춤을 추었다 (15:27). (그는 사무엘하 6:20-22에서는 아무런 옷을 걸치지 않았다.)

다윗은 나이 들어 꿈을 성취하려고 계획하였다. 그래서 그는 나단 선지자에게 성전에 대해 자문을 구하였다. 선지자는 별 성의 없이 왕에게 "그러마"라고 한다. 그러나 기도를 드린 후에 마음을 바꾸었다. 성전을 건축하는 과업은 다윗의 아들에게 주어진 것이었다 (역대상 17:1-15). 그러나 다윗의 불안한 마음에 은금을 가져오며 (18:9-11), 수많은 돌, 목재, 그리고 귀한 철을 준비하였다 (22:2-5). 다윗은 아들 솔로몬을 불러 주님의 집을 짓되 율법을 지키는데 지혜와 총명으로 하라고 했다 (22:6-12). 가장 중요한 것은 다윗이 온 회중을 불러 마무리하여 말한 것에 있다. "내가 이미 내 하나님의 성전을 위하여 힘을 다하여 준비하였나니" (29:2).

역대기 기자는 이스라엘 백성들 중 어떤 사람들은 예루살렘에 있는 반면, 더 많은 사람들은 다른 땅에 흩어져 살고 있다는 것을 알고 있다. 그는 이스라엘의 소망은 성전, 예루살렘, 거룩한 예배, 율법에 순종하는 것에 놓여있다고 본다. 역사가의 붓에 의해 과거에서 되살아난 다윗 왕은 백성들이 하나님이 허락하신 길을 향해 다가가도록 영감을 주고 용기를 북돋아줄 것이다. 단합된 마음과 겸손한 마음으로 하나님께 아뢰고 서로 자문을 구하여, 율법과 성전을 충실히 순종함으로써 그들은 다윗 시대의 영광을 회복할 수 있을 것이다.

신실한 공동체의 모습

과거에 있었던 하나님의 역사하심과 인간의 신실함을 감사할 때, 우리는 미래에 대해서도 자신감을 가지고 움직일 수 있는 영감을 얻게 된다. 우리는 물려받은 신앙을 기억함으로써, 연합되고, 충성된 미래로 발을 디딜 수 있다.

비고란

우리는 신실한 믿음의 공동체이기 때문에 기억과 유산을 귀중하게 여긴다. 기억과 유산이 오늘은 우리로 하여금 하나님께 순종하게 해주고, 내일을 책임지고 하나님을 경배하는 사람들로 만들어 주기 때문이다.

유산

당신이 오늘을 사는 데 힘이 되고 통찰력을 제공하여 주는 종교적인 유산과 정체성은 어떤 것들인가?

_____

_____

당신이 속한 개체교회에서 성경이 어떻게 예배를 구체적으로 진행시켜 주고 있는가?

_____

_____

당신이 개인적으로 하나님께 순종하는 데 성경은 어떤 역할을 하는가?

_____

_____

당신이 속한 개체교회를 형성하는 데 괄목할 만한 결정적인 과거의 사건이나 결정이 있었다면 어떤 것인가?

_____

_____

교단의 유산이 당신의 교회가 예배를 드리는 공동체가 되도록 영감을 주고 또 인도해 왔다면 어떤 면에서 그러한가?

_____

비고란

철저한 제자

철저한 제자는 이름에는 유산이 따라 다니며, 유산에는 어떤 주장과 의무가 따른다는 것을 안다. *기독교인* 이라는 이름을 갖는 것은 그 이름에 함께 따라오는 유산과 의무를 받아들이는 것을 의미한다. *제자* 라는 이름을 갖는다는 것은 그 이름에 따라오는 요구사항을 받아들이는 것이다. 철저한 제자는 의도적으로 그 이름이 주는 기대에 맞추어 산다.

추가 연구

역대상에서 다윗에 대해 읽은 것을 염두에 두고 사무엘하 11—19장에 기록된 다윗에 대한 좀 더 인간적인 기사를 읽어라.

악화됨

> "내 이름으로 일컫는 내 백성이 그들의 악한 길에서 떠나
> 스스로 낮추고 기도하여 내 얼굴을 찾으면
> 내가 하늘에서 듣고 그들의 죄를 사하고 그들의 땅을 고칠지라."
> —역대하 7:14

3 예루살렘의 흥망

인간의 모습

우리는 자급자족할 수 있는 것으로 자처한다. 우리는 아무런 제약도 받지 않고 자유롭게 살 수 있다고 생각한다. 현재 살고 있는 시대의 영향을 받아서 우리는 올바른 선택이란 많은 선택을 하는 것이며, 충만한 삶을 사는 방법은 가능한 한 많은 선택을 하는 것이라고 생각하기 쉽다.

성경 읽기

어떤 왕들은 "선하고" 어떤 왕들은 "악했던" 이유가 무엇인지 알아보라. 결과를 주목하라. 어떤 경향이 있는지 찾아보라. 너무 세부사항에 얽매이지 말라.

첫째 날: 역대하 1—5 (솔로몬은 지혜를 받아 성전을 짓고 기물을 정비하다)

둘째 날: 역대하 6—9 (솔로몬의 기도, 성전 봉헌, 시바의 여왕, 솔로몬의 죽음)

셋째 날: 역대하 10—18 (분열된 왕국—유다와 이스라엘, 선한 왕들과 사악한 왕들)

넷째 날: 역대하 19—28 (선한 왕들과 사악한 왕들; 선함과 번영, 죄와 심판)

다섯째 날: 역대하 29—36 (히스기야, 위대한 유월절, 산헤립의 침입과 패배, 요시야의 개혁, 율법책 발견, 예루살렘 파괴, 고레스 칙령)

여섯째 날: "생명나무의 열매"와 "신실한 공동체의 모습"을 읽고 답하라

일곱째 날: 안식

금주의 시편

날마다 시편 85편을 큰 소리로 읽는 동안 그 기도를 필요로 하는 공동체와 개인들을 생각해 보라. 당신의 회중이 하나님께 올리는 기도처럼 기도해 보라. 어떤 기도를 드릴 것인가? 어떤 것을 인정하고 있는가? 왜 당신이 속한 신앙 공동체가 이 기도를 필요로 하는가?

기도

매일 성경 공부하기 전에 드릴 기도:
"만군의 하나님이여 구하옵나니 돌아오소서
하늘에서 굽어보시고
이 포도나무를 돌보소서" (시편 80:14).

금주의 기도 제목:

악화됨

첫째 날: 역대하 1—5 (솔로몬은 지혜를 받아 성전을 짓고 기물을 정비하다)

둘째 날: 역대하 6—9 (솔로몬의 기도, 성전 봉헌, 시바의 여왕, 솔로몬의 죽음)

셋째 날: 역대하 10—18 (분열된 왕국—유다와 이스라엘, 선한 왕들과 사악한 왕들)

넷째 날: 역대하 19—28 (선한 왕들과 사악한 왕들; 선함과 번영, 죄와 심판)

다섯째 날: 역대하 29—36 (히스기야, 위대한 유월절, 산헤립의 침입과 패배, 요시야의 개혁, 율법책 발견, 예루살렘 파괴, 고레스 칙령)

여섯째 날: "생명나무의 열매"와 "신실한 공동체의 모습"을 읽고 답하라.

제자

생명나무의 열매

솔로몬은 강성할 때 통치를 시작했기에 권력 기반 또한 안전했다. 엄격한 노(老)선지자 나단이 그를 임명했다. 그의 모친 밧세바도 그를 지지했다 (열왕기상 1:11-31). 죽어가고 있던 아비 다윗 왕도 이를 승인했다 (역대상 28:5; 29:19). 비록 장자는 아니었지만, 솔로몬은 왕위에 오를 수 있었다. 역대기 기자는 열왕기상 1-2장에 기록되어 있는 질투나 음모를 언급하지 않고 있다. 횃불은 아비로부터 아비가 선택한 아들에게 전달되었다. 이스라엘은 이를 승인하였다 (역대상 29:22-24).

솔로몬의 왕국은 다윗의 군사 정복과 정치적인 동맹관계 위에 세워졌다. 그는 유브라데 강으로부터 아카바 만까지, 지중해의 푸른 물결로부터 아라비아의 모래바람 부는 사막에 이르기까지 뻗쳐있는 왕국을 이어받았다. 젊은 왕은 평화로운 정세의 혜택을 누리고 있었다. 대적이었던 근방의 부족들은 정복을 당했거나, 밀려났거나, 혹은 동맹을 맺고 들어왔다. 애굽은 약했고, 앗수르는 아직 잠자는 사자처럼 1세기 이후에나 권력을 향해 깨어날 터였다. 해양 민족 베니게는 자국을 해변에 면한 섬 정도로 여기고 있었다. 연안에 접해 있었던 종종 힘세고 적대적이었던 블레셋마저도 쇠약해져 있었고 비굴해졌다.

솔로몬은 기도로 통치를 시작했는데, 그 기도는 과장된 기도와 정치적인 기도가 아니라, 가슴에서 진정으로 우러나오는 기도였다. 엄청난 과업을 앞두고, 그는 이에 걸맞는 지혜와 지식을 달라고 기도했다. 그리고 솔로몬이 오직 지혜만을 구하자, 하나님은 재물과 영광 또한 함께 주실 것을 약속하셨다 (역대하 1:10-12).

전쟁을 많이 했다는 이유로 하나님께서 성전 건축을 금하신지라, 다윗은 평화의 사람인 아들 솔로몬에게 성전 건축을 지시했다. 솔로몬은 아비의 꿈을 이루었고, 나아가 그 꿈을 보다 높은 차원으로 끌어올렸다. 다윗은 양을 치던 사람이었으나, 솔로몬은 아마도 지혜로운 자들 밑에서 그들의 식견을 접하면서 자랐을 것이다. 다윗은 용사들과 더불어 싸웠으나, 솔로몬은 외국으로부터 온 대사들을 접견하였을 것이다. 넓어진 시야를 지녔던 솔로몬은 당시 세계 최고였던 베니게의 건축물과 장인들을 포용하였을 것이다. 그는 레바논의 아름다운 백향목을 수입하여 가히 절묘한 건축양식을 사용하였다.

오늘날 기준으로 보면 작았지만—90피트, 30피트, 45피트, 성전은 너무나 정교하게 지어졌고, 아름답게 장식되었으며, 애굽식, 베니게식, 그리고 가나안식의 영향을 받아 여러 나라 사람으로 이뤄져서 지중해 연안의 주목거리가 되었다. 성전의 제단 또한 굉장한 업적이었다. 산 속에 평평한 곳을 만들기란 매우 어려운 일이었다. 제단을 지탱하기 위해서 150피트나 되는 장치가 필요했다. 아주 소수의 사람들만이 성전 안에 들어갈 수 있었기 때문에, 절기에 모여든 수천 명의 예배자들은 뜰에 줄지어 서 있어야 했다. 그 모든 지역이 "성전"으로 알려지게 되었다.

오랜 세월 동안 이스라엘 백성들은 수많은 예배처를 지어왔다. 세겜, 기브온, 실로, 길갈 등이 그것이다. 그러나 솔로몬의 성전과 더불어 예루살렘은 이스라엘의 예배처가 되었다. 역대기 기자에게는 북쪽 지파가 무너진 지 오래되고, 유배와 파괴가 오래도록 지속되며, 귀환한 지 오랜 세월이 지난 후에도, 재건된 성전이야말로 사람들이 모든 경배의 눈길을 돌리고, 모든 기도를 드릴 중심지가 될 것이었다.

비고란

텔 단에 있는 돌로 된 제단 근처에서 발견된 이 세 개의 향 삽은 주전 8세기로부터 유래한다. 레위기 16:12-13은 어떻게 대제사장이 속죄일에 이러한 삽을 사용했는지 묘사하고 있다. 후람-아비라고 하는 성전의 청동으로 된 향 삽을 만든 장인은 단에서부터 온 여인의 아들이었다 (역대하 2:13-14; 4:11, 16).

악화됨

솔로몬의 위대한 업적의 불길한 징조

팔레스타인은 교차로에 있었다. 전시에는 군대들의 격전지가 되었고, 평화시에는 무역의 교량 역할을 했다. 솔로몬은 애굽으로부터 병거와 말을 사들여서 시리아의 헷 족속에게 되팔았다. 그는 갈릴리의 올리브유, 밀, 보리 등과 레바논의 백향목, 그리고 아프리카의 상아를 교역하였다. 그는 700명의 부인과 300명의 첩을 거느렸는데, 이는 성적인 능력을 나타내는 것이라기보다는 부와 정치세력을 상징하는 것이었다. 그의 결혼은 평화조약을 인치는 것이나 마찬가지였으며 무역 협정을 확인하는 것이었다.

이스라엘에는 항구가 없었다. 그래서 솔로몬은 오늘날 엘랏 도시의 항구로 알려진 아카바 만을 따라 시내 산의 동부 해안을 점령함으로써 홍해와 인도양까지 무역의 문을 열었다. 그는 두로의 히람(후람)에게 그의 배를 만들게 하고 배꾼들을 훈련하게 하였다. 솔로몬의 지혜와 부에 대한 소문을 듣고 시바의 여왕은 직접 눈으로 확인하기 위해 예루살렘으로 찾아왔다. 그들이 주고받은 선물은 (역대하 9:9, 12) 북아프리카와 인도양 간의 무역 협정을 하여 지중해의 부를 확인하였다.

역대기 기자는 다윗과 마찬가지로 솔로몬을 이상적으로 그리고 있다. 그러나 그는 어두운 면을 완전히 숨기지는 않는다. 심지어 솔로몬의 위대한 업적을 바라보는 때에도 우리는 다가오는 비극의 예감을 듣게 된다. 왕은 성전을 건축하는 데 7년을 보냈다. 그는 13년을 자신의 왕궁을 짓는 데 보냈다. 그는 애굽인 왕비를 위해 성전보다 2배나 큰 왕궁을 따로 지어 주었다. 성전을 건축하기 위해 그는 백성들을 독촉하였다. 그는 공공사업의 압력을 증가시켜 시민들에게 석 달 가운데서 1개월 동안은 노동을 요구하였다. 그는 외국의 노동력을 대부분 노예로 만들었다.

예배는 타협되었다. 솔로몬의 부인들 중 대부분은 외국에서 태어난 자들이었다. 그들은 협약과 지참금을 가지고 오면서 자기네 신들과 이방의 종교적인 풍습들도 가지고 왔다. 애굽 왕은 중요한 서부 도시 게셀(Gezer)을 솔로몬의 부인이 될 자기 딸에게 지참금으로 주었다. 의심할 바 없이 애굽 왕비와 다른 외국 부인들은 집안 신들에게 경의를 표하라고 자녀들에게 가르쳤으며, 높은 곳에서 예배드리고, 유대인의 관습을 무시했다. 솔로몬은 마음이 해이해지고, 타협했으며, 이방 종교와의 혼합을 시도했다.

솔로몬의 후손들

예기치 못했던 재난은 르호보암과 여로보암 때 갑작스럽게 닥쳐온 것은 아니며, 그들과 함께 재앙이 끝난 것도 아니었다. 그러나 역사상 중요한 순간에 르호보암과 여로보암 이 두 지도자와 그들을 지지하던 사람들이 이스라엘을 파멸로 몰고 갔다. 그들은 연합을 깨뜨리고, 왕국을 분열시켰다. 왕정을 40년간 이끈 후 주전 922년 솔로몬이 죽자, 이스라엘은 혼란의 길로 접어들었다. 특히 북쪽 지파 간에 불안이 늘어나면서 반역설이 돌았다. 애굽 정국의 변화는 솔로몬의 애굽 왕비들에 의해 확립된 이스라엘과 애굽의 우호관계를 불화로 이끌었다. 다윗의 후손이 아닌 북쪽 지파의 느밧의 아들 여로보암은 솔로몬이 죽기도 전에 애굽에서 피신처를 얻었다.

여로보암이 애굽에서 돌아왔을 때, 그는 북쪽 열 지파로부터 친구들을 모아 그들의 사례를 새로운 젊은 왕 르호보암 앞에 탄원했다. 그들은 르호보암에게 징집을 완화시켜주고, 세금을 낮춰주고, 부를 나누자고 요구했다. 르호보암은

비고란

이 금 이파리 모습의 작은 입상은 게젤(gezer)에서 발견되었는데 주전 16세기로 거슬러간다. 아마도 가나안 여신인 아스드롯(Astarte)를 나타내는 것일 것이다.

제자

누구에게 자문을 구했는가? 하나님이 아니었다. 르호보암의 침묵은 그의 할아버지 다윗과 아버지 솔로몬의 열띤 기도와는 분명한 대조를 보여준다. 나이 든 지혜로운 자들은 지파들의 감정 상태가 어떠한지를 알고 여호와께 끊임없이 자문을 구할 필요성을 이해하고 있었기 때문에 그를 구해 줄 수 있었을 것이다. 그러나 르호보암은 젊은이들과 오만한 유다의 귀족들의 충고를 따랐는데, 이들은 그와 마찬가지로 왕궁의 사치와 수도의 고립에 대해서만 알 뿐이었다. 그는 여로보암의 요구를 일축해 버렸다. "내 아버지는 너희의 멍에를 무겁게 하였으나 나는 더 무겁게 할지라 내 아버지는 가죽 채찍으로 너희를 치셨으나 나는 전갈 채찍으로 치리라 하니라" (역대하 10:14).

유대 왕, 왕국, 예루살렘, 그리고 성전을 거부하는 화난 말들로 백성들은 응답했다.

"우리가 다윗과 무슨 관계가 있느냐
이새의 아들에게서 받을 유산이 없도다
이스라엘아 각각 너희의 장막으로 돌아가라
다윗이여 이제 너는 네 집이나 돌보라 하고
온 이스라엘이 그들의 장막으로 돌아가니라" (10:16).

역대기 기자에게 "너희 장막으로"는 지파 때의 사고방식으로 돌아가는 것을 의미했다. 언약을 거부하는 것, 하나님이 세우신 다윗의 왕국, 성전, 희생, 영적인 연합에 대한 반역을 의미했다.

여로보암의 이스라엘

여로보암은 자신의 왕국을 만들었다. 그것은 자신의 수도, 자신의 군대, 자신이 예배할 장소인 베델과 단을 의미했다. 제사장과 레위족을 비롯한 충성스런 패잔병들은 성전에 충성을 다하기 위해 예루살렘으로 내려갔다. 그래서 북쪽 왕국(이스라엘)은 유다와의 긴장 속에 충성과 분열이 뒤섞인 불안한 기초 위에서 성립되었다.

왜 유다와 이스라엘 간에 전쟁이 발발하지 않았을까? 그 이유는 사실상 피해는 입은 것이나 마찬가지라고 하면서 선지자들이 중재에 나섰기 때문이다. 선지자들은 하나님께서 그들을 분열시켰고, 친족 간의 피 흘림은 불필요하다고 중재에 나섰다. 아히야 선지자가 옷을 열두 조각으로 찢었을 때, 그것은 이루어졌다. 하나님의 심판과 긍휼이 뒤섞인 것은 효력이 있었다 (열왕기상 11:30). 스마야 선지자는 전쟁을 중지했다. "여호와께서 이같이 말씀하시기를 너희는 올라가지 말라 너희 형제와 싸우지 말고 각기 집으로 돌아가라 이 일이 내게로 말미암아 난 것이라 하셨다 하라…" (역대하 11:4). 왜 하나님께서 분열을 일으키셨을까? 그것은 탐욕과 오만과 반역과 신실하지 못한 것을 하나님께서 징벌하신 것이었다.

이제 우리의 역대기 기자는 다윗 왕국 유다의 300년 이상 되는 역사를 더듬는다. 그는 유다(남왕국)에 영향을 미치는 부분을 제외한 이스라엘 (북왕국) 역사 부분은 무시하고 있는데, 그 이유는 이스라엘을 파멸할 수밖에 없는 배역한 나라로 여겼기 때문이다. 다윗에게 맺어진 약속, 다윗과 백성들이 하나님께 충성하기만 하면 그 왕국이 영원히 지속되리라는 약속은 이제 오직 유다의 어깨 위에 놓이게 되었다. 오직 다윗(유다)의 계보에 속한 왕들의 흔적만 더듬을 것이다.

비고란

악화됨

좋은 왕과 사악한 왕

왕들의 명목록에서 가장 먼저 나오는 사람은 르호보암의 아들, 아비야였다. 그는 주님을 신뢰하였고, 북쪽의 우상들을 쫓아냈고, 성전에서 아론의 제사장들과 함께 기뻐하였다. 이런 면에서 볼 때, 그는 여로보암과의 갈등에 있어 이긴 셈이었다. 그리고 아사는 "하나님 여호와 보시기에 선과 정의를 행하"였다 (역대하 14:2). 어떻게? 그는 "이방 제단과 산당을" 없앴다. 그는 "유다 사람에게 명하여 그 조상들의 하나님 여호와를 찾게 하며 그의 율법과 명령을 행하게" 하였다. 그는 가나안 사람들의 풍습과 혼합하여 예배를 드리던 산당을 없앴다 (14:3-5).

아사랴 선지자의 청에 힘입은 아사는 빼앗은 성읍의 우상들을 파괴하고, 예루살렘 성전 앞에 있는 제단을 보수하고, 북쪽 지파에서 내려온 피난민들을 환영해 주었다.

그리고 나서 그는 실족했다. 그는 이스라엘을 대항하여 동맹을 맺자 하며 아람 왕에게 돈을 보냈다. 선견자 하나니가 그에게 이르되 "왕이 아람 왕을 의지하고 왕의 하나님 여호와를 의지하지 아니하였으므로 아람 왕의 군대가 왕의 손에서 벗어났나이다" (16:7) 라고 고했다. 아사는 노하여 선견자를 옥에 가두고, 백성을 학대하고, 계속되는 전쟁에 휘말리며, 발이 병들게 된다. 그러나 그는 하나님께 구하는 것을 잊어버린 결과, 왕이 된 지 41년 되었을 때 죽게 된다. 그럼에도 불구하고 그는 백성들로부터 존경을 받았다.

당신은 역대기 기자의 신학이 드러나는 것을 알아챘는가? 하나님은 더 이상 기적을 베푸시거나, 특별히 개입하시거나, 비범한 신적인 사건으로 역사하지 않으신다. 이제 하나님은 무대 뒤에서 조용히 일하시면서, 신실한 자에게 보상을 주시고, 불순종하는 자를 심판하시는 모습으로 나타나신다. 끊임없이 하나님은 유다 왕들의 인과관계 안에서 행동하신다. 물론 왕들은 모든 백성을 상징하고 있다. 그들은 인도하기도 하며, 또한 따르기도 한다. 그들은 그 시대의 정신과, 다스림 받던 사람들의 태도를 몸소 보여준다. 하나님의 상급과 벌, 원인과 결과가 공동체 안에서 역사하고 계시다.

당신은 오늘날 하나님께서 어떻게 원인과 결과를 들어 역사하신다고 생각하는가?

여호사밧은 "그의 아버지의 하나님께 구하며 그의 계명을 행하고 이스라엘의 행위를 따르지 아니하였음이라 그러므로 여호와께서 나라를 그 손에서 견고하게 하시매" (17:3-5). 그에게 유일한 죄가 있다면? 길르앗 라못을 대항하여 이스라엘과 동맹한 것이었다. 그렇다면 그의 구원은? 싸우기 전에 앞서 금식하고 기도하는 것이었다. 그가 받은 상급은? 내적으로 고요한 영역이었다 할 것이다. 그는 "열조와 함께 다윗 성에 장사되"었다 (21:1).

장자인 여호람은 그의 모든 아우들을 죽이고 "이스라엘 왕들의 길로 행하"였다. 그는 이스라엘 왕 아합의 딸과 결혼하고, "여호와 보시기에 악을 행하"였다 (21:1-7). 여호람은 고통스런 죽음을 맞이하였고, 그를 예우하는 분향도 없었으며, 열조와 함께 장사되지도 않았으며, 아끼는 자 또한 없었다 (21:19-20).

비고란

제자

하나님이 긍휼히 여기사 다윗의 계보를 살리시려고 뜻하신 것은 아하시야 왕의 배 다른 자매인 여호사브앗이 왕자들이 죽임을 당하는 상황에서 왕의 어린 아들 요아스를 살려내는 것에서 볼 수 있다. 이 아기, 요아스는 제사장들과 레위 사람에 의해 양육되어 좋은 일들을 행하게 된다. 그는 바알의 신당을 파괴했고, 성전을 재건하기 위해 모세의 율법에 기록한 대로 성전세를 다시 제정하였다. 하지만 나중에 그는 타락해서 잘못된 충고를 받아들이고, 제사장의 아들을 죽이게 하고, 제사장들의 친절을 잊어버리고, 아람과의 전쟁에서 패배한다. 그의 백성들은 그를 죽이고 열조의 무덤에 왕을 묻기를 거절한다.

그렇게 이야기는 이어져 간다. 세월이 흐르면서 다윗 왕조는 땅과 정체성과 성전 예배를 유지하느라 어려움을 겪는다. 그들이 주님을 좇는 동안에는 하나님은 그들을 번성케 하셨다 (26:5). 위대한 왕 웃시야는 52년간을 다스렸고, "그가 강성하여질 때까지" 강하고 하나된 유다를 일으켰다. 하지만 강성하여지매 그 마음이 교만하게 된다 (26:15-16). 그는 모세의 율법을 무시하고 하나님의 전에 들어가서 향단에 분향하려 하였는데 이는 오직 제사장들만 할 수 있는 일이었다. 그러자 그는 이마에 문둥병이 발하게 되었다. 그는 별궁에 홀로 거하다가 죽어, 열왕의 묘실에 접한 땅, 곧 그 열조의 곁에 장사되었다. 역사가가 예배, 예식, 성전에 대한 예우, 제사장, 그리고 레위 지파에 얼마나 많은 점수를 주는지 주목하라.

아하스는 "여호와 보시기에 정직하게 행하지 아니하"였다 (28:1). 그는 바알들의 우상을 만들고, 자녀를 불사르고, 풍요 예식에 참가하였다. 아람과 이스라엘 둘 다에 패하게 되자, 그는 필사적으로 앗수르 왕에게 또 다른 모든 사람에게 미친 듯이 도움을 청했으나 주님에게만은 도움을 청하지 않았다.

히스기야는 성전을 다시 열고 수리하였다. 그는 레위 사람들을 성결케 하고, 회개하였으며 음악, 시편, 희생을 포함한 올바른 예배를 바치었다 (29:20-36). 그는 명을 발하여 단에서부터 브엘세바까지 모든 사람들에게 유다로 와서 유월절을 지키라고 초청하였다. 그러나 많은 이스라엘 사람들은 그 초청을 조롱하고 비웃었다. 너무도 많은 전쟁을 치루었고, 너무나 많은 증오심이 치솟아 올랐다. 그러나 유다로 와서 유월절을 지켰던 사람들은 절기를 마치고 평안히 본성 기업으로 돌아들 갔다 (31:1). 역대기 기자는 히스기야의 환대를 사용하여 이스라엘 백성들은 어디에서나 정치적인 장벽을 가로지를 수 있으며, 성전에서 중요한 절기들에 참석할 수 있고, 영적인 연합을 회복할 수 있다는 사실을 보여준다. 히스기야가 받은 상을 보면, 부, 오랜 평화로운 세월, 아플 때 치유함 받은 것, 선지자와 제사장들의 지원, 앗수르가 포위했을 때 살아남은 것, 다윗의 무덤에 장사지낸 것, 죽고 나서 예우를 받은 것 등 다양하다.

요시야의 통치 기간에 잠깐 희망의 빛이 보인 것을 제외하고는, 사건은 내리막길로 치닫기 시작했다. 므낫세는 아들들을 희생시키며, 점치며 사술과 요술을 행하며, 이방 우상들을 하나님의 전에 들였다. 약간의 사건들이 있은 후, 앗수르 군대 장관들이 와서 왕을 쇠사슬로 결박하여 바벨론으로 끌어갔는데 (33:11), 이는 나중에 온 유다가 포로로 잡혀갈 것을 상징한다.

요시야의 개혁은 모든 사람들에게 희망을 주었다. 성전이 보수되는 동안 어느 제사장은 모세의 율법책을 발견하였다 (신명기의 일부분). 서기관 사반이 그것을 소리 내어 읽는 것을 듣는 동안, 요시야는 자기 옷을 찢고 소리 내어 통곡했다. 그는 역사상 가장 커다란 유월절을 준비하였다. 그러나 정치를 하는 동안, 그는 신생 세력들(애굽의 느고, 바벨론의 느부갓네살)과의 전쟁에

비고란

악화됨

휘말리게 된다. 전쟁터에서 중상을 입은 요시야는 예루살렘에서 죽게 되는데, 이와 더불어 유다의 희망 또한 죽게 된다.

여호야김, 여호야긴, 시드기야는 정치와 종교적인 혼란 가운데서 실책을 범했다. 유다와 유다 왕들의 죄악이 연루되었다. 바벨론은 성을 도륙하고, 솔로몬의 성전을 불태웠으며, 칼을 피한 대부분의 사람들을 포로로 끌어갔다. 앞으로 60년이란 세월이 흘러서야, 자애로운 바사의 고레스 2세의 칙령에 의해, 남은 자들이 고향으로 돌아오게 될 것이었다. 역대기 기자는 그가 말하고 싶은 요점을 밝혔다. 하나님은 언약을 맺은 백성들을 결코 저버리지 않을 것이다. 그러나 상급과 심판은 하나님의 섭리 속에서 뗄려고 해봐야 뗄 수 없는 부분에 속한다.

물론 일어나는 모든 일들이 다 원인과 결과 관계에서 일어난다는 말은 아니다. 당신은 이런 철학에서 벗어나는 것을 본 적이 있는가?

_____

_____

신실한 공동체의 모습

겸손하게 하나님의 지혜를 쉬지 않고 구하는 사람들은 강성하게 되고 번성할 것이다.

당신은 겸손과 지도력의 관계를 어떻게 이해하는가?

_____

믿음의 공동체가 타락해져 가는 원인을 찾아보라.

_____

역대기 기자는 그러한 타락에 대해 우리들에게 무엇을 요청하는가?

_____

철저한 제자

인간은 자기 이익을 추구하느라 너무나 자주 하나님을 찾으려는 소망을 뒤로 하게 되는 성향이 있다. 이러한 성향을 인정하면서, 철저한 제자는 충성된 믿음 훈련을 위해 기도와 회개의 생활을 게을리 하지 않는다. 그것도 한번으로 끝나는 것이 아니라 지속적으로 훈련해야 한다.

추가 연구

역대기에서 솔로몬에 대해 읽은 것을 염두에 두고, 열왕기상 4—11장에 있는 솔로몬에 대한 기사를 읽어 보라.

비고란

우리는 신실한 믿음의 공동체이기 때문에 하나님의 백성으로 함께 결속되기를 자유로이 선택한다.

재건하라

"바사 왕 고레스는 말하노니
하늘의 하나님 여호와께서 세상 모든 나라를 내게 주셨고
　나에게 명령하사 유다 예루살렘에 성전을 건축하라 하셨나니
이스라엘의 하나님은 참 신이시라
　너희 중에 그의 백성 된 자는 다 유다 예루살렘으로 올라가서
　이스라엘의 하나님 여호와의 성전을 건축하라 그는 예루살렘에 계신 하나님이시라."
—에스라 1:2-3

4 다시 건축하라

인간의 모습

때때로 용감하게 행동을 취해야 하거나, 썩 유쾌하지 않은 입장을 취해야 할 기회가 찾아온다. 전적으로 헌신해야 하고, 위험 부담이 크고 결과가 어찌될 것인지도 확실치 않기 때문에 주저하게 된다. 그럴 때 우리는 주춤거리고 망설인다. 장애물은 너무나 크고 치러야 할 대가 또한 만만치 않기 때문이다. 우리는 안전한 방법을 택한다.

성경 읽기

우리는 잃어버린 성읍과 잃어버린 유산에 대한 애도의 말로 시작한다. 그리고 포로생활에서 돌아와 성전과 예배와 도시와 성벽을 재건하려고 새롭게 소망을 갖는 것을 바라본다. 역사적인 세부사항보다는 신학적인 의미를 찾아 읽어라.

첫째　날: 예레미야애가 1—5장 (예루살렘에 대한 애가);
　　　　　에스라 1—2장 (고레스 칙령, 돌아온 포로들)
둘째　날: 에스라 3—6장 (성전 기초를 놓음; 재건에 대한
　　　　　반대, 다리오의 편지); 학개 1—2장 (예언자의
　　　　　권면과 경고); 에스라 7—10장 (에스라의 사명,
　　　　　이방 여인과의 결혼);
　　　　　시편 85편 (회복을 위한 기도)
셋째　날: 느헤미야 1:1—7:4 (느헤미야의 기도,
　　　　　예루살렘 귀환, 성벽 재건)
넷째　날: 느헤미야 7:5—10:39 (돌아온 포로들의 명단,
　　　　　율법 낭독, 공동 고백과 언약)
다섯째 날: 느헤미야 11—13장 (예루살렘 거주자들,
　　　　　성벽 봉헌, 느헤미야의 개혁);
　　　　　시편 147편; 149—150 (찬양 노래들)
여섯째 날: "생명나무의 열매"와
　　　　　"신실한 공동체의 모습"을 읽고 답하라.
일곱째 날: 안식

철저한 제자

철저한 제자란 하나님의 지시를 특별히 따르는 사람이라고 가정할 때, 금주의 성경에서 철저한 제자는 누구인가? 고레스라면, 어떤 면에서 그가 철저한가? 유배에서 돌아오는 사람들이라면, 어떤 면에서 그들이 철저한가? 에스라라면? 느헤미야라면? 다리오 왕이나 아닥사스다 왕이라면? 각양각색 사람들의 다양한 행동을 고려해 보라. 당신의 경우는 어떠한가? 하나님의 인도를 받는 중 당신은 어떤 특별한 부름을 받았는가?

금주의 시편

날마다 시편 126편을 소리 내어 기도하는 동안 그 기쁨을 창의적으로 표현할 방법을 생각해 보라. 춤이나, 그림이나, 배너를 사용해도 좋을 것이다. "새벽부터 우리 사랑함으로써" 찬송가를 찾아 가사의 뜻을 새겨 보라. 뿌릴 씨앗은 무엇인가? 거둘 수확은? 기뻐할 이유는 무엇인가?

기도

매일 성경공부하기 전에 드릴 기도:
　"주의 은택으로 시온에 선을 행하시고
　　예루살렘 성을 쌓으소서" (시편 51:18).

금주의 기도 제목:

재건하라

첫째 날: 예레미야애가 1—5장 (예루살렘에 대한 애가); 에스라 1—2장 (고레스 칙령, 돌아온 포로들)

둘째 날: 에스라 3—6장 (성전 기초를 놓음; 재건에 대한 반대, 다리오의 편지); 학개 1—2장 (예언자의 권면과 경고); 에스라 7—10장 (에스라의 사명, 이방 여인과의 결혼); 시편 85편 (회복을 위한 기도)

셋째 날: 느헤미야 1:1—7:4 (느헤미야의 기도, 예루살렘 귀환, 성벽 재건)

넷째 날: 느헤미야 7:5—10:39 (돌아온 포로들의 명단, 율법 낭독, 공동 고백과 언약)

다섯째 날: 느헤미야 11—13장 (예루살렘 거주자들, 성벽 봉헌, 느헤미야의 개혁); 시편 147편; 149—150 (찬양 노래들)

여섯째 날: "생명나무의 열매"와 "신실한 공동체의 모습"을 읽고 답하라.

제자

생명나무의 열매

포로들에게 귀환을 허락하는 고레스 왕 2세의 칙령으로 역대하는 끝을 맺고 이제 에스라가 시작된다. 에스라와 느헤미야를 읽을 때는 성전 기물의 개수를 세거나 혹은 귀환할 때마다 사람들의 수가 제대로 되어 있는지 알아맞히려고 애쓰지 말라. 왕이 아닥사스다 1세인지 혹은 2세인지도 신경 쓰지 말라. 역사는 어긋나 있다. 목록과 족보는 다시 조립되었다. 문서들은 이리저리 이어 맞추어졌다. 역사가는 자료들을 함께 모아 우리들이 보다 큰 사건을 이해하도록 도와준다. 만일 당신이 역사를 추적해 가는 데 시간을 보낸다면, 메시지를 놓치게 될 것이다. 돌아온 포로들의 목록을 연구하는 대신에 왜 그것이 포함되었는지 물어 보라. 온 나라 사람들이 상처를 입고 흩어졌다. 이제 그들에게는 다시 한 백성이 될 수 있는 기회가 주어졌다. 인간의 힘을 넘어, 온전한 헌신과 순수한 동기, 그리고 하나님의 도움으로 그들은 자신이 누구인가 하는 정체성을 다시 재확인할 수 있었고, 신앙의 공동체를 다시 얻고, 언약을 회복할 수 있었다. 때때로 신앙 공동체나 도시나 국가는 잿더미에서부터 일어나야만 한다. 그리고 다시 세우려고 씨름해야 한다. 에스라와 느헤미야가 쓰여진 목적은 그것이 이룩될 수 있다는 것이며, 지도자들이 그러한 명분에 헌신하고 있으면 그렇게 하는데 긴 세월이 걸리진 않는다는 것을 말하기 위함이다. 하지만 이때 백성들도 헌신해야 하며, 그것은 하나님의 목적과 계획에 부합하는 조건일 때 그러하다.

바사 왕의 칙령은 이스라엘의 역사의 한 장을 바꾸는 강력한 원천이 되었다. 창세기로부터 열왕기하는 창조, 약속, 출애굽, 땅, 족장, 영광, 의견 불일치, 재앙, 그리고 포로생활의 내용을 담고 있다. 동틀 무렵부터 파괴까지의 내용이라고 할 수 있다. 이제 이스라엘 백성은 미래를 향하고 있다. 하나님은 예레미야를 통해 포로들에게 약속을 주셨다. "여호와의 말씀이니라 너희를 향한 나의 생각을 내가 아나니 평안이요 재앙이 아니니라 너희에게 미래와 희망을 주는 것이니라" (예레미야 29:11). 과연 그것이 이루어질 것인가? 이스라엘은 과연 다시 시작할 수 있을 것인가?

하나님이 기름 부은 자

칙령은 청천벽력과 같은 하나님의 기적이었다. 바사(페르시아)는 나라의 정책을 반대로 바꾸었다. 앗수르가 도시를 부수고 인종을 섞었던 것과, 또한 바벨론이 성전을 허물어뜨리고 포로를 잡아갔던 것에 반해서, 바사의 고레스 왕은 지역으로 총독 관할 구역을 만들고, 강력한 군사력을 유지하면서 세금을 강제로 거두어들였다. 그러나 그는 지역의 전통을 존중하여 성전을 허물거나 사람들을 추방할 필요성을 전혀 느끼지 않았다. 이사야 선지자는 앗수르를 가리켜 하나님의 진노의 "지팡이"로 사용하였다고 하였지만, 고레스 왕을 가리켜 하나님의 "기름 부으신 자"라고 일컬었다.

"나 여호와가 말하노라…
　내 목자라 그가 나의 모든 기쁨을 성취하리라" (이사야 44:24, 28).

예전에 전쟁을 하던 나라들은 한 나라 군대의 신이 다른 나라 군대의 신과 싸우는 것이라고 믿었다. 그러나 고레스는 이보다 더 큰 시각을 가지고 있었다. 그는 인간사는 전능하신 하나님의 손에서 비밀히 행해지는 것이라고 보았으며, 자신은 세상 모든 나라를 통치하도록 하나님으로부터 선택 받은 사람이라고 믿었다 (에스라 1:2).

비고란

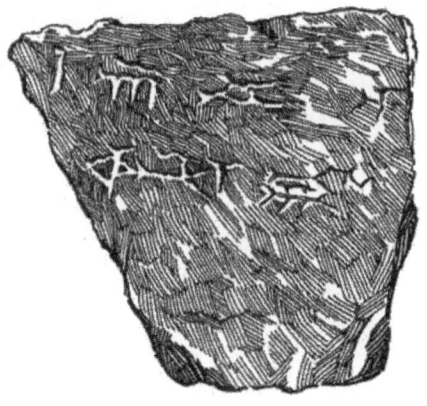

세포리스(Sepphoris)에서 발견된 이 돌로 된 항아리 조각은 페르시아 왕국 (주전 4-5세기) 시대 것으로 두 줄로 된 설형문자가 보인다. 이는 아람어와 바벨론어로 "왕, 아닥사스다"라고 기록되었다.

재건하라

비고란

그래서 칙령이 인정되고 봉해졌다. 바사 (페르시아) 제국 전역에 흩어져 있던 포로들은 이제 고향으로 돌아갈 수 있었다. 그러나 북쪽 열 지파 사람들은 거의 2세기 동안 포로생활을 하고 있었다. 그들에게는 집과 가정과 일터가 있었다. 그들은 소수민족이었고, 대개는 탄압을 받고 있었다. 그러나 그들에게는 살 장소가 있었다. 뿐만 아니라 그들에게는 정치적인 자유가 주어지지 않았다. 오직 성전을 건축할 자유가 주어졌을 뿐이었다. 예루살렘과 그 변방 유다 도시들은 결코 그들의 집이 아니었다. 솔로몬의 시대 이후로 그들은 성전에 대한 충성심도 가질 수 없었다. 지금 당신들이 이런 상황에 있다고 상상해 보라. 수세기가 지나는 동안, 가족은 뿌리를 잃은 채, 초라한 살림살이를 지고 머나먼 거리를 걸어와 이미 다른 사람들이 경작하고 있는 땅을 마주하고 있다고 상상해 보라. 아마도 당신은 선물과 덕담과 기도를 그들에게 주기를 원할 것이다. 당신은 다른 사람들이 떠나도록 내버려두고 싶을 것이다.

그러나 최근의 포로들, 즉 유다와 베냐민 지파에서 온 사람들은 바벨론으로 이송되어 온 지 겨우 50년밖에 되지 않았고, 고향에 대한 향수를 가지고 있었다. 그들은 시온을 기억하였다 (시편 137:1-6). 그들은 마음의 눈으로 도시와 예루살렘의 돌로 된 건물들과, 성전과, 성전으로 올라가는 길을 그려 볼 수 있었다. 몇몇 나이가 든 사람들은 실제로 연중 절기 때 성전으로 순례를 떠났던 일을 상상했다. 제사장들과 레위족은 자신들의 의무를 성취할 날을 꿈꾸었다. 그것은 수양의 뿔을 불고, 시편을 노래하고, 희생제물을 드리는 것이었다. 이렇게 예루살렘을 그리워하는 포로들은 하나님께서 "대로를 평탄하게 하리라"고 믿었다 (이사야 40:3). 유다 지파의 유대인들, 성전의 백성들은 새로운 유대 신앙의 심장에서 뛰는 고동소리가 될 것이다. 이 학자들과 제사장들은 미래의 믿음과 유대인의 관습들을 정리하여 구체적으로 만들게 될 것이다.

네 번에 걸친 포로 귀환

포로생활을 하던 사람들은 100년이 넘는 세월 동안 네 번에 걸쳐 귀환했다. 첫 번째 그룹은 세스바살이 인솔하여 돌아왔다. 그들은 깨진 벽돌들을 정리하고 티스리월(Tishri 일곱 번째 달, 9월/10월)에 제단을 쌓고 희생제물을 드렸다. 의심할 바 없이 그들은 바로 그 장소에서 다윗 왕이 희생제물을 드렸던 것과 나중에는 솔로몬 왕이 언약궤를 갓 지어진 성전 안에 일곱 번째 달에 두었던 것을 회상했을 것이다. 몇 년 만에 처음으로 그들은 숙곳 (Sukkoth), 즉 장막절을 축하했다. 두 번째 되는 해 그들은 성전을 위한 기초를 놓았으나 그 때에 정치적으로 반대세력이 그것을 저지했다. 기초는 건물 없이 덩그러니 놓여 있어서 절망의 상징을 보여주었다.

몇 년 후에 스룹바벨과 예수아가 두 번째 포로들을 인솔하여 돌아왔다. 학개와 스가랴 선지자의 권면에 힘입어, 다윗 왕의 후손인 스룹바벨과 대제사장 예수아는 성전을 재건하기 위해 일하기 시작했다. 새로운 왕 다리우스(주전 521-485)는 바사 영토에 있는 방백들에게 칙령을 발표하여 그 일이 진척되도록 하였으며, 국고에서 그 공사와 매일 희생에 필요한 자금을 대도록 해주었다. 외국에 있는 포로들의 도움과 (학개 2:6-9) 자신을 위해 기도해 줄 것을 요청한 다리우스 왕의 도움을 입어, 그들은 짧은 기간 안에 그 과업을 완수하였다 (주전 515). 나이가 든 사람들은 눈물을 흘렸는데, 새 성전에는 그들이 기억 속에 있는 성전만큼 장식물이 없었기 때문이다. 그러나 젊은 사람들은 환호하였다. 그들은 하나님의 도움으로 성전을 지었기 때문이다.

이 금으로 만든 그릇은 주전 522년에서 404년 사이에 바사의 금 세공인에 의해 만들어졌다. 다리우스라는 이름과 더불어 바사의 설형문자가 새겨져 있다.

35

제자

돌아온 사람들은 외적으로나 내적으로 심각한 반대에 부딪혔다. 외적인 반대 세력은 "그 땅의 거주민"들이었고, 그들은 처음부터 이들을 괴롭혔다. 이들은 인종적으로나 종교적인 배경이 혼합된 사람들이었는데, 이들은 앗수르가 지역민의 자존심과 반동을 일으킬 가능성을 약화시키기 위해 인종을 혼합하는 정책으로 생긴 사람들이었다. 안으로 유입된 다른 종족의 사람들은 유대인 농부와 일꾼들과 결혼을 했었다. 귀환한 유대인들의 눈으로 보면, 그들은 이방인이요, 종교적으로는 의심쩍었고, 신앙을 오염시킨 사람들이었다. 만일 그 땅에 거주하는 사람들이 성전을 짓는 것을 돕게 된다면, 그들은 예배를 행하는 것도 돕게 될 터인데 그렇게 되면 예식적으로 정결치 못한 분위기를 조성하게 될 것이었다. 일찍이 모세가 "너는 네 하나님 여호와의 성민이라"(신명기 14:2)고 하지 않았던가? 우상숭배로 인해 부도덕하게 행하는 것이야말로 바로 예루살렘의 파멸을 불러온 것이라고 유다 포로들은 믿고 있었다.

내적인 문제 또한 마찬가지로 힘들었다. 돌아온 포로들 중 일부는 자기네들이 살 집을 짓고 생활을 하느라 너무 바빠서 성읍이나 성전에 대해 아무런 생각을 하지 않고 무관심했다. 학개 선지자는 "이 성전이 황폐하였거늘 너희가 이 때에 판벽한 집에 거주하는 것이 옳으냐…너희는 산에 올라가서 나무를 가져다가 성전을 건축하라 그리하면 내가 그것으로 말미암아 기뻐하고 또 영광을 얻으리라 여호와가 말하였느니라" (학개 1:4, 8). 그리고 나서 경제가 나빠지기 시작했다. 비도 내리지 않고 땅의 소산도 없고 물가는 높이 치솟았다. 어떤 사람들은 성전 건축이 시기상 맞지 않다고 불평하였다. 학개는 그들이 미루었기 때문에 어려운 일이 일어났다고 주장하였다.

에스라의 율법에 대한 정열

그 다음으로 바벨론에서 돌아온 그룹은 반세기가 지난 후 에스라는 학자가 인솔해서 돌아온 포로들이었다. 에스라의 자격은 전혀 나무랄 데가 없었다. 조상을 따라 올라가자면, 그는 모세의 형이며 대제사장인 아론의 후손이었다. "그는 이스라엘의 하나님 여호와께서 주신 모세의 율법에 익숙한 학자로서" (에스라 7:6). 그가 가진 목적은 뚜렷했다. 종교적인 율법을 알고, 준수하고, 기록하고, 이름 붙일 신앙 공동체를 이룩하는 것이었다. 왜냐하면 에스라는 "여호와의 율법을 연구하여 준행하며 율례와 규례를 이스라엘에게 가르치기로 결심하였기" 때문이다 (7:10).

에스라는 대개가 제사장으로 이루어진 가장 경건한 가족들을 중심으로 하여 구성원들을 모았다. 그들 가운데 레위 사람들이 없는 것을 보자, 그는 이러한 종교적인 공백을 메우기 위해 여러 사람들을 모집하였다 (8:15-20). 그러고 나서 그는 안전하게 여행을 할 수 있도록 금식기도를 선포하였다. 아닥사스다 왕의 편지와 기도로 무장하고서 그는 여정을 시작하였다. 비록 그들이 성전을 위한 보화를 지니고 있었지마는 그는 군대의 호위를 요구하지 않았다. 그는 왕에게 하나님께서 그들과 함께 계시며 그들을 보호해 주실 것이라고 말하였다 (8:21-23). 도착하자마자, 됨됨이가 바른 인물이었던 에스라는 금, 은, 기물의 수가 어떻게 되는지 철저히 계수하였다 (8:33-34). 그는 희생제물을 드리는 것으로 여행을 끝맺었으며 (8:35) 왕의 조서를 지방 총독들에게 전하였다 (8:36).

곧이어 에스라에게 어떤 사람들이 이방 여자를 아내로 맞아들였다는 소식이 들렸다. 에스라는 머리털을 뜯고, 옷을 찢으며, 금식하면서 기도하였다. 영

비고란

재건하라

적으로 공동체는 위기에 처해 있었다. 만약 그들이 풍습을 문란하게 했다면 그들은 엉망이 되는 것이었다. 무엇보다도 이방 아내들이 들여온 이방 신들과 이방 풍습들은 유다가 멸망당하고 포로로 잡혀가게 만들었다. 그들은 우상숭배로 인해 벌을 충분히 받지 않았던가?

율법의 초기에는 그러한 결혼을 금지하지 않았었다. 오직 이방 예배만 금했을 따름이었다. 그러나 솔로몬을 비롯한 후대의 왕들은 그들이 결혼한 이방 아내들이 자기들의 풍습을 따라 우상들을 예배하도록 내버려두었다. 이방 우상들을 받아들이게 된 것으로 말미암아 하나님과 선지자들이 진노하게 되었다. 먼 옛날, 이스라엘 백성들이 새로운 가나안 땅에 들어가기 전에 모세는 가나안 백성들과 혼인하지 말라고 경고했었다. 혼인을 하게 되면 우상과 신성한 막대기들과 그들의 이방 제단들이 따라올 것이기 때문이었다 (신명기 7:1-6). 율법은 이혼을 요구하지도 않았으며, 유대인 아버지더러 그들 자녀들을 멀리 보내라고 요구하지도 않았다. 그러나 에스라는 그렇게 해석했다. 그들이 종교를 잃어버리면 그들은 모든 것을 잃어버리게 되는 것이었다. 배타적인 것이 그 당시의 질서가 되었다.

춥고 비가 내리는 날, 에스라는 모인 사람들에게 고백하게 하였다. 몇몇 남자들이 아내와 아이들을 본국으로 돌려보내라는 요구에 반대했다. 하지만 에스라와 대다수의 사람들의 의견이 우세했다. 이스라엘은 "성별됨"을 재확인하고 "거룩한 씨"가 되려는 요구를 느끼게 되었다. 이러한 상황을 해결하기 위해 이혼을 법률화하지는 않고 언약이 맺어졌다. 석 달에 걸쳐서 110 가정이 아내와 자녀들을 분리시켜 원래 가족으로 돌아가게끔 만들었다.

느헤미야의 성벽 재건의 비전

바벨론에서 동쪽으로 200마일 떨어진 겨울 왕궁인 수사 궁에서 아닥사스다의 충실한 관원 느헤미야는 얼굴에 수색이 가득하였다. 느헤미야는 형제 하나니로부터 예루살렘 성벽이 파괴되었다는 소리를 들었다. 강도들이 도시를 배회하고 무역업자와 외국인들이 안식일을 모독하였다. 인근 지역은 경제적으로 낙후되었다. 성전은 파괴되었고 백성들은 낙담하였다.

느헤미야는 왕에게 나아갈 수 있었다. 그는 왕이 독살되는 것을 방지하기 위해 왕에게 드리는 모든 포도주들을 선택하고 맛보고 술 시중드는 일을 맡고 있었다. 왕과 느헤미야 간의 신뢰도는 아주 높았다. 왕이 느헤미야에게 수색이 있음을 알아채자, 느헤미야는 조심스레 간청할 준비가 되어 있었다. 즉 열조의 무덤이 있는 도시를 재건하는 것이었다. 왕은 결근을 허락해 주었고, 유대의 종교법과 바사 제국의 법을 들어 질서를 회복할 수 있도록 허락하였고, 성벽을 재건하도록 허락해 주었다. 곧 이어 그는 느헤미야를 유다의 총독으로 임명하였다. 군대의 호위를 받으며 느헤미야는 다른 유대 사람들과 함께 오늘날 이란으로부터 시리아를 거쳐 예루살렘에 이르게 된다. 이 일단의 귀환자들은 유다로 돌아온 네 번째 무리에 속했다.

에스라처럼 느헤미야는 사흘만 휴식을 취하였다. 그리고 나서 밤에 은밀히 그는 고대의 벽을 조사하다가 무너지고 부서진 돌과 타다 남은 나무로 된 문을 보게 되었다. 느헤미야는 온 힘을 다하여 좌절에 빠진 일단의 사람들에게 도전을 하였다. 그는 기도로 또한 밤낮으로 일하면서 (그와 함께 한 사람들은 그와 더불어 옷을 입고 잠을 잤다) 오만에 빠지지 않도록 주의하였다 (그는 자문을 구하기 위해 공동체를 소집하였다).

비고란

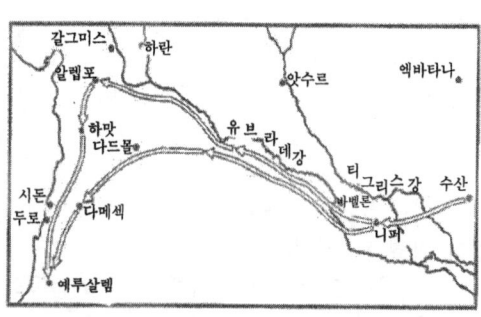

예루살렘으로 귀환하는 포로들은 4번에 걸쳐 다른 시기에 돌아왔으며 아마도 두 가지 다른 경로로 왔을 것으로 추정된다. 수사에서부터 출발한 북쪽 경로는 바벨론에서 유브라데 강을 따라 알렙포로 와서, 그런 후 남쪽으로 틀어 예루살렘으로 돌아왔다. 이보다 정착이 덜 된 지역을 통과한 남쪽 경로는 북쪽 경로보다 짧았지만 더 위험했다.

제자

지도자로서 느헤미야는 사람들 앞에 거룩한 비전을 제시하였다 "우리가 당한 곤경은 너희도 보고 있는 바라…자, 예루살렘 성을 건축하여 다시 수치를 당하지 말자" (느헤미야 2:17). 그는 사람들에게 전심으로 일하자고 간청하였고 성벽의 일부분을 각 단체 혹은 가족에게 배당하였다. 다른 지도자들도 경험한 바 있는 반대가 드세어지기 시작했는데, 이는 바야흐로 성벽이 눈에 보였기 때문이다. 성벽은 정치적이고도 경제적인 현실성을 동반하였다. 정적들이 느헤미야와 백성들을 둘러쌌다. 북으로는 사마리아의 산발랏으로부터, 동으로는 도비야와 암몬족이, 남으로 그리고 남동으로는 게삼과 아랍이 에워쌌다. 서쪽으로는 아쉬돗과 고대 블레셋 족속이 있었다. 산발랏은 협박을 시도했다 "제사를 드리려는가" (4:2). 도비야는 사기를 꺾으려 했다 "그들이 건축하는 돌 성벽은 여우가 올라가도 곧 무너지리라" (4:3). 느헤미야가 술수에 불과한 초청에 어떻게 응했는가를 보면 우리는 용기를 얻게 된다. "내가 이제 큰 역사를 하니 내려가지 못하겠노라" (6:3). 스마야 같은 내부의 사람들 가운데 뇌물을 받은 자가 있었다. "그들이 너를 죽이러 올 터이니 우리가 하나님의 전으로 가서 외소 안에 머물고 그 문을 닫자." 느헤미야는 "나 같은 자가 어찌 도망하며 나 같은 몸이면 누가 외소에 들어가서 생명을 보존하겠느냐 나는 들어가지 않겠노라" (6:11) 라고 대답한다.

건축을 하는 도중에 위기상황이 돌발했다. 부유한 자들이 일꾼들의 삶을 힘들게 하고 있었다. 농부들은 성벽을 짓느라고 7월부터 9월초까지 집안일을 등한시했는데 이는 건조기였다. 부유한 유대 귀족들은 대부를 조기 상환할 것을 요구했다. 그들은 빚을 갚는 조건으로 장성한 자녀들에게 일을 부리고, 외국인들을 빚 대신 노예로 팔기도 했으며, 농부의 땅을 가져가기도 했다.

느헤미야는 노발대발했다. 그는 부한 자와 가난한 자나 다함께 공동체를 소집했다. 그는 유대 법을 깨뜨린 부자들을 꾸짖었다. 유대인들은 다른 유대인들에게 이자를 부과하는 것이 금지되어 있었다 (신명기 23:20). 친족들이 노예가 되도록 강요하는 것도 금지되어 있었다. 느헤미야는 말하기를 "우리는 이방인의 손에 팔린 우리 형제 유다 사람들을 우리의 힘을 다하여 도로 찾았거늘 너희는 너희 형제를 팔고자 하느냐 더구나 우리의 손에 팔리게 하겠느냐" (느헤미야 5:8). 부자들은 가난한 자들을 향한 안전장치를 주기 위한 언약을 깨어 버렸다 (레위기 25장).

느헤미야는 모든 사람들에게 자신은 총독의 경비를 사용하지 않을 것이라고 말했다. 또한 그는 이자 없이 일꾼들에게 대부해 주었고 아울러 음식으로 선물 또한 주었으며, 자기 경비로 매일 150명을 자기 식탁에서 먹이고 있다고 말했다. 그의 말을 듣고 귀족들은 수치심으로 침묵했다. 그들은 땅과 백성을 돌려주겠다고 동의했다. 이자 또한 돌려주겠으며 공동체를 유지하는데 도움을 주겠노라고 약속했다. 유혈이나 폭동 없이 위기는 가라앉고 공사는 계속되었다.

느헤미야는 성벽을 52일 만에 재건했다. 산발랏과 도비야의 조소는 잠잠해졌다. 두 번째 의무를 감당할 때 느헤미야는 성전 안에 방을 지은 도비야를 축출하였다. 더불어 그는 안식일을 거슬리는 상인들을 중단시키고, 제사장들과 레위 사람을 지원하기 위해 십일조를 재확인하였다.

에스라는 신학적인 분위기를 조성하였다. 느헤미야는 정치적인 구조를 만들었다. 예루살렘과 성전은 바사와 희랍 제국보다 오래 지속될 것이고, 온 세계에 있는 유대인들을 지원하고 용기를 북돋아 줄 것이었다. 에스라와 느헤미야는 끝내 승리하였다.

비고란

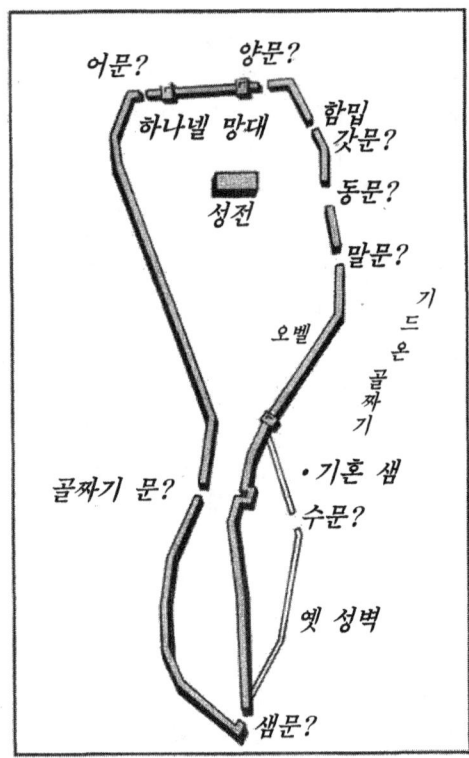

에스라와 느헤미야가 성을 재건한 포로 이후의 예루살렘은 포로 이전 시기보다 훨씬 크기가 작았다. 성벽의 동쪽 경사면은 기드온 골짜기 위로 훨씬 높게 세워졌다. 남아있던 성의 대부분은 폐허 상태였다.

재건하라

배타성과 포괄성 사이에서 생기는 긴장은 모든 신앙 공동체를 괴롭히는 것이다. 배타성과 포괄성의 장점과 단점을 지적해 보라.

_____

_____

신실한 공동체의 모습

하나님은 새로운 기회를 열어 주신다. 하나님은 사람들에게 새로운 힘을 가지고 위대한 일을 이루도록 하기 위해 함께 일하도록 영감을 주신다.

하나님의 능력이 당신과 당신의 그룹이 어떤 중요한 일을 이루도록 힘을 주셨던 일을 경험한 것이 있으면 서로 나누어보자.

_____

_____

_____

당신의 공동체가 꼭 해야 할 일 가운데 지금이 그때라고 생각이 드는 일이 있는가?

_____

_____

어떤 명분에서 당신은 다른 사람과 손잡을 용의가 있는가? 반대에도 불구하고 위험을 불사할 그런 경우는 어떤 경우인가?

_____

_____

_____

하나님의 지시에 응답하려고 노력하다가 당신 스스로 한계에 처할 때, 당신은 어떻게 자신의 의심이나 다른 사람의 의심에 대처하는가?

_____

_____

_____

추가 연구

유다를 포함, "유브라데 강 너머 지경"에 있는 바사의 정책에 대해 알 수 있는 만큼 연구하라. 성경사전, 주석, 백과사전, 그리고 인터넷을 참고하라.

비고란

> *우리는 신실한 믿음의 공동체이기 때문에 듣지 않으려고 하기보다 들을 준비를 하며, 행동하지 않으려고 하기보다 행동할 준비를 한다. 이는 하나님의 부르심과 지시에 응답하기 위함이다.*

이기라

"이 때에 네가 만일 잠잠하여 말이 없으면 유다인은 다른 데로 말미암아
놓임과 구원을 얻으려니와 너와 네 아버지 집은 멸망하리라
네가 왕후의 자리를 얻은 것이 이 때를 위함이 아닌지 누가 알겠느냐 하니"
—에스더 4:14

5 이 때를 위함이 아닌지

인간의 모습

다르다는 것은 문제가 될 수 있으며, 심지어는 위험해질 수도 있다. 차라리 자신이 믿고 있는 것을 혼자만 간직하는 것이 낫다. 더구나 우리가 말하고 행동하는 것으로 인해 다른 사람들의 기분을 상하게 하고 싶지는 않다. 자신의 신념에 진지하다보면 사람들끼리 다른 길로 마찰을 일으킬 수 있는 것 같다. 우리는 다른 사람들, 특히 권력을 가진 사람들과 잘 어울려서 살기를 원한다. 문제를 피해 사는 것이 더 좋다.

성경 읽기

유대인 공동체에서 에스더는 매년 부림절에 읽혀진다.

첫째 날: 에스더 1—2장 (와스디 왕후, 모르드개와 에스더, 에스더가 왕후가 됨); 출애굽기 17장 (이스라엘이 아말렉을 무찌름)

둘째 날: 에스더 3—4장 (하만이 음모를 꾸밈, 에스더는 백성을 돕기로 계획함); 사무엘상 15장 (사울과 아멜렉과의 전쟁)

셋째 날: 에스더 5—6장 (에스더의 향연, 명예를 얻은 모르드개)

넷째 날: 에스더 7—8장 (에스더의 향연, 하만의 죽음, 모르드개의 승진)

다섯째 날: 에스더 9—10장 (유대인의 대적이 패함, 부림절)

여섯째 날: "생명나무의 열매"와 "신실한 공동체의 모습"을 읽고 답하라.

일곱째 날: 안식

금주의 시편

매일 시편 83편을 큰 소리로 기도하는 동안 에스더의 백성들을 염두에 두라. 시편 기자가 생전에 이스라엘을 위협하던 여러 나라와 국민의 이름을 언급하는 동안 유대인들이 역사를 통하여 겪었던 여러 형태의 박해를 염두에 두라. 매일 이스라엘과 그 이웃나라들을 위해 그들 모두에게 도움이 되는 방향으로 평화를 이루도록 기도하라.

기도

매일 성경 공부하기 전에 드릴 기도:
"주께서 사랑하시는 자를 건지시기 위하여
주의 오른손으로 구원하시고 응답하소서"
(시편 60:5).

금주의 기도 제목:

이기라

첫째 날: 에스더 1–2장 (와스디 왕후, 모르드개와 에스더, 에스더가 왕후가 됨); 출애굽기 17장 (이스라엘이 아말렉을 무찌름)

둘째 날: 에스더 3–4장 (하만이 음모를 꾸밈, 에스더는 백성을 돕기로 계획함); 사무엘상 15장 (사울과 아멜렉과의 전쟁)

셋째 날: 에스더 5–6장 (에스더의 향연, 명예를 얻은 모르드개)

넷째 날: 에스더 7–8장 (에스더의 향연, 하만의 죽음, 모르드개의 승진)

다섯째 날: 에스더 9–10장 (유대인의 대적이 패함, 부림절)

여섯째 날: "생명나무의 열매"와 "신실한 공동체의 모습"을 읽고 답하라.

제자

생명나무의 열매

유대인들은 기억하기 위해 에스더를 읽는다. 그들은 박해와 학살의 역사 속에서 아직도 살아남아 있다는 사실을 기억하고 경축하기 위해서 에스더를 읽는다. 이 책의 저자는 에스더의 이야기를 바사(페르시아)의 역사 속에서 전개하고 있지만, 그 메시지는 언제나 필요하다. 현 세대를 포함한 유대인의 역사의 대부분은 다음과 같이 특정지어 말할 수 있다: "한 민족이 왕의 나라 각 지방 백성 중에 흩어져 거하는데 그 법률이 만민의 것과 달라서 왕의 법률을 지키지 아니하오니 용납하는 것이 왕에게 무익하니이다" (에스더 3:8).

포로가 된 유대인

모르드개와 에스더는 디아스포라라고 불리는 흩어져 사는 유대인들이었다. 이스라엘의 지파들 중에서 가장 작은 베냐민 지파 사람이었던 모르드개는 바사의 궁정에서 일하는 말단 관리였다. 그에게는 어린 사촌 여동생 에스더가 있었다. 그는 고아인 에스더를 딸 같이 양육하였다. 그녀의 히브리어 이름은 하닷사로 "은매화"라는 뜻이었으며, 바사 이름은 에스더로 "별"을 뜻했다.

하만은 아말렉 (아각) 사람의 후손이었는데, 아멜렉은 유대인들에게는 처음부터 가장 치열한 원수였다. 아각이나 아말렉 사람이라는 말만 들어도 분노와 공포가 끼쳐오곤 했다. 이런 오래된 대립 때문에 모르드개는 하만 앞에 고개 숙이기를 거절한 것일까? 하만의 분노는 이해하기도 어렵고 너무나 급작스럽다. 그는 단지 한 사람이 무례하다는 이유로 대학살을 계획하게 되었다. 그의 과대망상적인 반응은 오래된 적대감에 대한 기억 때문이었을까?

권력을 쥔 사람은 아하수에로 왕이다. 그는 장장 180일에 이르는 거창한 잔치를 베풀면서 이야기에 등장한다. 어떻게 잔치—비록 바사 제국의 잔치였지만—가 6개월이나 지속될 수 있었을까? 그리고 나서 그는 7일간 계속되는 두 번째 잔치를 베풀었다. 그는 만반의 준비를 갖추었다. 저녁 잔치는 과시와 과장의 극치를 이룸으로써 권력을 드러내었는데, 금으로 만든 걸상, 진주와 색색 보석으로 된 뜰, 금잔에 든 포도주가 쉴 틈 없이 채워졌다.

남자들 모두가 술에 만반했을 때, 왕은 와스디 왕후더러 사람들 앞으로 나와 그녀의 아리따움을 과시하라고 청하였다. 왕후는 면류관만 쓰고 나오도록 지시를 받았을까? 우리는 알 수 없다. 하지만 왕후는 그 청을 거절했다. 페르시아의 왕은 자신의 부인조차 지배할 수 없다. 커다란 제국을 다스리고 있는 권력자들은 한 무리의 술 취한 익살꾼에 지나지 않았다. 우리는 잠언에 나오는 구절을 상기하면서 웃음을 터뜨리게 된다.

"교만은 패망의 선봉이요
거만한 마음은 넘어짐의 앞잡이니라" (잠언 16:18).

세상의 눈으로 보면 위풍과 당당함이 힘과 영광으로 보이지만, 하나님의 눈으로 보면 그것들은 물위에 뜬 거품과도 같다. 아하수에로 왕은 그에게 조언을 주는 사람들을 주위에 모으지 않고는 결정조차 내릴 수 없는 것처럼 보인다. 그는 자신이 내린 조서에 얽매이게 된다. 과장은 계속되어진다. 미스 바사 경연대회를 위한 준비가 1년간 계속된다. 하만은 한 사람이 자신에 대한 존경을 보이지 않는다는 이유로 민족 전체를 말살하려는 계획을 세운다. 75피트나 높은 커다란 교수대가 세워진다. 그리고 반역 음모로 75,000명의 유대인을 대적으로 몰아 하루 동안에 죽일 계획을 세운다.

비고란

아하수에로의 페르세폴리스 (Persepolis) 궁정의 연회장에 이르는 복도에서 발견된 이 돌로 된 부조는 주전 465년에 만들어진 것인데, 왕관을 쓴 아하수에로 왕자가 그의 아버지 다리오 1세의 왕좌 뒤에 서 있다.

이기라

남자 대 여자라는 부차적인 이야기 또한 흥미롭다. 아하수에로 왕은 와스디 왕후를 퇴위시키나, 왕후 와스디야말로 강한 인물로 묘사되고 있다. 왕은 어찌 할지를 몰라 회의를 소집해야 했다. 남편은 자기 집을 주관해야 한다는 조서를 내린다는 것은 우리의 웃음을 자아낸다. 하만의 처 세레스는 교수대가 얼마나 높아야 할지를 그에게 말해 준다. 그는 문제가 생길 때마다 아내에게 조언을 구하러 간다. 이야기 마지막을 보면, 결정을 내리고, 자기 백성을 구하고, 부림절을 제정하는 것은 왕의 아내인 여자 에스더이다.

이야기의 힘

다소의 유대교 학자들과 기독교 학자들은 에스더가 성경에 포함되는 것에 의문을 가져 왔다. 히브리 본문에는 하나님의 이름이 하나도 언급되어 있지 않다. 사람들은 금식을 하지만 기도는 하지 않는다. 아무도 안식일을 지키지 않으며, 음식 법에 관심을 기울이지도 않고, 회당에 가지도 않으며, 토라를 존중하지도 않는다. 이와 대조적으로, 이 책에는 예민한 종교적인 양심을 거스르는 것들이 많이 있다. 즉 거나하게 취한 향연, 남자가 여자를 미의 대상으로 과시하는 것, 왕후 간택을 위해 침소에서 시험을 해 보는 것, 거친 야망을 계획하는 것, 교수대, 살해로 정점을 이루는 분노 등이다. 수세기에 걸쳐서 어떤 사람들은 에스더에는 종교적인 내용도 없고, 경건한 내용도 전혀 담겨져 있지 않다고 말하여 왔다. 그러나 하나님은 우리에게 성경을 주셨다. 유대교와 기독교 공의회는 우리에게 에스더서를 주었다. 왜일까?

성경은 인간의 모습에서 물러서지 않는다. 성경은 우리 눈앞에 거울을 갖다 대고 교만과 잔혹한 일, 탐욕과 권력의 남용, 오래된 적대감의 분출, 성을 사용하고 오용하는 것, 분노와 복수 등을 보여준다. 우리가 살고 있는 세상 어딘가에서 에스더가 재현되지 않는 날이란 하루도 없다.

모르드개를 위해서 높게 교수대를 세우는 망치질 소리가 들렸을 때, 에스더가 남편의 왕궁에 들어가기를 두려워하면서 3일 동안 금식하고 있었을 때, 대학살의 조서가 구체적으로 이루어지고 있었을 때, 성급한 권력자가 유대인들을 파멸시키려는 자세를 취하고 있었을 때 하나님은 숨어 계시고 부재하시는 것처럼 보였다.

모르드개가 양딸에게 이렇게 도전을 던질 때 우리는 충격을 받는다. "네가 왕후의 자리를 얻은 것이 이 때를 위함이 아닌지 누가 알겠느냐" (에스더 4:14). 우리의 결심은 왕후 에스더가 이렇게 말할 때 힘을 얻는다. "이렇게 금식한 후에 규례를 어기고 왕에게 나아가리니 죽으면 죽으리이다" (4:16).

그러나 기다려 보라. 하나님의 침묵은 부재가 아니라 하나님의 신비를 의미할 수 있다. 하나님의 이름이 불러지지 않더라도 하나님은 죽으신 것이 아니다. 과연 모르드개가 내시들의 암살 음모를 듣게 된 것이 우연이었을까 (2:19-23)? 과연 에스더가 그 땅에서 가장 어여쁜 여인으로 뽑히게 된 것이 우연이었을까? 모르드개의 말에서 하나님이 암시하시는 것을 들어라. "이 때에 네가 만일 잠잠하여 말이 없으면 유다인은 다른 데로 말미암아 놓임과 구원을 얻으려니와" (4:14). 이름은 비록 사용되지 않지만, 현존은 느껴진다. 심지어 하만과 그 아내 세레스의 대화에서도 하나님의 행하심이 반영되고 있다. 세레스는 말한다. "모르드개가 과연 유다 사람의 후손이면 당신이 그 앞에서 굴욕을 당하기 시작하였으니 능히 그를 이기지 못하고 분명히 그 앞에 엎드러지리이다" (6:13). 사태는 반전되었다.

비고란

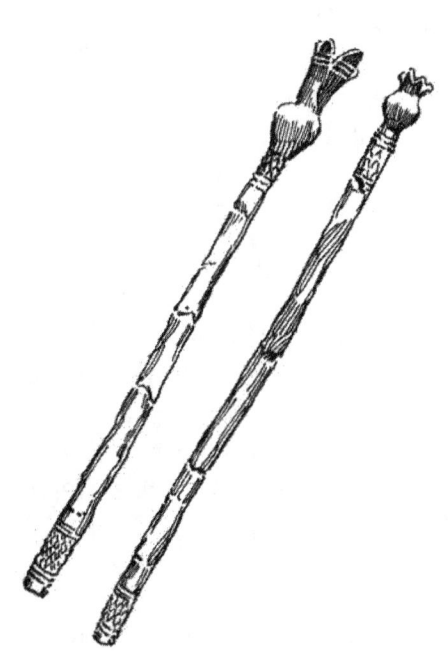

라키쉬에 있는 신전에서 발견된 이 두 개의 상아 홀은 머리 부분에 석류 모양의 조각이 되어 있다. 연대는 주전 13세기의 것이다. 고대 근동에서 홀은 치리자의 권력과 권위의 상징이었다. 이보다 더 세련된 몽둥이나 클럽은 무기로 사용되었다. 금으로 된 홀을 에스더에게 뻗침으로써 왕은 그의 호의나 환영의 뜻을 나타내었다. 그것을 만짐으로써 에스더는 그의 권력에 대한 두려움 없이 그의 애정을 인정하였다 (에스더 5:2).

제자

왜 이 이야기 속에 대학살이 들어있을까? 우리가 잔인함을 정당화하지 않더라도, 생존의 위협을 느낄 때 백성들이 가지는 보복감을 이해할 수 있다. 박해받는 백성들에게서는 분노가 솟아날 수 있다. 시편과 마찬가지로 에스더는 사람의 마음속에 있는 갖가지 감정들을 불러일으킨다. 그러한 이유 때문에 우리가 에스더를 읽을 때 함께 웃는 것이 좋다. 우리 스스로가 얼마나 우스꽝스러운가 하는 사실 때문에 웃는 것이 좋다. 우리가 거들먹거리거나, 다른 사람 앞에 으스대거나, 다른 사람들을 시샘하거나, 상대가 우리와 다르다는 이유로 투덜거릴 때, 우리가 세운 제일 근사한 계획들이 반대에 처하게 될 때 우리는 웃을 필요가 있다.

히브리어 본문과 희랍어 본문

에스더는 히브리어 본문(마소라 본문)과 희랍어 원본을 희랍어로 번역한 것 (70인역) 두 가지가 있다. 이 둘은 비슷한데 예외적인 것은 에스더의 희랍어 번역은 부록 6장이 더 추가되어 있다. 이렇게 추가되어진 부분이 우리가 외경이라고 부르는 곳에 나타나 있다. 이 추가된 부분은 이야기의 드라마틱한 면을 고양시키고 있으며, 유대인이 경건생활을 하는 데 있어서 문화와 타협하지 말아야 할 것을 강조하고 있다.

부림절

유대인들은 에스더를 부림절에 읽는다. 부림은 부르에 의해 지정된 날을 뜻한다. 부르 (Pur) 혹은 "제비뽑기"는 보통 표시가 된 돌로 된 것인데, 바사인들이나 유대인들은 의사결정을 내리기 위해 제비를 던졌다. 모르드개에게 앙심을 품은 하만은 유대인을 파멸시키기 위한 길을 정하기 위해 제비(부림, 부르의 복수형)를 던졌다. 제비는 십이월 곧 아달월 (2월/3월)의 13일에 던져졌다. 이후에 왕이 모르드개와 에스더에게 이를 철회하는 명령을 내리도록 허락했을 때, 유대인들은 자신들의 파멸을 위해 정해진 날에 자신들을 변호하도록 허락되었다.

부림은 생존과 박해로부터의 구원을 경축하는 것이다. 부림은 유월절이나 장막절 혹은 다른 절기들처럼 모세의 율법에 그 기반을 두고 있지는 않다. 그러나 에스더서에 의해 지키도록 규정이 지어진 부림절은 유대 역사와 전통에서 태어난 자유를 경축하는 의미가 있다. 아달월의 13일에 일어난 승리를 기념하면서 부림절은 14일에 행해지며, 또는 15일까지 지속되기도 한다. 에스더의 금식은 13일에 행해졌다. 그날 저녁, 유대의 하루가 시작되면, 유대인들은 손으로 쓰여져 에스더의 편지처럼 조심스레 접혀진 두루마리 메길라 (Megillah)를 펴서 읽었다. 다음날 아침 에스더는 다시 한번 출애굽기 17:8-16과 더불어 읽혀졌다. 남녀노소 없이 모든 사람들이 꼬까옷을 입고 즐겁게 축하를 드렸다. 하만의 이름이 읽혀질 때, 갓난아이들은 딸랑이를 흔들었으며, 어린이들은 야유를 했으며, 어른들은 발로 쿵쾅거리는 소리를 냄으로써 무시무시한 이름이 들리지 않게 쫓아버렸다. 부림절 파티는 잔치와 술, 노래와 춤으로 승리를 축하하는 것이었다.

부림절에 음식을 선물로 교환했다. 적어도 친구 사이에는 두 가지 선물을, 가난한 자에게는 한 가지 선물을 교환했다. 가난에 찌든 유대인들은 자선을 받지는 않았지만 신앙의 공동체 안에서 친구로부터의 선물은 받았다. 부림절이 끝난 후 집들을 청소하는 것으로 정결 의식이 시작되었으며, 사람들은 유월절 준비를 시작했다. 여자인 에스더는 부림절에 바사에 살던 유대인들을 구

비고란

추가 부분. 히브리어 본문에서는 기도에 대한 언급이 없다. 그러나 추가된 외경에서 모르드개는 과거에 있었던 하나님의 위대한 업적을 상기하면서 오랫 동안 열심히 기도한다 (13:8). 추가된 외경 부록에서 에스더는 금식만 하는 것이 아니다. 왕후의 옷을 벗어버리고, 향수를 씻어 없애고, 베옷과 재를 뒤집어쓰고 이스라엘의 주 되신 하나님께 기도한다 (14:1-3). 독자가 하나님의 섭리에 따를까 의심하면서 추가 부분에서는 하나님의 이름을 부르고 있다. 하나님 혹은 주님이 50번이나 넘게 언급되고 있다.

추가 부분에 있는 모르드개의 꿈에서는 온 세상이 위기에 잠겨있다. 인간의 음모는 엄청난 우주의 싸움으로 확장되고 있다. 선과 악은 전투 속에 잠겨있는 것 같다. 그래서 씨름은 단지 하만과 모르드개 사이가 아니라 우주의 세력에서 일어나고 있다.

추가 부분에서 에스더는 하나님께 이야기한다. "나는 악인들의 영예를 미워하고, 할례받지 않은 자의 잠자리를 증오한다" (14:15). 그녀는 왕관을 "더러운 걸레처럼" 싫어했다 (14:16). 음식법을 의식해서 음식을 먹지 않았다 (14:17).

왕의 기나긴 편지는 상세하게 추가 부분에 기록되어 있다. 그리고 때때로 아달월의 13일이나 혹은 14일은 적을 처형하는 날이다.

현대 이스라엘에서 부림은 페르시아 시대의 박해뿐만 아니라 근세기의 유대인 학살에서 살아남은 것을 상기하면서 축제일로 지켜진다. 3일 동안의 축제는 퍼레이드, 최고 의상 경연대회 (하만은 추하고 에스더는 아름답다), 인형극 등을 포함한다. 사람들은 모서리가 셋으로 된 하만의 모자처럼 생긴 쿠키를 먹는데 이 안에는 양귀비 씨로 채워져 있다. 이 쿠키의 기원은 하만의 이름을 가지고 말장난하는 것이다. 하(ha)는 히브리로 the라는 뜻이다. 양귀비 씨를 나타내는 이디쉬 (yiddish) 말은 몬(mon)이다. 하몬 (Ha-mon). 하만은 단지 양귀비 씨앗에 불과할 뿐, 아무 것도 아니라는 것이다.

이기라

출했다는 영예를 누렸다. 몇 주가 지나 애굽에서 유대인들이 해방된 날을 기념하는 가장 엄숙한 절기인 유월절에는 남자 모세를 기념했다. 유월절 만찬인 세더(Seder)에 사용된 단어는 두 가지 절기에 모두 어울리는 말이다. "우리를 대적하기 위해 일어선 이는 [바로] 뿐만이 아니라, 모든 세대에 우리를 전멸시키려고 우리를 대적하기 위해 일어난 자들이 있어왔다. 그러나 가장 거룩하신 이, 가장 축복 받으실 그분께서는 언제나 그들의 손에서 우리를 구원하셨다."

왜 유대인들은 에스더를 필요로 하는가? 왜 기독교인들은 에스더를 필요로 하는가?

비고란

신실한 공동체의 모습

기독교인들에게 어떤 종교적이고 윤리적인 쟁점들은 근본 원리라고 할 수 있다. 우리는 이러한 쟁점들이 우리의 믿음, 헌신, 그리고 신앙의 공동체를 위협할 때 입장을 취한다.

어떤 것이 근본 원리인가?

우리는 신실한 믿음의 공동체이기 때문에 하나님이 침묵하고 계시는 것 같이 보일 때에도 하나님의 이름으로 행동한다. 우리는 하나님을 대신하여 어디에서 어떤 형태로 박해가 일어나든 이에 맞서 일어선다.

우리는 어떻게 하면 우리가 가진 신앙을 타협하지 않고 우리와 다른 종교를 가진 사람들을 존중해 줄 수 있을까?

어떤 식으로 당신이 행하는 종교가 문화와 충돌하는가? 이웃과 충돌하는가? 가족과 충돌하는가?

철저한 제자

철저한 제자는 자신과 다른 사람들이 어떤 그룹이나 원인을 틀에 박힌 눈으로 보고, 또 박해를 허용하는 태도나 언어 습관이 없는지 살펴보고 그것에 정면으로 맞선다.

추가 연구

하만타셴(hamantaschen, 삼각형으로 된 쿠키로 양귀비 앙꼬가 채워짐)을 만드는 방법을 찾아보라. 쿠키를 만들어 에스더 이야기를 가족과 친구들과 함께 나누어 보라. 요리책이나 인터넷을 참조하라.

구출하라

"내가 이제 조서를 내리노라 내 나라 관할 아래에 있는 사람들은 다
다니엘의 하나님 앞에서 떨며 두려워할지니
그는 살아 계시는 하나님이시요 영원히 변하지 않으실 이시며
그의 나라는 멸망하지 아니할 것이요 그 권세는 무궁할 것이며
그는 구원도 하시며 건져내기도 하시며 하늘에서든지 땅에서든지
이적과 기사를 행하시는 이로서 다니엘을 구원하여
사자의 입에서 벗어나게 하셨음이라 하였더라." —다니엘 6:26-27

6 왕국의 도래

인간의 모습

우리는 지금 살고 있는 시대나 체제가 영원하리라고 생각하기 때문에 거기에 맞추는데 필요한 조처를 취한다. 우리가 인정하든지 인정하지 않든지 간에 우리는 매일 작은 일에 순응하는 경향이 있다.

성경 읽기

다니엘서는 역사, 예언, 그리고 묵시를 기억하는 것으로서 박해받는 백성들을 위로하기 위해 쓰여졌다.

첫째 날: 다니엘 1-3장 (다니엘과 친구들, 느부갓네살 왕의 꿈, 풀무); 레위기 11 (정결하고 부정한 동물들); 17:10-12 (생명의 근원인 피)
둘째 날: 다니엘 4-6 (느부갓네살의 두 번째 꿈, 벽에 손으로 쓰여진 글씨, 사자 굴); 시편 55 (구원을 위한 기도)
셋째 날: 다니엘 7-8 (다니엘의 환상)
넷째 날: 다니엘 9-10 (백성을 위한 기도)
다섯째 날: 다니엘 11-12 (종말)
여섯째 날: "생명나무의 열매"와 "신실한 공동체의 모습"을 읽고 답하라.
일곱째 날: 안식

철저한 제자

철저한 제자는 신앙을 부인하는 문화의 요소들을 적극적으로 거부한다. 당신이 당신을 하나님 나라와 동등한 선에 두는 가장 중요하다고 생각하는 가치들을 나열해 보라. 오는 주간 동안 당신이 가진 가치와 당신의 실제 행동 사이에서 생기는 차이를 의식해 보려고 애써 보라.

금주의 시편

세계의 여러 민족들을 위해 기도하는 동안 시편 9편을 길잡이로 사용하라. 시편을 큰 소리로 기도하는 동안 시편 구절들이 특정 국가들의 필요를 당신에게 알려주시기를 기도하라. 심판, 긍휼, 정의를 위해 기도하는 동안 각 국가에 대해 지닌 당신의 견해에 균형을 유지하도록 하라.

기도

매일 성경공부하기 전에 드릴 기도:
"여호와여 내가 주께 피하오니
내가 영영히 수치를 당하게 하지 마소서
주의 공의로 나를 건지시며 나를 풀어 주시며
주의 귀를 내게 기울이사 나를 구원하소서
주는 내가 항상 피하여 숨을 바위가 되소서
주께서 나를 구원하라 명령하셨으니 이는
주께서 나의 반석이시오 나의 요새이심이니이다"
(시편 71:1-3).

금주의 기도 제목:

구출하라

첫째 날: 다니엘 1–3 (다니엘과 친구들, 느부갓네살 왕의 꿈, 풀무); 레위기 11 (정결하고 부정한 동물들); 17:10-12 (생명의 근원인 피)

둘째 날: 다니엘 4–6 (느부갓네살의 두 번째 꿈, 벽에 손으로 쓰여진 글씨, 사자 굴); 시편 55 (구원을 위한 기도)

셋째 날: 다니엘 7–8 (다니엘의 환상)

넷째 날: 다니엘 9–10 (백성을 위한 기도)

다섯째 날: 다니엘 11–12 (종말)

여섯째 날: "생명나무의 열매"와 "신실한 공동체의 모습"을 읽고 답하라.

제자

생명나무의 열매

세 명의 이스라엘 포로들이 바벨론 왕 앞에 담대히 서서 저항하는 어조로 말하고 있다. "왕이여 우리가 섬기는 하나님이 계시다면 우리를 맹렬히 타는 풀무불 가운데서 능히 건져내시겠고 왕의 손에서도 건져내시리이다 그렇게 하지 아니하실지라도 왕이여 우리가 왕의 신들을 섬기지도 아니하고 왕이 세우신 금 신상에게 절하지도 아니할 줄을 아옵소서" (다니엘 3:17-18).

권력과 박해

다니엘서의 이야기, 꿈, 환상은 백성들 속에서 생겨난 책이다. 이 백성들은 한때 자부심에 차 있던 자치 국가의 백성이었다. 그러나 이젠 자존심도 꺾이고, 지니고 있던 소유물도 땅도 잃어버린 백성들이다. 그들은 고국으로부터 멀리 떨어져 있으며, 가족과 친구들부터 멀어졌으며, 전통을 박탈당하고, 낯선 언어로 말하기를 강요당했으며, 다른 신들을 예배드리도록 강요당하고, 경제적이고 정치적인 불확실성에 처해 있었다. 그러한 사람들은 자기네들의 이야기를 낭만적으로 꾸미고, 역사를 수정하며, 생존을 위해 기이한 이미지를 사용한다.

권력이 쟁점이 되고 있다. 과연 누가 권력을 가지고 있고, 누가 가지고 있지 아니한가. 왕의 눈과 귀가 미치지 않는 곳은 어디에고 없었다. 어떤 식으로든 불순종의 기미가 보이기만 하면 위험했다. 배경이 되고 있는 상황은 두려움이다. 할당된 음식을 먹지 않는다면 무슨 일이 일어날 것인가? 신상 앞에 절하지 않는다면? 최근의 칙령을 따르지 않는다면?

다니엘서에서 폭군의 상징은 강력하다. 질펀한 향연과 예루살렘 성전에서 도둑질해 온 성물들은 포도주로 채워졌으며, 생사를 좌지우지하는 금지령들이 별 생각 없이 쓰여지고 봉인되었으며, 90피트 높이의 금 신상이 세워졌다. 압제받는 사람들은 힘이 없다. 다른 사람들의 지배 아래 있기 때문이다. 그들은 이름을 바꿔야 했으며, 그들의 정체성은 없어졌으며, 인간의 존엄성은 침해당했다.

다니엘, 하나냐, 미사엘, 아사랴는 웅장한 왕궁과 더불어 세계에서 이름난 하늘에 떠 있는 듯 보이는 바벨론 정원의 현란함에 눈이 휘둥그레 해졌음에 틀림없다. 바벨론이 예루살렘을 점령함에 따라 고향과 가족으로부터 뿌리를 잃은 그들은 묘한 포로생활을 하게 되었다. 외국에서 태어난 젊은 포로들이었지만, 그들은 귀족 출신인지라 지혜와 지식이 있었고 용모도 출중했다. 그래서 포로임에도 불구하고 그들은 왕궁에서 시중을 들도록 선택되었던 것이다.

새로운 언어, 새로운 환경, 벨드사살, 사드락, 메삭, 아벳느고라는 각기 이스라엘 이름이 아닌 새로운 바벨론식 외국 이름을 갖게 되었다. 새로운 음식은 이상하고 이스라엘식도 아니었다. "또 왕이 지정하여 그들에게 왕의 음식과 그가 마시는 포도주에서 날마다 쓸 것을 주어" (다니엘 1:5). 압제받는 사람들에게 음식, 특히 사치스런 음식은 언제나 권력의 상징이 된다. 젊은이들은 조금씩 주류 문화의 유혹을 받고 있었다. 오랜 세기 동안 그들의 가족은 전통에 따라 음식법을 지키고 있었다. 모세의 율법에 근거를 둔 음식법은 성결을 유지하기 위한 방법이었다. "성별되기" 위함이 목적이었다 (레위기 11:45). 그들은 육신의 영양을 취하기 위한 행위를 영혼을 경축하기 위한 것으로 탈바꿈시켰던 것이다.

비고란

구출하라

이제 외국 문화 속에서 이 젊은이들은 어떻게 하여야 했을까? 이쪽도 저쪽도 아닌 중간에 있는 방법은 없었다. 모든 과일과 야채들이 허용되었다. 물도 허용되었다. 소년들은 그들의 정체성과 종교적인 헌신을 택했다. 그들은 자신들을 "더럽히지" 않았다 (다니엘 1:8). 환관장은 저항하는 행동을 보고 두려워하였다 (1:10). 하나님은 그들의 절도 있는 기도훈련을 보시고 그들을 건강하고 강건하게 하셨으며, 심지어 지혜롭고 명철하게 하셨다 (1:17).

다니엘은 고금을 막론해서 신앙이 두터운 유대인들이 기도했던 것처럼 아침, 오후, 밤, 이렇게 하루에 세 번 기도했다. 왕의 금지령에 겁먹지 않고, 다니엘은 그의 무폭력 저항을 온 세상이 볼 수 있도록 높은 곳에 위치한 자기 집 다락방의 창문을 열고 기도하였다. 다니엘은 예루살렘 성전을 향하여 기도하였는데, 여기서 희생제물이 수세기 동안 바쳐졌고, 이스라엘을 위한 모든 기도가 여전히 이곳을 향해 드려지고 있었기 때문이다. 다니엘의 정기적인 기도 예식 때문에 그는 자신을 파멸시키려는 사람들에게 쉽사리 목표물이 되었다. 종교적인 관습, 심지어 평범한 행위인 기도 같은 것까지도 다른 사람들의 심기를 불편하게 하는 이유는 무엇일까?

기도로 강건해진 다니엘은 궁정의 호화로움에 쉽사리 현혹되지 않았다. 그는 눈이 밝아져서 왕의 정신병은 왕이 가진 교만과 자기 탐닉에 의한 것임을 지적하였다 (4:19-33). 다니엘은 왕국이 앞으로 붕괴될 것을 보았다 (5:24-30). 단지 다니엘이 야채와 물만으로 된 음식을 먹고, 기도훈련을 아울러 했다고 해서 이러한 범상치 않은 영적인 인식을 갖게 된 것일까?

다니엘의 세 친구, 사드락, 메삭, 아벳느고가 느부갓네살 왕의 금 신상 앞에 절하기를 거부하는 것이 발각되었다. 이 젊은이들에게는 지킬 수밖에 없는 확실한 명령이 있었다. "너는 자기를 위하여 새긴 우상을 만들지 말고 위로 하늘에 있는 것이나 아래로 땅에 있는 것이나 땅밑 물 속에 있는 것의 어떤 형상도 만들지 말며 그것들에게 절하지 말며 그것들을 섬기지 말라 나 네 하나님 여호와는 질투하는 하나님인즉 나를 미워하는 자의 죄를 갚되 아버지로부터 아들에게로 삼사 대까지 이르게 하거니와" (신명기 5:8-9).

유대인과 기독교인은 모두 풀무에 던져진 세 젊은이의 도전적인 말에 의해 힘을 입어 왔다. 그들은 하나님에 대한 충성심에 변함이 없었다. 오늘날 우상은 무엇이라고 당신은 생각하는가? 우리는 언제 어떻게 그것에 절하도록 유혹을 받는가?

> 고대 랍비들은 이러한 질문을 던졌다고 한다. 당신은 우상 곁을 지나갈 때 샌들의 끈을 매기 위해서 몸을 굽힐 수 있는가? 아니오 라는 것이 공통된 대답이었다.

세 젊은이는 풀무의 화염에 전혀 영향을 받지 않았다. 하나님께서 그들과 함께 계셨다. 왕에게 놀랍게도, 하나님께서 다니엘을 사자 굴에서 건져내셨다. 이 이야기는 온 세기를 통틀어 박해받는 사람들에게 희망을 주어왔다.

세속 사회에서는 사회에 순응하라는 압력이 존재한다. 당신은 어떻게 이러한 압력을 경험하는가?

제자

다니엘서

학자들 간에는 누가 언제 다니엘서를 썼는지에 대하여 논쟁이 있다. 의견 차이가 생기는 이유 가운데 하나는 다니엘서가 박해 중에 몰래 씌어진 책이기 때문이다. 요한계시록처럼 이 책도 의도적으로 의미를 불분명하게 하여 씌어진 책이다. "다니엘아 마지막 때까지 이 말을 간수하고 이 글을 봉함하라" (다니엘 12:4).

본문은 아람어와 히브리어로 씌어졌다. 정부 관리들의 이름은 정확하지 않고, 날짜 또한 확인할 것이 없다. 우리는 세속적인 역사로부터 느부갓네살이 예루살렘을 파괴하고 유다 사람들을 포로로 잡아간 때가 주전 587/586년이라는 것을 안다. 이와 비슷하게 10년 전에도 사람들을 포로로 잡아간 일이 있었다. 전승에 따르면, 다니엘이라는 이름을 가진 의로운 자가 있었는데, 이는 에스겔 선지자에 의해 언급되었다 (에스겔 14:14, 20). 바벨론 왕들 중에 정신병을 앓았던 왕이 한 사람 있었는데, 여러 해 동안 종적을 감추었다가 유대인 예언자에 의해 고침을 받게 되었다. 바벨론 제국은 내부에서부터 산산조각이 나면서 붕괴되어 가고 있었다. 아무도 칼을 빼지 않았고, 아무런 피도 흘리지 않은 채 바사(페르시아)의 고레스 왕이 들어왔다. 화려한 동양의 향연과 주연은 부와 풍부함의 상징이 되었다.

학자들의 의문은 다니엘 7장을 읽을 때 더욱 심해진다. 다니엘서는 "묵시적"이다. 즉 종말에 대한 환상을 드러내는 것이다. 다니엘은 이 세상의 왕국들이 주님의 왕국이 되어 가는 것을 본다. 우리가 요한계시록을 읽게 되면 많은 부분이 다니엘서와 다른 선지서를 언급하는 것을 본다.

어떤 학자들은 생각하기를 이 책은 다니엘에 의해 주전 530년경 바사(페르시아)의 고레스 왕이 바벨론을 점령한 후에 씌어졌다고 한다. 이 견해는 다니엘이 대바벨론 제국, 메대, 바사 (페르시아), 희랍, 그리고 로마 왕국에 대해 예언하다가 마침내 하나님께서 홀로 왕으로 다스리실 영원한 왕국에 대해 예언하는 것으로 본다. 또 다른 학자들은 다니엘서는 견딜 수 없이 힘든 박해와 순교를 겪었던 주전 167-164년 안티오커스 4세 때, 성전이 모독되고 유대 관습이 금지되었던 때에 씌어졌다고 한다. 이 견해에 따르면, 저자는 유대인들로 하여금 죽기까지 충성하도록 북돋아주기 위해 다니엘의 신실함을 그리는 여섯 가지 이야기를 끌어왔다. 네 가지 인간 왕국은 거꾸로 회상해 볼 때 바벨론, 메대, 페르시아, 그리고 그리스인데 작은 뿔은 안티오커스 4세의 셀루시드 시대를 대표한다. 이 견해 또한 하나님께서 승리하셔서 통치하실 것에 정점을 맞추고 있다.

논쟁할 여지없이 확실한 것은, 외국의 통치 아래 있던 어느 유대인에 의해 쓰여진 다니엘서는 정치적이고 사회적이고 종교적인 박해 가운데 살던 사람들에게 충성심과 믿음을 강하게 북돋아주었다는 것이다. 그러므로 다니엘서를 읽을 때 역사라기보다 신앙 성숙을 도와주는 책으로 생각하고 읽어라. 우리가 인간의 왕국들을 저자가 미래에 다가올 것으로 생각했다고 이해하든지 혹은 과거에 이미 지나간 것으로 회상했다고 이해하든지 간에, 인간의 왕국들은 박해에 대한 저항으로 가득 찬 시대를 나타내고 있다. 이 세상의 왕국들이 계속되는 한, 우리는 여기서 하나님의 최후의 승리를 바라보는 비전을 필요로 한다.

비고란

아프가니스탄의 옥서스 강둑(Oxus River)에서 1877년에 발견된 이 금으로 만든 팔찌는 주전 5세기 페르시아의 것으로 추정된다. 순금으로 된 이 팔찌는 원래 귀한 돌들과 채색된 유리가 날개 달린 짐승 사이의 공간을 채우고 있었다. 이는 페르시아 제국의 부를 나타내는 일례가 된다.

구출하라

환상

다니엘서 1—6장을 넘어 다니엘서 7—12장을 보면, 마치 한 방에서 다른 방으로 들어가는 것과 같다. 독자들은 그러한 변화를 느낄 수 있다. 1—6장에서 사람들은 얼굴을 마주 보면서 대면한다. 심지어 파워 게임, 오만한 행동, 용감한 저항, 기적적인 탈출 등도 인간적인 배경에서 일어난다. 꿈이 논의되고, 증명되고, 그리고 이내 꿈이 현실이 된다.

그러나 다니엘의 꿈(7:1)은 우리를 신비스럽고 묵시적인 곳으로 데리고 간다. 갈등은 우주적인 것이 된다. 하늘의 천군 천사가 "거룩한 것"들과 힘을 합하여 악한 제국에 대해 싸우는 전쟁을 도모한다. 다니엘 1—6장에서는 저항의 이미지가 미묘했다. 마치 몇몇 소수의 용감한 사람들만이 자기가 가진 신념 때문에 앞에 나서는 것으로 우리는 상상했다. 그러나 다니엘 7—12장에서 이미지는 강력한 왕국들을 대표하는 이상한 짐승의 그림을 입고 색다르게 드러난다. 바다로부터 (혼란과 악) 나온 무시무시한 짐승들—독수리의 날개를 가진 사자가 인간처럼 서 있고 (바벨론), 입의 이 사이에 세 갈빗대가 물린 곰 (메디아), 머리 넷과 날개 넷이 달린 표범 (페르시아), 용과 같이 생긴 짐승은 철 이와 열 뿔이 있으며 (알렉산더 대왕 통치하의 희랍 제국), 마지막으로 작은 뿔이 인간의 눈과 같은 눈을 가지고 있고 "큰 말"을 하는 입이 있다 (안티오커스 4세).

안티오커스 4세

두 번째 꿈에는 다른 형상이 등장한다. 두 뿔이 달린 숫양은 고레스 왕 지배 아래 멍에에 묶여 꼼짝할 수 없는 메대 사람과 바사 (페르시아) 사람임에 틀림없다. 한 뿔이 달린 염소는 30세 때 서양 세계 전체를 정복한 알렉산더 대왕임에 틀림없다. 알렉산더가 사망한 후, 그의 장군들은 힘겨루기를 하다가 마침내 왕국을 넷으로 나누어 가지게 되었다. 우리의 환상은 이들 중 2개에 초점을 맞추고 있다. 애굽의 돌레마이와 소아시아와 메소포타미아의 셀루시드이다. 다니엘 11장은 이 두 왕국 사이에 있었던 끊임없는 전쟁을 그리고 있다. 이는 거짓으로 가득 찬 평화 조약, 정략결혼으로 조약을 맺다가 결렬, 대적하는 치리자들끼리 야망을 조절할 수 없었던 것들을 포함한다. 팔레스타인은 양쪽으로부터 침공을 받았다. 이러한 갈등은 "작은 뿔"(7:8; 8:9)인 안티오커스 4세의 등극과 더불어 절정을 이루었다. 그의 압제가 어땠는가 하는 이야기는 이렇게 전개된다. 주전 175년, 안티오커스 4세는 셀루시드의 권력을 잡았다. 그는 오만하게도 *에피파네스*, 즉 "신의 나타남"이라는 이름을 갖게 된다. (로마에서 사람들은 그를 *에피마네스*, 즉 미치광이라는 별명을 붙여주었다.) 그는 역사상 가장 잔인한 폭군으로 알려져 있다. 그의 군대는 동쪽으로, 그리고 이어 서쪽으로 성공적으로 진군해 애굽을 대항해서 싸운 주요 전쟁에서 승리했다. 예루살렘에 있던 귀족 가문들은 권력을 유지하기 위해 교묘하게 도모하였다. 대제사장의 지위를 사기 위해 뇌물을 바쳤으며, 한번은 이 나라에, 다음번에는 다른 나라에 지원을 했다. 이 때문에 엄청난 우주적인 갈등을 보는 환상 중에 천사가 "네 백성 중에서도 포악한 자가" (11:14) 라고 하는 것이 그 이유이다.

안티오커스 에피파네스는 다시 한번 애굽으로 전진했다. 이번에는 "깃딤의 배들"(로마)이 이미 도착한 것을 보았을 따름이다. 갑자기 그는 애굽과 동맹을 맺은 로마 군대에 포위되었다. 그는 분노와 모욕감을 느끼며 고국을 향해 기수를 돌렸다. 예루살렘에는 분열이 조장되고 있었다. 어떤 사람들은 안티오

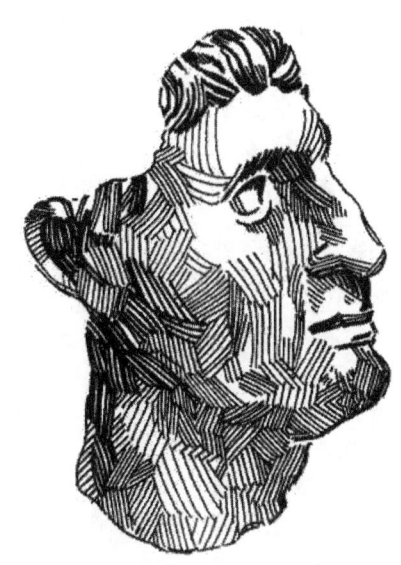

에피파네스라고 불리는 안티오커스 4세의 마스크. 그가 예루살렘 성전을 파괴하고 종교 관습을 제한함으로써 주전 167년 일어난 마카비 혁명이 시작되었다. 다니엘 11:21에 나오는 "비천한 사람"이다.

제자

커스가 죽었다고 생각하고 자기 목적을 채우기 위해 그에게 보이던 충성심을 버렸다. 다른 사람들은 무력 봉기를 할 준비가 되어 있었다 (마카비). 한편 종교적인 열심당 (하시딤, "거룩한 자들") 무리는 이 모든 일들을 토라에 대한 침해로 보았다. 고국으로 돌아오면서 무언가 승리했다는 것을 필요로 하던 안티오커스는 자신의 분노의 화살을 유대인에게 당겼다. 그는 성전 제단에서 돼지들과 제사장들을 살해했으며 제단을 무너뜨리고 영원한 불을 꺼뜨렸으며 성전 안에 이방 제단을 세웠다. 그는 찾을 수 있었던 율법서 사본들을 모조리 불태우고, 거룩한 절기들을 불법화해버렸으며, 할례를 행할 경우 사형에 처한다는 처벌을 내리면서 할례를 금지했다. 그는 성전 옆에 군사 주둔지를 세우고 이미 과중한 세금을 더욱 부과했으며 수천 명의 유대인을 처형했다. "그는 마음으로 언약을 거스리며" (11:28).

마지막 때까지

그러나 잠깐 기다려 보라. 하늘의 궁정에서는 회담이 일어나고 있다. 고대로부터 계신 이가 왕좌에 오르신다. 천사들이 일어난다. 당신이 느부갓네살 왕의 풀무가 뜨거웠다는 것을 기억한다면, 당신은 하나님의 왕좌 근처가 얼마나 뜨거운지 그 불길을 느낄 수 있을 것이다. 안티오커스가 자신이 군대를 가졌다고 생각하는가? 전능하신 이에게는 천천만만이 있다 (다니엘 7:9-10). 이스라엘을 보호하는 천사 미가엘이 활동하고 있다. 마찬가지로 천사 가브리엘도 일한다.

하나님은 안티오커스의 오만함을 보고 화가 나셨다. 전능하신 이, 다니엘을 사자 굴에서 건져내신 이, 왕을 침 흘리는 짐승으로 만들어 버리신 이, 강력한 바벨론을 하룻밤새 무너뜨리신 전능하신 이가, 짐승들과 이들과 영합한 지상의 동맹들을 대항해 우주적인 전쟁을 벌이실 것이다.

대군 미가엘과 모든 천사들이 "거룩한 자들"과 "현명한 자"들과 힘을 맺고 짐승과 전쟁을 할 것이다. 그들은 마카비와 같은 사람들로부터 "도움을 조금" (11:34) 얻을 것이지만 그것을 필요로 하지는 않는다. 왜냐하면 하나님께서 전적으로 승리하실 것이기 때문이다. 전쟁은 치열할 것이다. "또 그들 중 지혜로운 자 몇 사람이 몰락하여 무리 중에서 연단을 받아 정결하게 되며 희게 되어 마지막 때까지 이르게 하리니 이는 정한 기한이 남았음이라" (11:35).

그러나 언제까지인가? 언제까지 "환난의 때"가 지속될 것인가 (12:1)? 언제 구원의 날이 올 것인가?

다니엘은 금식하고 땅에 엎드려 곤고해질 때까지 기도드렸다 (다니엘 9:3-9). 가브리엘이 답을 가지고 왔다. 그 대답은 기도가 시작되기 전에 이미 정해진 것이었다. 바벨론에 의해 성전이 파괴된 후로 칠십 이레, 490년이 흐를 것이다 (9:24). 스스로 현현한 신이라고 생각하는 안티오커스의 날들이 계수되었다. 일 년, 이 년, 그리고 반 년 (12:7), 그리고 "그의 종말이 이르리니 도와 줄 자가 없으리라" (11:45).

"한 때 두 때 반 때"라는 표현은 세 배나 신비롭다. 이는 박해자들에게 발각되지 않기 위해 비밀 암호를 사용한 듯하다. 그것은 간결하게 안티오커스 4세의 급격한 종말을 표시하고 있다. 그러나 그것은 베일에 싸여 있는데 하나님의 최후의 구원이 이내 오지만 날짜가 정해져 있지 않다는 것을 보이기 위함이다. (안티오커스는 주전 164/3년 페르시아나 바벨론에서 죽었는데 이는 그가 성전을 더럽힌 후 약 3년 반 후의 일이다.)

비고란

하스모니안(Hasmoneans)은 유대교 제사장 가족으로서 안티오커스 에피파네스의 종교 압제에 대항해서 혁명을 이끌었다. 안티오커스는 대제사장을 갈아치우고 유대 종교 의식을 행하면 죽음에 처하겠다고 하면서 이를 불법화하면서 대신에 희랍 문화를 강요하고 희랍 예배를 유대인에게 강요하였다. "맛디아(Mattathias)"라는 이름을 가진 나이 든 하스모니안 제사장과 그의 아들들이 혁명을 이끌었는데 이는 마카비 혁명으로 알려지게 된다. 그 이유는 장남인 유다는 "망치"라는 뜻을 가진 "마카비"로 불려졌기 때문이다. 유다와 그의 추종자들은 주전 164년 성전을 차지하고 제단을 정화하고 재봉헌하였다. 이 사건은 하누카(Hanukkah) 때 축하했다. 다니엘 11:31-35는 안티오커스의 성전 훼파와 마카비가 그의 통치를 저항한 것 등을 언급한다.

구출하라

우리는 "정해진 때가 이르기까지의 중간"에 무엇을 해야 할까? 우리는 "지혜로운" 사람들과 "거룩한 이들"과 더불어 견뎌내야 한다. "기다려서…이르는 그 사람은 복이 있으리라" (12:12). 혹자는 죽을 것이다. 성경도 알고 우리도 아는 것은 모든 박해받는 사람들이 풀무불과 사자 굴에서 구함을 받지는 않는다는 것이다. 그러나 끝까지 믿는 자들에게 구원은 올 것이다. 그리고 그것은 인간의 손이 아니라 하나님의 손으로부터 올 것이다. 구약성경에서 처음으로 뚜렷하게 부활에 대하여 언급하는 것 같다. "그 때에 네 민족을 호위하는 큰 군주 미가엘이 일어날 것이요 또 환난이 있으리니 이는 개국 이래로 그 때까지 없던 환난일 것이며 그 때에 네 백성 중 책에 기록된 모든 자가 구원을 받을 것이라 땅의 티끌 가운데서 자는 자 중에서 많은 사람이 깨어나 영생을 받는 자도 있겠고 수치를 당하여서 영원히 부끄러움을 당할 자도 있을 것이며 지혜 있는 자는 궁창의 빛과 같이 빛날 것이요 많은 사람을 옳은 데로 돌아오게 한 자는 별과 같이 영원토록 빛나리라" (12:1-3).

희망을 잃어버리지 말라. 기다리라. 종말의 날이 다가왔다. 신비에 싸여 종말은, 하나님의 온전한 마지막 승리는 곧 올 것이다. 당신은 순교자일지도 모르지만 구원을 받을 것이다. 인내하라! 다니엘은 이 책을 "마지막 때까지" 봉하도록 지시를 받는다 (12:4). "너는 가서 마지막을 기다리라 이는 네가 평안히 쉬다가 끝날에는 네 몫을 누릴 것임이라" (12:13).

신실한 공동체의 모습

하나님은 역사를 주관하신다. 악의 세력들이 우세하지 못할 것이다. 하나님의 왕국이 이내 오고 있다. 그래서 우리는 믿는다. 우리는 기도한다. "나라가 임하옵시며".

우리 문화에서 어떤 요소가 신앙을 거부하게 만들고 신앙의 훈련들을 반대하게 만드는가?

우리 문화에서 신앙을 거부하는 것에 대해 수동적으로 저항하는 예가 될 수 있는 것은 무엇인가? 적극적으로 저항하는 예는 어떤 것인가?

다가올 왕국의 관점에서 우리 문화를 바라보았을 때 당신은 무엇을 보는가?

추가 연구

알렉산더 대왕 시대에 희랍 문화가 퍼져나갈 때의 영향에 대해 연구하라. 그것이 유대교와 후대 기독교에 어떤 영향을 미쳤는가?

비고란

우리는 신실한 믿음의 공동체이기 때문에 어떤 대가를 치르든지 우리 문화 속에서 신앙을 부인하는 요소들을 적극적으로 거부한다.

지혜

"여호와를 경외하는 것이 지식의 근본이거늘
미련한 자는 지혜와 훈계를 멸시하느니라."
—잠언 1:7

7 지식의 근본

인간의 모습

우리는 우리가 무엇을 해야 하고, 어떻게 살아야 할지를 다른 사람이 우리에게 말해주는 것을 싫어한다. 다른 사람이 우리가 어떤 식으로 행동해야 하는가를 우리보다 더 많이 안다는 생각에 거부감을 갖는다. 옛말은 아마 사실이 아닐 것이다. 우리는 누가 우리를 감시하는 것을 원하지 않고, 다른 어떤 사람에 의해 훈련받는 것도 원하지 않는다. 우리는 결과에 대해 걱정하지 않는다. 우리가 그들을 이길 것이다.

성경 읽기

할당된 성경을 읽기 전에 "생명나무의 열매"를 읽어라. 그것은 잠언의 지혜를 읽기 위한 맥락과 정보를 제공해 준다. 지혜를 진리를 아는 존재, 심지어 여자라고 생각하라.

첫째 날: "생명나무의 열매"를 읽어라.
둘째 날: 잠언 1—3 (하나님을 향한 경외와 존경, 지혜의 가치)
셋째 날: 잠언 4—6 (부모의 가르침과 경고)
넷째 날: 잠언 7—9 (간음에 대한 경고, 지혜의 부름, 창조의 지혜, 미련한 자의 초대)
다섯째 날: 잠언 10—12 (지혜로운 말, 의로운 자의 보상, 악한 자의 위험)
여섯째 날: "생명나무의 열매"와
 "신실한 공동체의 모습"을 읽고 답하라.
일곱째 날: 안식

금주의 시편

시편 1편에서 복 있는 사람은 나무에 비유되고, 악한 사람은 겨에 비유되고 있다. 첫째 날부터 넷째 날까지 시편 1편을 큰 소리로 읽는 동안에 *나무* 와 *겨* 를 대신해서 시편의 메시지는 변하지 않고 그대로 전달할 만한 다른 이미지가 무얼까 생각해 보라. 나무와 겨의 특징들을 주목하라. 다섯째 날과 여섯째 날은 *나무* 와 *겨* 대신에 다른 이미지로 대체해서 시편 1편을 다시 써 보라.

기도

매일 성경공부하기 전에 드릴 기도:
 "하나님이여 주는 나의 우매함을 아시오니
  나의 죄가 주 앞에서 숨김이 없나이다
  주 만군의 주 여호와여 주를 바라는 자들이
   나를 인하여 수치를 당하게 하지 마옵소서
  이스라엘의 하나님이여 주를 찾는 자가
   나로 말미암아 욕을 당하게 하지 마옵소서"
    (시편 69:5-6).

금주의 기도 제목:

지혜

첫째 날: "생명나무의 열매"를 읽어라.

둘째 날: 잠언 1—3 (하나님을 향한 경외와 존경, 지혜의 가치)

셋째 날: 잠언 4—6 (부모의 가르침과 경고)

넷째 날: 잠언 7—9 (간음에 대한 경고, 지혜의 부름, 창조의 지혜, 미련한 자의 초대)

다섯째 날: 잠언 10—12 (지혜로운 말, 의로운 자의 보상, 악한 자의 위험)

여섯째 날: "생명나무의 열매"와 "신실한 공동체의 모습"을 읽고 답하라.

제자

생명나무의 열매

우리는 성전에서 나와서 거리로 나간다. 잠언에서 우리는 제사장들과, 예식들과, 제단과, 희생제물을 놓아둔 채 잊고 나온다. 우리가 예배를 잃어버린 것은 아니지만, 우리의 초점은 이제 나날의 생활에 맞추게 된다.

우리는 또한 성경을 읽지 않는다. 토라는 잊혀진 것이 아니다. 토라는 지혜의 심장이다. 그러나 이제 우리의 교과서는 글로 쓰여진 페이지가 아니라, 인간의 상황이다. 부모들이 우리를 인도할 것이다. 경험이 우리의 교사가 될 것이다. 우리는 관찰과 이성을 통해 배우게 될 것이다. 이제 우리는 청소년들이 한밤중에 침실에 있는 창문을 통해 살며시 빠져나가는 것을 보게 된다. 우리는 강도들이 가게를 터는 것을 듣게 된다. 우리는 부모들이 자녀들에게 애원하는 소리를 듣게 된다. 우리는 우리 이웃들이 그에게 가장 친한 친구의 아내와 잠자리를 함께 하는 것을 목격하게 될 것이다. 우리는 궁정에서 증언하는 증인들의 소리를 듣게 될 것이다. 우리의 교실은 이 세상이다. 우리의 교과서는 매일의 일상이다. 우리는 실제적인 일들을 논의하고, 우리는 이렇게 의문을 던질 것이다. 지혜가 어디에 있는가?

지혜의 기원

히브리 성경에서 성문서라고 한데 묶여져 있는 책들 가운데 지혜의 책들이 있다. 잠언, 욥기, 전도서가 지혜의 책들이다. 솔로몬은 지혜를 달라고 기도했고, 누구보다 뛰어난 지혜가 있었다는 명성을 누렸다. 솔로몬이라는 사람을 중심으로 지혜에 대한 말, 지혜로운 속담, 그리고 전설이 된 이야기들이 모아졌다. 그래서 많은 분량의 지혜문학은 전적으로 솔로몬을 존경하고 있다. 현명한 왕이었던 솔로몬의 영광 덕택으로 지혜를 얻게 된 것이라고 생각해서 솔로몬에게 그 영예를 돌린다. 우리는 모세를 생각할 때면 자연스레 율법에 대해 생각한다. 다윗에 대해 생각할 때면 시편을 생각한다. 솔로몬에 대해 생각할 때면 지혜를 생각한다.

잠언은 두 가지 출처에서 흘러나온 것으로 보인다. 하나는 부모들의 가르침이요, 또 다른 하나는 현인들의 글에서이다. 구전 문화권에서 글을 읽고 쓸 수 있는 사람들이 드물었을 때, 전통과 진리는 이야기, 시, 재치 있는 말, 짧은 속담들을 통해 구전으로 전달되었다. 오랜 세월 동안, 어머니, 아버지, 조부모, 부족의 어른들은 그들이 궁리해 낼 수 있는 모든 기억력을 총동원하여 아이들을 가르쳤다. 고대 애굽과 메소포타미아에서 비슷한 속담들이 유래되었는데, 이스라엘의 지혜문학이 애굽과 메소포타미아 지역에서 유래된 속담들에 근거를 두고 있음이 틀림없다.

그러나 잠언에 있는 자료는 아주 재치 있게 정성들여 만들어졌다. 진리이든 의견이든지 간에 아주 적절하게 꾸며졌기 때문에 세련된 학자들이 성실하게 작업하였음이 틀림없다. 솔로몬 이전에도 왕궁에는 조직된 현인들의 그룹이 있었다. 틀림없이 교사들은 왕의 후원 아래 젊은이들, 특히 궁정의 머리가 영리한 젊은이들을 지도하고 있었을 것이다. 현인들은 고국에 널려져 있던 보통의 속담들을 사용하여서, 그 스타일을 가다듬어 함께 묶었고, 그것을 신학적인 배경으로 삼았다.

지혜

남녀 구별

잠언은 구체적으로 성별을 가리기 때문에 현대인의 정서를 뒤흔들어 놓을 수 있다. 잠언의 배경은 가부장적인 사회임이 분명하다. 그러한 가부장적인 사회에서 아버지와 어머니들이 청소년기에 있는 아들들에게 실생활에서 어떻게 살아야 할지를 가르쳐 주고 있다. 성별 문제가 성적인 이미지인 남자와 여자로 특성을 나타내고 있다. 악한 "남자"는 괴팍하게 말하고, 악한 "여자"는 성적으로 유혹한다. 지혜는 생명의 길로 인도하는 인자한 여자로 의인화되어 있다. 어리석음은 사망의 길로 인도하는 악한 여자로 의인화되어 있다. 여자들은 일반적으로 남자와의 관계에서 묘사되어 있다. 남자들은 지혜와 좋은 아내를 거의 동시에 찾는다.

우리는 어떻게 하면 이러한 남녀 구별과 고대의 가부장적인 문화를 넘어서 인간의 조건, 영원한 진리, 우리 문화를 인도할 수 있는 그런 요소들을 찾을 수 있을까? 우리는 먼저 구체적인 사실이 가지고 있는 힘을 인정해야 한다. 일반화하면 솔직함과 확신을 잃게 되는 경향이 있기 때문이다. 우리는 예술에 대해 말할 수 있지만, 특별히 구체적인 그림을 보기 전까지는 감동을 받지 않는다. 그러므로 뚜렷하게 구체화된 명백한 이미지들을 읽어보자. 가정이 생존하기 위해 절실했던 이 문화 속으로 들어가려고 시도해 보고, 그것으로부터 우리가 얻을 수 있는 것들을 얻고자 애써 보자.

많은 다른 성경 번역들이 실례를 보여주고 있다. 원래 본문에서 어머니와 아버지는 "내 아들"(잠언 1:8)에게 훈계를 한다. 악하고 나쁜 사람은 악하거나 혹은 나쁜 "남자"(2:12)이다. 유대인 성경인 *타낙(Tanakh)*과 한글 개역개정판과 한글 공동번역은 전통적인 표현을 그대로 번역했다. 그런 번역은 정확성, 세부적인 것, 구체적인 이미지를 보존하고 있고, 남녀 구별도 강하게 유지하고 있다. 한글 표준새번역은 "내 아들" 대신 "내 아이들"로 대체하고 있으며 "악한 사람" "악한 길"을 번역할 때 그 의미를 좀 더 포괄적인 것으로 하려고 애쓰고 있다.

우리가 특별하고 구체적인 것을 사용하려 한다면, 성별에 관련된 비유를 살펴보고 구체적인 진리를 남자와 여자에게 연관지어야 할 것이다. 특히 생생하면서도 특별한 묘사가 되어 있는 것을 감사하면서도 동시에 일반적으로 인간에게 적용되는 것이 무엇일까 살펴보아야 할 것이다. 우리가 만일 본문을 수정하여서 성별에 대한 언급을 약화시킨다면, 우리는 요점을 분명히 드러내 주는 구체적인 시각의 일부분을 잃어버리게 될 수 있다. 그러나 이렇게 하면 우리가 핵심의 방향을 개방함으로써 그것을 남자와 여자 둘 다에게 해당하는 것으로 넓혀 생각할 수 있다.

잠언을 읽을 때 한 가지 창의적인 접근 방법은 잠언이 말하고자 하는 진리에 가장 가깝게 접근하기 위해서 두 가지 방법을 다 사용하는 것이다. 노골적이고 구체적인 것을 생각해 보라. 갱에 참가하는 소년들, 매음굴로 남자들을 유혹하는 여자들, 그러고 나서 곧장 아들뿐만 아니라 딸들에게도 진리를 가르쳐야 하며, 남자뿐 아니라 여자도 거짓말을 하며, 남자 여자 모두가 성적으로 문란해질 수 있으며, 모든 인간이 현명하거나 혹은 우둔해질 수 있다는 사실을 인정하라. 갈등은 남자와 여자 간에 있는 것이 아니라 지혜와 어리석음 사이에 있다.

비고란

제자

부모의 훈계

우리는 "내 아들아 네 아비의 훈계를 들으며 네 어미의 법을 떠나지 말라" (잠언 1:8)로 시작한다. 대부분의 자녀들은 어떤 일을 하는데 올바른 방법이 무엇인지 아버지로부터 훈계를 들어 왔다. 어머니로부터 훈계하는 말을 듣지는 못하였는가? 어머니와 아버지들은 일찍이 자신들이 들었던 부모의 말을 기억한다. "나도 내 아버지에게 아들이었으며 내 어머니 보기에 유약한 외아들이었노라 아버지가 내게 가르쳐 이르기를 내 말을 네 마음에 두라 내 명령을 지키라 그리하면 살리라 지혜를 얻으며 명철을 얻으라 내 입의 말을 잊지 말며 어기지 말라" (4:3-5). 어머니와 아버지는 과거를 기억하면서 오랜 세월을 살아 왔고, 삶에서 여러 가지 결정이 어떤 결과를 초래하는지 경험했다.

머리에 흰 머리칼이 드문드문 섞여있는 어머니를 상상해 보라. 그녀는 커튼을 젖히면서 아들의 친구인 청년 하나가 길을 가다가 젊은 기혼녀 때문에 걸음을 멈추는 것을 바라본다. 그 젊은 여자의 남편은 먼 길을 떠나고 지금 집에 없다. 어머니는 그 둘이 집안으로 들어가서 밖으로 나오지 않는 것을 지켜본다. 그녀는 슬픔에 젖었다. 그녀는 알고 있다. 그녀는 아들에게 말하려고 한다 (7:6-27). 그러나 과연 아들이 귀를 기울일 것인가?

아버지와 어머니는 젊은 청년의 가슴속에서 정욕이 불타는 것을 알고 있다. 그들은 젊은 여인이 가슴속에서 애정을 그리워하고 있음을 알고 있다. 그들도 한때 그런 적이 있었던 것이다. 그러나 그들은 새 한 마리가 덫에 있는 낟알을 향해 맥없이 걸어가다가 다시는 덫에서 빠져 나오지 못하는 것을 보아왔다. 그들은 결혼한 많은 부부들이 상대방의 부정 때문에 갈라서는 것을 보아왔다. 오, 그들이 미리 경고하고 가르칠 수 있어서 젊은이들이 알고 이해할 수 있으면 좋으련만.

지혜

부모들은 자녀들이 항상 그들의 말에 귀를 기울이지 않으리라는 것을 알고 있다. 그들은 십대들이 모든 것을 다 아는 것처럼 생각하고 있다는 것을 알고 있다. 그래서 어머니와 아버지는 자신들이 아닌 어떤 것으로 주위를 돌린다. 진리, 혹은 자신들보다 큰 실체를 지적한다. 잠언에서 진리는 일련의 원리 그 이상의 것이다. 진리는 지식이며 경험이다. 지혜는 사물들이 존재하는 그대로이다. 잠언에서 올바르게 살아가는 길은 부모의 훈계를 모은 것이 아니고, 신앙 공동체의 지침서와 같은 단순한 것이 아니다. 지혜는 우주의 모든 사소한 것에 관계되어 있다. 그것은 하늘과 땅과 바다에 있는 실체를 반영한다. 그것은 존재 가운데서 하나님의 성격을 포함하고 있다. "여호와께서는 지혜로 땅에 터를 놓으셨으며 명철로 하늘을 견고히 세우셨고 그의 지식으로 깊은 바다를 갈라지게 하셨으며 공중에서 이슬이 내리게 하셨느니라" (잠언 3:19-20).

그러나 잠언 1-9장은 창조를 더욱 생생하고 개인적인 것으로 묘사한다. 창조에 사용된 하나님의 지혜는 의인화되어 있다. 지혜는 사람이다. 여자다. 지혜는 태초부터 하나님과 함께 있었는데 하나님이 하늘과 땅을 창조하시기 전부터 그러했다. "여호와께서 그 조화의 시작 곧 태초에 일하시기 전에 나를 가지셨으며…내가 그 곁에 있어서 창조자가 되어 날마다 그의 기뻐하신 바가 되었으며 항상 그 앞에서 즐거워하였으며 사람이 거처할 땅에서 즐거워하며 인자들을 기뻐하였느니라" (잠언 8:22, 30-31).

비고란

지혜

의인화된 지혜

어머니와 아버지처럼 지혜는 우리가 살아가는 방법을 훈계해 주기 원한다. 지혜는 하나님이 아니지만 창조주와 아주 가까이 살고 있기 때문에 하나님의 생각을 알고 있으며 그러한 생각을 우리에게 전해 주기를 원한다. 지혜는 하나님과 익숙하며 이 세상과도 익숙하다. 지혜는 우리와 함께 "거처"한다. 지혜는 인간이 어떻게 느끼고, 생각하고, 행동하는지 알고 있다. 지혜는 인간관계를 좋게 만드는 것이 무엇인지 알고 있다. 지혜는 우리가 우주의 리듬과 조화를 이루어 살 수 있도록 도와준다.

과연 지혜가 우리를 찾고 있는 것일까 아니면 우리가 지혜를 찾고 있는 것일까? 둘 다 라고 대답할 수 있다. 지혜는 우리를 부른다.

"그가 길 가의 높은 곳과 네거리에 서며
성문 곁과 문 어귀와 여러 출입하는 문에서 불러 이르되"
(잠언 8:2-3).

지혜는 모든 사람들이 통행하는 곳, 사람들이 지나가는 네거리, 재판과 결정이 내려지는 "성문" 곁에 서 있다. 지혜는 숨어서 일하는 것이 아니라 대낮에 일한다. 지혜가 하는 말은 곧바른 진리로 생명의 말이다.

"내 입의 말은 다 의로운즉 그 가운데에 굽은 것과 패역한 것이 없나니"
(잠언 8:8).

한편, 우리는 지혜를 찾도록 부름받았다.

"은을 구하는 것 같이 그것을 구하며 감추어진 보배를 찾는 것같이 그것을 찾으면" (2:4). 지혜를 찾음으로써 우리는 하나님과 하나님의 길을 찾는 것이다. 하나님은 우리에게 손길을 뻗치신다. 그러나 우리의 심령은 신뢰와 순종으로 그 손길에 응답해야 할 것이다. 왜냐하면 "하나님을 경외하는 것이 지혜의 근본"이기 때문이다 (1:7).

어리석음

인간의 상황 중에서 또 다른 음성이 계속해서 손짓하고, 조르고, 애원하고 있다. 어리석음은 강하게 성적으로 유혹한다. 그녀의 입술에선 꿀이 흐르고, 그녀의 입은 "감람 나무 기름보다 미끄럽다." 그러나 그녀는 성적인 것 이상이다. 그녀의 성은 어리석음에 대한 비유이다. 그녀의 "초대"는 단지 육신을 향한 초대가 아니라 일반적인 악으로의 초대이다. 그녀에게로 가는 길, 집은 파멸로 이르게 하는 길이다. "그의 발은 사지로 내려가며 그의 걸음은 스올로 나아가나니" (잠언 5:5).

그래서 우리는 어리석음을 두 가지 면에서 읽게 된다. 음탕한 성, 매음, 간음에 대한 직접적인 경고인 동시에 또한 우둔함에 상징적으로 빠진다는 것을 뜻한다. 우둔함에는 부에 대한 욕망, 무분별하게 돈을 빌려주는 것, 게으른 것, 피에 굶주린 복수심 등이 포함된다. 그녀의 집에 있는 "문"은 문지방, 들어가는 곳, 그리고 다시는 돌아올 수 없는 곳을 나타낸다.

"네 길을 그에게서 멀리 하라 그의 집 문에도 가까이 가지 말라" (5:8).
어리석음은 정복한 것들을 보고 비웃지 않는다. 먹이가 걸린 것을 보고 흡족한 듯이 보인다. 그러나 아이러니컬하게도 지혜는 우리가 곤경에 빠졌다고 알게 될 때, 우리를 보고 웃는다. 우리가 비바람을 맞고, 젖게 되면 우리가 너무나 놀라는 것을 보고 지혜는 웃는다. 지혜는 우리에게 이미 경고한 적이 있기 때문이다. 그래서 우리는 우리가 포용할 수 있는 길, 우리가 걷기로 작정한 길을 선택해야 한다.

비고란

제자

결과

선택을 하면 그에 따른 결과가 있다. 잠언에서 우리가 지혜롭게 선택하면 그것은 건강, 가정, 번영, 장수에 이르는 삶의 길이 된다. 한편 어리석게 선택한 길이면, 그것은 혼란, 난잡, 상처 난 관계, 경제적인 파탄, 그리고 죽음으로 이르게 된다. 하나님이 외부로부터 개입하셔서 축복을 내리시거나 벌을 내리시는 것도 가능하지만, 대부분의 결과는 내적인 것이다. 생각은 행위를 낳고, 행위는 결과를 낳는다. 왜? 하나님이 세상을 그렇게 만드셨기 때문이다. 지혜로운 사람은 언제 어떻게 제대로 행동할지를 안다. 우리는 지혜를 사랑하거나 혹은 어리석음을 사랑하게 될 것이다.

조심하여 지혜를 포용하는 것은 생명에 이르는 길을 따라 걷는 것을 의미한다. 그러면 어떤 결과가 약속되어 있는지 살펴보라.

- 지혜로운 자는 가족에 속한 땅, 기업으로 받을 땅을 유지하게 될 것이다. "땅에 남아" 있게 될 것이다 (잠언 2:21).
- 땅의 소산물의 처음 익은 열매로 여호와를 공경하면, "네 창고가 가득히 차고 네 포도즙 틀에 새 포도즙이 넘치리라" (3:9-10).
- "네 발이 거치지 아니하겠으며" (3:23).
- "네가 누울 때에 두려워하지 아니하겠고 네가 누운즉 네 잠이 달리로다" (3:24).
- 건강함을 즐기게 될 것이다. "네 몸에 양약이 되어 네 골수로 윤택하게 하리라" (3:8).

결과는 좋고 행복하고 장수하는 삶이 될 것이다. 왜냐하면 지혜를 따르면 "네가 장수하여 많은 해를 누리게 하며 평강을 더하게 하리라" (3:2). 심지어 죽을 때에도 부하게 죽을 것이다.

"그의 오른손에는 장수가 있고
   그의 왼손에는 부귀가 있나니" (3:16).

지혜를 따르는 자는 자자손손에게 무엇인가를 남길 수 있게 될 것이다 (13:22). 그는 정직한 자의 축복으로 인하여 성읍이 즐거워하고, 나라를 형통케 하여 진흥할 것이다 (11:10-11). 그러한 자가 죽게 되면, 의인을 기억하는 것 자체가 축복이 될 것이다 (10:7). 왜? "의인의 열매는 생명나무" (11:30)이기 때문이다.

당신이 어리석음에 귀를 기울이거나 부모와 지혜의 가르침에 콧방귀를 뀌면서 당신 스스로의 욕망을 따르면 당신은 정반대의 다른 길을 걷게 될 것이다. 그들은 잠을 "자지 못하"게 될 것이다 (4:16). 당신은 "강포의 술"을 마시게 될 것이다 (4:17). 지혜로운 자와 더불어 걷는 대신에 당신은 어리석은 자들과 더불어 걸으며 "해"를 받게 될 것이다 (13:20). 영예가 다른 사람에게 넘어가고, 많은 무리들 앞에서 파멸을 겪게 될 것이다 (5:14). 심지어 아까운 세월마저 빼앗기게 될 것이다 (5:8-9).

어리석음에 귀를 기울이거나 혹은 "스스로 지혜롭게 여기는 자는" (3:7) 아침에 늦게 일어남으로써 가난하게 될 것이다. 거짓말, 속이는 것, 거짓 증거하는 것으로 그러한 자는 신망을 잃게 될 것이다.

특별히 위험한 것은 "이상한" 혹은 "음란한" 여인의 매력에 홀리게 되는 것이다. 그녀는 처음에는 달게 보이는 것 같으나 이내 "쑥 같이 쓰게" 될 것이다 (5:4).

살구나무

60

지혜

신실한 공동체의 모습

지혜는 우리가 하나님의 길을 분별하도록 도와준다. 우리는 의롭고 생산적인 삶을 살기를 원한다. 단지 보상을 위해서가 아니라, 하나님의 창조와 조화를 이루며 살기 위해서 우리는 이러한 삶을 살려고 애쓴다.

선택과 결과를 생각할 때 우리는 우리가 취한 선택들이 제각기 어떤 길로 우리를 인도해 갈지 고려한다. 우리가 두 가지 길 가운데서 선택할 때 마지막 목적지를 고려하는 데 있어서 도중에 방해물이 되는 것은 무엇인가?

_____

_____

어렸을 때 들었던 지혜가 나중에 살면서 경험에 의해 확인된 것이 있다면 그것은 무엇인가?

_____

_____

당신에게 도움이 된 잠언을 한두 가지 찾아보라. 또 당신이 처한 상황에 해롭거나 맞지 않았던 것 한두 가지를 찾아보라.

_____

_____

철저한 제자

지혜의 인도와 올바름에 귀를 기울이는 철저한 제자는 분별하는 것과 훈련을 둘 다 연습한다. 분별은 지혜에 이르는 올바른 길이 무엇인가 선별하여 주어진 상황에 어떤 가르침이 적용되는지 결정하는 것을 뜻한다. 훈련은 올바른 길에 계속 머무르면서 길을 가는 내내 지혜에 입각한 결정을 하는 것을 뜻한다.

추가 연구

친구나 친척에게 지혜의 선물을 주라. 잠언 1-15장에서 잠언을 받는 사람(어린이, 청소년소녀, 청장년, 중년, 노년)에 맞추어 잠언을 몇 개 골라 보라. 지혜를 당신의 말로 바꾸어서 한 페이지에 혹은 작은 책자에 예쁘게 적어라. 다음 주 성경에서 잠언을 골라 추가해도 좋다.

비고란

우리는 신실한 믿음의 공동체이기 때문에 지혜에 귀를 기울이고 날마다 행동을 통하여 그러한 지혜를 실천하고자 노력한다.

훈계

"훈계를 지키는 자는 생명 길로 행하여도
징계를 버리는 자는 그릇 가느니라."
—잠언 10:17

8 생명 길

인간의 모습

오늘날 우리는 많은 음성들 중에서 어떤 음성에 귀를 기울여야 할지 확실히 모른다. 무엇이 진리이고, 무엇이 가식인지 구별해 내는데 어려움을 느낀다. 소위 이러한 지혜가 실질적으로 티셔츠나 자동차 범퍼 스티커에 맞지 않는 한 우리는 별로 흥미가 없다. 우리는 비록 순간적일지라도 최신식인 것을 원할 뿐, 굳이 지혜를 원하지는 않는다.

성경 읽기

할당된 성경을 읽기 전에 "생명나무의 열매"를 읽고 주제의 여러 분야를 이해하라. 매일 성경을 읽을 때는 주제를 선택하기 위한 지시를 따르고, 그 주제에 맞는 잠언을 찾고, 그 다음에 각 십계명에 연관되는 잠언을 찾아보라.

첫째 날: "생명나무의 열매"를 읽어라.
둘째 날: 잠언 16—18 (교만의 위험, 분쟁의 위험, 관계)
셋째 날: 잠언 19—21 (됨됨이의 미덕, 정의의 보상)
넷째 날: 잠언 22—24 (현인들의 말, 술 취함, 폭식의 위험, 악함과 게으름)
다섯째 날: 잠언 25—27 (지혜로운 말, 어리석음의 본성, 미덕을 시험해 봄)
여섯째 날: 잠언 28—31 (두려움의 결과, 지혜의 필요, 네 가지 죄인, 현명한 아내)
"신실한 공동체의 모습"을 읽고 답하라.
일곱째 날: 안식

금주의 시편

매일 길을 선택하고 걸으면서 시편 25편을 소리 내어 기도하라. 혹은 미로(labyrinth, 묵상하면서 걷도록 고안된 원형의 길)를 걸을 수 있다면 그 길을 걸으면서 시편을 기도하라.

기도

매일 성경공부하기 전에 드릴 기도:
"찬송을 받으실 주 여호와여…
내가 모든 재물을 즐거워함 같이
주의 증거들의 도를 즐거워하였나이다
내가 주의 법도들을 작은 소리로 읊조리며
주의 길들에 주의하며
주의 율례들을 즐거워하며
주의 말씀을 잊지 아니하리이다"
(시편 119:12, 14-16).

금주의 기도 제목:

훈계

첫째 날: "생명나무의 열매"를 읽어라.	넷째 날: 잠언 22—24 (현인들의 말, 술 취함, 폭식의 위험, 약함과 게으름)
둘째 날: 잠언 16—18 (교만의 위험, 분쟁의 위험, 관계)	다섯째 날: 잠언 25—27 (지혜로운 말, 어리석음의 본성, 미덕을 시험해 봄)
셋째 날: 잠언 19—21 (됨됨이의 미덕, 정의의 보상)	여섯째 날: 잠언 28—31 (두려움의 결과, 지혜의 필요, 네 가지 죄인, 현명한 아내) "신실한 공동체의 모습"을 읽고 답하라.

제자

생명나무의 열매

잠언을 읽는데 문제가 되는 것은 속담들이 놀라운 속도로 우리에게 다가온다는 사실이다. 잠언은 많고 많은 속담들이 개체적인 정체성과 강조점을 잊은 채 한꺼번에 섞여서 우리에게 다가온다. 아무런 연관성이나 알맞은 상황이 없이 마치 격류와도 같이 우리에게 다가오는 잠언의 말씀들을 독자들은 마주치게 된다.

잠언이 실생활에서 이해될 수 있고 공감될 수 있게 하려면, 어떻게 잠언을 효과 있게 공부하면 되는가?

형태 혹은 스타일

우리는 잠언의 형태를 공부할 수 있다. 때때로 잠언은 *평행구(parallelism)* 의 형태, 즉 같은 것을 말하는 두 가지 행으로 표현되는 경우가 있다.

"공평한 저울과 접시 저울은 여호와의 것이요
  주머니 속의 저울추도 다 그가 지으신 것이니라" (잠언 16:11).

때때로 *어순이 거꾸로 되어*, 리듬과 균형의 효과를 주기도 한다.

"그 길은 구부러지고 그 행위는 패역하니라" (2:15).

더 극적인 것은 경우에 따라 행들이 *반대말*이나 직접적인 대조로 되어 있다는 것이다. 10:12를 보자.

"미움은 다툼을 일으켜도 사랑은 모든 허물을 가리느니라."

때로는 하나의 *숫자를 사용하고 이어서 그 숫자에 하나를 더한 시적인 스타일* 을 사용하는 경우도 있다. 그 뜻은 "이것뿐만 아니라 저것도 또한"이라는 뜻이다.

"여호와께서 미워하시는 것 곧 그의 마음에 싫어하시는 것이
  예닐곱 가지이니" (6:16).

때때로 우리는 *잠언이 짝을 이루어* 나타나는 것을 보는데, 두 번째 잠언이 첫 번째 것의 의미를 더해 주거나 혹은 첫 번째 것을 반대로 하기도 한다.

"친구는 사랑이 끊어지지 아니하고…
 지혜 없는 자는 남의 손을 잡고
  그의 이웃 앞에서 보증이 되느니라" (17:17-18).

많은 잠언에는 *충고* 의 내용이 있다.

"유순한 대답은 분노를 쉬게 하여도
 과격한 말은 노를 격동하느니라" (15:1).

다른 잠언들은 단순히 *관찰* 한 것을 기록한 것이다.

"물건을 사는 자가 좋지 못하다 좋지 못하다 하다가
 돌아간 후에는 자랑하느니라" (20:14).

은유, 비유, 같은 *문학적인 비유법* 은 우리의 관심을 사로잡는다:

"이에 식초 같고" (10:26) 혹은 "돼지 코에 금 고리" (11:22).

흥미로운 *몸짓* 은 속으로 하는 생각을 드러낸다.

"곧 교만한 눈과 거짓된 혀와
  무죄한 자의 피를 흘리는 손과
  악한 계교를 꾀하는 마음과
  빨리 악으로 달려가는 발과" (6:17-18).

반복 또한 그냥 우연이 아니다. 반복함으로써 사고가 명확해진다. 좋은 교사는 어떻게 하면 교훈을 강조하는지 알고 있다.

비고란

훈계

주제

주제를 정한 후, 그 주제에 관한 알맞은 말들을 골라라. 그 과정은 마치 금강석을 여러 각도에서 조사하듯, 여러 관점에서 주제를 연구하다 보면 아주 흥미진진하게 될 것이다. 예를 들어, 부와 가난에 대한 잠언을 고려해 보라.

태만, 게으름, 무관심은 빈궁으로 이끌 것이다. 게으른 자의 밭은 "가시덤불이 그 전부에 퍼졌으며 그 지면이 거친 풀로 덮였고 돌담이 무너져 있기로…네가 좀더 자자, 좀더 졸자, 손을 모으고 좀더 누워 있자 하니 네 빈궁이 강도 같이 오며 네 곤핍이 군사 같이 이르리라" (잠언 24:30-34). 방종하는 사람 또한 빈궁해진다. 배를 잔뜩 채우고 한껏 포도주를 마시다 보면 결국은 가난해질 것이다. "술 취하고 음식을 탐하는 자는 가난하여질 것이요 잠자기를 즐겨하는 자는 해어진 옷을 입을 것임이니라" (23:21).

일어나서 일하러 가는 것이 좋다. 일하는데 게으르지 말고 계속 부지런히 몸을 움직이라. 그렇지 않으면 돈을 다 써 버릴 것이다. "네 양 떼의 형편을 부지런히 살피며 네 소 떼에게 마음을 두라 대저 재물은 영영히 있지 못하나니 면류관이 어찌 대대에 있으랴" (27:23-24).

잠언은 종종 가난한 자들은 이웃으로부터 따돌림을 받고 미움을 받게 된다고 말한다 (14:20). 그런 태도를 권장하는 것이 아니라, 다만 그렇게 관찰하고 있을 따름이다. 어떤 가난함은 어리석음에서 유래하지만, 모두가 그러한 것은 아니다. 잠언은 과부와 고아를 잊지 않는데, 그들의 궁핍이 외부의 영향으로 온 것으로 보는 것 같다. 부요함의 대부분이 힘들게 일한 결과나 모두 다 그러하진 않다. 하나님과 외부의 영향이 때로 개입하기도 한다.

불의 (10:2), 속임 (21:6), 혹은 변리를 취해서 (28:8) 부요하게 되는 것이 아니라면 잠언에서 부자가 되는 것은 좋은 것으로 나타난다.

부는 좋은 것이긴 하지만 심판 날에 도움이 되지는 않는다. 그리고 거짓말하고 도둑질해서 부자가 된다면 그것은 의인의 손으로 넘어가게 될 것이다 (13:22). 게다가 돈보다 더 중요한 것들이 있다. "지혜를 얻는 것이 금을 얻는 것보다 얼마나 나은고 명철을 얻는 것이 은을 얻는 것보다 더욱 나으니라" (16:16).

부나 가난함 그 어떤 것도 이상화하지 않는다. 가난하면 도둑질도 하게 된다 (6:30). 부자는 교만해지고 자기를 지혜롭게 여긴다 (28:11). 선함은 부함보다 심오한 것이다. 부정직하게 부요하게 되는 것보다는 가난하더라도 정직한 것이 낫다 (28:6).

부유하게 되기를 원하는 사람은 온갖 종류의 우둔한 덫에 빠질 수 있다. 그들은 지혜보다 금에 초점을 맞추기 쉽다. 그들은 부자가 되기 위해 노력하다가 지칠 수도 있다 (23:4). 그들은 인색하게 될 수 있다 (23:6). 그들은 가난한 자를 잊고, 대신 그들의 부를 믿기 쉽다 (11:28). 이보다는 지혜로워지는 것이 낫다. 행복해 지는 것이 낫다. 만일 성냄이나 증오나 부정직이 당신의 삶을 특징짓는 것이라면 돈이 도대체 무슨 소용이 있는가? "채소를 먹으며 서로 사랑하는 것이 살진 소를 먹으며 서로 미워하는 것보다 나으니라" (15:17).

부자가 되어서 할 수 있는 가장 나쁜 짓은 가난한 자를 잊는 것이다 "이웃을 업신여기는 자는 죄를 범하는 자요 빈곤한 자를 불쌍히 여기는 자는 복이 있는 자니라" (14:21). 왜? 왜냐하면 "가난한 자와 부한 자가 함께 살거니와 그 모두를 지으신 이는 여호와시니라" (22:2).

비고란

제자

관대한 사람은 하나님으로부터 복을 받게 된다. 지혜롭고 의로운 사람은 과부를 속이지 아니하고, 고아를 속이거나 사기를 치지 아니한다. 뿐만 아니라 그들은 자신의 지갑을 연다. "선한 눈을 가진 자는 복을 받으리니 이는 양식을 가난한 자에게 줌이니라" (22:9). 언젠가 그러한 상황이 거꾸로 될 것이다. "귀를 막고 가난한 자가 부르짖는 소리를 듣지 아니하면 자기의 부르짖을 때에도 들을 자가 없으리라" (21:13).

무엇보다도 어떤 상황에 있든지 특히 부자들은 오만해지거나 거만해지거나 스스로 의롭다 여기지 않도록 자중할 필요가 있다. "교만은 패망의 선봉이요 거만한 마음은 넘어짐의 앞잡이니라" (16:18).

자 이제 당신 스스로 어떤 주제를 택해서 시험해 보라.

십계명

하나님께서 우주를 만드시고 인류에게 어떻게 살라고 가르쳤나 하는 지혜에 대해서 과연 유대인과 기독교인들은 어떻게 설명해 왔을까? 기독교인들은 지혜를 로고스 혹은 하나님의 말씀이라고 이해해 왔으며, 이는 예수 그리스도 안에서 몸을 입었다고 이해해 왔다. 우리는 이러한 개념을 요한복음에서 공부하게 될 것이다.

유대 학자들은 지혜를 토라에 나타난 가르침이나 훈계로 이해했다. 토라, 혹은 모세오경, 즉 성경의 첫 다섯 권은 하나님의 자비로운 은혜로 인하여 인간에게 계시됨으로써 사용이 가능하게 된 지혜이다. 그래서 역사적으로 믿음을 가진 유대 백성들이 지혜를 찾을 때, "진주보다 귀한" (잠언 3:15) 지혜를 찾을 때, 토라를 읽었다. 토라의 중심은 십계명(신명기 5:6-21)으로 다른 모든 율법이나 가르침뿐만 아니라 삶의 기본적인 기초가 되고 있다.

잠언을 이러한 관점에서 훑어보라. 각 계명을 읽고 난 후, 그 계명을 극적으로 나타내고 표현하며 확대하고 그 계명을 구체적으로 삶에 적용시키는 잠언들을 찾아보라. 당신은 하나님의 이름이나 안식일에 관한 자료는 그렇게 많이 찾지 못할 것이다. 왜냐하면 앞서 말한 것처럼 잠언에서 우리는 성전과 종교적인 규례를 떠나 일상생활의 세상 속으로 들어가기 때문이다. 그러나 잠언은 다른 계명들을 풍부하게 표현하고 있다. 성경을 읽으면서 어떤 방법으로든 계명에 관련된 잠언들을 찾아보라. 십계명은 비고란에 적혀있다. 당신이 발견하는 연관성을 상기시켜줄 몇몇 핵심단어나 참고사항을 적어보라. 이전에는 미처 찾지 못했던 의미를 찾아보라.

현숙한 아내

세상에서 잠언에 나타난 여인과 같은 "현숙한 아내"를 누가 찾을 수 있을까? 그녀는 일찍 일어날 뿐만 아니라, 열 사람 분의 일을 한다. 실제로 그녀는 완벽한 모범적인 여인이며, "이상"적인 여인이다. 잠언 31:10-13은 각 절이 히브리 알파벳 순서의 글자로 시작하는 이합체시(acrostic poem)이다. 이 시에는 지혜의 모든 가치를 갖춘 여인의 모습을 정성을 다해 자세히 말해주고 있다. 가부장적인 사회에서 그녀는 젊은 아내들과 어머니들의 모범 인물이며, 단순히 이웃집 여자를 인물로 묘사한 것이 아니다.

그녀의 완벽한 성격을 살펴보면, 그녀에게서 지혜의 뿌리가 되고 있는 토라에 관한 이야기들을 관찰해 낼 수 있다. 지혜처럼 이 여인은 "진주보다 귀하다" (3:13-15; 31:10). 그녀는 남편에게 충실하고, 그녀의 남편은 전적

십계명
신명기 5:6-21

- "나는…네 하나님 여호와라…나 외에는 다른 신들을 네게 두지 말지니라" (신명기 5:6-7).

- "너는 자기를 위하여 새긴 우상을 만들지 말고 위로 하늘에 있는 것이나 아래로 땅에 있는 것이나 땅밑 물 속에 있는 것의 어떤 형상도 만들지 말며 그것들에게 절하지 말며 그것들을 섬기지 말라 나 네 하나님 여호와는 질투하는 하나님인즉 나를 미워하는 자의 죄를 갚되 아버지로부터 아들에게로 삼사 대까지 이르게 하거니와" (5:8-9).

- "너는 네 하나님 여호와의 이름을 망령되이 일컫지 말라 나 여호와는 내 이름을 망령되이 일컫는 자를 죄 없는 줄로 인정하지 아니하리라" (5:11).

- "네 하나님 여호와가 네게 명한 대로 안식일을 지켜 거룩하게 하라 엿새 동안은 힘써 네 모든 일을 행할 것이나 일곱째 날은 네 하나님 여호와의 안식일인즉 너나 네 아들이나 네 딸이나 네 남종이나 네 여종이나 네 소나 네 나귀나 네 모든 가축이나 네 문 안에 유하는 객이라도 아무 일도 하지 못하게 하고 네 남종이나 네 여종에게 너 같이 안식하게 할지니라" (5:12-14).

- "너는 네 하나님 여호와께서 명한 대로 네 부모를 공경하라 그리하면 네 하나님 여호와가 네게 준 땅에서 네 생명이 길고 복을 누리리라" (5:16).

- "살인하지 말지니라" (5:17).

- "간음하지 말지니라" (5:18).

- "도둑질 하지 말지니라" (5:19).

- "네 이웃에 대하여 거짓 증거하지 말지니라" (5:20).

- "네 이웃의 아내를 탐내지 말지니라 네 이웃의 집이나 그의 밭이나 그의 남종이나 그의 여종이나 그의 소나 그의 나귀나 네 이웃의 모든 소유를 탐내지 말지니라" (5:21).

잠언을 십계명의 관점에서 연구한 후에, 당신이 보기에 왜 십계명이 생명으로 이끄는 지혜 혹은 길이라고 생각하는가?

훈계

으로 그녀를 신뢰한다 (31:11). 그들의 가정은 번성할 것이고, 그 가정은 세상적인 소유물을 얻게 될 것이다. 왜? 날이 밝기 전에 일어나 열심히 일할 것이기 때문이다 (31:15). 그녀는 가사에 능숙하고 유능한 조직력을 보여준다. 그녀는 장에서 물건을 알뜰히 산다. 사업적인 판단 역시 대단하다. 그녀를 단순히 틀에 박힌 가정적인 모습으로 보기에는 어울리지 않는 것 같다. 그녀는 자신이 가진 달란트를 발휘한다. 그녀는 "베로 옷을 지어 팔며 띠를 만들어 상인들에게 맡긴다" (31:24). 틀림없이 그녀는 자녀와 그 자녀들의 자녀들에 대해 생각하고 있을 것이다. 그녀는 결코 잠들지 않는다. 어린 자녀들을 가진 많은 어머니들처럼 "밤에 등불을 끄지 아니한다" (31:18).

"후일을 웃으며" (31:25) 라는 말이 무슨 뜻일까? 아마도 그녀는 남편이 자신을 믿는 것만큼 그녀 역시 남편을 믿을 것이다. 그녀는 가정과 친구들에 대해 확신을 갖고 있다. 비록 그녀가 소유물을 가지고 있지만, 그 모든 소유물이 없어진다 해도 살아갈 수 있을 것이다. 왜냐하면 그녀는 그것들이 삶의 기초가 아니라는 것을 알고 있기 때문이다. 그녀는 하나님을 믿는다. 그녀는 우선순위를 바로 잡고 있다.

어떤 사람은 그녀가 첫 소산물을 하나님께 드린다고 생각할 것이다. 왜냐하면 그녀는 가난한 자들을 잊지 않고 있기 때문이다. 모든 여인이 강하고 믿음 있는 남편을 가진 것은 아니다. 어떤 사람들은 전쟁 때문에 남편의 소식을 듣지 못한 지 오래되었다. 어떤 사람들은 사고나 사망으로 인해 남편을 잃었다. 어떤 사람들은 홍수, 지진, 혹은 가뭄으로 남편을 잃었다. 어떤 남편들은 결혼으로 묶여진 것을 깨뜨리는 어리석음을 범했다. 어떤 이들은 알코올이나 약물 중독자가 되었다. 지혜, 이 지혜로운 여인은 우리들에게 왜 어떤 이들은 강하고, 어떤 이들은 약하며, 어떤 이들은 운이 좋고, 어떤 이들은 재난을 겪는지 이유를 분명히 가려달라고 묻지 않는다. "그는 곤고한 자에게 손을 펴며 궁핍한 자를 위하여 손을 내밀며" (31:20), 주님의 축복을 행사할 뿐이다.

마치 개미들이 여름에 겨울 양식을 준비하듯이 (6:6-8), 그녀는 눈이 내리기 전에 미리 준비하고 있다 (31:21). 그래서 그녀는 다른 사람들을 도와줄 수 있다.

명예는 묘한 것이다. 어떻게 하면 남편이 아내를 존경할 수 있을까?

어떻게 하면 아내가 남편을 존경할 수 있을까?

우리는 어떻게 하면 다른 사람들이 성공할 수 있도록 존중해 줄 수 있으며, 그에 대한 보답으로 "활력"을 얻고 "존경"을 받을 수 있을까?

"현숙한 아내"는 어떻게 자녀들을 지도해야 하는지를 알고 있다. 어린이 행동 전문가들에 의하면, 어린이들은 부모로부터 배우며, 부모들이 좋아하는 것을 흉내낸다고 한다. 부모가 싫어하는 것을 자녀들로 하여금 하도록 만드는 것은 거의 실패하기 마련이다. 만일 이 모범적인 여인이 털을 다듬고, 실을 잣고, 직물 짜는 일을 한다면, 만일 그녀가 그렇게 하면서 자녀들을 가르

비고란

제자

친다면, 그녀는 또한 자기 자녀들이 자라나 그녀를 일컬어 복되다고 칭송하는 것을 보게 될 것이다. 그렇다고 훈계를 게을리 하지 않는 그녀는 "입을 열어 지혜를 베풀"(31:26)고 있다.

잠언의 이 여인은 어떻게든 성실과 근면을 다해 지혜를 찾았다. 또한 하나님으로부터 오는 행복하고 생산적인 삶을 사는 교훈을 찾았다. 그녀는 어떻게 하나님께서 우주를 함께 놓으셨는지 배웠으며, 그러한 우주의 리듬과 조화를 이루며 살려고 애쓰고 있다. 그녀의 마음속 깊은 곳에서 그녀는 "여호와를 경외한다" (31:30). 왜냐하면 그녀는 "여호와를 경외하는 것이 지혜의 근본"인 것을 알고 있기 때문이다 (9:10).

또 다른 견해

아굴은 누구인가 (잠언 30:1)? 아무도 모른다. 아굴은 전형적인 히브리 이름이 아니다. 낯선 이름이다. 그의 이름은 평화롭고 목가적인 심포니에 심벌이 쨍하고 울리는 것과 같다. 잠언은 있는 그대로 삶을 묘사한다. 열심히 일하라. 부모를 공경하라. 돈을 저축하지만 인색하지는 말라. 첫 소산물을 여호와께 드리라. 진실을 말하라. 조심하면서 조용조용 이야기하라. 배우자를 사랑하고 존중하라. 권위를 가진 자들을 존경하라. 자녀들을 훈계와 가르침으로 양육하라. 가난한 자들에게 관대하라. 그리하면 행복하고 건강한 인생을 즐기게 될 것이다. 창고가 그득하게 될 것이다. 자녀들은 당신을 복되다 할 것이다. 당신은 장수하게 될 것이다. 죽어도 사람들이 당신의 장례식에 와서 감사함으로 당신을 기억할 것이다.

잠언의 메시지는 진리를 담고 있어서 우리는 그 말을 새기기를 원한다. 그러나 우리 속에 있는 어떤 것이 "그게 다는 아냐" 라고 말한다. 잠언의 공식은 너무 단순하다. 인생은 그보다는 더욱 복잡다단한 것이다. 그렇게 느끼는 우리에게 미지의 아굴은 신비한 것의 힌트를 제공함으로 우리를 조금 위로해 준다. 우리가 대답을 모두 알지는 못하는 실체, 아니 심지어 의문점이 무엇인지도 모르는 실체를 향해 손을 가리킨다.

아굴의 장은 전도서와 욥기에 이르는 훌륭한 다리 역할을 해준다. 전도서의 나이 많은 교사는 잠언에 대해 의문점을 제기할 것이다. 욥은 칭찬할 만한 삶을 살았지만 몰락을 겪었다. 아굴은 다가올 의문점들에 대한 힌트를 준다.

우리는 하나님의 마음을 알 수 있는가? 우리에게 계시되어진 지혜를 조금 갖고 있기는 하다. 이사야 선지자가 우리에게 상기시켜 주는 것처럼 하나님의 말씀은 하늘에서 내리는 비와 같아서 헛되게 되돌아가지 않는다. 그것은 하나님의 목적을 달성할 것이다 (이사야 55:10-11). 그렇다. 성경은 그것을 증명한다 (잠언 30:5-6). 그러나 아굴은 말하기를 나는 이만큼만 이해할 수 있다고 말한다. 나는 거짓말쟁이가 되고 싶지 않다. 나는 너무 적거나 많은 것을 원하지 않는다. 그렇게 되면 가난해서 훔치게 되거나 부해서 자랑하게 되기 때문이다 (30:7-9). 삶의 많은 부분은 신비한 것이다.

나는 이상한 것들을 본다. 부모들을 저주하는 사람들이 있다. 자신이 "깨끗하다"고 생각하는 사람들이 있다. 이들은 오만한 자들로 "눈꺼풀이 높이 들린" 사람들이다. 이러한 사람들의 말은 칼과 같아서 가난한 자들을 삼켜 먹는다 (30:11-14). 열심히 일하는 것도 좋고, 소유물도 기분 좋은 것이나 사람들은 더 많은 것들 움켜잡으려고 하기보다는 밤에는 잠자리에 들 수 있어야 한다 (30:15-16).

비고란

나무로 만든 마리에 고정된 성경 두루마리는 천으로 된 바인더로 묶여졌으며 거룩한 궤에 보관되었다. 마리의 손잡이가 있는 아래 부분은 단순하게 되어 있었지만 윗부분은 아주 정교한 조각이나 장식으로 되어 있었다. 각 마리는 "생명나무"라고 불렸는데 토라가 "얻은 자에게 생명나무"였기 때문이다 (잠언 3:18).

훈계

독수리가 어떻게 나는지, 뱀이 어떻게 기는지, 배가 어떻게 노를 저어 가는지 남자와 여자가 어떻게 사랑을 나누는지 과연 누가 이해할 수 있으랴? 이런 실체들은 아름다운 것이지만 신비한 것들이다.

일반적으로 세상은 기초가 튼튼하고 안전하다고 우리가 생각하는 경향이 있다. 그러나 때때로 세상이 진동하기 시작한다. 미련한 자는 너무 많이 먹는다. 사랑이 없는 결혼이 있다. 종이 주인이 되려고 한다 (30:21-23).

하나님과 인간 사이의 차이는 엄청나다. 인간의 지식은 한정되어 있다. 우리는 아주 작은 원자나 혹은 광대한 우주를 연구할 수 있고 개미와 우주를 연구할 수 있다. 그러나 우리는 어떻게 왜 그것들이 그렇게 행동하는지 알 수 없다 (30:24-31). 당신이 스스로를 높이면 당신은 낮아질 것이다. 심지어 혈압을 높이는 것이 될 수도 있다 (30:32-33).

이렇게 하나님께서 겸손하게 해주시는 것을 감사하라. 지혜와 신비가 나누는 대화 속에서 우리는 남은 생애 동안 씨름하게 될 것이다.

신실한 공동체의 모습

선택을 잘 하면 그 결과가 더디 올 수 있지만, 결국은 생명에 이른다. 우리는 하나님의 지혜를 신뢰한다. 왜냐하면 하나님은 생명과 기쁨을 주시는 분이시기 때문이다.

삶의 길이 특별히 어렵게 보이는 때가 언제인가?

___

잠언 중에서 당신에게 우선순위가 높은 것은?

___

가장 도전을 주는 잠언은 무엇인가? 가장 위협적인 것은? 왜?

___

철저한 제자

철저한 제자는 보상을 바라면서 "착하게 사는" 것이 아니라, 보상에 관계없이 올바르게 살아간다. 당신은 열정, 이상, 일에 대한 열심, 잠언과 같은 지혜, 희생적인 사랑을 필요로 하는 어떤 일을 하고 있는가?

추가 연구

잠언 16-31장에서 7과에서 지혜의 선물을 주는 데 추가할 만한 잠언을 골라 보라.

비고란

우리는 신실한 믿음의 공동체이기 때문에 어떤 선택을 해야 할 때, 세상의 지혜가 아닌 하나님의 지혜를 신뢰한다.

헛되도다

"헛되고 헛되며 헛되고 헛되니 모든 것이 헛되도다."
—전도서 1:2

9 죽을 수밖에 없는 삶

인간의 모습

우리는 틀림없이 내일이 올 것처럼 살고 있다. 우리는 재산을 모은다. 바로 다음에 오는 새로운 경험을 쌓고, 다음에 오는 새로운 재산을 축적한다. 우리가 그것들을 우리 주위로 끌어들이는 이유는 사실 아무 것도 영원히 존속하지 못한다는 사실로부터 마음을 딴 데로 쏠리게 하기 위함이다. 즉 우리가 종내는 죽을 것이라는 사실이다.

성경 읽기

우리는 전도서를 두 번 읽게 될 것이다. 이번 주는 헛되다는 관점에서, 다음 주는 기쁨의 관점에서 읽게 될 것이다.

성경을 읽으면서 자명한 이치를 대하면 고개를 저어 보라. 신비, 헛된 것, 불일치, 애매모호한 것, 아이러니, 우연, 구멍이 뚫린 자존심, 불의, 비극, 그리고 죽음을 찾아보라. 삶을 있는 그대로 바라보라. 당신 자신의 죽음을 생각해 보라.

첫째 날: 전도서 1-2 (지혜와 쾌락의 헛됨)
둘째 날: 전도서 3-4 (모든 것에는 때가 있다, 친구의 가치, 명예가 지속하지 못함)
셋째 날: 전도서 5-7 (불의와 물거품 된 희망, 지혜와 어리석음)
넷째 날: 전도서 8-9 (하나님의 신비한 방법)
다섯째 날: 전도서 10-12 (지혜의 연약함, 열심, 삶에 대한 열정, 청년과 노년)
여섯째 날: "생명나무의 열매"와 "신실한 공동체의 모습"을 읽고 답하라.
일곱째 날: 안식

금주의 시편

시편 39편에서 시편 기자는 우리가 종종 갖게 되는 생각, 즉 삶이 너무 빨리 지나간다는 생각을 말로 표현하고 있다. 매일 시편을 소리 내어 기도하면서 뜻을 곱씹어 보고 질문을 던져 보며 머리에 드는 생각을 소리로 혹은 종이에 펜을 가지고 나타내 보라.

기도

매일 성경공부하기 전에 드릴 기도:
"하나님이여 내 기도에 귀를 기울이시고
    내가 간구할 때에 숨지 마소서
내게 굽히사 응답하소서
    내가 근심으로 편하지 못하여 탄식하오니"
                    (시편 55:1-2).

금주의 기도 제목:

헛되도다

첫째 날: 전도서 1-2 (지혜와 쾌락의 헛됨)

넷째 날: 전도서 8-9 (하나님의 신비한 방법)

둘째 날: 전도서 3-4 (모든 것에는 때가 있다, 친구의 가치, 명예가 지속하지 못함)

다섯째 날: 전도서 10-12 (지혜의 연약함, 열심, 삶에 대한 열정, 청년과 노년)

셋째 날: 전도서 5-7 (불의와 물거품 된 희망, 지혜와 어리석음)

여섯째 날: "생명나무의 열매"와 "신실한 공동체의 모습"을 읽고 답하라.

제자

생명나무의 열매

전도서는 시기적으로 포로생활에서 귀환한 후인 주전 300년경에 쓰여졌다. 비교적 안정되어 있던 시기였고, 국가적인 열정과 종교적인 열정이 정기적인 성전 예배를 통해 표현되던 시기였다. 예루살렘으로 귀환하던 때 가졌던 다이내믹한 신학은 이제 정통 신학으로 정착되었고, 이 정통 신학은 지혜로운 현인들에 의해 좌우되던 시기였다.

전도자는 생각이 깊은 사람이었다. 다윗과 같은 시골뜨기가 아니라, 솔로몬 같은 도시 출신이었다. 그는 학자들이 가져야 하는 특별한 집중력에 대해 알고 있었고, 계획하고 처리해 나가는 행정의 복합성에 대해 알고 있었으며, 부를 얻기 위한 노력, 책을 쓰는데 따라오는 기쁨과 고통을 알고 있었다. 그는 학자요 시인이었다. 언어로 된 그림들이 그의 마음속에서 돌다가 언어로 나타나곤 했다. 그는 추상적인 것이 아닌 구체적인 이미지로 알아들을 수 있게 설명했다. 죽음에 대해 쓸 때, 그는 바퀴가 우물 위에서 깨어진 것으로 묘사하고 있다 (전도서 12:6). 나이가 든 전도자는 과거로부터의 에피소드를 기억했다. 그는 젊은이들에게 외치고 있다. "나도 그 길을 가 봤단 말야!"

어떤 학자들은 전도자가 독신이었다고 생각한다. 그는 비극으로 끝난 연애 사건으로 인하여 마음에 상처를 받고 있던 시기에 대해 쓰고 있다. 여인은 그를 차버리고, 그의 가슴에 상처를 입히고, 그로 하여금 환멸을 느끼게 하고 떠나버렸다 (7:26). 그가 어린이들을 언급할 때는 대개 다른 사람들의 자녀를 언급하며, 그것도 유업에 관한 맥락에서 언급한다. 그는 남자들에게 아내에게 충실해야 한다고 간청하는데—마치 자신은 방관자인 것처럼—남자들에게 그들의 결혼생활을 즐기라고 충고한다.

자, 이제 머리가 희끗희끗한 전도자가 예루살렘 성벽 뒤로 해가 지는 것을 바라보면서 앉아 있는 장면을 그려 보라. 눈의 백내장 때문에 시야가 흐려진지라 성읍 풍경은 특히 해가 저물 무렵엔 부드럽게 보인다. 밤이 오는 소리가 견디기 힘들어 그는 고음들을 그리워한다. 엉덩이와 무릎엔 관절염의 고통이 느껴진다. 그는 때때로 앉은 위치를 바꾸어 본다. 그의 생각은 가게 문을 닫는 상인들, 저녁식사를 준비하는 주부들, 게임을 하다가 집으로 달려가는 어린아이들에게 미친다. 그는 제사장들이 희생제물을 드려오곤 하던 성전 쪽을 바라본다. 그는 건너편에 있는 학교를 쳐다본다. 그 학교는 그가 동료 교사들과 함께 예루살렘의 상류층 자제들에게 토라를 가르치면서 일생을 보냈던 곳이다. 그곳에서 그는 제자들이 사업, 정부, 성전 봉사 등등의 직업을 준비하도록 가르쳤다. 그는 틀림없이 그가 책에 내려쓴 메시지들을 학생들에게 가르쳤을 것이다. 그는 지혜의 책이 다른 사람들에게 도움이 되기를, 특히 자신이 경험하고 지켜본 어리석음을 피하는 데 도움이 되길 바랬다.

나는 그것을 해 보았다

전도자는 지혜에 대한 연구에 마음을 쏟으며 그의 가르침을 시작한다. "마음을 다하며 지혜를 써서 하늘 아래에서 행하는 모든 일을 연구하며 살핀즉 이는 괴로운 것이니 하나님이 인생들에게 주사 수고하게 하신 것이라 내가 해 아래에서 행하는 모든 일을 보았노라 보라 모두 다 헛되어 바람을 잡으려는 것이로다" (전도서 1:13-14).

> "해 아래에서 수고하는 모든 수고가
> 사람에게 무엇이 유익한가" (1:3).

헛되도다

그는 의인이 건강, 부, 행복을 이 생애에서 보상으로 받고, 반면에 죄인은 질병, 가난, 그리고 일찍 죽는 것으로 벌을 받는다는 전제에 대해 의문을 제기한다. 그러면 우연히 일어나는 사건들, 사람들이 개입하거나 통제할 수 없는 사고들은 어떻게 설명할 것인가?

운명이나 우연에 대한 생각이 그의 머릿속을 꽤 어지럽힌다. 그는 하나님이 통치하시고, 하나님은 정의로우시고, 의인은 번성하리라고 가르침을 받아 왔다. 역대기 기자는 하나님을 신뢰한 왕들은 유다를 화평으로 이끌었으며, 자기 꾀에 빠진 왕들은 유다를 파멸과 유배로 이끌었다고 가르쳤다. A와 B를 더하면 C가 된다.

그는 "해 아래"에 관해서 관찰을 하고 있는데, 그는 오로지 이 세상이란 구조 속에서만 생각하기 때문이다. 그는 "모든"이라는 단어를 사용하고 있는데 왜냐하면 일어나는 모든 것이 창조주의 디자인과 통제 안에 있기 때문이다. 아무런 예외가 없다. 혹은 그런 것처럼 보인다. 그래서 나쁜 일이 착한 사람들에게 일어나거나 혹은 좋은 것들이 나쁜 사람들에게 일어나면 하나님은 어디에 계신가 하고 묻게 된다. 정의는 어디에 있는가? 이 신비스런 세상은 예측할 수도 없고 파악할 수도 없다. 사망은 어디에나 있다. 마치 태양이 뜨고 지는 것이 확실한 것처럼, 모든 남자, 여자, 아이, 그리고 들의 짐승도 죽게 된다. 무덤은 모든 것들의 종착역이다. 아무리 생각해도 아무리 계획을 하여도 언젠가는 바람에 날아가 버릴 것이다.

전도자는 개인의 일을 말한다. 사실 자신은 인생을 파악하기 위해 공부해 왔고, 어떻게 하면 좋은 삶을 살 수 있을지 이해하기 위해 노력해 왔다고 말하고 있다. 더 많이 배울수록 자신은 모르는 것이 더 많았다. 더 많이 공부할수록 번뇌만 많아졌다. "지혜가 많으면 번뇌도 많으니" (1:18). 모든 것을 이해하려는 것은 어리석은 것이다. 신비는 인간의 머리로 이해하기에는 너무나 깊고 깊다. 지혜와 지식과 희락을 (2:26) 쌓아두려는 것도 미래를 예측하려는 (10:14) 것도 소용이 없다.

"지혜 있는 자의 교훈은 생명의 샘이니
　　사망의 그물에서 벗어나게 하느니라" (잠언 13:14).

그러나 나는 어리석은 자들이 죽는 것처럼 나도 죽을 것이라는 사실을 깨달았다. 그러면 나의 지혜가 무슨 소용이 있는가? 나는 눈이 밝은 것이 어둠 속에서 걷는 어리석은 자보다 낫다는 것을 안다 (전도서 2:13-14). 그러나 종국에는 하나님의 길과 인생이 어떻게 움직이는지 이해하려고 애씀으로써 과연 우리는 무엇을 얻었단 말인가 (2:17)? 나는 심지어 내가 얻은 지혜를 다른 사람에게, 나보다 젊은 사람에게 남기려고도 생각해 보았다. 하지만 "그 사람이 지혜자일지, 우매자일지야 누가 알랴" (2:19)? 사람들이 그렇게도 발을 동동거리며 공부한 것으로 얻는 것이 무엇이란 말인가? "일평생에 근심하며 수고하는 것이 슬픔뿐이라 그의 마음이 밤에도 쉬지 못하나니 이것도 헛되도다" (2:23). 지혜를 보존하려고 하는 사람들은 시간을 낭비하는 것이다.

나도 쾌락을 시험해 보았다

지혜를 더하려는 노력이 헛되다는 것을 알면서도 전도자는 좋은 삶에 이르는 길의 하나로 쾌락을 시험해 보기로 마음먹었다 (전도서 2:1). 그래서 그는 육체적인 쾌락이 행복을 가져오는지 실험해 보았다. 의도적으로 그는 못과 동산에서 눈을 즐겁게 해주었다. 그는 아름다운 건물들을 지음으로써 자

비고란

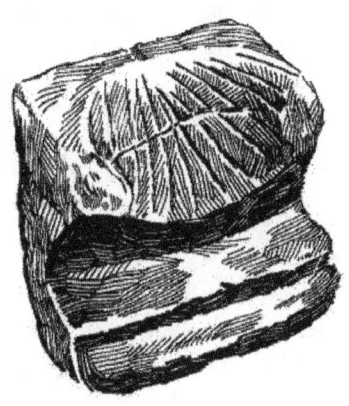

"이미 있던 것이 후에 다시 있겠고
　이미 한 일을 후에 다시 할지라
　해 아래는 새 것이 없나니" (전도서 1:9).
이 화강암으로 된 해시계는 불과 2인치밖에 되지 않는 사각형인데 헤롯의 궁전의 일부분이라고 추정된다. 주후 70년 성전이 파괴된 잔해에서 발견되었다.

제자

신감을 북돋아 주었다. 그는 음악 소리로 귀를 즐겁게 해주었다. 그는 잔치와 술집에 가서 쾌락이 무엇인지 알아보려 했다. 사람들은 떠들썩하게 웃고 음악을 연주하고 술에 취하고 있었다. 그는 밤새 머물면서 자신을 위해 노래하는 악대들을 고용하고 "처첩들을 많이 두었"다 (2:8). 그러나 이 중에 어떤 것도 그를 행복하게 해주지는 못하였다. 그의 경험들은 그를 공허감과 불만족 가운데 남겨 두었다.

강한 영향력을 행사해 보고 싶어서, 그는 잠시 동안 왕이 된 척 해보았다 (1:12-2:11). 랍비들은 이러한 문학적인 기교로 설명하기를, 만일 아무도 이 세상의 "좋은 것들"을 모두 맛 본 사람이 없다면, 아무도 그를 믿지 못할 것이라고 한다. 왜냐하면 아무도 세상의 모든 맛난 음식을 맛 본 적이 없고, 값비싼 포도주를 마셔보지 못했으며, 호화로운 동산 옆에 앉아 보지 못했으며, 노래하는 남녀를 듣지 못했으며, 아름다운 여인들과 잔 적이 없기 때문이다. 그러나 우리는 그 모든 것을 시도해 보고도 공허함을 느낀 사람이 있다면 그에게 귀를 기울여 볼 수 있을 것이다. 만일 그런 사람이 있다면 그는 솔로몬이었다! 왕처럼 "내 눈이 원하는 것을 내가 금하지 아니하며" (2:10). 그래서 "내 손으로 한 모든 일과 내가 수고한 모든 것이 다 헛되어 바람을 잡는 것이"었다 (2:11). 나는 지속되는 가치를 하나도 성취하지 못했으며, 나는 행복한 사람이 되지 못하였다.

나는 다른 헛된 것들을 목도했다

나는 "해 아래"서 비참한 것을 보았다고 전도자는 말한다. 나는 부모들이 열심히 일하고, 밤늦게까지 일하고, 자녀들을 위해 저축을 했으나, 잘못 투자하여 돈을 모두 잃어버리는 것을 보았다 (전도서 5:13-14). 나는 "손이 부지런한 자는 부하게 되느니라" (잠언 10:4) 라고 배웠으나 사람들이 아무런 잘못이 없으면서 가진 모든 것을 잃는 것을 보았다. 설상가상으로 전도자는 말하기를 나는 그들이 너무나 걱정한 나머지 남은 생애를 씁쓸하게 사는 것을 보았다.

나는 몇몇 좋은 사람들은 너무나 많은 골치 거리를 갖고 있고, 몇몇 악한 사람들은 모든 운을 가진 것처럼 보이는 것을 목도했다 (전도서 7:15). 그것은 "의인은 영영히 이동되지 아니하여도 악인은 땅에 거하지 못하게 되느니라"(잠언 10:30)는 것과는 거리가 멀다. 때때로 악인은 체포되지 아니하고, 잡히더라도 판결을 받지 아니하고, 판결을 받더라도 벌을 받지 아니한다. 나는 전승에는 "악인은 피차 손을 잡을지라도 벌을 면하지 못할 것이나" (11:21) 라고 말하는 것을 안다. 그러나 내 눈으로 보기에 나는 거짓말하고, 뇌물을 받고, 가난한 자를 누르면서 성전에 가서 희생제물을 바치고 기도를 드리고, 장수하는 사람들을 보았다. 그리고 그들이 죽을 때에는 거창한 장례식까지 드린다. 성읍은 심지어 그들을 위한 기념탑을 짓거나 그들의 이름을 본 따서 거리의 이름을 짓는다 (전도서 8:10). 누가 "악인의 이름은 썩게 되느니라"(잠언 10:7)고 말하는가? 나는 심지어 가난하고 지혜로운 사람에 의해 성읍이 구원받은 것을 목도하였다. 그러나 그가 보상을 받았는가? 아니다. 실은 그들은 그의 이름을 잊어버렸다 (전도서 9:13-15). 누가 "의인을 기념할 때에는 칭찬하거니와" (잠언 10:7) 라고 말하는가?

나는 우리가 악하거나 혹은 어리석어야 한다고 말하는 것이 아니다. 내가 말하고 싶은 것은 세상사가 언제나 공정하지 않다는 것이다. 때때로 "악인

비고란

헛되도다

비고란

들의 행위에 따라 벌을 받는 의인들도 있고, 의인들의 행위에 따라 상을 받는 악인들도 있다" (전도서 8:14). 경주는 언제나 가장 재빠른 자의 것이 아니다. "때와 우연"은 모든 사람에게 일어난다. 아무도 언제 재난이 닥칠지 아는 사람은 없다 (9:11-12). 일어나는 일을 이해하려고 애쓰는 사람들은 시간을 낭비하는 것이나 다름없다 (8:17).

삶에서 좌절하게 만드는 것은 하나님께서 우리 마음속에 생각을 집어 넣으셨기 때문이다. 영원과 같은 생각 말이다. 그러나 우리가 진실로 알 수 있는 것은 무엇인가? 어떤 사람들은 생각하기를 무덤 너머에 또 다른 시간이 있다고 한다. 그러나 그들이 과연 무엇을 아는가? 과연 하나님께서 계획을 갖고 계신가? 아마도. 그러나 만일 그러하다면 오직 하나님만이 아실뿐이다. 우리는 심지어 내일 무슨 일이 일어날지도 모른다. 미래에 대해서 중얼거리는 사람들은 마을로 가는 길조차 알지 못하는 바보나 다름없다 (10:15).

이렇게 전도자는 삶을 바라보면서 현실의 감각을 점검했다. 무덤 이외의 삶에 대해 믿지 않으면서 (혹은 그것에 대해서는 아무 것도 알지 못한다고 말하는 것이 좋겠다) 그는 자신의 연설을 이 세상 "해 아래"에 있는 모든 것으로 제한한다. 애굽이나 희랍의 영혼 불멸설은 그의 관심밖에 놓여 있다. 이 철학자에게는 다니엘의 환상에서와 같은 부활의 언급이 없다. 그가 아는 모든 것은 좋은 삶이란 언제나 이 세상에서 온전하고 완전한 보상을 받지는 않는다는 것이다. 그는 하나님께서 정확히 무엇을 하시는지 알지 못한다. 그러나 이 세상에서 보상과 처벌의 체계는 언제나 정확한 것이 아니다. 인생은 거의 공정하지 않다. 전도자가 말할 수 있는 한, 가난한 자나 부유한 자나, 지혜로운 자나 어리석은 자에게나, 죽음이 찾아오면 모든 것이 끝이 난다.

나는 심각한 질문들을 던졌다

전도자는 계속한다. 그러고 나서 나는 물었다. 누가 이 모든 것을 이어 받을 것인가? 나는 전 생애 동안 열심히 일하고 나서 유업을 자녀들에게 물려주었는데, 그 자녀들은 불과 몇 달 동안 가산을 탕진해 버리는 사례들을 생각했다. 나는 사람들이 얼마나 자주 자기 돈을 훔쳐가지 않을 사람인지 확인하는지를 생각했다. 사실 그들은 자기 재산을 어떻게 지킬까 전전긍긍하느라 밤에도 잠을 자지 못한다. 그러고 나서 나는 부자 친구의 장례식에 가서 그의 시신을 보았다. 그의 시신은 보통 노동자나 들짐승과 마찬가지로 싸늘하게 죽어 있었다. 나는 생각했다. "이것도 헛된 것이나 큰 악이로다 사람이 해 아래에서 행하는 모든 수고와 마음에 애쓰는 것이 무슨 소득이 있으랴" (전도서 2:21-22). "바람을 잡는 것" 같도다 (2:26). 가장 슬픈 일은 잠언이 약속하는 모든 것을 소유한 사람들이 여전히 행복하지 않은 것을 보는 것이다. 100명의 건강한 자녀들이 있고 2000년을 장수한다 해도 그들은 그것을 즐기지 못한다 (6:1-6). 헛되도다!

빈민이 학대당하는 것을 보거든 놀라지 말라 (5:8). 당신은 이러한 잠언을 알고 있나 "여호와께서 의인의 영혼은 주리시 않게 하시나" (잠언 10:3). 말도 안 되는 소리! 나는 탐욕을 가진 악한 사람들이 가난한 자들에게서 빼앗은 음식을 게걸스럽게 먹는 것을 보았다. 나는 열심히 일하는 농부들이 땅을 잃고 소작인과 노예로 전락하는 것을 보았다. "내가 다시 해 아래에서 행하는 모든 학대를 살펴 보았도다 보라 학대 받는 자들의 눈물이로다 그들에게 위로자가 없도다" (전도서 4:1). 어떤 학대 받는 자들보다는 차라리 죽은 사람이 낫다. 사실상 유아들이 태어나지 않은 아이들보다 낫다 (4:2-3). 권세 있

제자

는 사람들과 만날 때에는 조심스레 말하고 행동하라. 그들 중 어떤 사람들은 바보들이다. 나는 어리석은 자들이 말을 타고, 지혜로운 자들은 땅에서 걸어 다니는 것을 보았다 (10:7).

내가 일을 바꾸면 어떨까 하고 생각해 보았지만, 내가 관찰한 세상에서 보건대, 세상의 굽은 것들은 결코 바로잡아지지 않을 것이다 (1:15; 7:13). 세상사는 결코 변하지 않는다. 때로 일부 재정비하거나 다시 정돈하는 것은 가능할지 모르지만 결코 변화시킬 수는 없다. 잔인무도함과 박해는 다시 일어난다. 우리는 우리가 새로운 것을 본다고 생각하지만 그것은 이전에 있었던 것들이다. 강물은 계속해서 바다로 밀려오지만 바다는 결코 채워지지 않는다. 힘 있는 자들은 지배를 유지하기 위해서 자신들의 힘을 사용하고, 자기 사욕을 채우기 위해 자신의 힘을 사용한다. 당신 생각에 부자들이 가난한 자들에게 귀를 기울이고, 힘있는 자들이 약한 자들에게 관심을 기울인다고 생각하는가? 결코 그렇지 않다. 그들이 생각하는 것은 그들보다 높은 자들이 자신들을 어떻게 생각할까 하는 것이다. "높은 자는 더 높은 자가 감찰하고 또 그들보다 더 높은 자들도 있음이니라" (전도서 5:8). 태양은 동쪽에서 떠오르고 서쪽으로 진다. 그러나 거기에는 아무런 이득도 없다. 우리는 결코 불의를 없앨 수는 없을 것이다. 그것은 바람을 잡으려고 하는 것과 같다.

잘못된 동기를 위해 일함

모든 것 중에 가장 어리석은 것은 "은 금과 왕들이 소유한 보배와 여러 지방의 보배를 나를 위하여 쌓"는 (전도서 2:4-8) 것이다. 나는 모든 잘못된 동기를 위해 일해 왔다. 그것은 헛되고 의미 없는 일이었다. 나는 다른 사람들이 그저 돈을 벌기 위해 너무나 열심히 일하는 것을 보아왔다. 나는 우리가 일을 하지 않아야 한다고 말하는 것이 아니다. 만일 우리가 지붕을 고치지 못한다면 그것은 무너지고 말 것이다. 만일 우리가 일하지 않는다면 우리는 먹을 양식이 없어질 것이다 (10:18-19). 그러나 우리가 우리 이웃보다 앞서려고 일하거나 혹은 부자가 되어서 염려할 필요가 없기를 원하거나 혹은 유명해져서 사람들이 우리를 기념해서 기념탑을 세우기를 원하거나 혹은 유업을 남겨서 우리 자녀들이 우리에게 감사의 마음을 갖기를 원한다면, 그런 것은 잊어버려라. 부를 축적하려는 것만큼 헛된 것은 없다. 부자들은 밤에 잠을 이룰 수가 없다. 그들은 기름진 음식을 소화시킬 수가 없다 (5:12). 그들은 침대에 몸을 던지지만 여전히 이웃들의 시샘을 받는다 (4:4). 헛되고 헛된 것, 물건을 모으려는 모든 노력들이 헛되다. "은 줄이 풀리고 금 그릇이 깨지고 항아리가 샘 곁에서 깨지고 바퀴가 우물 위에서 깨지고 흙은 여전히 땅으로 돌아가고 영은 그 주신 하나님께로 돌아가기 전에 기억하라" (12:6-7). 그런 날이 오기 전에 우리는 물어야 할 것이다. 과연 바람을 잡으려고 하는 것이 무슨 소용이 있는가?

당신에게 삶의 유한성을 뼈저리게 깨닫도록 한 경험이 있는가?

자연스런 삶의 리듬(1:1-11)은 단조로워서 아무런 새로운 것도 주지 않는 듯이 보인다. 이에 동의하는지 그렇지 않은지 이유를 말해 보라.

비고란

헛되도다

신실한 공동체의 모습

우리는 삶의 신비를 인정한다. 그것이 역경의 형태이든, 고통의 형태이든, 판에 박힌 일과이든 새로운 것이든 삶의 신비임을 인정한다. 우리는 우리에게 방해되는 것들을 밀어 헤치고 지나가려는 대신에, 우리는 무엇인가에 공헌하기를 원하고, 사랑의 행위를 보이려고 애쓴다. 우리는 죽는 것을 두려워하지 않는다.

어떤 종류의 의심, 두려움, 근심들이 당신이 죽음을 삶의 일부분으로 받아들이려고 하는데 꺼리게 하는가 (혹은 꺼리게 했는가)?

_____

_____

쇼핑 몰, 무한정한 정보의 네트워크, 지속적인 유흥이 판치는 세상에서 의미를 찾는 것은 어려운 일이다. 어떤 종류의 무의미를 당신은 경험하고 있는가?

_____

_____

_____

우리는 짐을 가볍게 하고서 여행한다. 당신은 어떤 움켜쥐려는 행동이나 소유물에 대한 애착을 없애려고 노력하는가?

_____

_____

_____

당신은 당신이 계수하는 시간을 어떻게 보는가? 당신에게 시간은 친구인가 원수인가? 시간을 친구로 보고 받아들이기 위해 무엇을 할 수 있는가?

_____

_____

철저한 제자

전도자의 입장이 되어 당신이 통제할 수 없는 것들을 찾아보라. 믿음 안에서 긴장을 풀라. 행동이 도가 지나치기보다 자족하기를 힘써 보라. 말을 많이 하기보다 들으려고 힘써 보라. 얻는 것보다 주는 데에서 의미를 찾아보라. 결정적인 해답을 얻으려는 욕구를 떠나보내라. 하나님을 믿으라.

추가 연구

시간을 생각해 보라. 당신의 현재의 삶의 단계―젊거나, 중년이거나, 노년이거나―에서 시간의 경과를 어떻게 경험하고 있는지 생각해 보라. 그리고 당신이 더 젊었을 때에는 시간의 경과를 어떻게 인식하고 경험했는지 생각해 보라. 시간의 경과를 인식하면서 깨닫게 된 차이점을 한두 구절로 적어 보라.

비고란

우리는 신실한 믿음의 공동체이기 때문에 여러 모양으로 나타나는 삶의 신비를 그대로 받아들이며, 죽음 또한 삶의 일부로 받아들인다.

즐기라

> "사람이 하나님께서 그에게 주신 바 그 일평생에 먹고 마시며 해 아래에서 하는 모든 수고 중에서 낙을 보는 것이 선하고 아름다움을 내가 보았나니 그것이 그의 몫이로다."
> —전도서 5:18

10 생명은 하나님이 주신 선물

인간의 모습

주말까지는 5일밖에 남지 않았다. 휴가까지는 11달밖에 남지 않았다. 은퇴하려면 20년밖에 남지 않았다. 우리는 예비하고 있다. 그 언젠가 우리는 삶을 즐길 수 있게 되리라.

성경 읽기

지난 주에 공부한 것처럼 많은 사람들이 전도서에서 오로지 헛된 것만을 본다. 심지어 어떤 사람은 오직 절망만을 본다. 이제 삶에서 좋은 것들을 찾아보라. 아무리 작은 것이라도 기쁨을 찾아보라.

첫째 날: 전도서 1—2 (먹고, 마시고, 일을 즐기라)
둘째 날: 전도서 3—4 (리듬, 의지함, 인생과 우주의 질서, 좋은 친구들은 인생을 수월하게 만들어 준다)
셋째 날: 전도서 5—7 (맹세를 지키라, 소유물을 순간적인 선물로 즐기라, 신비와 부조화를 받아들이라)
넷째 날: 전도서 8—9 (만 백성과 모든 행위가 하나님의 손에 있다, 죽음은 불가피하다, 당신의 일을 기쁨으로 하라, 인생을 즐기라)
다섯째 날: 전도서 10—12 (관대하라, 관대하게 씨를 뿌리라, 하나님을 신뢰하라, 현재를 살라)
여섯째 날: "생명나무의 열매"와 "신실한 공동체의 모습"을 읽고 답하라.
일곱째 날: 안식

철저한 제자

감사의 기도로 하루를 시작하라. 하루 동안 불평을 피해 보라. 다른 사람들에게 감사를 표현하라. 일을 하고 도움을 주고 받으면서 느낀 만족감을 성찰해 보라. 친구가 되라. 하루를 끝낼 때 감사와 신뢰의 기도를 드리라. 하루하루가 선물이라는 것을 알라.

금주의 시편

날마다 시편 90편을 소리 내어 기도하라. 매일 한 구절이나 한 줄을 골라 하루 종일 그것을 묵상하라. 메모지에 써서 눈에 잘 띄는 곳에 붙여 두라. 90:17을 암기하고 매일 일을 시작하기 전에 기도하라.

기도

매일 성경공부하기 전에 드릴 기도.
"주의 은택으로 한 해를 관 씌우시니
　　주의 길에는 기름 방울이 떨어지며
들의 초장에도 떨어지니 작은 산들이
　　기쁨으로 띠를 띠었나이다"
초장은 양 떼로 옷 입었고
　　골짜기는 곡식으로 덮였으매
그들이 다 즐거이 외치고 또 노래하나이다
　　　(시편 65:11—13).

금주의 기도 제목:

즐기라

첫째 날: 전도서 1-2 (먹고, 마시고, 일을 즐기라)

둘째 날: 전도서 3-4 (리듬, 의지함, 인생과 우주의 질서, 좋은 친구들은 인생을 수월하게 만들어 준다)

셋째 날: 전도서 5-7 (맹세를 지키라, 소유물을 순간적인 선물로 즐기라, 신비와 부조화를 받아들이라)

넷째 날: 전도서 8-9 (만 백성과 모든 행위가 하나님의 손에 있다, 죽음은 불가피하다, 당신의 일을 기쁨으로 하라, 인생을 즐기라))

다섯째 날: 전도서 10-12 (관대하라, 관대하게 씨를 뿌리라, 하나님을 신뢰하라, 현재를 살라)

여섯째 날: "생명나무의 열매"와 "신실한 공동체의 모습"을 읽고 답하라.

제자

생명나무의 열매

전도자가 그의 견해를 오직 "해 아래서" 관찰할 수 있는 이 세상 것으로 제한하는 것을 감안할 때, 그는 우리더러 어떻게 삶을 살라고 권하는 것일까? 우리 모두가 무덤으로 간다는 것을 감안할 때, 죽음에 대비해서 무엇을 해야 하는가? 시간과 우연 때문에 우리에게 잘 정돈되어 있는 종교적인 상투 용어들이 쑥밭이 되어 가고, 내일 무슨 일이 일어날지 아무도 아는 사람이 없을 때, 오늘 우리는 무엇을 해야 하는가?

전도자는 우리가 삶을 끝내야 한다고 권하지 않는다. 한때 삶에 대해 이해하려고 머리를 쥐어짜다가 그는 "우울한 시기"에 빠져서 "내가 사는 것을 미워하였노니" (전도서 2:17) 라고 외친 적이 있었다. 그러나 심지어 그러한 때라 할지라도 그는 살아서, 생각하고, 씨름을 계속하고 있었다. 죽음을 분명히 눈앞에 두고 있기 때문에 우리는 죽음을 향해 돌진한다든가, 죽음으로 명을 재촉할 필요는 없다. 인생이 호흡과 같다는 것은 숨을 쉴 가치가 없다는 의미가 아니다. 히브리어 헤벨(hebel, 호흡)은 "수증기" "의미 없음" "헛된" "소용없는" "헛됨"으로 번역되는데 이는 모으고 쌓아두려는 헛된 노력과 인생을 이해하려고 애쓰는 헛된 노력을 일컫는다 (2:26). 그러나 우리가 삶을 이해할 수 없다는 이유 때문에, 삶의 일부라도 즐길 수 없다는 것을 의미하지는 않는다. 우리가 내일 무슨 일이 일어날지 모른다는 이유 때문에, 오늘 어떤 만족을 얻어서는 안 된다는 것을 의미하지는 않는다.

지혜

한 가지 예로 지혜를 들어 보자. 우주에 대해 염려하면서 하루 밤을 꼬박 새우는 것은 어처구니가 없다. 당신이 책 10권을 더 읽거나 더 쓴다고 해서 그것이 분명해지리라고 생각하는 것도 어처구니없다. "내가 마음을 다하여 지혜를 알고자 하며 세상에서 행해지는 일을 보았는데 밤낮으로 자지 못하는 자도 있도다 또 내가 하나님의 모든 행사를 살펴 보니 해 아래에서 행해지는 일을 사람이 능히 알아낼 수 없도다 사람이 아무리 애써 알아보려고 할지라도 능히 알지 못하나니 비록 지혜자가 아노라 할지라도 능히 알아내지 못하리로다" (8:16-17). 당신이 가진 모든 지혜를 자녀들에게 전수해 주겠다고 생각하는 것도 소용이 없다 (2:18-19). 그들이 귀를 기울일지 말지 누가 알겠는가? 게다가 그들은 스스로 찾기를 원할 것이다. 모든 강물이 바다로 흐르되 바다를 채우지 못하는 것같이 (1:7), 당신도 지혜를 저장해 둘 수는 없다.

그러나 지혜는 가치가 있는 것이다. 어리석은 것보다는 지혜로운 것이 낫다 (7:25). 가난한 지혜자가 있어서, 비록 이름은 잊혀 졌지만 그는 성읍을 구원했다 (9:14-15). "우매한 자는 말을 많이 하거니와" (10:14) 그들의 웃음은 "솥 밑에서 가시나무가 타는 소리 같으니" (7:6) 지혜는 당신을 미소 짓게 할 수 있다 (8:1). "지혜는 성공하기에 유익하다." 나무를 쪼개기 전에 연장을 갈라 (10:10).

그러나 "지나치게 지혜자도 되지 말"(7:16)고, 너무 의인인 체 하지도 말라. 그러면 스스로를 파멸시키고 말 것이다. 모든 사람이 실수할 때가 있다 (7:20). 사람들은 당신을 깔보면서 기쁨을 느낄 것이다. 하나님을 두려워하라, 조금은 겸손하라, 그리고 하나님께서 다스리신다는 것을 잊지 말라 (7:18). "죄인 한 사람"이 많은 선을 망칠 수 있으나 지혜는 모든 것을 끝까지 밝혀 낼 수 있다 (9:18).

비고란

즐기라

비고란

일단 인생이 짧다는 사실을 깨닫게 되면, 당신은 무엇보다 지혜로워질 것이다. 하나님의 율법을 순종하라 (12:1). 당신이 순종해서 복을 누릴 것인지 아닌지 모른다 하더라도 그 훈계에 귀를 기울이라. 부드럽게 말하고 너무 말을 많이 하지 말라. 남을 존중하라. 그러면 적어도 시끄럽고 우매한 말은 피하게 될 것이다 (9:17; 10:12-14). 지혜로운 자가 되라. 비록 지혜자의 죽음이 우매자의 죽음과 같을지라도 말이다 (2:16). 적어도 "지혜자는 그의 눈이 그의 머리 속에 있고 우매자는 어둠 속에 다니지만" (2:14).

성전에 가라, 그러나 서원을 섣불리 하지 말라 (5:4). 당신이 서원을 지킬 수 있는지 어떻게 알랴. 전도자는 예수님의 충고에 동의했을 것이다: 너희 말은 옳다 옳다 아니라 아니라 하라 (마태복음 5:37). 그리고 "또 기도할 때에 이방인과 같이 중언부언하지 말라 그들은 말을 많이 하여야 들으실 줄 생각하느니라" (6:7). 전도자는 하나님이 겉으로만 경건한 척하는 것을 달갑게 받으시는 분이 아니라고 생각한다. 하나님은 세상을 어떻게 운영해야 하는지에 대해 많은 충고를 필요로 하지 않으신다. 잠언과 전도서가 만일 두 권으로 된 책이었다면, 책을 받치는 책꽂이는 다음과 같을 것이다. "여호와를 경외하는 것이 지혜의 근본이니라"(잠언 1:7)가 책꽂이의 한쪽 끝이라면 "하나님을 경외하고 그의 명령들을 지킬지어다"(전도서 12:13)가 책꽂이의 다른 끝이 될 것이다. 전도자는 악을 결코 권하지 않는다. 그는 전심을 다해 우리가 어리석은 유혹을 경계해야 한다고 말할 것이다. 모든 악한 사람이 벌을 받지는 않는다. 모든 의인이 보상을 받지도 않는다. 그러나 여전히 거짓말하고 속이고 뇌물을 주고 훔치고 거짓 증거하는 것은 어리석은 일이다. 누가 하나님의 심판을 알겠는가? 게다가 무엇을 얻을 게 있겠는가 (2:13; 7:25)?

일

전도자는 어리석음에 대한 가장 강한 표현을 출세하려고 노력하며, 미래를 위해 부를 축적하려는 것이라고 말한다. 그는 "개미"(잠언 6:6)에게 가서 지혜를 얻으라고 한다. 게으른 것보다 열심히 일하는 것이 낫다. 그러나 전도자는 그것을 오용하는 것을 비웃는다. 수고(toil)라는 말은 구약성경에서 55번 사용되었는데, 전도서에서 명사로 22번 사용되었다. 하나님은 아담과 하와를 동산에서 내치시면서 (창세기 3:22-24) 그들의 이마에서 흘린 땀으로 땅을 갈아먹을 것이라고 하셨다. 땅을 가는 것만도 어려운데 인류는 일을 더 어렵게 만들고 있다. 우리의 식욕은 결코 만족할 줄을 모른다. 바다는 더 많은 물을 받아들인다. 우리의 배는 더 많은 음식을 요구한다 (전도서 1:7; 6:7). 부를 축적하기 위해 벌벌 떨면서 지나치게 열심히 수고하는 것은 소용이 없고 헛되다. 부가 지속되리라고 믿기가 어렵다고 그는 기록하고 있다. 우리는 죽을 때 그것을 갖고 갈 수 없다 (5:13-16). 그리고 우리가 사라지고 난 다음에는 그것을 통제할 수도 없다 (2:18-19). 우리 이름을 남기려고 하는 것도 부질없다고 그는 말한다. 우리가 사라진 다음에는 아무도 우리를 기억하지 않을 것이다 (2:16).

그러나 일은 몹시 힘든 것이기는 하지만 필요한 것이다. 일은 또한 약간의 만족감도 제공해 준다. 그래서 "날 때가 있고 죽을 때가 있으며 심을 때가 있고 심은 것을 뽑을 때가 있으며" (3:2), "찢을 때가 있고 꿰맬 때가 있으며 잠잠할 때가 있고 말할 때가 있으며" (3:7). 일은 삶의 리듬의 일부분이다. 만일 "모든 수고와 모든 재주로 말미암아 이웃에게 시기를 받으"면 (4:4), 그것은 진정으로 헛된 것이다. 경쟁은 경제적인 원동력이 될지 모르나 그것은

제자

"바람을 잡는 것"과 같은 것이다. 만일 우리가 자연의 적당한 리듬에 참여한다면, 아, 그것이야말로 삶의 비결을 발견하는 것이다.

전도자가 얼마나 자주 우리에게 "사람이 자기 일에 즐거워하는 것보다 더 나은 것이 없음을 보았나니" (3:22) 라고 일깨워주는지 주목해 보라. "사람이 하나님께서 그에게 주신 바 그 일평생에 먹고 마시며 해 아래서 하는 모든 수고 중에서 낙을 보는 것이 선하고 아름다움을 내가 보았나니 이것이 그의 몫이로다" (5:18). 전도자는 하루 일을 끝내고 나서 손을 씻는 나른한 즐거움을 생각한다. 그리고 가족과 친구들과 함께 간소하게 차린 저녁 식탁에 앉는 것을 생각하면서 싱긋이 웃는다. 그는 배가 고플 때 음식이 얼마나 맛나게 느껴졌는가를 기억한다. "너는 가서 기쁨으로 네 음식물을 먹고 즐거운 마음으로 네 포도주를 마실지어다 이는 하나님이 너의 하는 일들을 벌써 기쁘게 받으셨음이니라" (9:7). 그것이야말로 누릴 수 있는 최고의 호사이다.

잠을 잘 자는 것도 유쾌하다. "노동자는 먹는 것이 많든지 적든지 잠을 달게 자거니와" (5:12). 전도자는 아침이 오기까지 잔치를 벌이는 왕자들을 조롱한다. 그보다는 노동자들처럼 간소한 저녁 식사를 하고 다음날 아침 기분좋게 일어나기 위해 힘을 비축하는 것이 좋을 것이다 (10:16-17). 포도주 한 잔을 곁들인 식사는 기쁨이로되 술 취하는 것은 어리석음이다 (9:7). 우리의 전도자는 쾌락주의자가 아님은 분명하다.

"네 의복을 항상 희게 하며" (9:8). 칙칙하게 있거나 축 처져 있지 말라. 얼굴을 씻고 머리를 빗고 향수를 조금 뿌리라. 왜 슬퍼하는가? 그날 하루를 즐기라! "기쁨으로" (9:7) 살라. 이렇게 충고하면서 전도자는 나중에 오실 예수님의 가르침과 조화를 이루고 있다. "그러므로 내일 일을 위하여 염려하지 말라 내일 일은 내일이 염려할 것이요 한 날의 괴로움은 그 날에 족하니라" (마태복음 6:34).

자중

청하지 않는 충고라고 해도 좋다. 그러나 전도자는 실제적인 충고를 하지 않고는 견디지를 못한다. 시간과 기회는 누구에게나 오고, 그 누구도 내일 어떤 운명의 바람이 불어올지 모르기 때문에, 투자를 다양하게 하는 것이 좋다. 어떤 것이 성공하고 실패할지 누가 아는가 (전도서 11:2)? 경작할 때가 오면 경작하라. 심을 때가 오면 심으라 (3:2). 만일 태양과 바람이 아주 적기일 때를 기다리다 보면, 당신은 결코 경작하지도 심지도 못할 것이다 (11:4). "너는 네 떡을 물 위에 던져라 여러 날 후에 도로 찾으리라" (11:1).

어떤 주석가들은 상업에 쓰이는 실제적인 조언으로 이 구절을 해석한다. 투자를 넓혀라, 그러면 어떤 날에 이윤을 얻게 될 것이다. 그러나 다른 유대교와 기독교 전통 해석에 따르면, 전도자는 관대한 마음을 가질 것을 권면한다고 말한다. 전도자는 그가 이 세상을 구원할 수 없다는 것을 안다. 그러나 그는 우리더러 항상 하나님의 계명을 지키라고 북돋아준다. 토라를 가르치는 것보다 더 중요한 것은 과부와 고아를 도와주는 것이다. 그래서 행복하고 사려 깊은 사람들은 주먹을 꽉 쥐고 움켜잡으려고 하지 않는다. 그 대신 잠언의 현숙한 아내처럼 그들은 손을 열어 가난한 자들을 돕고 필요한 사람들에게 손길을 뻗친다 (잠언 31:20). 전도자는 탐욕을 경계하고 하나님께 영광을 돌리라고 한다. "무슨 재앙이 땅에 임할는지 네가 알지 못함이니라" (11:2). 그 때는 당신이 다른 사람들의 관대함을 필요로 하게 될 것이다 (10:14).

비고란

즐기라

사랑

친밀함, 우정, 결혼한 사람들의 사랑, 이런 단어들이 전도자가 은근히 주장하고 싶은 말들이다. "두 사람이 한 사람보다 나음"이라고 한다 (4:9). 비록 내일은 결코 오지 않을지 모르지만, 친구들은 더 효율적으로 그리고 더 즐겁게 일한다. 만일 한 사람이 실족하면 다른 사람이 도움을 줄 수 있다. 두 사람이 함께 한 침대에서 누우면 몸이 따뜻할 것이다. 만일 세 친구가 함께 서면 그들은 쉽게 끊어지지 않을 것이다 (4:10-12).

그러면 결혼한 남자는 짧고 의미 없는 그의 인생을 어떻게 살아야 할 것인가? 술집에서 만취한다거나, 성적인 탈선행위에 빠지거나 하지 말고 "사랑하는 아내와 함께 즐겁게 살지어다 그것이 네가 평생에 해 아래에서 수고하고 얻은 네 몫이니라" (9:9). 결혼한 사람간의 사랑과 성적인 일체감은 이 세상의 축복 가운데 하나로 인정되고 있다. 결혼생활을 즐기라. 서로 사랑을 나누라. "정욕이 그칠" 날이 머지않아 올 것이다 (12:5). 젊은이들은 그들의 청춘을 즐기고, 꿈을 갖고, 사랑에 빠지고, 자신이 가진 관심 분야와 재능에 몸을 던지라. 그들의 젊음은 아주 지속되지는 않을 것이다. "그러나 하나님이 이 모든 일로 말미암아 너를 심판하실 줄 알라" (11:9).

죽음

어떤 주석가들은 전도자가 인간의 몸이 병들어 서서히 쇠퇴해 가는 것을 묘사하고 있다고 말한다. 그는 우리가 죽음을 골똘히 생각하기를 원하는 것일까? 아니다. 우리는 젊을 때에도 죽음을 향해 눈을 똑바로 뜨고 어깨를 쭉 펴고 직면할 필요가 있다. 전도서 12:1-8을 큰 소리로 읽어라. 힘차게 시작하라. 천천히 부드럽게 나아가라. 그리고 속삭이듯이 끝을 맺어 보라. 우리가 아주 오래 장수하면, 이빨로 더 이상 씹을 수 없고, 눈은 침침해지고, 밤에 별이나 낮에 태양을 제대로 분별하지 못하는 날이 올 것이다. 귀는 새들이 지저귀는 소리나 음악 소리를 듣지 못하게 될 것이다. 우리는 넘어질까봐 두려워하고, 머리칼은 희어지고, 걸을 때에는 한 발을 천천히 다른 한 발이나, 혹은 목발에 의지해 발걸음을 옮기게 될 것이다.

그렇기 때문에 우리는 때로 장례식에 갈 필요가 있다. "초상집에 가는 것이 잔칫집에 가는 것보다 나으니 모든 사람의 끝이 이와 같이 됨이라 산 자는 이것을 그의 마음에 둘지어다" (7:2). 이 충고는 겁을 주려고 하는 말이 아니라, 우리로 하여금 삶을 평가하고 우리의 적은 날을 생각하도록 도와주기 위함이라. 그러면 우리의 기도는 "우리에게 우리 날 계수함을 가르치사 지혜로운 마음을 얻게" (시편 90:12) 될 것이다. 젊은이들은 "청년의 때에 너의 창조주를 기억하라" (전도서 12:1). 이는 단지 하나님을 존중하기 위해서가 아니라 삶이 얼마나 짧고 소중한지를 기억하기 위함이다.

나이가 드는 것은 비극이 아니다. 죽음은 패배가 아니다. 나이가 들어가는 것은 해가 서쪽으로 지는 것과 같다. 하나님의 적당한 리듬이 작동하고 있다. 일출처럼 일몰도 영광스러울 수 있다. "날 때가 있고 죽을 때가 있으며 심을 때가 있고 심은 것을 뽑을 때가 있으며" (3:2). "하나님이 모든 것을 지으시되 때를 따라 아름답게 하셨고 또 사람들에게는 영원을 사모하는 마음을 주셨느니라 그러나 하나님이 하시는 일의 시종을 사람으로 측량할 수 없게 하셨도다" (3:11). 우리는 인생을 즐거워하고 축하할 수 있다. 그것을 이해하려고 하지 말라. "하나님이 이같이 행하심은 사람들이 그의 앞에서 경외하게

비고란

제자

하려 하심인 줄을 내가 알았도다" (3:14). "한 세대는 가고 한 세대는 오되" (1:4). 그러나 전도자는 우리가 일단 죽음과 화해를 하고 나면, 우리는 인생을 즐길 수 있다고 한다!

무엇이 좋은 것인가?

인생은 하나님의 위대한 선물이다. 좋든 나쁘든, 길든 짧든, 과거이든, 영원의 기미를 보이는 것이든, 무덤의 유한성으로 보이는 것마저도 모든 인생은 하나님의 위대한 선물이다. 우리는 바람을 잡으려고 하는 데에 시간과 에너지를 낭비하지 말아야 한다. 왜냐하면 아주 소수의 사람들에게만 인생을 즐길 수 있는 능력이 주어져 있기 때문이다 (전도서 5:19). 바로 그것이다! 하나님이 주신 좋은 선물은 일상의 선물, 사소한 선물을 즐길 수 있는 자유이다. 많은 사람들에게 있어 인생은 고생이요 수고이다. 그러나 어떤 축복 받은 사람들은 눈으로 해를 보는 것을 즐기며 (11:7), 하루 일에서 즐거움을 찾으며, 가난한 사람들에게 손을 펴며, 몇몇 친구들을 가지고 있으며, 샤워를 끝낸 후 기분이 상쾌하며, 식사를 즐기며, 배우자를 사랑하며, 젊은이들이 인생에 대해 흥분해 하는 것을 볼 때 미소를 짓는다. "사람이 여러 해를 살면 항상 즐거워할지로다" (11:8). 그것이 "일의 끝이 시작보다 낫고" (7:8) 라고 한 이유이다. 시작은 가능성이다. 끝은 완성이다. 성공적인 완성은 결코 작은 일이 아니다. 자신의 인생을 기뻐하면서 보내는 것은 해가 뜨고 해가 지는 것처럼 적절하고 아름다운 삶의 리듬의 일부분이다.

숙곳 (Sukkoth, 장막절) 절기

유대교에는 주요 절기 때마다 사용되는 다섯 개의 두루마리(Megilloth)가 있다. 왜 전도서는 숙곳 절기, 즉 장막절에 읽혀졌을까? 왜냐하면 숙곳은 이스라엘이 광야에서 하나님의 보호하심에 의존해서 살던 황량한 날들을 기념하는 절기이기 때문이다. 하나님은 아무것도 남길 것이 없이 하루에 알맞은 분량만큼만 만나와 물을 제공해 주셨다. 그리고 백성들이 기뻐하기를 바라셨다. 백성들은 이웃을 앞질러 갈 수 없었으며, 축적할 수 없었으며, "모아 쌓을" 수 없었다 (전도서 2:26). 단순히 하루에 하나씩 그저 하나님께 의뢰하기만 하면 되었다. 백성들이 투덜거리면, 하나님은 그들이 스스로를 비참하게 만드는 것을 보고 슬퍼하셨다. 숙곳은 우리가 오늘을 즐거워하고 우리가 충분히 가지고 있음을 감사할 줄 알아야 한다는 사실을 상기시켜 준다.

전도서의 시는 웅장하다. 이는 수세기 동안 수많은 작가, 시인, 설교가, 작곡가, 연설 작가들에게 영감을 불러일으켰다. 1:2-11; 3:1-8; 11장과 12:1-8을 소리 내어 읽어라. 그리고 나서 당신에게 익숙한 구절들이나 당신이 들은 적이 있거나 읽은 적이 있는 구절들을 적어 보라.

자연스러운 인생의 리듬(1:2-11)은 삶을 즐길 수 있는 최소한의 것을 제공해 줌과 동시에 평화스러운 안정감을 제공해 준다. 이 절들은 당신이 삶을 즐길 수 있도록 어떻게 기본적으로 지원해 주고 있는가?

비고란

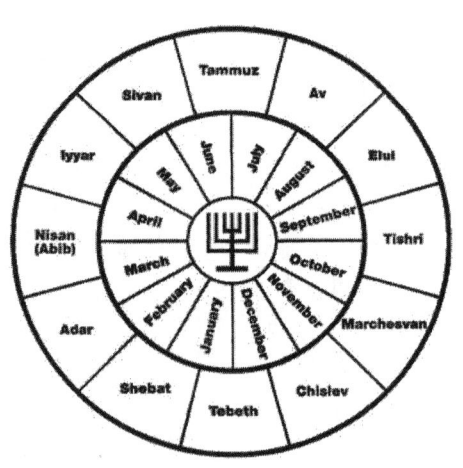

절기 혹은 축제는 유대력에서 중요한 시기를 이루고 있다. 위의 도표는 히브리 달력과 이에 해당하는 우리 달력을 보여준다. 아래에 있는 목록은 각 절기와 그 절기가 유대력에서 차지하는 날짜를 나타낸다.

유월절 (Pesach) • 14 니산 (아빕)
무교절 15-21 니산 (아빕)
칠칠절 (Shavuoth) • 6 시반
장막절 (숙곳) • 15-20 티스리
Feast of Dedication (하누카) • 25 (키스레브)
부림 • 14/15 아달

즐기라

예수 그리스도를 알고 영원한 삶을 믿는 동시에, 전도자가 주는 충고 중에 당신이 따를 만한 중요한 것이 있는가?

___

당신은 어떤 충고를 거절하는가?

___

전도자의 충고 중에 어떤 것이 당신이 시간을 보내는 것을 재고하도록 도와주는가?

___

신실한 공동체의 모습

우리는 오늘을 즐긴다. 우리의 일은 주님과 다른 사람에 대한 봉사이다. 그것은 심지어 찬양의 행위이다. 우리는 가족과 친구와 즐길 시간을 갖는다. 우리는 하나님께서 매일 제공해 주시는 것으로 인해 감사드린다. 우리는 그저 삶을 주신 것으로 하나님께 감사드린다.

당신이 마지막으로 가족과 함께 식사를 하기 위해 마주 앉았던 때는 언제인가? 친구들을 식사에 초대한 것은 언제인가? 거기에 웃음이 있었는가?

___

당신은 매일을 살면서 어떻게 기쁨을 발견하는가?

___

당신은 일터 어디에서 기쁨을 찾는가? 혹은 당신이 일터에서 기쁨을 찾는 것을 방해하는 것은 무엇인가?

___

하나님께서 주시는 기쁨과 평안이 당신에게 어떻게 느껴지는지 묘사해 보라.

___

추가 연구

마태복음 5—7장을 찾아보고 예수님께서 전도자의 입장과 비슷한 말씀을 하신 곳을 적어 보라.

비고란

> *우리는 신실한 믿음의 공동체이기 때문에 삶을 선물로 받아들이고, 그 삶을 현재에 만끽하고, 또한 삶을 주신 하나님께 감사드린다.*

재난

> "여호와께서 사탄에게 이르시되 네가 내 종 욥을 주의하여 보았느냐 그와 같이 온전하고 정직하여 하나님을 경외하며 악에서 떠난 자가 세상에 없느니라 네가 나를 충동하여 까닭 없이 그를 치게 하였어도 그가 여전히 자기의 온전함을 굳게 지켰느니라."
>
> —욥기 2:3

11 타당한 불평

인간의 모습

우리는 원인과 결과를 분명하게 규정해 주기를 원한다. 우리가 선한 삶을 살고, 열심히 일하고, 제대로 먹고, 운동하고, 돈을 저금하고, 규칙을 지키면, 당연히 건강과 번영을 보답으로 받을 만하다고 생각한다. 그리고 우리의 삶 그 자체에는 그 어느 나쁜 것이 포함되어 있을 수 없도록 되어 있다고 생각하고 싶어한다. 우리가 애쓰면 고통과 아픔을 피해 나아갈 수 있다고 생각한다.

성경 읽기

욥기는 지혜문학과 팽팽하게 맞서 있다. 욥의 세 친구들은 모든 고난이 죄악 탓이라는 편협한 전통을 변호하려고 애쓴다. 당신이 그 옆에 서 있다고 가정해 보라. 반박에 귀를 기울여 보라.

첫째 날: 욥기 1-3 (서론, 욥에 대한 공격, 욥은 자기가 태어난 날을 저주함)
둘째 날: 욥기 4-8 (엘리바스의 첫 번째 연설, 욥의 대답, 빌닷의 첫 번째 연설)
셋째 날: 욥기 9-14 (욥의 대답, 소발의 첫 번째 연설, 욥의 대답)
넷째 날: 욥기 15-17 (엘리바스의 두 번째 연설, 욥의 대답)
다섯째 날: 욥기 18-21 (빌닷의 두 번째 연설, 욥의 대답, 소발의 두 번째 연설, 욥의 대답)
여섯째 날: "생명나무의 열매"와 "신실한 공동체의 모습"을 읽고 답하라.
일곱째 날: 안식

금주의 시편

근본적으로 불의가 존재하고 있다는 사실을 인정하면서 당신 자신과 다른 사람을 위해 시편 17편을 큰 소리로 읽으며 기도하라. 당신이 불의를 당한 경험이나, 어떤 일이 불공평했다고 생각이 들었던 것들을 상기해 보라. 날마다 어떠한 종류든 불의에서 벗어나 정의가 필요로 한 사람을 생각해 보라. 시편을 큰 소리로 읽으면서 그 사람을 위해 간청하는 기도를 드리라.

기도

매일 성경 공부하기 전에 드릴 기도:
"여호와여 어느 때까지니이까 나를 영원히 잊으시나이까
 주의 얼굴을 나에게서 어느 때까지 숨기시겠나이까
나의 영혼이 번민하고
 종일토록 마음에 근심하기를 어느 때까지 하오며
 내 원수가 나를 치며 자랑하기를
 어느 때까지 하리이까" (시편 13:1-2).

금주의 기도 제목:

재난

첫째 날: 욥기 1-3 (서론, 욥에 대한 공격, 욥은 자기가 태어난 날을 저주함)

둘째 날: 욥기 4-8 (엘리바스의 첫 번째 연설, 욥의 대답, 빌닷의 첫 번째 연설)

셋째 날: 욥기 9-14 (욥의 대답, 소발의 첫 번째 연설, 욥의 대답)

넷째 날: 욥기 15-17 (엘리바스의 두 번째 연설, 욥의 대답)

다섯째 날: 욥기 18-21 (빌닷의 두 번째 연설, 욥의 대답, 소발의 두 번째 연설, 욥의 대답)

여섯째 날: "생명나무의 열매"와 "신실한 공동체의 모습"을 읽고 답하라.

제자

생명나무의 열매

이제 욥기 속으로 들어가 보라. 우리는 유대교와 기독교가 이해하는 경건한 행위로 칭찬을 받아 온 인내심 많은 욥이 아니라, 좌절하고 의문을 제기하고, 조급한 욥을 발견하게 된다. 그는 삶과 죽음, 선과 악, 죄와 고통에 대한 궁극적인 질문에 대한 답을 원하고 있다. 인내심? 아니다. 끈질김? 그렇다.

욥기의 스타일과 형태 또한 복잡하다. 욥기는 "옛날 옛적에"로 시작해서 "그래서 그들은 행복하게 살았습니다"로 끝나는 것처럼, 산문으로 시작해서 산문으로 끝나는 아주 단순한 아름다운 이야기로 들린다. 과연 우리의 세련된 저자는 고난을 받고 그것을 극복한 욥이라고 불린 의인에 대한 옛날이야기를 사용해서 신랄하고 고통에 찬 논쟁을 중간에 집어넣은 것일까? 이 이야기는 하나님만을 사랑하라는 첫 번째 계명의 의미를 자세히 진술하기 위한 시도일까? 혹은 경건의 전통과 지리멸렬한 논쟁을 섞어 놓아 우리로 하여금 깊이 생각하고 심오한 의문을 던지게 하고 다른 사람과 함께 고통을 느껴 보도록 의도한 것일까?

이야기

이야기는 욥이 *온전하고 정직한* 사람이라고 확실하게 말한다. 그는 *하나님을 경외하며 악에서 떠난* 의인이었다 (욥기 1:1). 그는 선한 사람으로 믿음을 가진 됨됨이가 바른 사람이었다. 이렇게 여러 번 강조한 것은 온전하다는 것을 의미한다. 그래서 욥이 자신은 토라를 순종했다고 하나님께 주장할 때, 그는 진실을 말하고 있다 (23:11-12). 하나님께서도 그렇게 말씀하셨다.

욥 이라는 이름은 히브리어가 아니다. 우스 땅은 이스라엘 남동쪽에 있는 에돔일 수 있다. 그러나 그런 것은 문제가 아니다. 욥은 모든 국가, 모든 종교, 모든 인종이 될 수 있다. 욥은 비극을 겪어 본 모든 사람이다.

욥은 지혜의 사람은 부유해야 한다는 의미에서 부유한 사람이었다. 즉 그에게는 가족의 이름과 전통을 이어갈 만큼 아들과 딸이 많았다. 모든 것이 완전했는데 심지어 숫자마저도 완전했다. 일곱 아들, 세 딸, 모두 열 자녀들이 있었다. 7, 3, 10이라는 숫자는 모두 완전을 상징하는 숫자들이기 때문에 이상적인 가족을 상징한다. 양과 낙타도 완전한 비율로 되어 있었다. 소와 나귀의 숫자도 균형이 잡혀 있었다. 욥의 가족과 재산은 완전했다. 욥은 하나님이 주시는 복을 받고 있었다.

사탄 이라는 말은 *비난자 (Accuser)* 혹은 *적대자(Adversary)*로 번역되어 왔다. 이는 하나님의 영역에서 의문을 제기하고, 하나님과 논쟁을 벌이는 사람을 뜻한다. 비난자는 대체로 아니라고 투표한다.

비난자가 하는 일은 흥미롭다. 그는 지구를 돌아다니면서 보상을 바라지 않고 선한 일을 하는 의로운 사람을 찾아다닌다. 그러나 하나님께서 욥의 됨됨이를 칭찬하시자, 비난자는 자신의 본성에 정직하게 그 칭찬의 근거에 대해 의문을 제기한다. 하나님은 비난자에게 욥에 대해 생각해 보았냐고 물으시고 사탄은 대답한다. "욥이 어찌 까닭 없이 하나님을 경외하리이까?" 그는 사람들이 하나님을 사랑하는 것은 그렇게 하면 보상을 받으리라고 생각하기 때문이라는 것을 증거하려 한다. 하나님, 사탄, 그리고 삶 그 자체가 이제 욥을 시험하게 되었다. 욥은 이렇게 말할 수 있을 것인가?

비고란

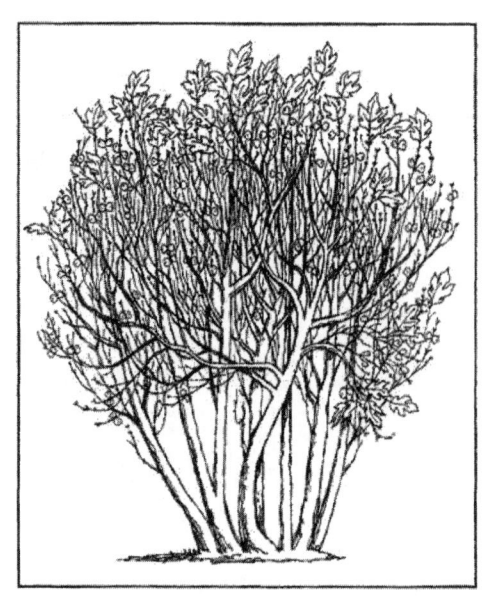

무화과나무

"비록 무화과나무가 무성하지 못하며 포도나무에 열매가 없으며
감람나무에 소출이 없으며…우리에 양이 없으며
외양간에 소가 없을지라도 나는 여호와로 말미암아 즐거워하며
나의 구원의 하나님으로 말미암아 기뻐하리로다" (하박국 3:17-18).

욥은 겉으로는 온전하나 속은 은밀히 흠이 있는 자인가? 비난자는 하나님더러 "주의 손을 펴서 그의 모든 소유물을 치소서 그리하시면 틀림없이 주를 향하여 욕하지 않겠나이까" (욥기 1:11) 라고 말한다. 하나님은 그러한 분이 아니시지만, 사탄더러 그렇게 하도록 허락하신다. 하나님은 고통이 일어나도록 허락하신다.

때때로 비극은 겹쳐서 일어난다. 첫째로, 동물들과 노비들과 가족에게 재난이 닥쳤다. 모든 것은 사라졌다. 욥은 비탄에 젖어 그의 옷을 찢고 머리를 깎았으나 이렇게 말할 수 있었다. "주신 이도 여호와시요 거두신 이도 여호와시오니 여호와의 이름이 찬송을 받으실지니이다" (1:21).

두 번째 시험은 종기이다. 발아래부터 머리끝까지. 욥은 충격에 빠졌다. 그는 재 가운데 이레 낮 이레 밤을 멍하게 앉아 있었다. 세 친구들이 그와 함께 앉아 죽음 같은 침묵에 빠져 있다.

욥의 탄식

욥은 하나님을 저주하지 않고 대신 그가 태어난 날을 저주하였다. 그는 생일이 달력에서부터 없어졌더라면 하고 원한다. "내가 난 날이 멸망하였었더라면" (욥기 3:3). 그는 심지어 그가 잉태된 날을 탄식한다. 그는 왜 날(생명)이 "길"을 볼 수 없는 사람들에게 주어졌는지 묻는다. 이 "길"은 잠언과 시편이 말하는 선에 이르는 길이다 (3:23).

욥의 탄식은 폭풍이 휘몰아친 뒤에 산에서 흘러내리는 시냇물과 같다. 그의 친구들은 그가 절규를 하도록 내버려두는 역할을 잘하고 있다. 욥이 가장 두려워했던 재난이 그에게 다가왔다. 왜? 욥이 자신의 인생의 버팀목으로 세웠던 근본적인 신념들, 이를테면 하나님에 대한 충성과 순종, 신앙을 삶에서 실천하는 데서 따라오는 건강, 행복, 가족, 그리고 번영과 같은 것들이 이제 의문에 붙여졌다. 세상은 더 이상 믿을 만한 곳이 아니다. 욥은 고통이 말할 수 있는 기회를 준다. 자신이 무력하다고 느껴진 데에서 오는 그의 울부짖음은 도대체 무엇이 잘못되었는지를 알기 원한다. 우리는 어떤 종류의 세상에서 사는가? 우리는 어떤 종류의 하나님을 신뢰하고 있는가?

엘리바스의 연설

친구를 사랑하기에 침묵을 지키던 욥의 친구들은 욥을 도와주기 원한다. 엘리바스가 먼저 말한다. 그는 욥이 항상 다른 사람들에게 위로를 주었다고 말한다. 이제 욥도 다른 사람들의 위안을 받을 때가 아닌가? 다른 사람들도 어려움을 겪어 왔다. "이제 이 일이 네게 이르매 네가 힘들어 하고" (욥기 4:5). 이 친구는 욥과 그를 지탱해온 종교적인 진리에 대해 말하고 있다. "여호와를 경외하는 것이 지혜의 근본이요" (잠언 9:10). 그것이 인간의 "자신감"이 아니던가? 우리의 "온전함"이 우리의 소망이 될 것이다 (욥기 4:6).

그러나 엘리바스는 사적으로 의문을 품고 있다. 엘리바스의 견해로는 아무도 "온전"하지 않다. 하나님 앞에서 그 누구도 완전히 의롭다고 주장할 수 있는 사람이 없다. 심지어 천사들도 완전하지 않다 (4:18). 엘리바스는 보상—처벌의 체계가 작동할 수 있도록 만들려고 애쓰고 있다. 욥은 어찌되었건 자

비고란

욥기의 구조

서론	1—2
욥과 세 친구의 논쟁 (3—27)	
첫 번째 쟁론	3—14
욥의 탄식	3
엘리바스	4—5
욥	6—7
빌닷	8
욥	9—10
소발	11
욥	12—14
두 번째 쟁론	15—21
엘리바스	15
욥	16—17
빌닷	18
욥	19
소발	20
욥	21
세 번째 쟁론	22—27
엘리바스	22
욥	23—24
빌닷	25
욥	26
소발	(없음)
욥	27
지혜에 대한 시	28
욥이 말함	29—31
엘리후가 말함	32—37
하나님이 욥에게 말씀하심	38—41
욥이 하나님께 대답함	42:1-6
결론	42:7-17

제자

기 운명을 자초한 것임에 틀림없다. 엘리바스는 욥이 무슨 말을 할지 두렵다. 왜냐하면 애매모호함은 자신이 가진 철학을 위협하는 것이어서 염려스러웠기 때문이었다. 이제 할 수 있는 최선의 것은 하나님을 신뢰하는 것이다.

엘리바스는 항상 사람들에게 인기가 있어 왔던 또 하나의 종교적인 제안을 한다. 마치 사랑이 많은 부모가 자녀를 훈련하듯이 하나님께서 너를 훈련하시는 것이다. 너는 이 경험을 통해 교훈을 얻을 것이다. 욥은 "하나님께 징계 받는 자에게는 복이 있나니" 라는 말을 듣자 자녀를 생각하고 움찔거렸다 (5:17). 욥은 엘리바스의 지혜의 말을 증거로 본다. 욥은 끝까지 솔직할 것이다. "내가 너희를 대면하여 결코 거짓말하지 아니하리라" (6:28). 하나님께서 그를 낮게 만드셨다. 그는 왜 하나님이 그렇게 만드셨는지 알기를 원한다.

욥은 친구들을 무시하고 하나님께 직접 불평한다. 그는 "나를 놓으소서" 라고 간청한다 (7:16). 욥은 왜 자신이 표적이 되었는지 알고 싶다 (7:20). 만일 그가 무엇인가를 잘못 했다면 왜 하나님은 그를 용서하시고 내버려두지 않는가? 혹은 죽게 내버려두고 하나님의 힘 바깥에 두지 아니하시는가?

욥은 시편 139:8로 억지를 쓴다. "스올에 내 자리를 펼지라도 거기 계시니이다." 그가 비록 죽는다 해도 하나님은 그를 찾아내어서 더 골치 아픈 일을 주실 분이신 것 같다고 한다. "내가 이제 흙에 누우리니 주께서 나를 애써 찾으실지라도 내가 남아 있지 아니하리이다" (욥기 7:21).

그는 시편 8:4를 조롱한다. "사람이 무엇이기에 주께서 그를 생각하시며," 욥은 하나님께서 그를 좀 잊어주셨으면 하고 간청한다. 그는 하나님을 자기 친구가 아닌 원수로 상상해 본다. 철학적으로 말하는 그의 친구들과는 달리, 욥은 직접 자신이 경험한 것으로 이야기한다.

빌닷의 변론

빌닷은 엘리바스보다 더 전통에 얽매여 있다. 욥이 "내게 가르쳐서" 라고 하자 이번에는 빌닷이 철학적인 설명을 들고 나온다. "하나님이 어찌 정의를 굽게 하시겠으며" (욥기 8:3). 틀림없이 하나님은 욥을 공평하게 대하고 계심에 틀림없다. 왜냐하면 하나님은 공평하시고 의로우시기 때문이다. "공의와 정의가 그 보좌의 기초로다" (시편 97:2). 욥과 친구들은 죄 때문에 고통이 일어난다는 생각에 사로잡혀 있다.

빌닷은 아픈 부분을 건드린다. 욥의 자녀들은 죄를 지었음에 틀림없고, 욥은 아마도 그들의 죄 때문에 이런 고통을 당하고 있을 것이다. 이스라엘은 수세기 동안 한 개인이 다른 사람들의 죄로 인하여 고통을 받을 수 있다는 생각과 씨름해 왔다. 그러나 에스겔(18)과 예레미야(31:29-30)는 사람들은 자기 행동에 책임을 져야 한다고 주장하고 있다. 한 사람의 죄의 결과가 종종 다른 사람들 위에 떨어진다. 빌닷은 자녀들의 죄에 초점을 맞춘다. 그는 그들이 어떤 죄를 지었는지 모른다. 그는 단지 결과로부터 거꾸로 이유를 도출해 내려고 하고 있다. 만일 하나님이 공평하시고 의로우시다면, 다른 누군가가 비난받아야 하기 때문이다.

빌닷은 악한 사람은 하나님을 잊고 그러기에 물 없는 파피루스처럼 시들어 간다는 것을 알고 있다. 그러나 욥에게는 소망이 있다. 우리는 "아무 것도 모르기" 때문에 전혀 알 수 없다고 빌닷은 말한다. 그러나 "지나간 세대"의 지혜는 회복이 가능하다고 가르쳐 준다. 빌닷은 욥이 회개하고 난 후, 진정한 믿음과 겸손한 마음으로 하나님께 나아가고, 도덕적으로 온전하고 정직한 자가 되라고 말한다. 그러면 하나님께서 욥의 축복을 다시 돌려주실 것이다.

비고란

재난

욥은 그의 친구들이 아닌 하나님과 논쟁하기를 원한다. 그러나 어떻게 인간이 하나님과 논쟁할 수 있겠는가? 욥은 불평을 하기 위해 하나님을 찬양하는 언어를 사용한다. 하나님은 "산을 무너뜨리시며," "땅을 그 자리에서 움직이시니," "하늘을 펴시며" (욥기 9:5-8). "하물며 내가 감히 대답하겠으며 그 앞에서 무슨 말을 택하랴" (9:14). 만일 문제가 힘겨루기에 있다면 욥에게는 아무런 기회가 없다. 하나님은 욥보다 더 강하시다.

그러자 작은 생각 하나가 욥의 마음속에 일어난다. 웃기는 생각이며 감히 상상도 할 수 없는 생각이다. 만일 내가 하나님과 재판에서 만나 얼굴을 대면한다면? 그러나 누가 "그를 호출하겠느냐" (9:19). "하나님은 나처럼 사람이 아니신즉 내가 그에게 대답할 수 없으며 함께 들어가 재판을 할 수도 없고 우리 사이에 손을 얹을 판결자도 없"으니 아무런 길이 없다 (9:32-33).

법을 상징하는 용어는 성경에 많이 있다. 그러나 하나님은 대개 심판자로 나타나신다. "여호와께서 변론하러 일어나시며
백성들을 심판하려고 서시도다" (이사야 3:13).
때때로 하나님은 변호자로 행동하셔서 그의 백성을 대적으로부터 변호하신다. "그들의 구원자는 강하니 그의 이름은 만군의 여호와라 반드시 그들 때문에 싸우시리니 그 땅에 평안함을 주고" (예레미야 50:34). 하지만 욥은 감히 하나님을 재판대에 서라고 제안하고 있는 것이다.

물론 그 재판은 위험할 것이다. 욥은 그런 상대방에게 압도당할 것이다. 그러나 욥이 가장 두려워하는 것은 하나님이 그에게 억지를 써서, 그가 의도하지 않은 말을 하게하고, 그가 증언대에서 거짓말을 하도록 만드시지 않을까 하는 것이다. 일어날 수 있는 최악의 경우는 욥의 입에서 자신의 온전함을 부정하는 말이 나오지나 않을까 하는 것이다. 자신의 됨됨이를 잃는 것은 자신이 소중히 여기는 자아를 부정하는 것이나 마찬가지가 될 것이다 (욥기 9:20-21).

빌닷은 만일 욥이 올바른 마음을 가지면 하나님이 "웃음을 네 입술에" (8:21) 채우실 것이라고 말한다. 욥은 그 표현을 뒤집어서 하나님이 "비웃으시리라"(9:23)고 말한다. 바로 그를 만드신 이가, 토기를 빚으시는 토기장이 같으신 이가 (예레미야 18:6) 그를 "멸하"는 분이시다 (욥기 10:8-9).

욥은 재판을 상상하자 새로운 힘이 솟구친다. 그의 등뼈가 곧추선다. 자신감이 되살아난다. 더 이상 그는 자신이 태어난 날을 저주하지도 않고 죽고 싶다는 생각도 들지 않는다. 이제 그는 하나님과의 대면할 것을 생각하면서 이렇게 간청한다. "내 날은 적지 아니하니이까 그런즉 그치시고 나를 버려두사 잠시나마 평안하게 하시되 내가 돌아오지 못할 땅 곧 어둡고 죽음의 그늘진 땅으로 가기 전에 그리하옵소서" (10:20-21).

소발의 변론

욥의 세 번째 친구인 소발은 거리낌 없이 분명하게 말한다. 그는 욥의 훌륭한 연설을 듣고 난 뒤, 욥이 말한 많은 미련한 말들을 반박한다. 소발의 견해에서 보면, 욥이 하나님께 도전하는 것은 신성모독이다. 이는 하나님을 경멸하는 처사이다 (욥기 11:3). 소발도 하나님께서 말씀하시기를 원한다. 이유는 욥이 하나님을 무시하므로 하나님께서 야단을 치셔야 하기 때문이다.

소발은 욥이 죄인이라고 대놓고 말한다. 하나님의 탁월하신 지혜는 욥이 보지 못하는 죄악까지도 보실 수 있다. 소발의 견해로는 욥이 종교적 전통을 신랄하게 불평하는 것은 그의 죄에 더 많은 죄를 더할 뿐이다. 소발은 욥이 하나님을 바로 이해해야 한다고 믿는다. 그는 하나님께서 이미 긍휼과 더불

비고란

제자

어 벌을 내리셨다고 한다. "하나님께서 너로 하여금 너의 죄를 잊게 하여 주셨음을 알라" (11:6). 하나님은 모든 죄악을 아신다. 만일 욥이 자신의 마음을 바로 잡기를 원한다면, 욥은 더 이상 의문을 던지기보다는 차라리 삶을 재정비하고 얼굴을 하나님께로 향한 채 손을 들어야 할 것이다 (11:13-15). 그러면 그의 과거의 비극이 더 이상 그에게 힘을 미치지 못할 것이다.

경건한 상투 용어는 무엇이 잘못되어 있는가? 욥은 상투 용어들이 입안에서 씹히는 재와 같다고 말한다. 욥은 이제 그의 친구들을 일컬어 "쓸모 없는 의원"이라고 한다. 그들의 말은 어떠한 치유도 가져오지 못했다.

"참으로 나는 전능자에게 말씀하려 하며
하나님과 변론하려 하노라" (13:3).

욥이 수사학적으로 "장정이라도 죽으면 어찌 다시 살리이까" (14:14) 할 때, 이 질문은 아니다 라는 대답을 내포하고 있다. 그러므로 욥에게는 하나님께서 속히 행동하시는 것이 필요하다 (13:22). 나무는 잘리어도 다시 싹이 날 것이다. 그러나 사람이 죽으면, 정의를 되찾기 위해 다시 깨어나는 일은 없을 것이다 (14:7-12).

변론의 두 번째 주기

변론의 두 번째 주기는 욥기 15장과 더불어 시작한다. 긴장은 "도움이 되지 아니하는 이야기, 무익한 말"(15:3)이라는 비난과 더불어 높아진다. 엘리바스는 욥의 죄는 이제 그의 입에서부터 나온다고 믿고 있다 (15:5-6). 엘리바스는 전통(백발)이 그의 편에 있다고 주장한다. 자신이 의롭다고 주장할 수 있는 사람이 어디 있겠는가? 욥은 자기는 "하나님을 대적"했기 때문에 죄인이 되었다고 주장한다 (15:25).

욥은 하나님이 마치 전사처럼 자신에게 돌진해 오지만, 자기는 폭력을 행한 적이 없다고 주장한다. 하나님은 그를 격렬히 공격하셨다. 그것은 공평하지 않다. 공정한 법정에서 개심을 해야 할 것이다.

빌닷이 자기와 친구들은 "소처럼 계수" 되었다고 할 때, 욥이 그들이 끼리끼리 지니고 있었던 평범한 경건함과 같은 심성을 무시해 버렸다는 것을 의미한다. 친구들은 전통적인 견해에 박혀있지만 욥은 그것을 부수고 나오려고 한다. 모든 사람들이 "악인의 빛은 꺼지"라는 것을 알고 있다 (욥기 18:5). 그러나 욥은 이 말이 자기에게 맞지 않는다는 것을 알고 있다. 전통이 잘못되어 있음을 밝힘으로써, 그는 새로운 종류의 고통을 경험하게 된다. 즉 고립을 경험하게 된다.

이 고립은 깨진 관계로 나타난다 (욥기 19장). 공동체가 그를 고립시키고, 친척들이 멀리 떠나고, 친구들이 사라진다. 종교 공동체가 그를 고립시킨다. 심지어 부인까지도 그를 홀로 내버려둔다. 그는 간청한다. "나의 친구야 너희는 나를 불쌍히 여겨다오" (19:21). 그러나 그들은 마이동풍 격이다.

욥은 죽기 일보 직전이다. 그리고 욥은 자신의 대의명분이 잊혀질 것이 두렵다. 만일 어떤 사람이 그의 불평을 두루마리에 적어주었으면, 아니 더 강하게 표현하면, 납 위에 철로 된 펜으로 적어 주었으면 좋으련만. 아니 바위 위에 영원히 각인될 수 있으면 더 좋으련만. "내 가죽이 벗김을 당한 뒤에도 내가 육체 밖에서 하나님을 보리라"(19:26)는 너무 늦기 전에 하나님을 보았으면 하는 바람을 담고 있다. 어디에선가 "구속자"나 옹호자가 존재하실 것이다. 그러나 과연 어디일까?

소발은 욥의 고통을 감지하고 자신이 이해하고 있는 도덕성의 손상에 대해 강조한다. 욥이 고난은 죄의 결과라는 전제를 반박하자, 소발은 위협을 느낀

비고란

재난

다. 그러나 욥은 거기서 멈추지 않는다. 그는 흔히 악인이 도리어 번성하고 세력이 강하다(21:7)는 것을 주장하기 위해, 자신의 고난을 강조한다. 전도서의 전도자는 때때로 불의가 일어난다고 말했다. 욥은 그것을 부풀려 불의가 표준이라고 강조하고 있다. 욥은 죄를 고난으로부터 분리시키는 데서 만족지 않는다. 이제 욥은 자신의 경험에 미루어 보면, 죄 그 자체는 벌을 받지 않는다고 한다. 만일 당신이 나를 믿지 않는다면, "너희가 길가는 사람들에게 묻지 아니하였느냐" (21:29) 라고 말한다. 그러면 욥이 단지 부분적으로라도 옳지 않겠는가? 그래서 욥은 죄와 고난과의 인과관계를 반박할 뿐만 아니라, 악인은 "바람에 나는 겨"와 같다고 말한 시편 1편의 주장을 은밀히 해치고 있다. 당신 생각은 어떠한가?

욥이 정의보다 더 원하는 것은 이러한 것이다. 욥은 하나님을 원하고, 하나님과의 관계가 정직하고, 열려 있고, 돌보아 주시는 그러한 관계를 원하고 있다.

신실한 공동체의 모습

어떤 일들은 아무도 고칠 수 없는 것들이 있다. 어떤 문제들은 아무도 답할 수 없는 것들이 있다. 욥의 친구들이 가장 도움이 되는 때는 그들이 가만히 앉아 있을 때였다. 그들이 관습적인 대답들로 응답했을 때 그들은 가장 덜 도움이 되었다. 아무도 인생의 재난에 면역이 된 사람은 없다는 것을 알면서, 왜 당신은 의로운 삶을 살기로 선택하는가?

하나님에 대한 이해와 관계가 얼마쯤 보장되면 재난이 끼칠 때 하나님과 맞설 수 있을까?

조용하게 남을 도와주었거나 또 남의 도움을 받은 경험이 있으면, 그 경험을 묘사해 보라.

철저한 제자

우리는 *우리는 믿는다, 하나님은 축복하신다, 우리는 감사를 드린다* 라는 순서로 반복되는 것을 선호한다. 그러나 원치 않았던 비극은 온다. 철저한 제자는 재빠른 해답을 제시하려는 충동을 거부한다. 그리고 나아가 철저한 제자는 돈을 왕창 잃고, 집이 불타고, 그리고 가족이 사망한 그런 사람들에게 찾아가 예수님의 이름으로 도움과 사랑을 준다. 무엇보다도 철저한 제자는 나를 필요로 하는 사람과 함께 하는 사역을 실천한다.

추가 연구

성경사전과 성경용어사전을 사용하여 사탄이라는 개념이 어떻게 발달되었으며, 그것이 구약성경과 신약성경에서 어떻게 사용되는지 찾아보라.

비고란

우리는 신실한 믿음의 공동체이기 때문에 고통이나 불의를 경험할 때 왜라는 질문을 하게 된다는 사실을 인정하고, 해답이 오지 않을 때라도 하나님의 임재를 확신한다.

신비

> "내가 땅의 기초를 놓을 때에 네가 어디 있었느냐
> 네가 깨달아 알았거든 말할지니라
> 누가 그것의 도량법을 정하였는지,
> 누가 그 줄을 그것의 위에 띄웠는지 네가 아느냐."
> —욥기 38:4-5

12 하나님의 때

인간의 모습

우리는 전체 구조 속에 우리의 위치가 어떻게 잡혀 있는지 알기를 원한다. 우리는 일이 왜 그런 식으로 일어나고 있는지 알기를 원한다. 인생이 어떻게 돌아가는 것인지 우리가 배울 수 있다면, 그 결과 또한 통제할 수 있을 거라고 우리는 생각한다. 우리는 신비를 불편하게 생각한다.

성경 읽기

욥기 1-21장을 다시 복습하고 욥과 친구들 간의 논쟁을 추적해 보라. 각 장의 제목과 성경 주석은 한눈에 신속히 정보를 제공해 줄 것이다. 하나님이 말씀하시는 두 부분을 읽어라 (욥기 38-41장). 자세히 읽으면서 특히 하나님이 사용하시는 영상 언어에 주의를 기울이라. 하나님의 연설 중에서 욥을 만족시키는 것이 무엇인지 찾아보라. 욥의 회복에 포함된 것이 무엇인지 주목하라.

첫째 날: 욥기 22-24 (엘리바스의 세 번째 연설, 욥이 불평조로 하는 대답)
둘째 날: 욥기 25-28 (빌닷의 세 번째 연설, 욥의 대답, 하나님 안에서만 찾아지는 지혜)
셋째 날: 욥기 29-31 (욥의 마지막 변호)
넷째 날: 욥기 32-37 (엘리후의 네 연설)
다섯째 날: 욥기 38-42 (하나님의 첫 번째 연설, 욥의 대답, 하나님의 두 번째 연설, 욥의 대답)
여섯째 날: "생명나무의 열매"와 "신실한 공동체의 모습"을 읽고 답하라.
일곱째 날: 안식

금주의 시편

우리는 시편 속에서 살려고 노력하고 있다. 날마다 시편 102편을 큰 소리로 읽고 시편 속에서 산다고 하는 것이 무엇을 의미하는지 곰곰이 생각해 보라. 당장 당신의 경험과는 별로 연관이 없을지도 모르지만 말이다. 말씀이 매일 당신에게 부딪쳐 오는 강도가 다른지 주의를 기울이라.

기도

매일 성경공부하기 전에 드릴 기도:
"하나님이여 주의 공의가 또한 지극히 높으시니이다
하나님이여 주께서 큰 일을 행하셨사오니
누가 주와 같으리이까
우리에게 여러 가지 심한 고난을 보이신 주께서
우리를 다시 살리시며 땅 깊은 곳에서
다시 이끌어 올리시리이다" (시편 71:19-20).

금주의 기도 제목:

신비

첫째 날: 욥기 22–24 (엘리바스의 세 번째 연설, 욥이 불평조로 하는 대답)

둘째 날: 욥기 25–28 (빌닷의 세 번째 연설, 욥의 대답, 하나님 안에서만 찾아지는 지혜)

셋째 날: 욥기 29–31 (욥의 마지막 변호)

넷째 날: 욥기 32–37 (엘리후의 네 연설)

다섯째 날: 욥기 38–42 (하나님의 첫 번째 연설, 욥의 대답, 하나님의 두 번째 연설, 욥의 대답)

여섯째 날: "생명나무의 열매"와 "신실한 공동체의 모습"을 읽고 답하라.

제자

생명나무의 열매

세번째 연설 주기가 오기까지는, 아무도 욥이 악한 마음을 가졌다고 비난하지는 않았다. 욥의 자녀들이 죄를 지었거나, 혹은 욥이 하나님께만 알려진 은밀한 죄를 지었거나, 혹은 욥이 너무 목소리를 높이거나 너무 조롱한다거나, 혹은 욥이 어쩌다가 실수로 죄를 지었음에 틀림없다고 생각했다. 욥의 친구들이 이런 생각들을 표현했다. 아무도 구체적으로 욥을 가리켜 악하다고 부르지는 않았다.

그러나 욥이 신랄하게 인과응보의 정의에 대해 반격하는 것을 보고 놀란 엘리바스는, 욥에게 대놓고 죄인이라고 선언한다. 엘리바스는 하나님께서 죄에 대한 벌로 고난을 주시고, 또 하나님은 경건한 자를 벌하지 않으신다고 믿고 있다. 엘리바스는 욥을 악한 사람이라고 하는데, 여기서 악함이란 형제의 물건을 볼모로 잡고, 가난한 자의 옷을 벗기며, 목마른 자에게 물주는 것을 거절하고, 토지를 얻고, 과부와 고아를 착취하는 것을 말한다. 욥이 이 모든 것을 행하였으리라고 엘리바스는 말한다.

친구들에 따르면, 욥의 유일한 소망은 회개하는 것이다. 종교적인 훈계를 받아들이고, 하나님께로 돌아오며, 모든 부정을 제거하고, 금 대신에 지혜를 찾으며, 기도하고, 맹세한 것을 지키라. 그러면 욥은 파괴로부터 벗어나게 될 것이다. 엘리바스는 죄인의 회개야말로 이 명백한 모순을 없앨 수 있으며 욥의 문제를 해결할 수 있다고 믿는다.

자신의 사례를 하나님께 가지고 나가기를 원하는 욥

욥은 하나님께로 가지 못해 안달이다. "내가 어찌하면 하나님을 발견하고 그의 처소에 나아가랴" (욥기 23:3). 그러나 욥은 공손하게 가지는 않을 것이다. 그는 "그 앞에서 호소하며" (23:4) 라고 말한다. 욥의 입은 논쟁거리로 가득할 것이다. 심지어 욥은 만일 하나님이 자기 사례가 고려되도록 내버려 두신다면, 하나님께서 과연 자기를 기소할 수 있으실까 하고 의심한다 (23:7). 그러나 하나님이 과연 어디에 계신가?

"그런데 내가 앞으로 가도 그가 아니 계시고
　뒤로 가도 보이지 아니하며" (23:8).

욥은 계속해서 "자기의 길을 지켰다"고 주장한다. 지혜문학의 저자들이 탄원한 대로, 욥은 그 어떤 것보다도 주의 길에 선행하였다. 더구나 "내가 그의 입술의 명령을 어기지 아니하고" (23:12).

다시 한번 그는 악인들이 번성한다고 의문을 제기한다. 그들은 경계선을 짓는 돌을 제거하고, 양들을 훔치며, 과부의 하나밖에 없는 황소를 가져가 더 이상 농사를 못 짓게 만들고, 가난한 사람들을 길가로 몰아낸다. 권세자들은 자신들의 사업만 도모하고, 세금 제도를 만들고, 가난한 자들에게 불리한 토지 정책을 수립한다. 아픈 사람들이 의술의 관심을 위해 울부짖고 아이들이 음식을 달라고 애걸할 때 악한 사람들은 그들을 무시하고 하나님 또한 그들의 기도를 들어주시지 않는다 (24:12). 욥은 이 변론을 하나님께서 악한 자들을 끌어내려 달라고 하는 간청하는 것처럼 들리는 말로 끝맺고 있다. 그들의 번영이 지속되어서는 안 된다는 것은 확실하다. 세상에 만연한 악과 고난을 바라보면서 욥은 하나님의 정의에 대한 강력한 고소를 제기하고 있다.

하나님은 욥이 의롭다는 것을 알고 계신다. 욥은 자기가 결백하다는 것을 알고 있다. 욥을 비난한 사탄은 아직 확신을 가지고 있지 않지만, 사탄 이외

비고란

신비

에는 모두가 욥은 어리석고, 신성을 모독하고, 악한 사람이라고 확신하고 있다. 욥은 주장한다. "나는 결코 너희를 옳다 하지 아니하겠고 내가 죽기 전에는 나의 온전함을 버리지 아니할 것이라 내가 내 공의를 굳게 잡고 놓지 아니하리니…" (27:5-6).

욥기 28장은 우리의 신경을 거슬린다. 이 시는 마치 누군가가 욥의 과격한 말을 부드럽게 하려고 잠언을 강요하는 것처럼 들린다. 그러나 이 시 "지혜는 어디서 얻으며"는 신비의 감정을 고양시킨다. 그것은 친구들의 경건함과 욥의 반항에 찬 울부짖음 둘 다를 애매하게 만든다. 대답이 없는 질문들이 제기되어져 왔다!

"여호와를 경외하는 것"이 "지혜의 근본"일 수 있다 (잠언 9:10). 그러나 그 길을 "사람 사는 땅에서는 찾을 수 없구나" (욥기 28:13). 우리는 지혜를 살 수도 없다. 그것은 살아 있는 모든 것들에 숨겨져 있다. 심지어 죽음조차도 이해하지 못한다. 오직 하나님만이 지혜로 가는 길을 알고 계신다.

욥기 28장에서 우리는 영적 갈등으로 가득한 거친 길에서 짧은 휴식을 얻게 되었다. 신비 가운데 어떤 것은 오직 하나님만이 이해할 수 있을 뿐 아무도 이해할 수 없다. 이 시는 모든 것을 설명하려고 시도하지 않는다. 그것은 우리가 볼 수 없고 알지 못하지만 그래도 단지 믿을 수밖에 없는 그러한 신앙으로 우리를 이끈다. 욥기 28장을 소리 내어 읽고 감사를 드리라.

욥의 마지막 변론

욥기 29-31장에 나타난 욥의 감동적인 변론은 힘과 생기를 보여준다. 분노에 찬 "왜" 하고 외치는 아우성, 죽기를 갈망하는 것은 이제 사라졌다.

이제 욥은 "내가 원기 왕성하던 날", 즉 자녀들이 주위에 있고, 그가 방안으로 걸어 들어오면 사람들이 일어서던, "그 때에는 하나님이 내 장막에 기름을 발라 주셨"(29:4)던 좋은 시절을 기억할 만큼 충분히 강해져 있다.

솔직하게 욥은 가난한 자들을 먹이고, 가난한 사람들을 돕고, "과부의 마음이 나로 말미암아 기뻐 노래하였"던 (29:13) 그러한 시절을 상기하고 있다. 욥은 악에 대항해 버티었다. 애도하는 자들을 위로하였다. 사람들의 존경을 받았다. 그의 자긍심은 자신의 가족, 소외된 자들에게 베푼 도움, 그가 공동체에 미친 영향 등에서 나왔다.

욥의 탄식(30-31)에서 우리는 한때 걸출했지만 지금은 주변인의 일부가 된 사람, 한때 부유했으나 지금은 가난해진 사람을 본다. 섬세한 감수성 대신에 이제 그는 가장 비참한 사람 가운데 하나가 되었다. 이전에 그는 사람들에게 연보를 주었고 가난한 자들의 자녀를 도와주려 애썼다. 하지만 이제 그는 아무런 권력도 없고 아무런 명성도 없는 사람들 중 한 사람이 되었다. 아무도 그에게 조언을 구하지 않는다. 과거에 그가 업신여겼던 사람들이 이제는 그를 가르치려 들고 그를 조롱하고 있다.

욥의 몸은 거의 온종일 쑤시고 아프다. 그는 아주 건강했기에 큰 걸음으로 활보하곤 했다. 이제 그는 사람들 모두가 도움을 필요로 하는 자들을 돕는 것은 아니라는 것을 배웠다. 많은 자들이 도움을 필요로 하는 사람들, 그들 가운데 한 사람인 욥으로부터 등을 돌렸다. 욥은 가난한 것보다는, 부유하면 가난한 사람을 돕는 것이 쉬운 걸 알게 되었다. 욥은 아픈 것보다는, 건강하면 아픈 사람을 돕는 것이 쉬운 걸 알게 되었다. 욥은 외로운 것보다는, 가족과 친구가 있으면 외로운 자들에게 말을 건네는 것이 더 쉬운 것도 알게 되었다. 욥은 이제 보통사람과 똑같은 처지에 놓이게 되었다.

비고란

제자

하나님이 말씀하신다

하나님은 폭풍 가운데서 말씀하신다. 욥은 직접 대면할 수 있는 재판을 원했다. 욥은 하나님의 직접적인 대답, 솔직한 대답을 받았다. 그러나 하나님의 입장에서 대답을 받았다. 이제 하나님이 질문을 던지신다. 우주의 처음에 대해 알지도 못하면서 우주에 대해 말하는 자가 "누구냐". 대장부처럼 허리를 묶고 바로 서 보아라. 하나님은 욥에게 질문을 하셔서 욥이 이제껏 머리로 가 본 적이 없는 곳으로 데리고 가실 것이다.

"내가 땅의 기초를 놓을 때에 네가 어디 있었느냐
네가 깨달아 알았거든 말할지니라" (욥기 38:4).

욥과 친구들은 하나님의 창조를 언급한 적이 있다. 그러나 하나님은 웅장하게 그 장면을 확대하신다. 내가 솔로몬이 성전을 짓는 것처럼 우주의 기초와 도량과 주초를 만들 때, 너는 어디에 있었느냐? 왜 내가 우주를 그런 식으로 지었느냐? 너는 알 것임에 틀림없다. 그리고 레위족이 성전에서 시편을 노래하는 것과 같이 "새벽 별들이 기뻐 노래"할 때 너는 어디 있었느냐? 누가 "다 기뻐 소리를 질렀느냐." 틀림없이 너는 알리라. 내가 바닷물을 나게 하고, 창조의 모태 문을 열고, 그것을 갓난 아기의 강보처럼 싸서 바다의 경계를 정할 때, 너는 어디 있었느냐?

하나님은 신비를 캐물으신다. 누가 아침마다 태양이 떠오르도록 질서를 부여하느냐? 누가 주부가 날마다 담요에서 먼지를 털어내듯이 사회에서 악한 이들을 흔들어 내느냐 (38:13)? 너는 왜 뜨거운 사막의 바람이 동쪽으로부터 타는 듯이 불어오는지 아느냐? 너는 왜 아무도 살지 않는 황무지에도 달콤한 비가 내리는지 알고 있더냐 (38:26)? 과연 인간의 머리와 생각할 수 있는 능력은 어디에서 왔는가? 창조는 계속되고 있다. 그것도 매일 아침 날마다 신선하게 계속 일어나고 있다.

하나님은 질서 있게 움직이는 우주를 가리키신다. 그러나 그것은 광대한 우주로서 인간의 머리로 이해할 수 있다기보다는 훨씬 큰 신비로 가득 차있고, 다양하게 되어 있다. 욥은 결코 건축학적인 플랜을 본 적이 없었지만 그는 우주를 통제할 수 없는 것으로 생각해서는 안 되었다. 지혜는, 창조의 첫 단어가 선포되었을 때 전능자와 함께 즐거워하던 지혜는 (잠언 8:22-31), 전적인 건축의 과정을 인도해 왔다.

바다와 별들을 가리킨 후에 하나님은 동물에 대해 말씀하신다. 하나님은 양이나 낙타를 말씀하시지 않고 포악하고 길들여지지 않은 들짐승인 사자와 까마귀 새끼와 산 염소와 사슴, 들 나귀와 들소, 타조와 전쟁 말에 대해 말씀하신다. 욥은 과연 왜 타조가 알을 땅에 낳고 독수리가 피를 빠는지 아는가? 설명할 수 없는 신비들이다.

욥과 친구들은 곡식들에 비가 내리기를 원한다. 비가 황무지에 내리는 것은 상관하지 않는다. 욥과 친구들은 암소가 송아지를 품는 날을 정확히 알고 있지만, 그러나 산 염소나 사슴이 새끼를 배는 기간은 알지 못하거나 상관하지 않는다. 하나님은 이 세상에서 "야생"을 창조하셨다. 뱀과 도마뱀과 독수리와 벼락과 폭풍 같은 것들이다. 왜? 하나님은 말씀하시지 않는다. 욥은 알지 못한다.

왜 하나님은 오리온의 질서를 그림으로 설명하신 다음에 황폐한 땅과 이상한 짐승들의 무질서를 가리키시는가? 이 세상에는 어떠한 무작위성이 있고, 어떤 야생적이고 길들여지지 않은 예측 불가한 것들이 있기 때문이다.

비고란

신비

욥과 친구들은 이러한 야생의 것들과 버려진 것들이 하나님의 돌보심을 벗어난 것으로 보고 있다. 그러나 하나님은 이 세상 모든 것들을 손안에 쥐고 계시다. 하나님은 욥과 친구들이 보기에 죄인이라고 생각되는 인간 이하의 취급을 받으며 주변인이 된 사람들을 포용하신다.

왜 하나님의 첫 번째 변론으로 충분하지 않은가? 욥의 분노는 완화되었고 이제 그는 침묵으로 잦아들었다. 하나님의 끝없으신 지혜의 장엄함에 마주친 욥은 잠잠하고, 더 이상 하나님이 요구하시는 대로 의견을 말할 수가 없게 되어 버렸다. 그러나 욥은 아직 깨닫지 못한다.

하나님이 다시 말씀하시다

그래서 하나님이 다시 말씀하신다. 이번에는 두 가지 기이한 전설적 동물들을 예로 드신다. 하나는 베헤못으로 소같이 풀을 먹는 거대한 하마요, 또 하나는 리워야단으로 괴물 같은 악어 혹은 용의 형상을 가진 피조물로 사람들이 바다 안에 산다고 생각했던 것이다. 둘 다 너무나 강력하여 어떤 사람이나 군대나 정부나 사회도 그들을 정복할 수 없었다. 그들은 패턴에 맞지 않는 삶의 한 단면을 대표한다. 그들은 혼돈을 나타낸다. 위험의 요소를 나타낸다. 사고나 육지나 바다에서의 자연적인 재해나 질병이 일어날 가능성을 나타낸다.

어떤 종교에서는 그런 혼돈의 상징은 하나님의 영원한 원수들이다. 그러나 욥기에서는 원수가 아니라 통제할 수 없는 세력으로서 그들도 창조의 한 부분을 이루고 있다. 과연 욥이 리워야단의 입 속에 고리를 넣을 수 있을까? 아니다! 원수 되는 부족이 그의 나귀들을 훔치는 것을 막지 못했던 것처럼, 벼락이 양들을 죽이는 것을 막지 못했던 것처럼, 폭풍이 가족 축제 때 장자의 집을 무너뜨렸던 것을 막지 못했던 것처럼, 이번에도 욥은 그럴 수 없었다.

베헤못과 리워야단은 사탄은 아니다. 하지만 그들은 위험하다. 그들은 특별히 죄인들을 벌하지는 않지만 그들이 가진 위력을 부릴 수는 있다. 왜 하나님은 혼돈과 혼란의 요소들을 창조하셨을까? 하나님은 말씀하시지 않는다.

얼굴과 얼굴을 마주보고

욥은 마침내 감을 잡기 시작한다. 첫째, 욥은 하나님께 모습을 보여달라고 간청했는데, 하나님께서 그에게 오심으로써 그 간청이 만족하게 채워졌다. 욥은 하나님을 받아들일 때, 죄에 가득 찬 모습이 아니라 연약한 인간의 모습으로 받아들인다. 마치 황무지가 비를 받아들이듯이 아기 타조가 알을 깨고 나오듯이 말이다. 이전에 욥은 전통, 성경, 현인들의 가르침을 들었었다. 그러나 이제 그는 보았다. 욥은 하나님과 직접 얼굴과 얼굴을 마주 보면서 대면했다. 하나님은 신비를 제거하시는 방법이 아니라 욥에게 현존하심으로 대답하셨다. 욥의 고통에 찬 기도들은 응답되었다. 하나님이 욥에게 오셨다.

그러나 하나님은 이보다 더 많은 것을 행하신다. 하나님은 욥에게 인내와 됨됨이, 그가 짓지 않은 죄를 고백하기를 거부하는 용의를 보이는 것, 그가 하나님을 저주하기를 거부한 것, 하나님의 실재를 부정하는 것을 거부한 것 등을 칭찬하신다. 욥은 하나님께 무슨 혜택을 받아서가 아니라 그저 하나님의 존재로 인해 하나님을 사랑했다. 사탄은 그가 던진 도전에서 졌다. 하나님은 우주의 신비를 이해하려는 열망을 가진 욥에게 도전하신다. 왜 선과 악이 있는지, 고통과 행복이 있는지, 생명과 죽음이 있는지를 욥은 이해하고 싶어 했기 때문이다. 그러나 하나님은 말씀하기를, 친구들이 이해한 너무나 산뜻한 보상 혹은 처벌의 법칙은 잘못 되었다고 하신다. 보상과 처벌이 존재하

비고란

제자

기는 하나 그와 마찬가지로 암세포와 태풍도 존재한다. 모든 고난은 죄에서 나온다, 모든 축복은 의로움에 대한 보상이라고 생각하는 꽉 짜여진 구조를 가진 전통은 흔들리고 기반을 잃었다. 욥은 혼돈을 하나님의 창조의 일부분으로 이해한다.

친구들을 위해 기도하라고, 하나님은 욥에게 말씀하신다. 욥은 겸손해졌다. 이는 죄인이었다가 믿음으로 개종한 겸손이 아니다. 욥은 고통을 알고 하나님의 사랑을 경험함으로써 보통사람의 대열에 낀 한 신자로서 겸손해졌다. 지금껏 욥은 현실에 반대해 왔다. 이제 그는 준비가 되었다. 마치 재에서부터 나오는 탄식하는 이스라엘처럼 말이다.

"우리가 스스로 우리의 행위들을 조사하고 여호와께로 돌아가자
우리의 마음과 손을 아울러 하늘에 계신 하나님께 들자"
(예레미야애가 3:40-41).

욥은 다시 친구들과 식사를 함께 할 준비가 되었다. 그는 다시 공동체를 세울 준비가 되었다. 그는 탄식의 골짜기를 걸어 왔으며 이제 온전하게 되어 나오게 되었다.

욥은 외로웠다. 이제 친구들을 위한 그의 기도는 친교를 향한 문을 연다. 하나님은 엘리바스, 빌닷, 그리고 소발에게 일곱 황소와 일곱 수양을 가져와서 희생제물을 드리라고 말씀하신다.

우리는 인생에서 뒤로 되돌아갈 수 없다. 우리는 신앙 속에서 앞으로 나아가야 한다. 욥의 재산이 회복되는 방법을 주목해 보라. 한때 욥이 아들딸과 맺었던 가족 간의 연대는 이제 남은 가족들, 즉 형제자매와 다른 사람들 사이에 형성되었다. 가족과 친구들이 친교 음식을 함께 나눈다. 한때 읊조리던 고통스러운 단어들은 잊혀지거나 성스러운 희생제물로 정결케 되었다. 그 대신에 새롭게 다져진 친교가 자리를 채우고 있다. 모든 이들이 선물을 가져온다—"금 한 조각과 금 고리"는 욥과 아내가 새로 시작하기에 충분하였다.

신비는 계속되다

많은 독자들은 행복한 결말을 보고 놀란다. 첫 시작부분의 산문이 너무 완벽했고, 중간에 있는 대화는 너무나 비극적인 것처럼, 결말 역시 지나치게 행복한 것처럼 보인다. 하나님은 이스라엘에게 복을 회복하시기로 약속하셨다. 그러나 이것은 믿기가 어렵다. 세상에 일곱 아들과 세 딸을 더하시고 전보다 두 배나 많은 짐승이라니. 그리고 그는 손자를 볼 뿐 아니라—지혜의 축복—사 대를 더 볼만큼 "백사십 년"을 살았다.

여기서 과연 무슨 일이 일어난 것일까? 과연 해피엔딩은 욥과 친구들의 고통스러운 시를 가운데 두고 끝의 책꽂이처럼 고대의 산문으로 결말을 짓는 것일까? 과연 악, 죄, 혼동 같은 힘 있는 신비와 얼마 동안 씨름하던 우리는 그 다음 위기가 시작될 때까지 조금은 긴장을 느슨하게 풀고 있어도 되는 걸까? 혹은 이러한 결말은 하나님이 시편에서 약속하신 것처럼 우리를 깊은 곳으로부터 구해내실 것을 확신시켜 줌으로써 이미 비극에 빠져 있는 우리들에게 희망을 제공해 주는 것일까?

혹은 과장된 결말은 우리로 하여금 불만족스럽게 하고 당황하게 하고 의문에 가득 차게 하는 것일까? 우리는 어, 가만있어 봐, 어처구니없이 폭력에 희생당한 아들이나 딸은 다시 생겨난 거야? 하고 질문을 던질 것이다. 폭풍이

비고란

신비

나 전쟁으로 잿더미가 된 성읍은 결코 복구하지 못할 것이다. 어떤 비극은 승리로 끝날 수도 있지만 그렇지 못한 경우도 많다.

저자는 산문과 시를 바꿔가면서 불만족스럽고 논리를 거부하는 결말을 전개함으로써 우리의 마음을 움직이려고 하는 것일까? 과연 이 이야기는 인생의 신비를 이해하려는 인간의 갈등을 계속해 가도록 하는가?

신실한 공동체의 모습

인생은 우리가 통제할 수 없게 되어 있다. 하나님도 그러하다. 하나님이 계신 곳에 가는 것이 욥에게 가장 중요한 것이었다. 그는 신비와 더불어 사는 것에 만족했다. 그리고 또한 그를 창조하신 하나님에 대한 신뢰에 만족해하고 있었다.

욥기와 잠언은 어떻게 서로 모순성을 나타내는가?

욥과 친구들이 가지고 있던 인과응보의 세계가 붕괴되었을 때, 욥은 무엇을 배웠는가? 친구들은 무엇을 배웠는가?

우주에서 무작위로 일어나거나 혼돈의 일례가 되는 것은 무엇인가? 우리가 무작위의 사실을 받아들이면, 우리가 삶을 살아가는데 어떤 차질이 생길까? 하나님에 대한 우리의 이해나 하나님의 세계의 관계에 대한 이해에는 어떤 차이가 생길까?

인생과 하나님에 대한 어떤 전제가 우리로 하여금 계속하여 왜라는 질문을 던지게끔 하는가?

철저한 제자

철저한 제자는 삶을 있는 그대로 받아들인다. 삶은 질서와 혼돈, 기쁨과 절망, 선과 악, 이성과 신비가 절묘하게 섞인 것이다. 그리고 철저한 제자는 하나님의 목적을 신뢰하며 산다.

추가 연구

욥기에 나타난 질문을 추구하기 원하면 랍비 해롤드 쿠시너가 쓴 책 *착한 사람들에게 나쁜 일이 일어날 때* (*When Bad Things Happen to Good People*, Schocken Books, 1989)를 읽으면 좋을 것이다.

비고란

우리는 신실한 믿음의 공동체이기 때문에 하나님의 주권을 받아들이고, 삶의 신비를 인정하고, 하나님의 피조물 안에서 우리의 자리를 즐기면서 하나님께 경외하는 마음으로 나아간다.

사랑하는 자여

"너는 나를 도장 같이 마음에 품고 도장 같이 팔에 두라 사랑은 죽음 같이 강하고
질투는 스올 같이 잔인하며 불길 같이 일어나니 그 기세가 여호와의 불과 같으니라
많은 물도 이 사랑을 끄지 못하겠고 홍수라도 삼키지 못하나니
사람이 그의 온 가산을 다 주고 사랑과 바꾸려 할지라도 오히려 멸시를 받으리라."
—아가 8:6-7

13 마음의 관심사

인간의 모습

우리는 친밀감에 대한 필요성과 욕구를 과소평가한다. 우리는 사랑이 왔다가 사라지는 감정이라고 생각한다. 우리는 사랑을 낭만적으로 생각하고, 성은 사랑을 태워 없애려는 목적으로 여긴다.

성경 읽기

시를 감상해 보라. 언덕 위에 있는 염소를 보고 웃어 보라. 정원으로 오라. 그 향이 당신의 후각을 질식시키도록 내버려두라. 당신이 애창하는 러브 송을 콧노래로 불러 보라. 당신의 심장이 풋사랑으로 고동치도록 내버려두라.

첫째 날: 아가 1-2 (남녀 간의 사랑의 노래)
둘째 날: 아가 3-4 (연인을 찾는 여자의 꿈, 웨딩 마치, 남자가 그녀의 아름다움을 칭송함), 창세기 2:4-25 (남자와 여자를 창조함)
셋째 날: 아가 5-6 (사랑의 꿈, 추구, 여자의 아름다움); 잠언 2-3 (지혜를 추구함, 하나님을 믿고 영광을 돌리라)
넷째 날: 아가 7 (기쁨과 열정); 잠언 4-5 (지혜의 길, 결혼에 충실)
다섯째 날: 아가 8 (연인의 맹세, 정절의 약속); 전도서 9; 11 (아내를 즐거워하라, 젊을 때 즐기라)
여섯째 날: "생명나무의 열매"와 "신실한 공동체의 모습"을 읽고 답하라.
일곱째 날: 안식

금주의 시편

날마다 시편 84편을 큰 소리로 기도하면서 하나님과 함께 있거나 연인과 함께 있을 때와 연관되는 기쁨과 설렘의 감정 사이에 유사점이 있나 생각해 보라. 어떻게 사랑이 자라는가 그 방법을 고려해 보라. 즉 하나님에 대한 사랑을 표현하면 할수록 연인에 대한 사랑도 더욱 표현하게 된다.

기도

매일 성경공부하기 전에 드릴 기도:
"내가 나의 침상에서 주를 기억하며 새벽에
주의 말씀을 작은 소리로 읊조릴 때에 하오리니
주는 나의 도움이 되셨음이라
내가 주의 날개 그늘에서 즐겁게 부르리이다
나의 영혼이 주를 가까이 따르니
주의 오른손이 나를 붙드시거니와" (시편 63:6-8).

금주의 기도 제목:

사랑하는 자여

첫째 날: 아가 1–2 (남녀 간의 사랑의 노래)

둘째 날: 아가 3–4 (연인을 찾는 여자의 꿈, 웨딩 마치, 남자는 그녀의 아름다움을 칭송함), 창세기 2:4-25 (남자와 여자를 창조함)

셋째 날: 아가 5–6 (사랑의 꿈, 추구, 여자의 아름다움); 잠언 2–3 (지혜를 추구함, 하나님을 믿고 영광을 돌리라)

넷째 날: 아가 7 (기쁨과 열정); 잠언 4–5 (지혜의 길, 결혼에 충실)

다섯째 날: 아가 8 (연인의 맹세, 정절의 약속); 전도서 9; 11 (아내를 즐거워하라, 젊을 때 즐기라)

여섯째 날: "생명나무의 열매"와 "신실한 공동체의 모습"을 읽고 답하라.

제자

생명나무의 열매

아가서는 성경에 거의 들어오지 못할 뻔했다. 계명도 없고, 언약도 없고, 모세도 없고, 성전도 없다. 하나님에 대한 언급도 없다. 대신 짧은 이 책은 사랑의 노래로 계속 고동치고 있다. 직설적인 사랑의 대사들은 너무나 에로틱해서 고상한 체하는 바리새인이나 청교도 기독교인들은 얼굴을 붉히게 된다. 정렬적인 시는 그다지도 육적으로 두근두근하게 만들어서 어떤 종교 지도자들은 이 책을 정경에서 제외시키려고 시도했다. 그러나 아키바 랍비라고 하는 가장 존경을 받던 랍비 중 한 사람은 역사상 아주 결정적인 시기에 이 책을 성스러운 책, 심지어는 "가장 성스러운" 책이라고 불렀다. 왜 그랬을까?

유대 교사들은 이 책이 이스라엘을 향한 하나님의 열정적인 사랑을 우화적으로 묘사한 것이라고 여겼다. 초대교회 지도자들과 기독교 학자들과 설교가들도 그렇게 우화적으로 생각해서 예수 그리스도를 신랑으로, 교회를 신부로 생각했다. 클레보의 버나드라고 하는 수사요 신비주의자는 아가서 1장과 2장에서 거의 88편의 설교를 하면서 모두 하나님의 사랑에 대해 설교했다.

이 책은 유대교의 "다섯 두루마리" 가운데 하나이다. 아가서는 유월절에 읽혀진다. 이는 비가 온 후 처음 꽃이 피기 시작하는 봄의 축제로, 사람들이 그들을 노예생활에서 구출해 내신 열정적인 하나님을 기억하는 때였다.

"겨울도 지나고 비도 그쳤고
 지면에는 꽃이 피고 새가 노래할 때가 이르렀는데
  비둘기의 소리가 우리 땅에 들리는구나" (아가서 2:11-12).

창조의 노래

그러나 우화가 감명을 받기 훨씬 오래 전부터 시 속 깊은 데서 흐르고 있는 사랑이 스스로 창조주 하나님께 영광을 돌리고 있었다. 이 노래들은 창조의 기본적인 요소들을 다루고 있다. 이 노래들은 우리의 손을 잡고 아담과 이브가 서로 순진무구하게 서로를 탐했던 동산으로 인도하고 있다. 이 노래들은 그러한 순전함을 다시 방불케 한다. 하나님은 말씀하셨다. "하나님이 이르시되 땅은 풀과 씨 맺는 채소와 각기 종류대로 씨 가진 열매 맺는 나무를 내라 하시매 그대로 되어" (창세기 1:11). 우리의 연인들은 활짝 핀 사과나무의 향기에 취해 있고 (아가서 2:3), 첫 열매를 맺는 무화과나무와 (2:13) 포도원에서 피는 포도나무(2:13)에 둘러싸여 있다. 온갖 종류의 동물들과 새들이 희락의 동산에 거주하고 있다. 시적인 어린 사슴이 언덕 위를 뛰어 다니고 있다 (2:9). 노루 새끼는 백합화 가운데서 꼴을 먹는다 (4:5). 준마 (1:9), 비둘기 (2:12), 심지어 사자와 표범(4:8)들도 이 목가적인 동산에 거하고 있다. "하나님이 큰 바다 짐승들과 물에서 번성하여 움직이는 모든 생물을 그 종류대로, 날개 있는 모든 새를 그 종류대로 창조하시니 하나님이 보시기에 좋았더라" (창세기 1:21). 어떤 선악과도 이 연인들의 시선을 빼앗아 가지 못한다. 어떤 뱀도 그들을 꾀지 못한다. 어떤 수치심도 그들을 부끄러워 숨게 하지 않는다. 아담이 "이는 내 뼈 중의 뼈요 살 중의 살이로다"(창세기 2:23)라고 한 것처럼, 우리의 연인들도 어울리는 동료요 동등하게 선 연인들이다.

"강이 에덴에서 흘러 나와 동산을 적시고" (창세기 2:10). 우리의 검게 탄 신부와 목동은 "나의 사랑하는 사람들아 많이 마시라"고 초대받고 있다 (아가서 5:1).

비고란

사랑하는 자여

그녀는 동산에 있을 것이다. 그녀는 이제 잠근 동산이다 (4:12), 그러나 그녀의 마음은 말하기를
"나의 사랑하는 자가 그 동산에 들어가서
그 아름다운 열매 먹기를 원하노라" (4:16).
하나님이 사랑이시라면, 하나님이 인간을 사랑을 할 수 있게끔 창조하셨다면, 하나님이 인간을 성적으로 창조해서 서로 애무하고 입 맞추고 사랑을 나누도록 만드셨다면, 그렇다면 아가서는 거룩한 책이 되는 것이다.

솔로몬 덕분에

전도서, 잠언, 아가서 이렇게 세 권의 책을 솔로몬이 지었다고 한다. 어떻게 이 세 권을 한 사람의 것으로 여길 수 있을까? 랍비는 설명한다. 나이든 사람들은 사물의 헛된 것을 말한다. 중년은 실질적인 격언을 읊조린다. 젊은 이들은 사랑을 노래한다. 그러나 사랑은 젊은이들에게 국한된 것이 아니다. 사랑은 아비의 가르침이요 (잠언 4:1-4), 안전한 어머니의 방이다 (아가서 3:4). 사랑은 오빠들의 보호하는 배려요 (8:8), 사랑은 부부의 무덤보다 강한 헌신이다 (8:6).

솔로몬에 돌리는 찬사는 영예로운 것이다. 아가서는 성경에서는 유일하게 여성의 관점에서 말하고 있다. 아마도 심지어 여성에 의해 씌어졌을지도 모른다. 쉰여섯 구절이 그녀의 것이다. 또한 이들은 갈망과 공포, 절정과 실망, 친밀감과 외로움이 섞여진 것이다. 전도서가 우리의 머리에다가 말하고 있다면, 아가서는 우리의 가슴에다가 말하고 있다. 수백만의 사랑의 노래가 씌어졌지만 이 책은 뛰어난 "사랑 가운데 사랑"의 노래로 여겨지고 있다. 솔로몬의 이름은 시에 계속해서 나타나고 있다. 아마도 그 이름 때문에 이 책이 성경 속에 들어오는데 도움이 되었을 것이다. 그의 이름은 여인의 사랑과 연관되어 있다. 그것은 또한 이스라엘이 예배를 통해 하나님의 사랑을 표현하면서 이스라엘을 향한 하나님의 사랑을 확신 받곤 하던 웅장한 성전과 연관되어 있다. 그러나 무엇보다도 신부는 스스로를 여왕으로 공주로 여기고 있고, 목동인 연인을 왕으로 여기고 있다. 솔로몬 왕에 대한 언급은 우리가 궁정의 자주색처럼 고귀한 감정으로 둘러싸여 있음을 알도록 도와준다.

사랑의 시 모음

이 책은 이야기의 줄거리가 논리적으로 전개되는 지속적인 흐름이 없다. 시들은 이미지와 색깔이 어울려 끊임없이 변화하는 장면과도 같고, 달콤한 향으로 가득 찬 꽃바구니와도 같고, 새들의 즐거운 지저귐 같고, 햇볕에 잘 익은 즙 많은 과일 맛 같기도 하고, 부드러운 미풍이나 가벼운 애무의 손길 같기도 하다. 이러한 에로틱한 이미지들은 심장 박동이 빨라지도록 고안된 것이다. 이 시들의 일체감은 단어의 반복과, 재현되는 장면, 그리고 사랑과 헌신의 섬세한 감정에서 기인한다.

이 책을 번역하기란 쉽지 않다. 어떤 단어들은 구약성경 어디에도 나타나 있는 데가 없다. 단어들은 새로운 의미로 씌어지고 있다. 어떤 구절들은 애매하고 어떤 언급은 좀 지나치다 싶다. 로맨틱한 시는 종종 이중의 의미를 갖고 있어서 의도적으로 간질거리고 힌트를 주고 마치 베일에 덮인 여인의 눈처럼 수줍게 우리를 향해 윙크한다. 만일 여러분이 12개의 다른 번역본을 읽는다면, 어떤 본문에서는 12개의 그림을 즐기게 될 것이다.

비고란

제자

이 책은 *나, 너, 그, 우리* 등의 다양한 주어를 섞어서 사용하고 있는데, 그 이유 가운데 하나는 이 노래들이 바삐 서로 맞물려서 움직이고 있기 때문이다. 한 사람이 말하고 곧 바로 다른 사람이 말한다. 때로는 소녀가 그녀의 연인에 대해 속삭이고, 그 다음에는 비록 그가 없다 하더라도 그녀의 연인에게 속삭이고 있다. 혹은 그녀는 사랑의 애칭으로 그를 부르고 있다. 우리는 시를 읽고 있다. 그것도 우리가 귀 기울이고 있는 것이 공유된 경험인지, 상기된 꿈인지, 탐험하는 몽상인지 확실하지 않은 시를 말이다.

소녀에서 여인으로

그녀는 사춘기 소녀이다. 어제는 소녀였다가 오늘은 여인이다. 틀림없는 사실은 그녀에게는 아버지가 없다는 것이다. 그래서 오빠가 그녀를 인도하고, 보호해 주고, 오빠들 옆에서 그녀는 일하도록 되어 있다. 오빠들은 그녀가 로맨스를 즐기기에는 아직은 너무 어리다고 생각하고 있다. 그들이 보기에 아직 가정이나 가족을 꾸리기에는 몸이 발달하지 않았다. 아마도 그들은 나중에 부유한 남성과 "적당한" 결혼을 중매하려고 계획하고 있는지도 모른다. 틀림없이 그들은 그녀의 지참금에 대비해서 은 닢을 아끼고 있을 것이다. 그들은 그녀가 너무 격정적이라고 염려한다. 그들은 그녀가 혹 이웃 소년과 달아나지나 않을까 두려워한다. 그들은 그녀를 가두고, 그녀가 자기들이 정의한 성숙함에 이르기까지 기다리고 있었다. 이 오빠들은 어떤 낯선 이가 "문"을 열고 그녀의 처녀성을 훔쳐가지 않도록 지키고 있다 (아가서 8:9). 그러나 그녀는 자기가 누구인지 알고 있다. 그녀는 생기로 터질 듯하며, 사랑을 할 만반의 준비가 되어 있으며, 친밀함과 애정을 찾는데 굶주렸으며, 결혼을 하고 싶어 안달이다.

그녀는 땀과 태양으로부터 보호를 받는 도시 처녀가 아니다. 그녀는 수영장 옆에서 시원한 음료수를 홀짝거리고 있는 귀족의 딸이 아니다. 그녀의 피부는 태양 아래서 일한 탓으로 탄 거무스름한 토스트 조각과 같다. 오빠들과 함께 해 뜰 때부터 해 질 녘까지 그녀는 포도원에서 열심히 일한다. 뿌리 근처를 파고, 가지를 치고, 무거운 포도송이를 모으는 일을 하면서 말이다. 그러나 그녀의 마음은 길 너머 양치는 소년에게 가 있다. 그녀는 밤낮으로 땀을 흘리며 일하는 대신에 그늘진 골짜기에서 그에게 키스하는 꿈을 꾸고 있다. 그녀는 포도원을 보살펴 왔다. 그러나 그녀는 걱정한다. "나의 포도원을 내가 지키지 못하였구나" (아가서 1:6).

그녀는 자신이 아름답다고 믿지만 또한 스스로를 의심하기도 한다. 나는 충분히 아름다울까? 내 여자친구들이 나를 업신여기는 것은 아닐까 (1:6)? 그녀는 확신, 특히 연인으로부터의 확신이 절실히 필요하다. 그녀는 자신이 사론의 수선화요 골짜기의 백합화라고 암시하면서 칭찬을 듣고자 한다 (2:1). 그녀는 그의 근사한 반응에 어쩔 줄 몰라 한다. 그녀는 가시나무 가운데 백합화 같다 (2:2).

우리는 그들이 서로가 놀려 대는 말을 들을 수 있다. 이 둘은 사랑에 빠진 것이다. 연애의 리듬은 예와 아니오, 여기와 저기, 오늘과 내일의 리듬을 포함한다. 그녀는 장난 끼가 있다. "사랑하는 자야 네가 양 치는 곳과 정오에 쉬게 하는 곳을 내게 말하라 내가 네 친구의 양 떼 곁에서 어찌 얼굴을 가린 자 같이 되랴". 그도 마찬가지로 장난스레 응답한다. "네가 알지 못하겠거든 양 떼의 발자취를 따라 목자들의 장막 곁에서 너의 염소 새끼를 먹일지니

비고란

목동의 단순한 피리는 하나의 갈대로 만들어졌거나 혹은 두 개의 갈대를 함께 묶어서 만들었다.

사랑하는 자여

비고란

라." 그녀는 밤에도 그를 생각하고 그의 손길을 상상하면서 쉽게 잠들 수가 없다. 창가를 스치는 소리가 있었던가? 그가 문고리를 열 수 있었을까? 그녀는 숨을 쉴 수 없음에도 불구하고 수줍게 행동한다. "나는 방바닥을 건너가느라 다리에 먼지가 묻을 것이다"고 낄낄거린다. "내가 걸치고 있는 것은 잠옷 뿐이다". 그러나 그때에 침묵이 흐른다. 그는 가 버렸다. 심지어 그가 그곳에 왔는지 모른다 할지라도 이젠 가 버렸다. 과연 그녀는 옷을 입고 밤에 도시의 거리로 나가서 그를 찾느라 보안대의 욕설을 감내해야 했을까? 혹은 그녀는 꿈속에서라도 그를 잃어버릴까봐 놀란 나머지, 그런 추구를 환상으로 그린 것일까? 밤이면 밤마다 그녀는 머릿속에서 그를 지울 수가 없다 (5:2-8).

오, 만일 그녀의 연인이 그녀의 친오빠였더라면, 길거리에서 그를 껴안고 볼에다 입 맞추고 그래도 아무도 뭐라 할 사람이 없을 터인데. 그렇다면 그녀가 심지어 그녀의 엄마 방으로 그를 데리고 와도 아무도 무어라 할 사람이 없을 터인데 (8:1-2). 비록 그녀는 자유롭지 못하지만 자신 안에서는 대담하다. 그녀의 성적 관심, 매력, 아름다움, 그리고 독립심은 아직 개발되지 않았어도 자신의 감정을 나타낼 준비가 되어 있었다. 그녀는 뛰쳐나가고 싶다. 그러나 그것은 겁이 난다. 그녀는 밤에 나돌아 다니는 사람처럼 밖으로 나갈 수는 없다. 만일 그녀가 사회적인 제약에 신경 쓰지 않을 수 있다면 얼마나 좋을까. 그러나 그녀는 사랑은 적당한 때가 오기까지는 표현될 수 없다는 것을 알고 있다.

우리의 젊은 처녀는 결혼할 날을 꿈꾸고 있다. 소녀들의 합창소리, 예루살렘의 딸들의 노래는 신부 파티와 비슷하다 (3:10). 행진하는 군인들은 신랑의 시종이 될 수 있을 것이다 (3:7). 신랑은 솔로몬이 병거를 탄 것과 같을 것이다. 그녀는 공주처럼 그의 곁에 있을 것이다. 우리는 그들이 온 세상이 시편 45편을 그들을 위해 노래하기를 원하는 것을 상상할 수 있다.

> "왕의 딸은 궁중에서 모든 영화를 누리니
>   그의 옷은 금으로 수 놓았도다
> 수 놓은 옷을 입은 그는 왕께로 인도함을 받으며
>   시종하는 친구 처녀들도 왕께로 이끌려 갈 것이라"
> 그들은 기쁨과 즐거움으로 인도함을 받고
>   왕궁에 들어가리로다 (시편 45:13-15).

그러나 그들의 사랑은 왕의 궁정보다 더 소중하다. 그녀의 연인은 그녀를 솔로몬의 왕후들과 바꾸지 않을 것이다 (아가서 6:8-9; 8:11-12).

미의 기능

고대 히브리인들은 아름다움은 기능을 위한 것이지, 묘사하기 위한 것이 아니라고 생각했다. 그의 얼굴은 광채가 나고 "붉다"는 것은 건강하고 강인하다는 뜻으로, 사무엘에게 소개되는 젊은 다윗을 묘사하기 위해 사용된 단어와 동일하다 (사무엘상 16:12). 그의 다리는 "화반석 기둥" (아가서 5:15) 같다는 것은 튼튼하고 근육이 있고 쭉 뻗었다는 뜻이다. 우리의 젊은 청년은 보통 나무들 사이에서 선 활짝 핀 사과나무처럼 돋보인다 (2:3). 그녀의 치렁치렁한 머리털은 길르앗 산기슭에 누운 염소 떼 같다 (4:1). 그녀의 이빨은 구부러지거나 불규칙한 것이 없이 완벽하게 조화를 이루고 있고, 쌍 염소처럼 나란하며, 털을 막 깎은 암양처럼 새하얗다. 종종 찬사의 대상이 되는 그녀의 눈은 묘사적으로 비둘기 색이라고 표현되어 있지 않고, 온화하며 짝지은 비둘기처럼 투투투 소리를 낸다고 한다. 그들은 "네가 내 마음을 빼앗았

제자

구나 네 눈으로 한 번 보는 것과…내 마음을 빼앗았구나"(4:9). 그녀의 유방은 부드럽게 움직이는 새끼 사슴처럼 생동감에 넘친다. 그녀는 언덕에 선 도시처럼 아름답고 북부 왕국의 수도 디르사 같으며 다윗의 도성인 예루살렘처럼 아름답다.

"두 군대 앞에서의 춤"과 같은 댄스가 있었던가? 그녀는 마나하임의 춤을 추었던가(6:14)? 우리는 그녀의 허리를 밀로 비유한 것에서 풍요의 이미지를 이해할 수 있다. 그러나 "레바논의 망루" 같은 코, "낙타와 같은" 머리는 어떠한가? 그는 자신감, 강인함, 확신, 나아가 위엄 있는 용기를 뜻하고 있음에 틀림없다. "나의 누이", "나의 신부", "오빠", "나의 사랑", "나의 친구"와 같은 애칭들은 문자 그대로 받아져서는 안 된다.

사랑에는 동등함

왜 우리는 로맨틱하고 에로틱한 이미지에 그다지도 충격을 받는가? 일상생활에서 우리는 잡지 판매대나 텔레비전 스크린에서 이보다 노골적인 이미지들을 여러 번 접한다. 그리고 우리는 성경에 나오는 연인이 그녀의 몸의 야자수 위로 올라가서 "열매," 즉 유방을 움켜잡는다고 해서 놀라는가? 그것은 단순히 점잖은 체하는 것인가 아니면 우리가 이 세상의 저질스러운 음란물에 접한 나머지, 창조의 순진무구함이나 로맨틱한 사랑의 아름다움이나 사랑에 빠지는 것의 어쩔 수 없는 기쁨을 잊어버리게 된 것일까?

성경에서든 아니면 삶에서든 많은 경우 성은 권력을 내포하고 있다. 독점, 강간, 정략결혼, 가문의 명예 등과 연관된다. 종종 남자가 여자보다 힘을 가지고 있다. 그러나 아가서에서 우리의 연인들은 믿을 수 없을 만큼 동등하고, 힘의 논점에 사로잡혀 있지 않으며, 기꺼이 그들의 사랑을 동등하게 나누고 있다. 솔로몬이 그의 포도원을 빌려 주었으나, 그녀는 거리낌 없이 그녀 소유의 포도원 하나를 줘 버린다.

자주 반복되는 후렴인 "내 사랑하는 자가 원하기 전에는 흔들지 말며 깨우지 말지니라"(아가서 2:7; 3:5; 8:4)는 전도서의 "적당한 때", "모든 것에는 때가 있나니"라는 것을 가리키는 것 같다. 그때란 의지와 의지가 서로 만나는 때일 것이다. 그때에 그들은 그의 어머니가 그를 뱄던 바로 그 사과나무 아래서 잠을 잘 것이며, 그녀의 부모가 사랑을 나누었던 침실에서 잠을 잘 것이다. 결혼은 사랑의 장애물이 아니라, 사랑이 온전히 표출될 수 있는 수단이다. 그들은 서로 혼자 있는 꿈을 꾸어왔는데 그렇게 함으로써 서로의 영혼과 몸을 탐구하기 위함이다. "불과 같은" 사랑은 (8:6) 하나님이 그들에게 준 선물이며, 하나님의 신비한 창조의 일부분이다. 그들은 그들의 삶을 서로에게 맹세한다.

"너는 나를 도장 같이 마음에 품고 도장 같이 팔에 두라"(8:6).

그러나 우리의 젊은 연인들은 로맨스보다 더 많은 것을 가지고 있다. 그들은 열정을 능가하는 깊은 사랑이 자라나는 것을 감지한다. 그들의 사랑은 하나님의 사랑과 같이 영원한 속성을 지닌다. 그것은 적어도 인생 그 자체만큼이나 오래 지속될 것이다.

"사랑은 죽음 같이 강하고
　　질투는 스올 같이 잔인하며 불길 같이 일어나니
　　그 기세가 여호와의 불과 같으니라
　　많은 물도 이 사랑을 끄지 못하겠고
　　홍수라도 삼키지 못하나니"(8:6-7).

비고란

사랑하는 자여

의심할 바 없이 유대교와 기독교 선조들은 이 시에서 하나님의 커다란 사랑, 우리를 결코 버리지 않으실 사랑을 보았던 것이다.

만일 이 사랑의 시들이 우리로 하여금 열정적으로 사랑하시는 하나님께로 우리를 인도한다면 그렇게 되도록 하라. 호세아 선지자는 자신의 아내를 생각하면서 하나님께서 이스라엘에게 이렇게 외치도록 내버려두었다. "내가 네게 장가 들어 영원히 살되 공의와 정의와 은총과 긍휼히 여김으로 네게 장가 들며 진실함으로 네게 장가 들리니 네가 여호와를 알리라" (호세아 2:19-20). 하나님은 우리의 젊은 연인들이 서로를 흠모하는 것보다 훨씬 더 많이 우리를 사랑하시고 계신다.

신실한 공동체의 모습

사랑은 꽃처럼 적당한 때가 오면 봉오리가 생기고 활짝 피어난다. 그러나 우리는 그보다 더한 것이 있다는 것을 안다. 친밀감이다. 연인과의 친밀감, 그리고 하나님과의 친밀감은 사랑하고 사랑받는 가능성을 줄 뿐만 아니라 알고 알려지는 가능성을 부여한다. 개성을 가지고 헌신하는 제자들은 하나님께서 성적인 사랑의 기쁨을 최소화하는 것이 아니라 최대화하도록 만드셨다. 우리는 전심을 다해 사랑할 수 있다.

우리는 성을 소모품으로 평가하는 세상에서 어떻게 하면 풋사랑의 순전함과 신비를 재확인할 수 있을까?

어떻게 하면 교회는 사회의 사랑과 성에 대한 관점의 영향을 받지 않고 건강한 사랑의 관계를 인정할 수 있을까?

사람들로 하여금 하나님과 혹은 다른 사람과 친밀하게 되는 것을 두려워하거나 주저하게 만드는 원인은 무엇일까?

철저한 제자

사랑하고 사랑 받을 때, 그리고 알아가고 알려질 때 인간은 연약해진다. 하지만 이러한 연약함을 무릅쓰고 철저한 제자는 아낌없이 자기를 주는 연습을 하고, 다른 사람이 아낌없이 자기를 줄 때는 기쁨으로 받는다. 당신은 어떠한가?

추가 연구

아가서에 나오는 지명에 관계된 많은 이미지들의 뜻을 이해하기 위해서는 성경에 있는 지도에서 각 지명을 찾아보라. 그리고 나서 성서사전에서 각 지명에 대해 찾아 읽어보라.

비고란

우리는 신실한 믿음의 공동체이기 때문에 하나님께서 우리에게 아낌없이 자기를 내어주신 사랑을 본받아 우리에게 친밀한 사랑을 요구하는 사람들에게 응답하여 준다.

찬송가

"할렐루야 우리 하나님을 찬양하는 일이 선함이여
찬송하는 일이 아름답고 마땅하도다."
—시편 147:1

14 믿음의 노래

인간의 모습

우리는 감정을 표현하는 데 인색하다. 아픔, 성냄, 슬픔, 실망, 외로움과 같은 다소 부정적인 감정뿐만 아니라, 심지어 기쁨, 즐거움, 그리고 사랑 같은 긍정적인 감정까지도 말하지 않고 표현하지도 않은 채 지나간다. 온전함과 흠이 없는 것은 생소하다. 과연 이것들을 풀 곳은 어디인가?

성경 읽기

이번 주에는 시편의 내용과 구조를 이해하기 위해 성경을 읽기 전에 학생용 교재를 먼저 읽는다. 시편의 힘은 단어에, 그리고 단어들이 함께 배치되어 있는 방법에 놓여 있다. 각양 다른 종류의 시편을 주목하라. 당신의 감정을 시편에 맞추어 보도록 하라—승리, 패배, 기쁨, 슬픔, 찬양.

첫째 날: "생명나무의 열매"를 읽는다.
둘째 날: *제1권*—시편 1 (지혜시); 2 (대관식시);
            22 (개인탄식시); 23 (신뢰의 노래)
셋째 날: *제2권*—시편 42-43 (탄식, 구원, 그리고
            회복); 46 (시온의 노래); 51 (참회 시편);
            57 (탄식, 원수로부터의 구원)
넷째 날: *제3권*—시편 74 (공동탄식시);
            78 (역사적인 시편); 81 (축제의 예문);
            88 (개인탄식시)
다섯째 날: *제4권*—시편 90 (공동탄식시); 93 (왕되신
            하나님, 대관식); 95 (왕 되신 하나님,
            찬양의 예문); 105 (하나님의 위업의 역사)
여섯째 날: *제5권*—시편 112 (지혜시); 113 (할렐루야
            시편); 119 (토라에 대한 묵상); 130
            (구원, 개인탄식시); 150 (찬양 시편, 송영).
            "신실한 공동체의 모습"을 읽고 답하라.
일곱째 날: 안식

철저한 제자

철저한 제자는 감히 모든 시편—익숙하지 않거나 일부러 사람들이 회피하는 것을 포함하여—을 자기 것으로 만들고자 한다. 당신 생각에 부정적인 감정을 나타내는 시편이나 시편의 일부를 암기하라. 그러면 그런 말들을 필요로 하는 때에 그 단어들이 떠오를 것이다.

금주의 시편

날마다 시편 103편을 큰 소리로 기도하고, 그리고 기도하고 있을 다른 반원들을 머릿속에 그려 보라. 시편 구절이나 부분이 당신의 삶에 있어 어떤 상황이나 당신이 속한 신앙 공동체의 어떤 상황을 떠올리게 하거든 잠시 멈추고 그 부분을 묵상하라.

기도

매일 성경공부하기 전에 드릴 기도:
 "하나님이여 내 마음이 확정되었고
    내 마음이 확정되었사오니
   내가 노래하고 내가 찬송하리이다
  내 영광아 깰지어다 비파야, 수금아, 깰지어다
   내가 새벽을 깨우리로다" (시편 57:7-8).

금주의 기도 제목:

찬송가

첫째 날: "생명나무의 열매"를 읽는다.

둘째 날: *제1권*—시편 1 (지혜시); 2 (대관식시); 22 (개인탄식시); 23 (신뢰의 노래)

셋째 날: *제2권*—시편 42–43 (탄식, 구원, 그리고 회복); 46 (시온의 노래); 51 (참회 시편); 57 (탄식, 원수로부터의 구원)

넷째 날: *제3권*—시편 74 (공동탄식시); 78 (역사적인 시편); 81 (축제의 예문); 88 (개인탄식시)

다섯째 날: *제4권*—시편 90 (공동탄식시); 93 (왕 되신 하나님, 대관식); 95 (왕 되신 하나님, 찬양의 예문); 105 (하나님의 위업의 역사)

여섯째 날: *제5권*—시편 112 (지혜시); 113 (할렐루야 시편); 119 (토라에 대한 묵상); 130 (구원, 개인탄식시); 150 (찬양 시편, 송영).
"신실한 공동체의 모습"을 읽고 답하라.

제자

생명나무의 열매

전승에 따르면, 많은 시편이 다윗이 지은 것이라고 한다. 소년 다윗은 양을 치면서 노래를 불렀고 수금을 연주하였다. 그는 잔잔한 음악 소리로 사울 왕의 불안한 마음을 잠재워 주었다. 다윗이 언약궤 앞에서 흥이 올라 춤추었을 때, 자신이 지은 찬송 시를 노래했을 수도 있다. 여러 시편에 그의 삶이 반영되어 있다. 다윗이 밧세바와 불륜의 관계를 맺고 그녀의 남편 우리야를 죽이려고 계획한 후, 그는 이렇게 기도하였을 것이다.

"하나님이여 주의 인자를 따라 내게 은혜를 베푸시며
주의 많은 긍휼을 따라 내 죄악을 지워 주소서
나의 죄악을 말갛게 씻으시며
나의 죄를 깨끗이 제하소서" (시편 51:1-2).

다윗이 지은 시편이 72개가 넘는다고 하는데, 아마도 이들 중 어떤 것은 다윗의 창의적인 것들이고, 다른 것들은 그의 이름으로 쓰여졌을 것이다.

오늘날 성경에 있는 시편들은 1,000년이 넘는 긴 세월 동안 쓰여지고, 모습을 갖추고, 전달되고, 그리고 반복 사용되어 왔음에 틀림이 없다. 미리암의 노래(출애굽기 15:21)나 모세의 노래(15:1-18)는 역사적인 시편(시편 78; 106)에 그 흔적이 약간 남아 있다. 한때 바알을 찬양했던 고대 가나안의 노래들은 전능하신 하나님을 찬양하는 것으로 바뀌어지기도 했다 (29). 시편 18편에 있는 고대 언어는 시편이 아마도 다윗 왕 시대나 혹은 그 이후의 시대로부터 유래한 것이라는 것을 나타내 주고 있다. 다윗의 노래들, 즉 왕들의 즉위에 대한 노래, 매년 절기를 위한 노래들이 생겨났다.

나중에 예루살렘 성이 파괴된 후에는 포로 시가 나타났다.

"우리가 바벨론의 여러 강변 거기 앉아서 시온을 기억하며 울었도다
그 중의 버드나무에 우리가 우리의 수금을 걸었나니
이는 우리를 사로잡은 자가 거기서 우리에게 노래를 청하며
우리를 황폐하게 한 자가 기쁨을 청하고
자기들을 위하여 시온의 노래 중 하나를 노래하라 함이로다
우리가 이방 땅에서 어찌 여호와의 노래를 부를까" (시편 137:1-4).

포로에서 돌아온 후에 이스라엘 사람들은 성전을 재건하고 새로운 노래를 지었다. 왕정이 없는 상태에서 그들은 대관식 시편을 준비하고, 오직 하나님만이 그들의 왕이 되심을 선포하였다. 그들은 포로로부터의 귀환을 축하하면서 할렐루야를 노래하였다.

시편 제목 혹은 부제

시편을 넘기면서 제목을 훑어보라. 다윗에 대한 언급과 더불어 (그리고 때때로 시편의 메시지에 연관되는 다윗의 행동에 대해 언급하는 것과 더불어) 다른 표시를 살펴보라. 예문에 관한 지시를 찾아보라. *인도자를 따라 현악에 맞춘 노래* (시편 4); *관악에 맞춘 노래* (5); *성전 낙성가* (30); *다윗을 기념하는 시* (38); *안식일의 찬송 시* (92).

마스길(52)과 *믹담*(56)은 아마도 시편의 형태를 위한 것이거나 음악의 기교에 관한 용어로 보인다. *고라 자손*은 다윗 시대로부터, 그리고 포로 이후에 시작한 레위 계통의 작사가들과 가수들이었다 (42; 44-49). 12개의 시편 모음은 *아삽*이라는 제목을 달고 있는데 이는 성전의 음악가들 중 뛰어난 회원들의 조상이었다 (50; 73-83). *여두둔* (39), *헤만* (88), *에단* (89)은 다윗

비고란

주전 8세기경 터키에서 발견된 돌로 된 벽에 있는 부조이다. 여기에는 행진하면서 조그만 드럼을 연주하고 있는 4명의 악사와 두 개의 리라, 그리고 플루트가 새겨져 있다. 이러한 악기들은 자주 시편에서 언급되고 있다.

찬송가

으로부터 성전 음악을 담당할 책임을 맡은 세 레위족이었다. 전통적인 곡조는 *새벽 사슴* (22), *백합화* (45), *멀리 테레빈 나무 위의 비둘기*(56)와 같은 이름을 가지고 있다. 소위 노래라는 것은 찬양과 감사의 시편인 경우가 많다 (65; 66).

"하나님이여 주의 판단력을 왕에게 주시고" 라는 기도는 솔로몬이 지었다고 한다 (72). 시편 90편은 예배와 교훈을 위해 쓰여졌는데, 이는 모세에게 영예를 돌리고 있다. 어떤 시편들은 적당한 때를 묘사하고 있다: *곤고한 자를 위한 기도* (102). *성전에 올라가는 기도*는 순례자의 무리가 절기를 지키기 위해 예루살렘 성을 향한 비탈길을 올라가면서 찬송하는 것으로 적당하다 (120-134). 본문에 있는 *셀라* 라는 표시는 아마도 숨표 같은 역할이나, 시편을 노래하다가 악기로 간주를 넣거나, 혹은 회중의 화답일 수도 있다.

마지막으로 시편 146-150은 표제는 없지만 송영 혹은 찬양의 기도—할렐—로 알려져 있는데, 이는 "주님을 찬양하라"로 번역될 수 있는 "할렐루야"로 시작하고 끝맺고 있기 때문이다. 사람들은 이를 외워서 매년 절기 때마다 노래하였고 아직도 노래하고 있다.

찬송가

시편은 백성들이 포로에서 귀환한 후, 주전 520-515년 사이에 세워진 제2성전을 위한 공식 찬송가가 되었다. 신약성경은 다른 어떤 구약성경보다도 시편을 언급하거나 인용하고 있는 곳이 많다. 신약성경은 60개가 넘는 시편에서 100군데가 넘게 시편을 인용하고 있다. 토라와 선지서들과 마찬가지로, 예수님은 종종 시편을 인용하셨다. 십자가상에서 예수님은 시편 22편을 기도하셨다. "내 하나님이여 내 하나님이여 어찌 나를 버리셨나이까?" (22:1; 마태복음 27:46; 마가복음 15:34). 베드로는 오순절에 시편 16편, 132편, 그리고 110편을 인용했다. 바울은 시편에서 그리스도께서 구세주 되심에 대한 계시를 보고 그것을 30번이나 넘게 언급하였다. 요한은 요한계시록 19장에서 할렐과 할렐루야로 기쁨을 표현하고 있다.

초대교회에서 시편은 예배에서 빠뜨릴 수 없는 부분이었다. 유대인과 이방 기독교인들 모두 시편을 성경으로 읽었고, 시편을 기도문으로 읊었으며, 시편을 찬송으로 노래 불렀다. 온 시대를 통틀어 수도사들과 신비주의자들은 매일 훈련을 하는 동안 시편을 노래해 왔다. 기독교 찬송가들은 시편에서 따온 인용, 언급, 시적인 이미지들로 가득하다. 신학적으로 설득하기 위해 기독교인들은 어떤 경우에든 시편을 기도하고 노래할 수 있다. 기독교인들과 유대인들은 함께 시편을 성경으로 말할 수 있다. 시편은 장애물을 뛰어넘는다.

시편의 구성을 살펴보면, 모세오경(토라)과 같은 권위적인 상징에 버금가도록 다섯 권의 책으로 되어 있다. 그래서 이스라엘은 모세로부터 다섯 권의 율법책을, 다윗으로부터 다섯 권의 시편을 받은 것이다. 책마다 약간씩 내용이 다른 것은 제목이 바뀌는 것에서 알아챌 수 있다. 송영은 축도와 마찬가지로 **책을 끝맺음하는** 경향이 있다 (41:13; 72:19; 89:52; 106:48). 찬송기에서와 마찬가지로 시편은 주제나 분위기로 묶여진다. 그러나 각각의 책이 독특하고 각각이 주는 메시지가 약간씩 다르다. 각 책의 내용은 탄원으로부터 약속으로, 탄식으로부터 찬양까지로 발달되어 가는 경향이 있지만 예외도 있다.

시편 1-89(제1권, 제2권, 제3권)은 시편 90-150(제4권과 제5권)보다 먼저 생겨났던 것 같다. 다윗의 이름은 초기 책에 더 뚜렷이 나타나 있고, 탄

비고란

찬양 시편 중 여러 그룹이 "할렐"이라고 불리는데 왜냐하면 이들은 히브리 단어인 할렐을 계속해서 사용하고 있기 때문이다. 하나님 이름을 나타내는 첫 단어인 *야 (Jah)* 라고 하는 단어와 합해져서, 할렐루야는 "주님을 찬양하라"는 뜻이다.

시편 113-118편은 "애굽의 할렐"이라고 알려져 있는데 왜냐하면 그들은 하나님께서 출애굽에서 행하신 전능하신 행위를 찬양하고 있기 때문이다. 이러한 시편들은 숙곳, 유월절, 칠칠절, 그리고 하누카와 같은 큰 절기에 사용되었다. 시편 113-114는 유월절 식사 전에 불렀고, 115-118은 식사가 끝난 후 불렀다. 예수님과 제자들이 마지막 만찬 후에 불렀던 찬송은 만일 그 식사가 정말로 유월절 만찬이었다면 (마태복음 26:30; 마가복음 14:26) 시편 115-118 전체이거나 일부분이었을 것이다.

시편 136편은 "위대한 할렐"로 알려져 있다. 이는 안식일이나 절기의 아침 기도를 시작할 때나, 유월절 만찬인 세더를 행할 때 암송하거나 불렀다. 시편 104-106과 146-150은 할렐의 다른 그룹이다.

시편의 모음
제1권 (시편 1-41)
제2권 (시편 42-72)
제3권 (시편 73-89)
제4권 (시편 90-106)
제5권 (시편 107-150)

제자

식의 내용이 더 두드러진다. 제4권과 제5권(시편 90-150)은 왕자가 아닌 왕을 이스라엘의 왕으로 즉위시키고 있고, 또한 이 후대의 책들은 찬양과 감사를 강조하고 있으며 성전에 올라가는 노래, 할렐, 송영을 포함하고 있기 때문에 이들은 포로에서 귀환한 이후의 시기를 대체로 반영하고 있다.

학자들은 체계 혹은 범주를 정해 놓고 각 시편을 거기에 배열했다. 고대의 학자들은 각 시편을 다윗의 삶의 경험에 꿰어 맞추려고 노력하였다. 현대의 학자들은 시편들을 형식에 따라 분류하였다. 즉 탄식, 구원사의 이야기, 찬송의 노래, 찬양 시, 신뢰의 묵상의 노래, 잠언의 지혜를 반영하는 시편이나 혹은 토라의 진리를 반영하는 시편들. 그러나 시편은 또한 풍부하고도 다양하고, 너무나 복합적이고 다양해서 이러한 모든 범주를 뛰어넘는 경향이 있다. 각각의 시편에는 스스로 설 수 있는 내적인 능력이 있다. 무엇보다 두 사람이 동시에 같은 시편을 말하더라도 아주 다른 영적인 영감을 경험할 수 있다.

기도하는 방법으로서의 시편

시편은 단지 기도문들을 모은 것이 아니다. 시편은 기도하는 방법을 보여 준다. 시편을 노래하고, 춤추고, 읽음으로써 우리는 단지 기도만 하는 것이 아니라 어떻게 기도하는가 하는 것 또한 배우게 된다. 우리는 기도 학교에 들어온 것이나 마찬가지다—배우고 자라지만 결코 졸업은 하지 않는데, 왜냐하면 각각의 시편이 새로운 도전을 주고, 우리는 읽을 때마다 새로운 의미를 깨닫게 되기 때문이다.

우리는 여러 가지로 다르게 기도하는 방법이 있고, 여러 가지 기도의 종류가 있다는 것을 배운다. 이런 역사적인 시편들은 우리가 생각할 만한 모든 종류의 감정, 즉 기쁨, 슬픔, 경외감, 두려움, 외로움, 자기를 의롭다 생각함, 죄의식, 회한, 애정, 성냄, 자긍심, 절망, 증오, 감사와 같은 것들을 표현하도록 도와준다. 아무 것도 숨기지 않는다. 우리는 하나님의 현존을 경험하고 하나님의 부재를 경험하지만, 결코 하나님의 거부를 경험하지는 않는다. 하나님은 침묵하시는 듯 하고 혹은 하나님의 대답이 늦추어질 수도 있다. 그러나 이러한 믿음의 노래들에 나타난 하나님은 결코 우리 앞에서 문을 닫지 않으신다. 하나님은 우리가 울고, 탄식하고, 소리치고, 심지어는 고함을 지르도록 허락하신다. 하나님은 우리가 무엇을 느끼든지 느낄 수 있도록 허락하시고, 무엇을 말할 필요가 있을 때는 무엇이든 말하도록 허락하신다.

그래서 시편은 하나님에 대해서, 우리들에 대해서, 우리와 하나님의 관계에 대해서 우리에게 가르쳐 준다. 시편은 비록 고립이나 고독을 표현하고 있는 때라도 공동체적이다. 시편은 비록 고독한 개인의 말로 표현되고 있을 때에도 공동체의 찬송이다. 무덤가에서 함께 애도하는 무리 중에 서서, 우리는 말한다. "여호와는 나의 목자시니 내가 부족함이 없으리로다." 그러나 우리는 그것을 한 목소리로 말하고 다른 사람들이 함께 한다는 것을 느낀다. 우리는 우리가 누구인지를 배운다. 우리는 우리가 함께 인간됨을 인식한다.

우리는 기도를 짧게 하거나 화나게 하고 분노에 차게 만드는 구절들을 건너뛰지 않을 것이다. 우리는 병자들, 죄의식을 느끼는 자들, 분노에 차게 만드는 이들을 *위해서* 기도할 뿐 아니라, 우리는 또한 그들과 *더불어* 기도할 것이다. 이는 때때로 우리가 그러한 자들이기 때문이다. 하나님은 주일날 최고의 정장으로 꾸민 기도를 원하시는 것이 아니라 우리에게서 정직한 기도를 원하신다. 끝내는 "여호와여 내 혀의 말을 알지 못하시는 것이 하나도 없으시니이다" (139:4).

비고란

찬송가

비록 지금은 우리가 분노하지 않고 있을지 모르지만, 우리는 지금 분노하는 사람들이 그들의 감정을 표현하도록 도와줄 수 있다. 비록 우리가 오늘 우리의 죄를 고백하지 않을지는 모르지만 아마 내일은 그럴 수 있을지도 모른다. 오늘 우리가 곁에 서서 함께 기도해 주는 사람들이 다음에는 그들이 우리 곁에서 우리를 위해 함께 기도해 줄 것이다.

히브리 시

우리는 욥기, 아가서, 특히 잠언에서 히브리 시에 관해 많은 것을 배웠다. 우리는 히브리 시의 가사에는 억양이 있긴 하지만 운율이나 운은 기대하지 말아야 한다고 배웠다. 특히 잠언에서 우리는 *평행진행(parallelism)*이 히브리 시를 특징짓는 것을 보았다. 두 행이 본질적으로 같은 것을 말하고 있다.

"너희 모든 나라들아 여호와를 찬양하며
너희 모든 백성들아 그를 찬송할지어다" (시편 117:1).

평행진행은 단어들이 기억에 착 붙도록 도와줌으로써 요점을 강조한다. 히브리 시편은 현대의 모든 언어로 번역되어져 왔다. 만약 시편이 운이나 운율에 의지하고 있었다면 시적인 힘은 번역 과정에서 잃어져 버렸을 것이다. 그러나 평행진행은 모든 언어에서 여전히 시적인 아름다움과 능력을 보존하고 있다. 얼마나 놀라운 일인가!

때때로 시인은 *반대적인 평행진행(antithetical parallelism)*을 사용한다. 두 번째 행이 첫 번째 행을 부정적으로 표현하는 것이다.

"무릇 의인들의 길은 여호와께서 인정하시나
악인들의 길은 망하리로다" (시편 1:6).

*한 단 평행진행(stair—step parallel)*은 두 번째 행이 첫 번째 행의 의미를 다시 한번 반복해서 말하지만 그 이상의 것을 내포한다.

"그의 코에서 연기가 오르고 입에서 불이 나와 사름이여
그 불에 숯이 피었도다" (18:8).

한 단과 같은 구절들은 성전으로 올라가는 노래에 더 강하게 나타난다 (120—134). 순례자들이 예루살렘으로 올라갈 때, 그들은 이러한 짧고 쉽게 외울 수 있는 노래들을 부르면서 올라갔다. 마치 A, B, C와 같이, 세 개로 된 시적인 구절들은 그들의 발소리에 어울렸다. 어떻게 각 구절이 앞에 있는 구절에 의지하고 있으면서 생각을 더 발전시키는지 주목해 보라.

"여호와께서 너를 실족하지 아니하게 하시며
너를 지키시는 이가 졸지 아니하시리로다
이스라엘을 지키시는 이는 졸지도 아니하시고
주무시지도 아니하시리로다" (121:3-4).

때때로 평행진행은 낮과 밤, 해와 달, 바다와 육지처럼 *한 쌍으로 된 단어* 이기도 하다. 이러한 쌍으로 된 단어 때문에 시를 기억하기가 쉬웠다. 평행진행들은 전체 시편을 구성하는데 중요한 뼈대를 제공하였다.

"낮의 해가 너를 상하게 아니하며
밤의 달도 너를 해치지 아니하리로다" (121:6).

*반복*은 아이디어를 강조하고 감정을 고조시킨다. 시편 121편에서 우리는 *지키다* 라는 단어가 북소리처럼 계속되는 것을 본다.

"여호와는 너를 지키시는 이시라…
여호와께서 너를 지켜 모든 환난을 면하게 하시며
또 네 영혼을 지키시리로다

비고란

제자

여호와께서 너의 출입을 지금부터 영원까지 지키시리로다"
(시편 121:5-8).

첫 번째 단어 가 반복될 때 힘이 실리는데 시편 150편에서 *찬양* 이라는 단어를 살펴보자.

"할렐루야 그의 성소에서 하나님을 찬양하며
그의 권능의 궁창에서 그를 찬양할지어다" (150:1).

마지막 단어나 마지막 구절이 하나의 행을 끝내고 그 구절로 또 다른 행이 시작되면, 그러한 형태는 강조를 더하게 된다. 예를 들어,

"온 땅이여 여호와께 즐거이 소리칠지어다
소리 내어 즐겁게 노래하며 찬송할지어다
수금으로 여호와를 노래하라
수금과 음성으로 노래할지어다" (98:4-5).

때때로 두 개의 단어나 구절들이 나란히 자리함으로써 아주 좋은 효과를 나타내기도 한다. "내 하나님이여 내 하나님이여 어찌 나를 버리셨나이까" (22:1). 많은 노래에는 *후렴* 이 있다. "그 인자하심이 영원함이로다" 라는 후렴이 시편 136편의 각 구절을 끝맺고 있다. 제사장이 그 가사를 불러주고 예배자들이 성전 주위를 걸으면서 후렴을 소리치는 장면을 머릿속에 그려보라.

모든 시는 *문체* (비유적 표현) 때문에 즐거움이 더하다. 은유법, 직유법, 과장법 등은 그림 언어들이다. 시편은 그런 이미지가 아주 풍부하다.

"그의 소리가 온 땅에 통하고 그의 말씀이 세상 끝까지 이르도다
하나님이 해를 위하여 하늘에 장막을 베푸셨도다
해는 그의 신방에서 나오는 신랑과 같고
그의 길을 달리기 기뻐하는 장사 같아서" (19:4-5).

물론 하나님에 대한 모든 언어는 은유이다.

"여호와는 나의 반석이시요
나의 요새시요 나를 건지시는 이시요" (18:2).

우리는 하나님은 무엇과 *같은 (like)* 분이라고 말할 수 있다.

"주의 공의는 하나님의 산들과 같고
주의 심판은 큰 바다와 같으니이다" (36:6).

우리는 의미 있는 암시를 사용할 수 있다.

"너희는 시온을 돌면서 그 곳을 둘러보고
그 망대들을 세어 보라
그의 성벽을 자세히 보고
그의 궁전을 살펴서 후대에 전하라
이 하나님은 영원히 우리 하나님이시니
그가 우리를 죽을 때까지 인도하시리로다" (48:12-14).

때때로 우리는 시적인 구절들을 말 그대로 받아들여야 할지 혹은 비유적으로 받아들여야 할지 잘 모른다. "바다가 보고 도망하며"에서 물은 실제로 물러나서 히브리인들이 노예생활을 벗어나도록 해주었다. 그러나 "산들은 숫양들 같이 뛰놀며"는 해방된 노예들의 마음에 있는 감정을 암시하는 것임에 틀림없다 (114:3-4). 언어 형태는 종종 이중적인 의미를 띠거나 심지어 다른 사람들에게 다른 의미를 주기도 한다. "형제가 연합하여 동거함이 어찌 그리 선하고 아름다운고"(133:1)는 가정 안의 평화를 가리킨다. 그러나 그것은 또한 북쪽 지파와 남쪽 지파가 성전을 중심으로 다시 연합하기를 바라는 것이기도 하다.

비고란

은유 (metaphor) 는 어떤 하나가 다른 하나라고 비교하는 시적인 진술이다. *직유 (simile)* 는 어떤 하나가 다른 하나와 같다고 하거나, 혹은 어떤 하나가 무엇인 것처럼 다른 것도 그러하다는 뜻이다. *과장법 (hyperbole)* 은 어떤 특징이나 성질을 강조하기 위해 과장하는 것이다. *암시 (allusion)* 는 너무나 잘 알려져서 독자들에게 따로 설명할 필요가 없다고 생각되어서 설명을 하지 않는 것을 언급하는 것이다.

그림 언어로는 짧은 장소 안에서 많은 것을 말할 수 있다. 각 단어, 각 이미지는 의미로 충만하다. 불필요한 말은 생략된다. "여호와는 나의 목자시니"는 한 권의 책만큼이나 많은 것을 말한다. 때때로 비유법은 효과를 노리기 위해 과장하기도 한다.

"여호와께서 명령하신즉 광풍이 일어나
    바다 물결을 일으키는도다
  그들이 하늘로 솟구쳤다가
    깊은 곳으로 내려가나니 그 위험 때문에
  그들의 영혼이 녹는도다" (107:25-26).

얼마나 엄청난 폭풍인가!

때때로 시는 *의인화* 한다. 예를 들어 "사망이 그들의 목자일 것이라" (49:14). 종종 *대적(enemy)*은 묘사되지만 일반적으로 이중의 의미를 가지고 있다. 대적은 고통, 위험, 질병, 고독, 거부를 상징하기도 한다.

개인적으로 혹은 공동체적으로 시편을 기도할 때, 시편을 당신의 것으로 만들라. 시편의 죄가 당신의 죄가 되게 하라. 시편의 질병이 당신의 질병이 되게 하라. 시편의 문제꺼리가 당신의 문제꺼리가 되게 하라. 시편에서 에돔 사람 혹은 아모리 족이라고 하더라도 시편의 대적이 당신의 대적이 되게 하라. 당신의 대적을 마음속에 불러 보라. 그것이 사람이든 조직이든, 그것이 중독이든 유혹이든지 불러 보라. 당신의 이름과 당신이 가진 개인적인 재난과 당신의 대적들을 시편을 기도하면서 대체해서 넣어서 기도해 보라. 시편은 당신의 것이다. 기도는 당신의 것이 될 것이다.

신실한 공동체의 모습

매주 매일 시편을 읽을 때마다 시편은 폭넓은 인간의 감정을 표현해 준다. 시편은 우리가 인간으로서 느끼는 모든 경험들을 하나님의 현존 속에서 경험하도록 도와준다. 우리는 하나님께서 우리가 기쁘든지 온전하든지 상처를 입었든지 마음이 곤고하든지 감사하든지 거부반응을 보이든지 애도에 잠겨있든지 즐겁든지 우리를 환영하시는 것을 안다.

당신이 하나님 앞에 표현하기 가장 어려운 감정은 무엇인가?

_____

어떤 시편들이 당신의 그러한 감정들을 표현할 수 있도록 도와주는가?

_____

당신이 시편을 기도할 때 시편을 기도하는 다른 사람들과 더불어 기도하는 것이나 마찬가지이다. 이 말은 당신에게 어떤 의미를 주는가?

_____

추가 연구

현재 당신의 영적 생활에 적합한 시편을 적어 보라. 히브리 시의 시적 기교들, 즉 평행진행, 한 단 평행진행, 후럼, 한 쌍의 단어, 단어의 반복 등을 사용하라.

비고란

> *우리는 신실한 믿음의 공동체이기 때문에 하나님께서 우리를 반기신다는 것을 알고 있으며, 우리가 말하고 느끼는 것들을 하나님께서 기꺼이 맞아주신다는 것을 안다.*

애도

"내 영혼아 네가 어찌하여 낙심하며
어찌하여 내 속에서 불안해 하는가
너는 하나님께 소망을 두라 그가 나타나 도우심으로 말미암아
내가 여전히 찬송하리로다."

—시편 42:5

15 고통의 노래

인간의 모습

긍정적이고 낙천적인 것 이외에는 그 어떤 것도 수용할 수 없다. 그래서 우리는 행복한 얼굴을 짓고, 제대로 된 것들만 말하고, 우리 안에 고통을 놓아두고 우리 스스로를 괴롭힌다.

성경 읽기

슬픔을 느낄 때, 사람들에게는 슬픈 노래가 필요하다. 탄식은 화, 고독, 슬픔, 고통을 밖으로 드러낸다. 이러한 감정 속으로 들어가도록 애써 보라. 여섯째 날에 당신은 개인적인 탄식시를 쓰게 될 것이다.

첫째 날: *개인탄식시*—시편 3; 4; 31 (구원) 39 (치유); 71 (도움을 바라는 노인의 기도); 77 (환난에서 벗어남)

둘째 날: *공동탄식시*—시편 12 (신실한 이가 없는 시대에 도움을 구하는 노래); 80 (이스라엘의 회복); 85 (하나님의 은혜를 회복); 94 (정직한 이를 위한 복수의 하나님); 126 (포로에서 해방); 137 (예루살렘을 향한 탄식)

셋째 날: *회개시*—시편 6 (치유); 32 (용서로 인한 감사); 38 (치유와 용서를 위한 탄원); 103 (하나님의 선하심을 감사); 131 (하나님의 뜻에 복종)

넷째 날: *신뢰시*—시편 11 (하나님에 대한 확신과 신뢰); 63 (하나님의 현존을 즐거워함); 91 (하나님의 보호하심을 확신); 121 (하나님의 돌보심을 확신); 139 (하나님의 전지전능을 찬양)

다섯째 날: *토라, 지혜시*—시편 19 (창조에 나타난 하나님의 영광과 율법); 37 (악인에 대한 보응); 49 (삶과 부의 헛됨); 예식문—시편 82 (이방 신들에 대한 하나님의 심판); 115 (하나님의 위대하심)

여섯째 날: "생명나무의 열매"와 "신실한 공동체의 모습"을 읽고 답하라

일곱째 날: 안식

금주의 시편

매일 시편 143편을 기도하라. 시편이 당신의 것이 되게 하라. 매일 당신의 원수의 이름들을 불러 보라. 그것은 암세포일 수도 있고, 가정의 긴장관계일 수도 있고, 우울증일 수도 있고, 미래에 대한 불안정일 수도 있다. 기도할 때 그러한 원수를 염두에 두라.

기도

매일 성경 공부하기 전에 드릴 기도:
"내가 사망의 음침한 골짜기로 다닐지라도
해를 두려워하지 않을 것은
주께서 나와 함께 하심이라
주의 지팡이와 막대기가 나를 안위하시나이다"
(시편 23:4).

금주의 기도 제목:

애도

첫째 날: *개인탄식시*—시편 3; 4; 31 (구원) 39 (치유); 71 (도움을 바라는 노인의 기도); 77 (환난에서 벗어남)	넷째 날: *신뢰시*—시편 11 (하나님에 대한 확신과 신뢰); 63 (하나님의 현존을 즐거워함); 91 (하나님의 보호하심을 확신); 121 (하나님의 돌보심을 확신); 139 (하나님의 전지전능을 찬양)
둘째 날: *공동탄식시*—시편 12 (신실한 이가 없는 시대에 도움을 구하는 노래); 80 (이스라엘의 회복); 85 (하나님의 은혜를 회복); 94 (정직한 이를 위한 복수의 하나님); 126 (포로에서 해방); 137 (예루살렘을 향한 탄식)	다섯째 날: *토라, 지혜시*—시편 19 (창조에 나타난 하나님의 영광과 율법); 37 (악인에 대한 보응); 49 (삶과 부의 헛됨); 예식문-시편 82 (이방 신들에 대한 하나님의 심판); 115 (하나님의 위대하심)
셋째 날: *회개시*—시편 6 (치유); 32 (용서로 인한 감사); 38 (치유와 용서를 위한 탄원); 103 (하나님의 선하심을 감사); 131 (하나님의 뜻에 복종)	여섯째 날: "생명나무의 열매"와 "신실한 공동체의 모습"을 읽고 답하라.

제자

생명나무의 열매

우리가 인간이 경험할 수 있는 모든 것들을 경험한 순전한 인간으로 하나님 앞에 나갈 수 있을까? 우리는 기도 중에 우리의 모습 그대로 기도할 수 있을까? 쓰라린 삶 때문에 고함을 지르고, 상실로 인해 눈물을 철철 흘릴 수 있을까? 혹은 황홀하여서 "하나님은 좋으시다" 라고 소리치면서 당황하지는 않을까?

우리는 함께 기도할 수 있을까? 한 사람은 화가 나 있고, 다른 한 사람은 화가 풀어졌을 때 우리는 함께 기도할 수 있을까? 우리 중 한 사람은 슬픔에 젖어 있고, 다른 한 사람은 젊은이 마냥 쌩쌩 경주할 수 있을 때 우리는 함께 기도할 수 있을까? 시편은 "그렇다!"고 대답한다. 시편은 절망에서 황홀경에 이르기까지 모든 감정을 포함하고 있다. 개인적으로 말하는 것까지 포함하여, 모든 시편은 공동체적이기 때문에 우리는 기도할 때 서로의 감정을 어루만지게 된다. 한 사람은 감정이 고조되어 있고, 다른 한 사람은 가라앉아 있을지 모르지만, 우리는 "인자하심이 영원"하신 하나님 앞에서 함께 기도한다.

우리는 긍정적이고 낙천적인 시편만을 읽고 노래함으로써, 시편을 편리하게 이용하려는 경향이 있다. 많은 찬송가나 기도서들은 시편을 골라서 사용하고 있기 때문에 화를 다룬 구절들을 생략할 수 있다. 찬양하는 노래들은 하나님의 존귀하심에 초점을 맞추고 있으나, 일반적으로 영혼의 쓸쓸하고 어두운 밤은 생략한다. 왜 우리는 잘라 붙이기를 하는가? 우리는 하나님 앞에서 착해야 한다고, 그래서 추잡한 생각은 집에 놔두고 나와야 한다고 생각하기 때문인가? 우리는 상쾌한 예배를 원하기 때문인가? 하나님은 우리의 부정적인 감정을 인정하지 않으시리라 생각하기 때문인가? 혹은 우리는 다른 사람들이 경험하고 있는 부정적인 감정을 나누고 싶지 않기 때문인가?

시편의 히브리 제목은 *테힐림(tehillim)*인데, 이는 "찬양"을 뜻하며 어원은 할렐 혹은 할렐루야, 즉 "하나님을 찬양하라"에서 왔다. 모든 것, 심지어 탄식까지도 하나님께 대한 찬양이다. 우리는 우리에게 존재하는 모든 것을 공동체의 예배에 가져간다. 그래야만 우리의 삶 전부가 찬양 속에서 함께 모아질 수 있기 때문이다. 여기서 우리는 어려운 부분들, 자주 읽히지 않는 성경, 절망으로 고함지르고, 애도 속에 흐느끼고, 분노로 고함치는 그러한 탄식들을 본다. 어떻게 이런 것들이 찬양이 될 수 있단 말인가?

탄식

탄식이라는 단어는 불만 혹은 도움을 청하는 것이다. 탄식에는 일반적으로 다음과 같은 패턴이 있다. 문제꺼리를 아뢸 때 "여호와 주여"와 같이 부른 것; 하나님께서 응답해 주실 것을 간청할 때 종종 하나님이 그 간청을 들어주셔야 하는 이유를 대는 것; 하나님께서 귀를 기울이신다는 신뢰를 진술하는 것, 끝맺는 맹세나 찬양을 드리겠다는 행위. 모든 탄식 시편이 다 이러한 요소를 가지고 있는 것은 아니지만, 대부분은 이러한 패턴으로 움직이고 있다. 고전적인 형태를 지닌 시편 80편을 연구하라.

탄식을 설명하는 또 하나의 방법은 첫 번째 진술은 안전, 질서, 신뢰—비록 그것이 하나님의 이름을 부르거나 하나님을 축복한다고 하더라도—를 나타낸다는 것이다. 비록 첫 번째 단어들은 공포에 찬 울음이라고 할지라도 이는 건강, 평안, 사회적 안정과 같은 지속된 것들을 상기해서 말해 준다. 일이 잘 되어간다. 놀랄 만한 것이 없다.

비고란

애도

갑자기 나쁜 일이 일어난다. 무엇인가 부서진다. 사람이나 무엇엔가 무질서가 생기고, 고통이 생기고, 장소나 방향을 잃어버린다. 하늘이 무너지면 우리는 충격을 받아서 그런 일이 일어날 수 있다는 것을 부인한다. 우리는 홀로 인 것만 같고 고립되었다고 느껴진다. 화가 치밀어 오른다. 오, 분노는 어떻게 탄식으로 변하는지!

종종 고통 속에서 우리는 흥정을 하려고 한다. 하나님께서 이것을 해주신다면, 우리는 저것을 할 것이다. 우리는 우리가 제대로 해왔다고 주장하고 우리에게 일어난 일은 천부당만부당하다고 주장한다. 탄식은 문제꺼리를 연기하고, 탄원은 은혜를 바라고 해결을 요청하는 것이다. 그러한 호소가 실패로 끝나고 하나님이 잠자는 것처럼 보이면 탄식은 깊은 우울에 빠지게 된다.

"나는 벌레요 사람이 아니라
　사람의 비방 거리요 백성의 조롱 거리니이다" (시편 22:6).

우리는 이전에 있었던 믿을 만한 보장을 손에 잡으려 하지만 그런 것들은 사라져 버렸다. 우리는 배반당한 것처럼 느껴진다. 예전으로 돌아갈 수는 없다. 그렇다고 앞으로 내딛기도 두렵다. 그러나 시편들은 우리가 어깨 너머로 주춤거리거나 눈물의 바다 속에 침잠해 있을지라도 우리들을 인도한다.

탄식은 공동체 속에서 읊조려진다. 우리는 홀로 있지 않다. 우리는 언약을 맺은 사람들에 둘러싸여 기도한다. 신비롭게도 치유가 일어나기 시작한다. 변치 않는 사랑에 둘러싸여 우리는 인정, 화해, 적응, 새로운 방향을 향해 걸음을 옮긴다. 놀라운 긍정적인 감정이 홍수처럼 분출한다. 경이로움, 화해, 영감, 용기, 치유, 용서, 구원 등과 같은 감정들이다. 우리가 탄식을 기도할 때 우리는 비록 이전의 안전한 곳으로 되돌아갈 수는 없지만 대신 인생과 관계들을 새롭게 보는 방법, 그리고 하나님 안에 새로운 형태로 신뢰할 수 있는 방법을 배우게 된다.

"인애와 진리가 같이 만나고 의와 화평이 서로 입맞추었으며…
　여호와께서 좋은 것을 주시리니
　우리 땅이 그 산물을 내리로다" (85:10, 12).

심판

우리는 반복해서 심판을 간청하는 것 때문에 놀라게 될지도 모른다. "나를 판단하사 그들이 나로 말미암아 기뻐하지 못하게 하소서" (시편 35:24). 앞으로 다가올 하나님의 심판이 축제의 이유가 된다.

"밭과 그 가운데에 있는 모든 것은 즐거워할지로다
　그 때 숲의 모든 나무들이 여호와 앞에서 즐거이 노래하리니
　그가 임하시되 땅을 판단하려 임하실 것임이라
　그가 의로 세계를 심판하시며 그의 진실하심으로
　백성을 심판하시리로다" (96:12-13).

당신과 내가 심판을 생각할 때, 우리는 일반적으로 "주의 날"을 보복의 때로 예언한 아모스와 같은 선지자들을 기억한다. 혹은 우리는 목자가 양과 염소를 구분하리라고 예수께서 비유로 말씀하신 심판을 생각한다 (마태복음 25:32). 그러나 시편의 탄원은 평등과 공정한 게임을 위한 것이다. 그들은 하나님께 일을 바로 잡아달라고 요청한다. 시편은 타락하지 않은 심판자가 오셔서 잘못된 것을 바로 잡아 달라고 간청한다. 지상의 권력 잡은 자들이 정의를 왜곡시켰다. 부자들은 너무 많이 소유하고 있고, 가난한 자들은 가진 것이 너무 없다. 하나님께서 오시면, 정의는 온전히 그리고 완전히 이루어질 것

비고란

살구나무

제자

이다. 인간들은 하나님의 자녀로서의 온전한 권리를 갖게 될 것이다. 의로우신 심판관이 짓밟힌 자들의 존엄성을 회복해 주고, 무력한 자들의 권리와 핍박받는 자들이 온전한 인간됨을 회복해 주실 것이다.

때때로 하나님은 징계하시는 분이시다 (6:1). 그리고 때로 기도는 어떠한 심판 거리도 원하지 않는다.

"주의 종에게 심판을 행하지 마소서
　주의 눈 앞에는 의로운 인생이 하나도 없나이다" (143:2).

우리는 "의로운 것"과 "권리를 찾는 것"을 구별할 필요가 있다. 의로운 것은 공평하고 공정한 것을 뜻한다. 한편 권리를 찾는 것은 특권을 요구하는 것을 의미한다. 시편 기자는 우리가 아무런 흠이 없음을 알지만 또한 우리가 특정한 때와 장소에서 잘못을 행할 수도 있음을 알고 있다. 우리는 정의를 위해 울부짖을 권리와 필요가 있다.

저주

시편을 읽고 기도하기에 가장 어려운 구절은 저주에 대한 구절들이다. 우리는 그리스도에 의해 다른 뺨도 돌려대고 원수를 위해 기도하며 선으로 악을 갚으라는 가르침을 받았다. 히브리 성경은 쓰라림을 오래 품거나 악한 비방을 외치거나 부당한 보복을 하는 것에 대해 경고를 하고 있다. "너는 네 형제를 마음으로 미워하지 말며…원수를 갚지 말며 동포를 원망하지 말며 네 이웃 사랑하기를 네 자신과 같이 사랑하라" (레위기 19:17-18).

"네 원수가 넘어질 때에 즐거워하지 말며
　그가 엎드러질 때에 마음에 기뻐하지 말라" (잠언 24:17).

심지어 현대 사회도 앙심 있는 언어를 내뱉는 것을 제한하고 그러한 감정은 공손한 포장으로 둘러쌀 것을 선호한다.

그러나 시편은 성을 낸다. 신랄한 시편 137편을 읽고 있노라면 우리는 예루살렘을 파괴한 바벨론을 도운 에돔 사람들에게 보복할 수 있는 자는 행복하리라고 말하는 그 앙심 깊은 기운에 놀라고 심지어 충격을 받는다.

"네 어린 것들을 반석에 메어치는 자는 복이 있으리로다" (137:9).

하지만 우리들 대부분은 원수가 우리 아이들의 머리를 반석에 메어치는 것을 보지 못했음을 인정할 필요가 있다. 하지만 예루살렘의 멸망을 겪은 사람들은 그것을 경험했을 것이다. 그리고 우리가 그러한 경험을 했다면, 우리의 반응이 그다지 달랐을까 질문해 볼 필요가 있다. 우리는 이해하지 못하겠다고 말한다. 그러나 네이팜탄 (napalm bombs), 가스실, 인종 청소, 계획된 굶주림 등을 경험한 수많은 사람들은 그러한 등골이 오싹해지는 사실들을 경험해 왔다.

잔악한 행위가 일어날 때 인간의 마음속에는 격정적인 분노가 솟구쳐 오름을 우리는 인정해야 한다. 상처를 입은 사람은 분노하고 원망한다. 보복의 외침은 우리에게 낯설지 않다. 우리는 날마다 신문에서 읽고 방송에서 듣는다. 그리고 때로는 우리도 그것에 동참한다. 만일 하나님께서 인간인 우리가 온전해지기를 원하신다는 주장이 맞는다면—마치 좋은 부모가 성난 아이를 받아주는 것처럼—우리는 입술로 거친 저주의 말을 하면서도 기도 중에 하나님 앞에 나아올 수 있다. 시편은 우리가 거룩하기 이전에 인간이라는 사실을 명백히 한다. 우리가 하는 모든 기도를 하나님께서 긍정적으로 대답해 주시지 않고, 우리의 모든 흥정이 이루어지지 않고, 또한 우리 인간의 모든 표현들이 하늘로부터 불을 가져오지 않는 것으로 인하여 하나님께 감사드리자.

비고란

애도

하나님께서 보복해 주시기를 간청하는 것은 감정을 상쇄하게 해주는 것 그 이상이다. 우리들이 울부짖으면 보복은 그것이 원래 속한 하나님께로 돌려진다. 우리는 피장파장이 될 수는 없다. 우리에게는 그러한 능력이 없다. 만일 우리에게 그런 힘이 있다면 하나의 폭력은 또 다른 폭력을 불러올 것이다. 저울은 결코 중간으로 올 수가 없다. 정의의 마지막 조정자는 하나님이시다. 우리의 성난 기도는 우리가 원수 갚기를 원하는 마음이 더 이상 지배하지 못하게 하는 것이다. 원수 갚는 것은 하나님의 특전이다. 토라는 이렇게 가르친다, "내가 보복하리라" 라고 주님은 말씀하신다 (신명기 32:35).

원수들

시편, 특히 탄식 시편은 "원수"들을 비난한다. 국가적인 탄식이든 공동체의 탄식이든 이러한 원수들은 대개 이름이 밝혀져 있지 않다. 하지만 때로는 인접한 국가인 에돔이나 바벨론 제국과 같은 강국을 일컫기도 한다. 이스라엘은 이미 사람들이 거주하던 땅에 정착했기 때문에 이웃과의 갈등은 불가피했다는 것을 염두에 두라. 또한 그 작은 나라가 엄청난 군대가 서로 공격하기 위해 으르렁대던 교차로에 위치했었다는 것을 상기하라. 이스라엘은 국가이기도 했고 종교이기도 했다. 전쟁 중인 원수들은 왕, 백성, 성전, 종교 등의 원수였으며 하나님의 원수들이었다. 그래서 기도는 하나님께 탄원을 올린다.

"주의 능력을 나타내사 우리를 구원하러 오소서" (80:2).

때때로 "원수들"은 개인적인 사람이거나 잔인한 말과 행동을 하는 이웃들이기도 했다. "내가 모든 대적들 때문에 욕을 당하고" (31:11). 믿었던 친구가 나쁘게 변했다.

"나를 책망하는 자가 원수가 아니라 원수일진대 내가 참았으리라
　나를 대하여 자기를 높이는 자는 나를 미워하는 자가 아니라
　　미워하는 자일진대 내가 그를 피하여 숨었으리라
그가 곧 너로다 나의 동료, 나의 친구요
　나의 가까운 친우로다" (55:12-13).

비록 구체적인 원수의 이름이 나와 있어도, 그 이름은 시편 기자에게조차 곧바로 상징적인 것이 되었다. 에돔과 다른 사람들은 모든 다른 적들의 비유가 되었다. 질병은 "싸움"이 될 수 있다. 폭풍은 원수의 군대가 될 수 있다. 누가 혹은 무엇이 우리를 망치려 하는가? 우리 길을 가로막는 것은 편견인가? 과거의 상처인가? 미래의 불의인가? "원수들"은 경제 침체, 공장 해고, 은행 차압일 수도 있다. "원수들"은 우리를 파괴시키는 노름, 약물, 알코올, 음란물, 담배 중독일 수도 있다. 거짓말쟁이는 단지 저 거리에 있는 사람일뿐 아니라 또한 광고 캠페인일 수도 있다. 문제는 누가 시편 기자의 원수였냐가 아니라, 누가 우리의 원수인가 하는 것이다. 문제는 무엇이 시편 기자에게 잘못 되었냐가 아니라 무엇이 우리에게 잘못되었냐 하는 것이다.

마음속으로 당신을 패배시키려고 애쓰는 그러한 것들을 불러 보라. 당신을 낙담시키는 세력들에 세목을 달아 보라. 시편을 읽으면서 누가 무엇이 당신의 원수들인지 구체화시켜 보라. 특히 당신의 상황과 연관된 시편을 찾아보라.

비고란

제자

손해와 질병

시편 기자는 질병과 건강 모두가 하나님의 손에 달려있다고 믿고 있다. 물론 원수들의 악함이나 혹은 이웃들의 앙심은 손해를 끼칠 수 있다. 개인적인 죄는 고통을 일으킬 수 있다. 그러나 모든 것이 하나님께 속한 것으로 보고 있다. 질병은 어떤 사람의 죄의 결과로 믿었다.

"내게 은혜를 베푸소서
　내가 주께 범죄하였사오니 나를 고치소서" (시편 41:4).

만일 하나님이 질병의 직접 원인이 아니라면, 그러면 하나님은 적어도 주무시거나 건망증이 심한 분이시다. "여호와여 어느 때까지니이까 나를 영영히 잊으시나이까" (13:1). 시편 88편은 필사적으로 치유를 간청하는 것이지만 좌절로 끝난다.

시편은 건강이 되돌아 올 때 감사하는 것을 잊지 않는다.

"내 영혼아 여호와를 송축하며 그 모든 은택을 잊지 말지어다
　그가 네 모든 죄악을 사하시며 네 모든 병을 고치시며" (103:2-3).

무엇이 시편 기자의 죄악이며, 질병이었는지 묻지 말라. 무엇이 당신의 죄악이며 당신의 질병인지 묻고 치유를 위해 기도하라.

죽음

구약성경은 죽음 후의 삶에 대해서 희망을 거의 주지 않거나 혹은 전혀 주지 않는다. 산 것은 산 것이요 죽은 것은 죽은 것이었다. 죽은 이가 가는 장소인 스올은 그늘진 곳으로서 죽은 것이 거하는 습기 찬 희미한 곳이었다. 구원을 간청하는 시편 기자는 하나님께 사람들은 스올에 갈 때는 찬양을 드릴 수 없다고 한다. "유령들이 일어나 주를 찬송하리이까?" (시편 88:10). 구약성경 기자들은 옳고 그름, 선과 악, 삶과 죽음, 지금 여기에 관심을 갖고 있었다. 시편은 인간의 목표는 하나님을 사랑하는 것이라는 것을 이해했다. 무슨 보상이나 영생을 위한 것이 아니라 하나님의 영광과 인간의 행복이라고 이해했다. 시편 기자는 하나님을 열망하면서 "생전에" 주의 집에서 기쁨을 누릴 것을 희망하고 있다 (27:4).

그래서 공평하신 하나님은 이 세상에서 정의를 행하시고 이 세상에서 벌을 내리셔야 했다. 이에 대해 잠언의 지혜는 올바른 자가 보상을 얻고 잘못한 자가 벌을 받는다고 하였으며, 전도서의 교사는 이와는 반대로 그는 악한 자가 번성하고 의로운 자가 경멸당하는 것을 보았노라고 논쟁을 펴고 있다. 시편은 마찬가지 논점으로 씨름하고 있지만 항상 현세의 상황에서 씨름한다.

안정과 변화

시편은 제사장과 선지자를 둘 다 지원하고 있으며, 안정과 변화를 동시에 지원한다. 시편은 예배를 풍요롭게 하고 질서를 제공한다. 그러나 시편은 예언적이기도 해서 이미 정립된 것에 도전하기도 한다. 모든 일이 아직은 제대로 되지 않았다는 확신이 질서 있는 예배 안에서 맥박을 뛰고 있다. 찬양은 가난한 자를 향한 배려와 어울려져 있다. 시편은 하나님께서 왕에게 정의감과 연민을 주시기를 탄원한다. 제사장과 선지자, 안정과 변화가 함께 노래한다.

시편은 부서진 이 세상을 반영하지만, 공정하시고 돌보시는 하나님께 매달리고 있다. 종종 시편은 하나님께서 지금 당장에 행동하시기를 원하고 있는데, 이는 불공평한 것들이 바로 잡혀야 하기 때문이다. 하나님 서두르세요,

애도

우리는 영원히 살 수가 없어요. "여호와여 속히 내게 응답하소서 내 영이 피곤하니이다" (143:7). 때때로 시편은 인내를 요구한다. 수많았던 피해, 수많았던 불만들을 하나님께서 갚아 주시기에는 더 많은 시간이 필요하다.

"나 곧 내 영혼은 여호와를 기다리며
　나는 주의 말씀을 바라는도다
파수꾼이 아침을 기다림보다
　내 영혼이 주를 더 기다리나니
참으로 파수꾼의 아침을 기다림보다 더하도다" (130:5-6).

많은 시편들이 양보, 믿음, 조용한 신뢰로 끝맺고 있으며 온갖 신비에도 불구하고 삶을 하나님의 장중에 두고 있다.

"여호와께서 너의 출입을 지금부터 영원까지 지키시리로다" (121:8).

신실한 공동체의 모습

우리는 시편을 언약 공동체의 일부로서 기도한다. 다함께 우리는 우리의 화, 슬픔, 고독을 하나님 앞에 표현한다. 하나님은 우리의 부정적인 감정을 받으시고 희망, 치유, 그리고 기쁨의 확신을 심어 주신다.

왜 당신이 특별한 어떤 시편을 읽기로 선택하고 다른 것들은 피했는지 생각해 보라. 성경에 대한 어떤 선입견이 당신이 읽을 시편을 결정하는데 영향을 미쳤는가?

개인적으로 어려웠던 때를 회상하라. 당신은 당신의 감정을 어떻게 하나님께 표현했는가? 하나님께 무엇을 요청했는가?

당신이 경험한 어려움으로 인해 삶에 대한 견해, 관계에 대한 견해, 그리고 하나님에 대한 견해가 어떻게 영향을 받았는가?

철저한 제자

철저한 제자는 모든 감정의 영역을 하나님께 표현하는 것을 배운다. 각자 개인적인 탄식시를 써 보라. 과거나 현재의 걱정거리를 기초로 하라. 부름, 걱정거리의 묘사, 하나님께서 응답하시기를 간청, 하나님이 귀를 기울이신다는 믿음의 진술, 감사의 맹세나 표현과 같은 요소들을 포함시키면 된다.

추가 연구

대부분의 찬송가는 성경 색인을 포함하고 있다. 찬송가에 있는 색인을 사용하여 매일 읽기에서 탄식시편에 기반을 둔 찬송가를 찾아보라. 시편을 읽고 연관된 찬송가를 읽어라. 또한 회중이 교독하는 성경 중에서 탄식시편을 찾아보라.

비고란

우리는 신실한 믿음의 공동체이기 때문에 고통이나 어려움을 당하더라도 하나님의 말씀을 위로삼아 탄식의 시편이 우리의 음성이 되게 한다.

찬양

"할렐루야 그의 성소에서 하나님을 찬양하며
그의 권능의 궁창에서 그를 찬양할지어다
그의 능하신 행동을 찬양하며
그의 지극히 위대하심을 따라 찬양할지어다."

시편 150:1-2

16 기쁨의 노래

인간의 모습

인생은 힘든 투쟁이다. 우리의 몸은 병든다. 우리의 직장은 스트레스가 많다. 날씨는 쾌적하지 못하다. 자녀 양육은 책임이 크다. 나이 드신 부모님들은 부담스럽다. 대체 기뻐할 일이 무엇이란 말인가?

성경 읽기

매일 아침 일어날 때 머릿속으로나 입술로 시편 구절을 읊어 보라. 주간에 일찍 시편 146:2를 외우고 아침에 일어날 때마다 큰 소리로 기도하라. 아니, 소리를 질러라.

첫째 날: *역사의 주님*—시편 33; 106; 136 (위대한 일을 행하시는 하나님); *감사*—시편 145; 146 (하나님의 돌보심을 찬양)

둘째 날: *감사*—시편 18 (왕정 시편, 왕의 승리를 감사); 34; 92 (원수로부터 풀려난 후 개인적인 감사); 107 (순례자를 위한 공동체의 감사); 124 (국가적인 구원을 위한 공동체의 감사)

셋째 날: *찬양*—시편 8 (하나님의 영광); 100 (온 땅이여 여호와를 찬양하라); 104 (창조주를 향한 찬송); 148 (모든 창조물이 주님을 찬양)

넷째 날: *신뢰*—시편 27 (구원을 믿음); 62; 125 (하나님의 보호하심을 확신); 131 (하나님의 인도하심에 대한 의뢰)

다섯째 날: *찬양*—시편 111 (하나님의 위대하신 행위); 112 (지혜 시편); *할렐*—시편 113-118 ("애굽의 할렐", 하나님을 찬양하는 절기 찬송); *예문*—시편 122 (찬양, 예루살렘을 위한 기도);

즉위—시편 98 (하나님의 왕 되심을 찬양);
송영—시편 150 (만물들아 주를 찬양하라)

여섯째 날: "생명나무의 열매"와 "신실한 공동체의 모습"을 읽고 답하라

일곱째 날: 안식

철저한 제자

철저한 제자는 하나님을 찬양한다. 스스로 찬양시를 써 보라. 시편 103편을 모델로 사용하라. 하나님이 당신의 삶에 가져다주신 승리와 축복에 하나하나 이름을 붙여 보라.

금주의 시편

시편 100편은 온 땅이여 여호와를 즐거이 부를지어다 라고 초청한다. 날마다 시편 100편을 기도할 때 지구본이나 세계 지도를 펴놓고 각기 다른 세계 여러 나라와 지역의 이름을 부르면서 그 나라들이 주님을 찬양하도록 기도하라.

기도

매일 성경공부하기 전에 드릴 기도:
"하나님이여 민족들이 주를 찬송하게 하시며
모든 민족들이 주를 찬송하게 하소서
온 백성은 기쁘고 즐겁게 노래할지니
주는 민족들을 공평히 심판하시며 땅위의
나라들을 다스리실 것임이니이다" (시편 67:3-4).

금주의 기도 제목:

찬양

첫째 날:	*역사의 주님*—시편 33; 106; 136 (위대한 일을 행하신 하나님); *감사*—시편 145; 146 (하나님의 돌보심을 찬양)
둘째 날:	*감사*—시편 18 (왕정 시편, 왕의 승리를 감사); 34; 92 (원수로부터 풀려난 후 개인적인 감사); 107 (순례자를 위한 공동체의 감사); 124 (국가적인 구원을 위한 공동체의 감사)
셋째 날:	*찬양*—시편 8 (하나님의 영광); 100 (온 땅이여 여호와를 찬양하라); 104 (창조주를 향한 찬송); 148 (모든 창조물이 주님을 찬양)
넷째 날:	*신뢰*—시편 27 (구원을 믿음); 62; 125 (하나님의 보호하심을 확신); 131 (하나님의 인도하심에 대한 의뢰)
다섯째 날:	*찬양*—시편 111 (하나님의 위대하신 행위); 112 (지혜 시편); *할렐*—시편 113-118 ("애굽의 할렐", 하나님을 찬양하는 절기 시편들); *예문*—시편 122 (찬양, 예루살렘을 위한 기도); *즉위*—시편 98 (하나님의 왕 되심을 찬양); *송영*—시편 150 (만물들아 주를 찬양하라)
여섯째 날:	"생명나무의 열매"와 "신실한 공동체의 모습"을 읽고 답하라.

제자

생명나무의 열매

감사할 것이 너무도 많다! 창조 그 자체가 우리가 드릴 감사의 기초가 된다. 창조물이 창조주를 축복하는 것보다 더 자연스러운 것이 무엇이 있겠는가? 시편은 바깥일을 했던 사람들, 즉 정원을 가꾸고 포도원에서 가지를 치고 실과나무에 거름을 주고 야생 짐승을 쫓았던 사람들에게서 우러나온 것이다. 농부들과 목축들을 돌보던 사람들이 존재하기 위하여 계절, 바람, 비, 태양, 그리고 달은 절대적으로 필요한 것들이었다.

마찬가지로 이웃 백성들은 자연의 리듬을 따르는 성적인 출산과 농사와 관련되어 있던 풍요의 신들을 경배했다. 이스라엘은 태양 신, 달 신, 혹은 폭풍 신이나 천둥 신과 같은 자연 신을 경배하지 않았다. 그들은 그들을 지으시고 하늘과 땅을 지으신 창조하신 창조주 하나님을 경배했다. 시편 역시 자연이 하나님인 것처럼 찬양하지 않는다. 자연은 하나님이 손수 지으신 것이다. 하나님은 창조주이시지 창조물이 아니시다. 태양은 하나님이 아니다. 그러나 빛은 하나님의 옷일 수 있다. 바람은 하나님의 소식을 전하는 메신저일 수 있고 바다의 물결은 꾸짖음, 천둥은 성스러운 목소리일 수 있다. 이스라엘은 태양과 달, 여름과 겨울과 같은 모든 생명을 하나님의 역사로 인식했다. 다른 이유로 하나님을 찬양하는 시편들조차 창조에 대한 감사를 나타내는 구절을 종종 보이고 있다.

"하나님이여 찬송이 시온에서 주를 기다리오며…
주께서 아침 되는 것과 저녁 되는 것을 즐거워하게 하시며…
그들에게 곡식을 주시나이다…
작은 산들이 기쁨으로 띠를 띠었나이다…
그들이 다 즐거이 외치고 또 노래하나이다" (시편 65:1-13).

자연을 언급하는 것들이 전부 다 인류에게 도움을 주는 것에 국한되어 있지 않다. 하나님은 창조주이시며 모든 것을 지탱하시는 분이시다.

"젊은 사자들은 그들의 먹이를 쫓아 부르짖으며
그들의 먹이를 하나님께 구하다가" (104:21).

우리들처럼 그들도 하나님으로부터 매일 양식을 받는다. 그들은 신비의 일부분이다.

구원의 역사

이스라엘은 되풀이하여 이야기하는 것을 즐겨한다. 왜냐하면 하나님이 행하신 과거의 위대한 영광을 기억하는 데는 위대한 힘이 함께 하기 때문이다. 시편은 기도의 능력으로 애굽에서 탈출한 기억을 담고 있다. 때때로 시편 기자는 하나님의 역사 속에서 구원하시는 능력을 높이고 (시편 105), 또 때로는 조상들이 불평하고 믿음이 부족했던 것(시편 106)을 애통해 한다. 그러나 그들은 구원해 주신 이는 창조주라고 영광을 돌린다.

"신들 중에 뛰어난 하나님께 감사하라…
애굽의 장자를 치신 이에게 감사하라…
이스라엘을 그들 중에서 인도하여 내신 이에게 감사하라…
그의 백성을 인도하여 광야를 통과하게 하신 이에게 감사하라…
그들의 땅을 기업으로 주신 이에게 감사하라…
곧 그 종 이스라엘에게 기업으로 주신 이에게 감사하라"
(136:2, 10-11, 16, 21-22).

비고란

찬양

하나님은 이스라엘의 언약 역사의 주님이실 뿐만 아니라, 하나님은 모든 인류 역사의 주님이시다. 하나님은 이스라엘만을 다스리는 것이 아니라 온 열방을 다스리신다.

"여호와께서 나라들의 계획을 폐하시며
민족들의 사상을 무효하게 하시도다…
여호와께서 하늘에서 굽어보사
모든 인생을 살피심이여" (33:10, 13).

시편은 또한 하나님께서 율법과 종교적인 가르침과 훈계를 주심을 찬양한다. 시편 19장은 창조의 주제로 시작해서 토라로 옮아간다.

"하늘이 하나님의 영광을 선포하고
궁창이 그의 손으로 하신 일을 나타내는도다…
여호와의 율법은 완전하여 영혼을 소성시키며" (19:1, 7).

토라는 창조에 근거를 두고 있다. 하나님의 율법은 그것이 하나님의 질서 정연한 창조 안에 세워졌기 때문에 유효하다.

예문

많은 시편들은 특별한 절기에 예문 역할을 했다. 새로운 왕을 세울 때, 성전에 운집한 군중들은 시편 110편과 같은 대관식에 관련된 궁정 시편을 기도했다. 솔로몬과 그의 후예들은 시편 72편과 더불어 왕관을 받았다. 주님은 왕을 권좌에 세우시나 (110:1) 백성들은 왕이 필요할 때 (110: 3) 기꺼이 자신들을 헌신했다. 왕은 "멜기세덱의 서열을 따라 영원한 제사장"이 될 것인데 (110:4), 이는 아브라함을 축복한 신비한 제사장이다 (창세기 14:18-20). 왕은 의로워야 하는 사람들이다.

"그런즉 군왕들아 너희는 지혜를 얻으며…
여호와를 경외함으로 섬기고 떨며
즐거워할지어다" (시편 2:10-11).

시편 101편의 왕은 의로우며 "완전한 길에 주목"하며, "비천한 것을 내 눈앞에 두지 아니하며," "마음이 교만한 자를 내가 용납하지 아니"하며, "충성된 자를 살펴 나와 함께" 거하게 하며, "거짓 행하는 자는 내 집안에 거하지 못하며 거짓말하는 자는 내 목전에 서지 못하리로다" 라고 서약한다 (101:1-2, 5-7). 공공 예식에서 하나님과의 언약은 언제나 인정되었다. 왕은 절대적인 주권자가 아니었다. 하나님이 주님이시고 모든 백성들은 그러한 언약 안에 서 있었다.

포로생활을 하던 사람들이 고레스 왕과 페르시아 왕들 시대에 되돌아 왔을 때, 그들은 예루살렘의 벽을 재건하고, 성전을 재건하고, 희생제물을 바칠 수 있도록 허락을 얻었으나, 그들은 왕을 세울 수는 없었다. 그래서 93, 98, 99편과 같은 즉위 시편들이 생겨났다. 이러한 기도의 노래들은 이전의 즉위 시편들이 왕을 왕좌에 앉히듯이, 하나님을 이스라엘의 왕위에 앉히고 있는 것들이다.

유대인들이 하나님을 왕으로 찬양할 때마다, 그들은 정치적으로 다스리고 있던 이들의 마음속에 불신의 불길을 부채질했다. 하나님이 그들의 왕이라면, 그들은 누가 그들 위에 다스리고 있든지 상관없이 마음속으로는 자유스러운 백성들이었기 때문이다.

비고란

제자

인류

하나님께서 아담과 하와에게 이 땅을 다스리라는 명령을 내리셨다는 것을 기억하면서 그는 하나님께서 인류를 "영화와 존귀"로 관을 씌우셨다고 노래한다. 만일 모든 여자 남자가 "하나님보다 조금 못하다면" (8:5-6), 모든 인간은 그가 약하든지 강하든지 부자든지 가난하든지 능력이 있든지 무능하든지 모두 특별한 창조물이다. 시편에 깔려 있는 주제는 연민이다. 그래서 우리가 탄원의 기도를 드리든, 감사의 노래를 드리든, 이스라엘의 구원을 기억하든지 송영을 부르든지 가난한 자에 대한 관심이 꼭 떠오르게 마련이다.

"여호와여 주는 겸손한 자의 소원을 들으셨사오니
그들의 마음을 준비하시며 귀를 기울여 들으시고
고아와 압제 당하는 자를 위하여 심판하사 세상에 속한 자가
다시는 위협하지 못하게 하시리이다" (10:17-18).

영광스러운 송영에서 찬양은 흘러나온다. 왜냐하면

"여호와께서 나그네들을 보호하시며 고아와 과부를 붙드시고
악인들의 길은 굽게 하시는도다" (146:9).

때때로 시편 기자는 "가난하다." 아마도 심령이 가난할 수도 있고 자원이 가난할 수도 있다.

"나는 가난하고 궁핍하오나 주께서는 나를 생각하시오니" (40:17).

하나님의 마음이 어디 있는지는 물을 필요가 없다.

"그는 궁핍한 자가 부르짖을 때에 건지며
도움이 없는 가난한 자도 건지며
그는 가난한 자와 궁핍한 자를 불쌍히 여기며
궁핍한 자의 생명을 구원하며" (72:12-13).

왜 감사를 표현해야 하는가?

왜 시편 기자는 하나님을 찬양해야 한다고 우리를 초대하거나, 하나님을 찬양하라고 심지어 명령까지 하는가? 왜 그들은 자신을 찬양의 도구로 드리는가? 우리는 무언가 아름답고, 좋고, 무언가 생명을 주는 것을 찬양할 때 가장 인간적이고 행복하다. 우리가 좋은 것을 찬양할 때, 우리의 기쁨은 완전해진다. 우리가 기쁨, 아름다움, 감격에 찬 진리, 사랑, 넘쳐나는 감사 같은 것을 경험할 때 우리의 경험은 완전해진다. 그래서 우리가 성스러운 존재에 가까이 올 때마다 우리는 우리를 사랑하시는 한 분, 진리이시며 아름다우신 한 분을 존중할 뿐만 아니라 또한 우리가 감사드리는 대상을 인정하는 데서 기쁨을 느낀다. 그리고 그 신비스러운 과정을 통해 우리는 축복을 받는다.

찬양은 우리의 마음을 하나님의 현존에 이르게 하는 문을 열어 준다. 하나님을 추종하면서 우리는 하나님께서 우리에게 좀 더 가까이 오셔서 아름다움과 사랑을 나타내 주시기를 초대한다. 또한 우리의 존재 속으로 들어오시기를 초대하는 것이다. 기쁨과 즐거움으로 우리는 "감사함으로 그 문에 들어가며 찬송함으로 그 궁정에 들어가서 그에게 감사하며" (시편 100:4). 그러나 우리는 무엇을 향해 감사를 드리는가? 종종 그것은 창조물, 혹은 인생 그 자체를 향한 것이다. 우리는 허파를 통해 숨을 들이쉬는 것을 감사하고 우리 심장의 박동 소리를 감사드린다.

"여호와 우리 주여 주의 이름이
온 땅에 어찌 그리 아름다운지요" (8:1).

찬양

기쁨

때때로 시편은 기쁨, 즐거움, 그리고 환희로 어쩔 줄 몰라 한다. 수많은 순례자들이 예루살렘에 들어가면서 노래하기를

"온 땅이여 여호와께 즐거운 찬송을 부를지어다…
노래하면서 그 앞에 나아갈지어다…
그에게 감사하며 그의 이름을 송축할지어다.
여호와는 선하시니" (시편 100:1, 2, 4-5).

그들은 성전에 올라가면서 노래를 불렀다. (120-134).

시편 124편은 어떻게 응답해야 할지에 대한 지시까지 하는 것에 주목하라.

"이스라엘은 이제 말하기를 여호와께서 우리 편에
계시지 아니하셨더라면 우리가 어떻게 하였으랴
사람들이 우리를 쳐서 일어날 때에
여호와께서 우리 편에 계시지 아니하셨더라면" (124:1-2).

그들은 구절구절을 부르면서 수마일을 걸어갔음에 틀림없다.

모든 유대인 남자들은 일생에 세 번에 걸쳐 예루살렘 성전에서 열리는 유월절과 무교절, 칠칠절, 그리고 장막절 축제에 참가하도록 되어 있다. 비록 그들이 짐승도 곡식도 길렀지만 육류는 주식이 아니었다. 양을 죽여서 음식으로 쓰기에는 양모가 너무나 값이 나갔다. 황소는 밭을 갈기 위해 필요했다. 어떤 고기는 먹는 것이 금지되었다. 빵, 과일, 채소들이 일반적인 음식으로 사용되었다. 그래서 절기들은 축제가 되었다. 오직 희생제물로 쓰인 동물의 일부만이 제단 위에서 태워졌다. 대부분의 고기는 축제를 위해 쓰라고 가족들에게 나누어주었다. 순례자들은 성읍을 들어설 때 수천의 가족들이 불을 피워 고기 굽는 냄새를 맡을 수 있었다. 절기는 축하하고, 친구와 가족과 친교하고, 먹고, 노래하고, 춤추고, 그리고 하나님을 찬양하는 때였다.

절기 동안 그들은 할렐을 노래했다 (113-118). 때로는 이를 애굽의 할렐이라고도 불렸는데 노예생활에서 해방된 것을 기념하는 것이었다. 할렐은 오랜 세기를 통틀어 이스라엘 백성에게 기쁨을 전해 왔다. 물론 이스라엘은 주님을 찬양해야 한다. 그러나 이방인들 또한 모두 다 주님을 찬양해야 한다.

"너희 모든 나라들아 여호와를 찬양하며
너희 모든 백성들아 그를 칭송할지어다" (117:1).

다윗 왕이 세운 성가대, 악기, 이들을 이끄는 제사장과 레위족과 같은 모든 이들은 "여호와를 찬양하라!"를 외칠 것이다. 예수님은 12살 때, 그리고 성인이 되어 성전에 가셨을 때 이러한 할렐을 노래했을 것이다. 그는 유월절 만찬을 제자들과 함께 축하할 때도 할렐을 노래했을 것이다 (마태복음 26:17-30).

송영

끝맺는 찬송은 할렐과 마찬가지로 찬양의 표현이다 (시편 146-150). 이들은 연중 절기에 불리던 할렐루야이다. 이는 감사의 노래처럼 들린다.

포로생활로부터 귀환한 후, 이스라엘에 더 이상 왕이 없을 때 쓰여진 것이 틀림없는 찬양 시편은 백성들에게 야곱의 하나님을 신뢰하라고 상기시켜 주었다. 야곱의 하나님은 억눌린 자에게 정의를 행하시며, 배고픈 자에게 음식을 주시며, 이방인들을 굽어보시며, 고아와 과부를 지켜주신다 (146). 하나님은 마음이 상한 자들을 치유하신다.

비고란

이 갈색으로 된 벽옥 도장은 키노(kinnor)라고 알려진 수금 모양의 이미지를 담고 있다. 이 수금은 두 개의 방패와 열두 개의 줄로 되어 있다. 이 도장은 주전 7세기의 것으로 새겨진 문구는 "왕의 딸, 마사다나 (소유)"라고 되어 있다.

제자

시편 148편에서 모든 사람, 모든 것들이 주님을 찬양하도록 초대되고 있다. 용들과 "불과 우박과 눈과 안개"도 초대받았다 (148:8). 앗씨씨의 프란시스는 그의 "태양의 송가"를 이 시편에 근거를 두고 태양과 바람을 그와 찬양을 함께 하는 형제로, 달과 물을 찬양을 함께 하는 누이로 묘사하였다. 모든 숨 쉬는 것들뿐만 아니라 하나님이 창조하신 모든 것들이 주님을 찬양할 것이다. 인간들이 땅을 돌보기로 기대할 것은 당연하다. "주의 손으로 만드신 것을 다스리게 하시고" (8:6). 생태계가 찬양의 일부분인 것은 당연하다.

모든 사람은 주님을 찬양하도록 부름 받았다. "총각과 처녀와 노인과 아이들아" (148:12). 춤출 시간이다! 탬버린과 비파로 멜로디를 부를지어다! "그들의 입에는 하나님에 대한 찬양이 있고" (149:6). 마지막 송영은 시편의 제5권과 전집을 끝맺는데 알맞도록 조심스레 선택되었다. 성전에서 음악가들과 성가대와 함께, 큰 소리나는 제금과 함께 찬양 소리가 높아간다.

"호흡이 있는 자마다 여호와를 찬양할지어다" (150:6).

신실한 공동체의 모습

찬양은 우리 스스로에게 중심을 두는 것이 아니다. 찬양할 때 우리는 아무 것도 바라지 않고 오직 우리 스스로를 드릴뿐이다. 우리는 다함께 하나님 앞에 나온다. 우리는 다함께 기억하고 축하한다.

당신이 좋아하는 찬양 시편을 두세 개 나열하고, 왜 그것이 특별히 당신에게 의미가 깊은지 이유를 말하라.

___

하나님이 과거에 행하신 어떤 일 때문에 당신은 하나님을 찬양하는가?

___

찬양 속에 있는 능력은 무엇인가? 어떻게 하나님을 찬양하는 것이 당신에게 영향을 미치는가?

___

만일 하나님을 진정으로 찬양하는 것이 우리가 어떻게 느끼는가와 별 연관이 없다고 한다면, 당신이 어려운 중에 빠졌을 때 당신으로 하여금 찬양을 하도록 가능케 해주는 것은 무엇인가?

___

추가 연구

우리가 연구하는 것에서 많은 시편들이 빠져 있다. 하나님의 율법에 대한 길고도 강력한 시편 119편을 읽어라.

앗씨씨의 프란시스(Francis of Assisi)의 "태양의 송가"(Canticle of the Sun)는 공립도서관이나 인터넷에서 쉽게 찾을 수 있다. 구해서 읽어 보라.

비고란

우리는 신실한 믿음의 공동체이기 때문에 우리의 삶의 형편이 어떠하든지 간에 하나님은 찬양받으시기에 합당한 분이므로 하나님을 경배한다.

제자

요한복음 · 서신
요한계시록

성육신

"말씀이 육신이 되어
우리 가운데 거하시매 우리가 그의 영광을 보니
아버지의 독생자의 영광이요 은혜와 진리가 충만하더라."
—요한복음 1:14

17 말씀이 육신이 되어

인간의 모습

우리는 무엇인가 새롭고 다른 것을 소망한다. 그러나 정작 그러한 기회가 다가올 때는 혼란에 빠지고 주춤거리게 되는데, 특히 우리가 기대하던 것과 다를 때는 더욱 그러하다.

성경 읽기

요한복음 전체를 한 번 훑어보라. 제목들이 성경에 적혀 있으면 읽어보라. 구약성경에 있는 하나님의 말씀과 지혜가 어떻게 신약성경에서 말씀이 육신으로 되는지 살펴보라. 날마다 프롤로그를 큰 소리로 읽어라. 세례 요한이 사복음서에서 각각 어떤 모습으로 나타나 있는지 비교해 보라.

첫째 날: 요한복음 전체를 한 번에 훑어보라. 요한복음 1:1-18(말씀이 육신이 되시다)을 큰 소리로 읽어라. 창세기 1:1-2:3 (천지 창조); 출애굽기 19:16-20:21 (모세에게 주신 하나님의 율법)

둘째 날: 요한복음 1:1-18을 큰 소리로 읽어라. 이사야 40:1-8; 55:1-11 (하나님의 말씀은 영원하시다. 말씀은 목적을 이루신다)

셋째 날: 요한복음 1:1-18을 큰 소리로 읽어라. 잠언 8:22-31 (창조 때에 지혜가 하나님과 함께 함)

넷째 날: 요한복음 1:1-18을 큰 소리로 읽고 외우도록 노력하라. 요한복음 1:19-51 (세례 요한의 간증, 하나님의 아들, 예수님의 첫 번째 제자들); 마태복음 3장 (회개하라 천국이 가까웠느니라); 9:14-17 (새 술, 새 부대)

다섯째 날: 요한복음 1:1-18을 큰 소리로 읽고 외우려고 노력하라. 누가복음 3:1-20 (회개에 합당한 열매); 7:18-35 (선지자보다 나은 세례 요한); 마가복음 1:1-14 (예수님이 세례 받고 유혹 받으심); 6:14-29 (헤롯과 요한의 죽음); 출애굽기 12:21-27 (유월절 양)

여섯째 날: "생명나무의 열매"와 "신실한 공동체의 모습"을 읽고 답하라

일곱째 날: 안식

금주의 시편

매일 성경 읽기에 있는 요한복음 1:1-18과 금주의 시편을 큰 소리로 읽도록 되어 있다. 첫째 날에는 요한복음 1:1-18을 읽은 후, 시편 33편을 큰 소리로 읽어라. 그 다음날에는 읽는 순서를 바꾸어 보라. 하나님의 말씀으로 인해 무슨 일이 일어나는가에 대해 생각해 보라.

기도

매일 성경공부 전에 드릴 기도:
"여호와여 주의 말씀은 영원히 하늘에 굳게 섰사오며 주의 성실하심은 대대에 이르나이다.
주께서 땅을 세우셨으므로 땅이 항상 있사오니"
(시편 119:89-90).

금주의 기도 제목:

성육신

첫째 날: 복음서 전체를 한 번에 훑어보라. 요한복음 1:1-18(말씀이 육신이 되시다)을 큰 소리로 읽어라. 창세기 1:1-2:3 (천지창조); 출애굽기 19:16-20:21 (모세에게 주신 하나님의 율법)	넷째 날: 요한복음 1:1-18을 큰 소리로 읽고 외우려고 노력하라. 요한복음 1:19-51 (세례 요한의 간증, 하나님의 아들, 예수님의 첫 번째 제자들); 마태복음 3장 (회개하라 천국이 가까웠느니라); 9:14-17 (새 술, 새 부대)
둘째 날: 요한복음 1:1-18을 큰 소리로 읽어라. 이사야 40:1-8; 55:1-11 (하나님의 말씀은 영원하시다; 말씀은 목적을 이루신다)	다섯째 날: 요한복음 1:1-18을 큰 소리로 읽고 외우려고 노력하라. 누가복음 3:1-20 (회개에 합당한 열매); 7:18-35 (선지자보다 나은 세례 요한); 마가복음 1:1-14 (예수님이 세례 받고 유혹 받으심); 6:14-29 (헤롯과 요한의 죽음); 출애굽기 12:21-27 (유월절 양)
셋째 날: 요한복음 1:1-18을 소리 내어 읽어라. 잠언 8:22-31 (창조 때에 지혜가 하나님과 함께 함)	여섯째 날: "생명나무의 열매"와 "신실한 공동체의 모습"을 읽고 답하라.

제자

생명나무의 열매

요한복음의 상징은 독수리이다. 독수리는 하늘에 닿을 듯 높이 날아서 우리는 도무지 독수리가 나는 길을 쫓아갈 수가 없다. 또 아래로 날아 내려올 때는 우리 가까이로 내리덮치기 때문에 모양새를 거의 식별할 수도 있다. 독수리는 종종 미끄러지듯 조용히 날지만, 갑자기 소리를 내기도 하여 우리를 깜짝 놀라게도 한다. 요한복음의 단어는 아주 단순하지만, 그 속에 있는 사상은 아주 심오하여서 학자들은 그것이 과연 무슨 뜻일까 고민하면서 온 생애를 보내기도 한다.

사회적 배경

요한복음은 제자 요한을 중심으로 한 믿음의 공동체로부터 나온 것이 분명하다. 예수님을 메시야라고 고백한 유대인들은 선교적인 열정과 박해로 인한 두려움 때문에 에베소의 항구도시로 이동했던 것처럼 보인다. 이들은 자그마한 유대계 기독교인 집단으로서 로마 제국에서 네 번째로 큰 항구 도시(약 50만 내지 백만 명)인 에베소에 자리 잡은 커다란 유대인 공동체(약 5만 명)에 시달리며 살고 있었다.

우리가 사랑하는 제자라고 부르는 한 제자는 십자가에 달리신 주님으로부터 그의 어머니 마리아를 보살펴 달라는 명을 받았다. 고대 전승에 따르면, 그 제자가 바로 요한인데, 요한은 예수님의 어머니 마리아를 보살피면서 "목격자"로서 가르치고, 노년까지 살았으며, 믿음의 공동체를 세웠다고 한다.

맨 처음에 예수님을 따르던 사람들은 유대인들이었다. 당시에는 여러 개의 종파와 사상을 가진 별개의 그룹들이 유대교 안에 함께 존재하고 있었다. 이들 가운데 보수적인 사두개파는 마지막 때 임할 부활을 믿지 않았다. 그런가 하면 학구적인 바리새인들과 서기관들은 부활을 믿었으며, 로마에 반항하던 열심당, 성전에서 희생제물을 드리면서 로마와 손을 잡았던 제사장과 레위인, 사막에 위치한 쿰란에 자리 잡았던 에쎄네 공동체가 있었다. 또한 새로운 종파로서 예수님을 메시야라고 생각했던 무리도 있었다. 그러나 로마가 성전을 불태우고, 예루살렘을 무너뜨리고 수만 명의 유대인들을 학살하던 해인 주후 70년, 유대교는 급격하게 변해가고 있었다. 성전에서 희생제물을 드리던 관습은 영원히 사라졌다. 유대교는 생존을 위해 회당 중심으로 관심을 돌리게 되었다. 종교 지도층은 회당에서 가르치던 랍비들에게로 중심이 옮겨지게 되었는데, 이들은 주로 성경을 연구하던 바리새인과 서기관들이었다.

예수를 믿던 유대인들은 당분간 그대로 유대교 예식과 절기에 참여하였고, 할례, 안식일 지키기, 토라 연구, 시편 기도, 회당 참석을 그대로 하고 있었다. 그러나 유대계 기독교인들이 그리스도의 영으로 충만해진 입장에서 성경을 읽고, 성만찬을 위해 가정에서 모이고, 음식 제약을 의문시하게 되고, 이방인 신자들을 친교에 포함시키게 되자, 유대 공동체 내에서 자연히 긴장감이 돌기 시작했다. 마침내 그들은 고통과 아픔을 겪으면서 회당에서 나와야만했다. 요한복음은 그러한 아픔을 반영하고 있다. 요한복음에서 회당에서 "출교" 당할까봐 두려워하는 사람들을 회상할 때—소경의 부모(9:22)와 유대인 관원(12:42)—그것은 바로 자신들이 지녔던 두려움과 거부당했던 아픈 감정을 반영하고 있다. 유대 공동체로부터 분리된다는 것은 사회적인 추방, 가족과 친구들과의 관계 상실, 경제적인 손실, 종교적인 괴리감 등을 의미했다.

비고란

성육신

예수님만이 그들의 소망이었다. 자그마한 유대계 기독교인들 간에 나누던 친교가 그들을 지원하는 지지 그룹이 되었다.

새로 개종한 사람들은 예수님을 영접하도록 초청을 받았을 뿐 아니라, 새로운 공동체에서 서로 분리되어 살지 않도록 부름을 받았다. 신앙의 행위란 모든 신분을 뒤로 제쳐놓고 충성의 대상을 바꾸는 것을 의미했다. 그들은 아리마대 사람 요셉이나 니고데모처럼 예수님의 시신을 무덤에 안치함으로써 공적으로 당하는 수치를 무릅썼을지도 모르는 유명인들을 기억하면서 용기를 얻었을 것이다.

이 믿음의 공동체는 바울이 전도하여 개종시킨 사람들을 알고 있었을까? 바울이 설교하는 것이나 서신을 읽는 것을 들었을까? 그들은 예수님의 가르침이 다른 출처를 통해서도 나온 것을 알고 있었을까? 이제 막 회람되기 시작한 마태복음, 마가복음, 누가복음을 읽은 적이 있었을까? 아마도 그랬을 것이다. 그들이 적어도 "예수께서 제자들 앞에서 이 책에 기록되지 아니한 다른 표적도 많이 행하셨으나" (20:30) 라고 말할 정도로 알고 있었기 때문이다. (요한복음은 바울 서신보다 상당히 늦게 쓰여졌으며, 다른 복음서보다 몇 년 더 늦게 쓰여진 것을 상기해 보라.) 그러나 이 믿음의 공동체에는 목격자들이 있었으며, 이들만이 고유하게 이해하고 있던 것들이 있었다. 이 기독교인들은 자신들이 가진 독특한 증언을 전하기 위해 복음서의 틀을 잡았다.

요한과 그의 친구들은 희랍과 로마간의 대외관계 속에서 고립되고 종종 적대적이기도 했던 사회에서 살았으며, 또한 유대 공동체로부터도 대개 배척을 당하며 살고 있었다. 하지만 그들은 다음과 같은 증언을 조심스레 만들어 내게 되었다. "오직 이것을 기록함은 너희로 예수께서 하나님의 아들 그리스도이심을 믿게 하려 함이요 또 너희로 믿고 그 이름을 힘입어 생명을 얻게 하려 함이니라" (20:31). 그리고 이러한 증거는 앞으로 유대인, 그리고 이방인 모두에게 읽혀지게 될 것이었다.

프롤로그

요한복음에는 출생 이야기도, 베들레헴도, 헤롯 왕도, 목자들도 등장하지 않는다. 대신에 시적인 프롤로그가 주제를 선포하고 있다. "태초에 말씀이 계시니라" (요한복음 1:1). 희랍어로 로고스 혹은 "말씀"은 성서적으로, 그리고 철학적으로 심오한 근거를 가지고 있다. 창세기에서 하나님은 말씀으로 세상을 창조하셨다. 시편은 이러한 창조 사상을 잘 집어내고 있다. "여호와의 말씀으로 하늘이 지음이 되었으며 그 만상을 그의 입 기운으로 이루었도다…그가 말씀하시매 이루어졌으며 명령하시매 견고히 섰도다" (시편 33:6, 9).

*말씀(로고스, Logos)*은 창세기의 창조적인 행위를 포함하고 있지만, 그보다 더한 것도 품고 있다. 지혜문학에서 *말씀(로고스)*은 창조의 수단(means of creation)이다. 태초부터 계신 *말씀*은 하나님이 우주를 고안하는 것을 도운 존재로 인격화되어 있다.

"그가 하늘을 지으시며 궁창을 해면에 두르실 때에 내가 거기 있었고…바다의 한계를 정하여 물이 명령을 거스리지 못하게 하시며 또 땅의 기초를 정하실 때에 내가 그 곁에 있어서 창조자가 되어 날마다 그의 기뻐하신 바가 되었으며 항상 그 앞에서 즐거워하였으며" (잠언 8:27, 29-30).

희랍 철학자들은 *말씀(로고스)*을 "아이디어" 혹은 "생각"이라고 여겼다. 주후 1세기 유대인 철학자인 필로는 *말씀(로고스)*이란 하나님께서 활동하실

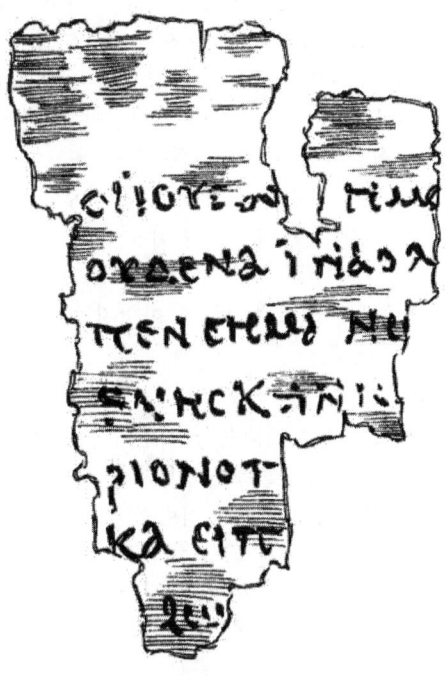

비고란

이 파피루스 조각은 희랍어로 된 요한복음의 필사본 일부인데, 이집트에서 발견되었으며 주후 125-150년의 것이다. 신약성경 부분에서는 가장 최초의 것으로 알려진 필사본이다.

제자

때 그 하나님의 마음 안에 있던 아이디아라고 가르쳤다. 교양 있는 이방인들은 *말씀(로고스)*을 하나님의 아이디아라고 이해했을 것이다.

그렇게 창세기에 나오는 창조의 말로부터 잠언에 있는 지혜, 그리고 철학자들의 "아이디아"(idea)라는 이 모든 것이 *말씀(로고스)*이란 말의 의미 속에 집약되어 있다. "이 말씀이 하나님과 함께 계셨으니 이 말씀은 곧 하나님이시니라" (요한복음 1:1). "말씀이 육신이 되어 우리 가운데 거하시매" (1:14). 말씀이 예수님이 되셨다. 왜 이렇게 신학적으로 복잡한가? 왜냐하면 한편으로는 전능하신 하나님께서 하늘 보좌를 저버리지 않으셨기 때문이다. 예수님은 "아버지"여 라고 기도하셨다. 그러나 또 한편으로는 하나님의 본질이 예수님 안에 있었다. "나와 아버지는 하나이니라" (10:30).

성육신

육신을 입는다는 개념은 유대인이나 이방인에게 비위에 거슬리는 개념이다. 유대인과 이방인들은 "저기 계신" 하나님은 믿을 수 있었지만, "여기 아래에 계신" 하나님을 인정하기란 쉽지 않았다. 말씀이 육신이 되었다. 하나님이 우리 가운데 하나가 되셔서 인간이 되셨다. 우리처럼 배고프시고, 목마르시고, 유혹을 받으시고, 이 모든 것을 죄 없으신 중에 하셨다 (히브리서 4:15).

요한복음에서 사람들이 예수님을 대항했을 때, 그들은 곧 하나님을 대항한 것이었다. 말씀이 "우리 가운데 거하셨다"는 것은 문자 그대로 우리 가운데 "거하시고" "장막을 지으셨다"는 뜻이다 (요한복음 1:14). 예수님은 하나님을 설명하시고 하나님의 말씀을 해석하셨다. 예수님은 우리들에게 하나님이 누구신지 알려주셨다. 요한복음의 서론은 예수님이 하나님의 마음과 심장을 보여주시고, 율법이 아닌 사랑을 가져오셨다고 선언하고 있다. 예수님은 인류에게 "은혜 위에 은혜"(1:16)를 가져오셨고 지금도 가져오고 계신다.

프롤로그는 요한복음 전반에서 사용되고 있는 두 단어를 소개하고 있다. *빛*과 *어둠*이다. 이 둘은 정반대 의미를 지니고 있어서 어정쩡한 중간 지점이나 혹은 애매모호함이 없다. 빛 가운데 사는 것은 생명이요, 어둠 속에서 사는 것은 죽음이다. 불신앙의 어둠은 빛을 혹 불어버리려 하는 것과 같으나 빛은 환히 비추인다.

세례 요한은 빛을 증거하러 왔다. 많은 사람들이 이 광야에서 외치던 엄격한 예언자를 찬탄해 마지않았다. 그에게는 나름대로 제자들도 있었다. 실제로 그가 죽은 후에도 제자들이 있었다. 바울은 에베소에서 세례 요한의 제자들을 만났다 (사도행전 19:1-17). 그러나 세례 요한이 강력하게 증거한 것은 바로 자신은 메시야가 아니라는 것이었다. 그는 회개하라고 물로 세례를 주고 있었다. 하나님의 어린 양 예수님은 성령으로 세례를 주실 것이다. 그리고 혼인잔치에서 신랑의 친구처럼 그는 신랑을 위해 기뻐할 것이다 (요한복음 3:29). 세례 요한은 자기 제자들에게 충성심을 스승인 그로부터 예수님께로 돌리라고 격려하고 있다.

와 보라

요한복음에서 예수님을 제일 먼저 따른 사람들은 세례 요한의 제자들이다. 이름이 밝혀지지 않은 제자와 안드레이다. 그리고 안드레는 그 형제 시몬을 데리고 왔다. 그리고 예수님은 빌립을 부르셨고, 빌립은 나다나엘을 초청해 왔다. "나사렛에서 무슨 선한 것이 날 수 있느냐" (1:46) 라는 나다나엘의

비고란

성육신

말에 빌립은 "와 보라"고 한다. 열쇠가 되는 말은 "와 보라"이다. 요한복음에 나오는 많은 단어들처럼 이 말은 이중적인 의미를 지니고 있다. 와서 예수님이 어디에 머무시는지 보라, 그리고 와서 배우고 듣고 행하라. 하나님과 아들, 아들과 제자의 관계를 경험하라. 너 스스로 찾아보라. 스스로의 믿음의 눈으로 "와 보라". 여기서 요한복음은 열두 제자의 이름을 나열하고 있지 않는 점이 두드러지고 있다. 겨우 몇 번 "열 둘"이라고 언급하고 있을 따름이다. 제자들, 남자와 여자들이 계속해서 예수님을 찾아왔다. 이 "열 둘"은 가깝게 단결된 무리라기보다는 이제 막 믿기 시작하던 핵심적인 사람들이라고 할 수 있다. 제자들은 그리스도를 따르는 무리로 성장하기 시작했다. 제자도로 부르는 초대는 지배적이거나 모호하거나 감정적일 필요가 없다. 우리는 대낮의 환한 빛 가운데서 사람들을 초대한다. 와 보라고.

와 보라, 이 단어가 당신의 삶에서 어떤 의미를 가지는가? 이를 간단한 문단으로 적어 보라.

신실한 공동체의 모습

하나님은 예수님의 모습으로 우리에게 오셨다. 하나님은 예수님 안에서 우리 가운데 한 분이 되셨다. 이 말은 간단하게 들릴지 모른다. 하지만 심오한 뜻을 담고 있다. 당신은 "말씀이 육신이 되어"를 어떻게 이해하는가?

신이면서 인간인 예수님이 어떻게 당신을 그에게 가까이 끌어들이는가?

신이면서 인간인 예수님이 어떻게 당신을 예수님으로부터 거부감을 느끼게 하는가?

신이면서 인간인 예수께 충성하려면 우리에게 요구되는 것은 무엇일까?

철저한 제자

철저한 제자는 다원적인 사회에 살면서 또 한편으로는 예수님이야말로 유일하신 하나님의 말씀이심을 믿는다.

추가 연구

요한복음과 다른 복음서들 사이에 있는 차이점들을 이해하려면 요한복음에 대한 소개말을 성경의 여러 번역본을 대조해 보면서 읽으면 좋다. 특별히 역사적인 배경, 목적, 주제 등에 주의를 집중하라.

비고란

우리는 신실한 믿음의 공동체이기 때문에 예수님이야말로 육신으로 오신 하나님이시라고 하는 공동체의 가르침을 받아들이고 또 그 가르침을 강조한다.

거듭남

"예수께서 대답하시되 진실로 진실로 네게 이르노니
사람이 물과 성령으로 나지 아니하면
하나님의 나라에 들어갈 수 없느니라
육으로 난 것은 육이요 영으로 난 것은 영이니."
—요한복음 3:5-6

18 물과 성령으로 거듭나다

인간의 모습

인간은 태어나고, 종국에는 죽는다. 태어남과 죽음 사이에서 우리는 몸이 필요로 하는 것들을 채운다. 우리의 삶에 생명을 주는 것은 무엇인가? 우리의 죽음에 목적을 주는 것은 무엇인가?

성경 읽기

요한은 예수님의 기적들을 일컬어 "표적들"(signs)이라고 하면서 표적들은 예수님이 누구신지를 가리키는 역할을 한다고 한다. 표적들을 주목해 보고 표적에 대한 사람들의 반응을 유의해 보라.

첫째 날: 요한복음 2:1-12 (물로 포도주를 만드심, 첫 번째 표적); 시편 51 (죄 씻음을 위한 기도)

둘째 날: 요한복음 2:13-25; 마태복음 21:12-17; 마가복음 11:15-19; 누가복음 19:45-48 (성전을 깨끗하게 하심); 시편 69:9 (주의 집을 위하는 열성); 이사야 56:6-8 (기도의 집); 예레미야 7:8-11 (도둑의 소굴)

셋째 날: 요한복음 3장 (니고데모가 예수님을 찾아옴, 중생의 필요, 하늘로부터 온 것); 예레미야 31:31-34 (새로운 언약); 에스겔 18:30-32; 36:22-28 (새로운 마음과 새로운 영)

넷째 날: 요한복음 4:1-42 (예수님과 사마리아 여인, 신령과 진정으로 드리는 예배); 열왕기하 17:21-41 (사마리아인들이 계속 우상을 숭배함)

다섯째 날: 요한복음 4:43-54 (관원의 아들이 가버나움에서 치유 받음); 마태복음 8:5-13 (백부장의 종이 가버나움에서 치유 받음)

여섯째 날: "생명나무의 열매"와 "신실한 공동체의 모습"을 읽고 답하라.

일곱째 날: 안식

금주의 시편

시편 24편을 큰 소리로 기도하라. 날마다 예배를 통해 하나님께 가까이 가면서 당신의 마음과 행실이 어떤 상태에 있는지 살펴보라.

기도

매일 성경 공부 전에 드릴 기도:
"내가 많은 회중 가운데에서 의의 기쁜 소식을
전하였나이다 여호와여 내가 내 입술을
닫지 아니할 줄을 주께서 아시나이다" (시편 40:9).

금주의 기도 제목:

거듭남

첫째 날: 요한복음 2:1-12 (물로 포도주를 만드심, 첫 번째 표적); 시편 51 (죄 씻음을 위한 기도)

둘째 날: 요한복음 2:13-25; 마태복음 21:12-17; 마가복음 11:15-19; 누가복음 19:45-48 (성전을 깨끗하게 하심); 시편 69:9 (주의 집을 위하는 열성); 이사야 56:6-8 (기도의 집); 예레미야 7:8-11 (도둑의 소굴)

셋째 날: 요한복음 3장 (니고데모가 예수님을 찾아옴, 중생의 필요, 하늘로부터 온 것); 예레미야 31:31-34 (새로운 언약); 에스겔 18:30-32; 36:22-28 (새로운 마음과 새로운 영)

넷째 날: 요한복음 4:1-42 (예수님과 사마리아 여인, 신령과 진정으로 드리는 예배); 열왕기하 17:21-41 (사마리아인들이 계속 우상을 숭배함)

다섯째 날: 요한복음 4:43-54 (관원의 아들이 가버나움에서 치유 받음); 마태복음 8:5-13 (백부장의 종이 가버나움에 치유 받음)

여섯째 날: "생명나무의 열매"와 "신실한 공동체의 모습"을 읽고 답하라.

제자

생명나무의 열매

예수님은 가나의 혼인잔치에서 첫 번째 "표적"을 행하셨다. 우리는 의문이 많다. 나다나엘은 가나 출신이다. 그의 가족 가운데 한 사람이 결혼하는 것일까? 왜 예수님과 제자들이 혼인잔치에 갔을까? 왜 마리아가 사람들 대접하는 일을 걱정했을까? 먹을 음식과 마실 것이 모자라는 것은 대단한 결례가 아닐 수 없었다. 일주일에 걸쳐 진행되는 혼인잔치에 참석하는 하객들을 대접하기 위해 혼인하는 가족들은 오랫동안 돈을 저축했다. 왜 예수님은 망설이셨을까? 요한복음에서 예수님은 결코 사람들이나 사건들 때문에 행동을 재촉하는 일이 없으셨다. 그의 형제들이 잔치에 가기를 재촉했지만 예수님은 기다리셨다 (요한복음 7:1-8). 마리아와 마르다는 나사로가 죽어가고 있을 때 예수께 빨리 오시라고 간청했지만 예수님은 기간을 늦추셨다 (11:3-6). 그리고 어머니 마리아가 포도주를 더 만들어 달라고 하셨을 때에도 예수님은 나와 무슨 상관이 있느냐고 하시며 늑장을 부리셨다 (2:3-4). 요한복음에서 예수님은 당신이 하시는 행동이 하나님의 때와 목적에 적합한지를 확실하게 맞추려 하신다. 예수님은 그가 어떻게 죽음을 맞이할지 그때와 방법을 완전히 맞추기를 원하신다.

요한복음을 읽는 이방인 독자들은 왜 그곳에 여섯 개의 돌 항아리가 놓여 있었는지 잘 알지 못했을 것이다. 그래서 요한은 유대인들에게는 정결 의식이 있었으며, 손과 그릇들을 깨끗케 하는 의식이 있었다고 설명한다 (2:6). 항아리는 각각 2, 30갤런을 담을 만큼 커다란 것이었다. 생각해 보라. 약 150갤런 가량의 물이 포도주로 변한 것이다. 그것도 최상급으로 말이다! 하나님은 관대하게 또 근사한 의미로 호화롭게 행하신다.

성전을 깨끗하게 하심

유월절은 무교절 기간의 첫날에 의례상으로 행하여지던 식사였다. 이 식사는 예비 기간(the week of preparation)이 지나고 나서 행해졌다. 그러나 차차 절기 전체가 유월절이라고 불리게 되었다. 종교 순례자들 수천 명이 성전을 메웠다.

공관복음(마태복음, 마가복음, 누가복음)에서는 예수께서 사역을 마무리하실 무렵에 성전을 깨끗하게 하셨다. 그러나 요한은 하나님의 아들이 사역 초기부터 성경의 가르침과 영에 어긋나는 종교적인 관습들을 도전하셨다는 것을 독자들이 확실히 이해하기를 바랐다. 멀리서 여행하는 사람들은 성전에 바칠 희생제물을 위해 고향에서부터 가축들을 가지고 올 수가 없었다. 그들은 절기를 지키는 장소에서 동물을 사야 했다. 또한 성전 안에서는 가이사의 형상이 박힌 돈을 사용하는 것이 금지되어 있었으므로, 로마 돈을 성전용 동전으로 교환해야 했었다. 그러나 그러한 혼잡과 소음보다, 아니 심지어 성전세나 환전 수수료보다 더 문제가 되어 있었다. 바로 희생제물의 체제가 세상 죄를 지고 갈 하나님의 어린 양에 의해 도전 받을 지경에 놓여 있었던 것이다. 예수님은 주장하시기를, 성전 안의 지성소 깊은 곳에 임재하시던 하나님이 이제는 자신의 몸속에 거하게 될 것이며, 또 그 몸은 죽게 되겠지만 사흘 만에 다시 부활하실 거라고 말씀하셨다. 예수님의 말씀을 듣던 사람들은 물론 그 뜻을 이해하지 못했다. 심지어는 그의 제자들조차 부활 사건이 일어나기 전까지는 그 말이 무슨 말인지 몰랐다. 그러나 중대한 대결이 시작되었다 (2:22).

비고란

이처럼 돌로 만든 항아리들은 1세기 예루살렘 가정에서 발견되었는데, 그 용도는 의식적인 청결을 위한 것이었다. 가나의 혼인잔치에서 "여섯 물 항아리"는 아마 이런 모습을 띠고 있었을 것이다 (요한복음 2:6).

거듭남

예배와 율법

유대교의 두 가지 외관상의 모습은 모세에게서 그 기원을 찾아 볼 수 있다. 하나는 예배로서 장막, 제단의 희생제물, 찬양, 그리고 제사장과 연관되어 있다. 또 다른 하나는 율법으로서 십계명, 토라, 일상생활의 규례와 안식일, 그리고 바리새인들과 연관되어 있다. 일부 토라에는 사람들이 어떻게 장막을 지을 것인지, 어떻게 제사장이 옷을 입어야 하는지, 그리고 어떤 동물들이 희생제물로 쓰일 수 있는지가 기록되어 있다. 일부 토라에는 사람들이 가난한 사람들을 어떻게 대해야 하는지, 어떻게 결혼과 가정생활을 이루어나가야 하는지, 어떤 규례들이 공동체를 지탱할 수 있는지 기록하고 있다.

때때로 성경에서는 예배와 율법이 함께 흐르고 있는데, 예를 들면, 수문 앞 광장에서 에스라가 율법을 읽을 때였다. 때때로 예배와 율법은 갈등관계에 있는데, 예를 들어, 아모스 같은 선지자가 의식에 대한 것보다 공의와 정의를 강조했을 때였다.

"내가 너희 절기를 미워하여 멸시하며
너희 성회들을 기뻐하지 아니하나니" (아모스 5:21).

바리새인들은 평민, 율법사, 서기관들이며, 글로 기록되거나, 구전으로 전해지던 율법을 연구하고 해석하던 사람들이었다. 그들은 보통 사람들에게서 존경을 받았다. *바리새* 라는 단어는 "해석하는 사람들"을 의미하기도 하지만, "분리된 사람들"을 뜻했다. 유대 장성이자 역사가이었던 요세푸스(주후 37-100?)는 주후 1세기에 약 6,000명의 바리새인들이 있었다고 주장했다. 바리새인들은 율법을 알기를 원하고, 또한 율법을 충실하고 완벽하게 행하기를 원하는 사람들이었다. 즉 제사장들이 주로 성전 예배에 관심을 가지고 있었던 반면, 바리새인들은 율법을 일상생활에 적용하는 것에 관심을 가지고 있었다.

야밤중에 방문한 니고데모

니고데모는 바리새인이었다. 동료들은 그를 산헤드린에 추천했다. 산헤드린 공의회는 70명의 장로, 제사장, 귀족, 그리고 바리새인으로 구성되어 있었는데, 의장인 대제사장을 포함하면 71명이었다. 산헤드린은 로마인들이 허락하는 한도 내에서 이스라엘의 대부분을 다스렸다. 그들은 일정한 정족수로 법과 관계된 대부분의 것들을 다룰 수 있도록 세 개의 그룹으로 나눠져 있었다. 니고데모는 아마 중년에 속한 것으로 보이는데, 그는 "옳게 행하기를 원한" 유대인의 그룹에서 인정받는 지도자였다.

유월절 기간에는 봄기운이 완연했다. 아가서에 있는 사랑의 시들이 성전에서 읽혀지고 있었다. 땅은 새롭게 태어나고 있었다. 유월절은 하나님께서 이스라엘을 노예로부터 구출시켜 주신 것을 축하했다. 과연 니고데모가 예수님을 방문할 절호의 때가 아닌가!

요한복음에 따르면, 니고데모가 예수님을 만나러 밤중에 왔다고 한다. 왜 밤중에 왔을까? 유월절 군중으로부터 멀리 있기를 바랐기 때문일까? 랍비와 더불어 밤에, 즉 종교적인 일을 논의하던 전통적인 시각에 조용히 따로 이야기하고 싶었기 때문일까? 아니다. 요한에게 밤은 어둠, 혼란, 의심, 죄, 그리고 죽음을 의미한다. 요한복음 전체에서 죽음과 생명이 대조되고 있는 것과 같이, 어둠은 빛과 대조되어 있다.

비고란

제자

유월절 동안 니고데모는 틀림없이 예수께서 병을 고쳐주시는 것을 지켜 보고 또한 그가 가르치시는 것을 들었을 것이다. 그는 존경하는 마음으로 아마도 공손히 이렇게 말문을 열었을 것이다. "랍비여 우리가 당신은 하나님께로부터 오신 선생인줄 아나이다." 왜 니고데모가 "우리" 라고 하였을까? 산헤드린은 아직 공적으로 주목할 만한 행동을 취하지 않았다. 그러므로 "우리"는 아마도 그가 속한 바리새인 집단을 뜻했을 것임에 틀림없다.

그래서 예수님이 돌연히 "사람이 거듭나지 아니하면 하나님의 나라를 볼 수 없느니라" (요한복음 3:3) 라고 대답하셨을 때, 예수님은 아마도 어느 한 사람이 아니라, 한 시스템 혹은 신앙을 실천하기 위한 어떤 방법을 생각하고 계셨을 것이다. 다른 말로 하면, 예수님은 이렇게 말씀하고 계시다: 당신, 니고데모와 유대교가 거듭 나야만 한다.

"사람이 늙으면 어떻게 날 수 있사옵나이까 두 번째 모태에 들어갔다가 날 수 있사옵나이까" (요한복음 3:4). 니고데모는 단지 겉으로 드러난 말을 곧이곧대로 이해했다. 요한복음에서 사람들은 오직 물적으로 명백하게 두드러지는 것을 볼 뿐, 영적으로 숨겨진 뜻은 잘 보지 못하는 경향이 있다. 예수님은 니고데모의 질문에 좀 더 깊게 대답하신다. "진실로 진실로 네게 이르노니 사람이 물과 성령으로 나지 아니하면 하나님의 나라에 들어갈 수 없느니라" (요한복음 3:5). 왜 성경학자인 니고데모가 새로운 생명이라는 영적인 개념을 파악하지 못했을까? 히브리어로 루아하 (ruach), 그리고 희랍어로 프뉴마 (pneuma)는 "바람" 혹은 "영"을 가리킨다. 하나님은 생명의 숨을 숨 쉬는 분이시며, 영의 바람이시다. 이는 히브리 성경에서 두드러지는 표현이다. 니고데모는 에스겔서를 공부했다. "또 새 영을 너희 속에 두고 새 마음을 너희에게 주되 너희 육신에서 굳은 마음을 제거하고 부드러운 마음을 줄 것이며" (에스겔 36:26). 니고데모는 시편을 노래했음에 틀림없다.

"하나님이여 내 속에 정한 마음을 창조하시고
　내 안에 정직한 영을 새롭게 하소서" (시편 51:10).

표적과 가르침만으로는 이 바리새인을 개종시키지 못할 것이다. "모세가 광야에서 뱀을 든 것 같이 인자도 들려야 하리니" (요한복음 3:14). 니고데모는 역사적으로 언급한 것을 이해했다. 광야에서 이스라엘 사람들이 뱀에 물려 죽어가고 있을 때, 모세는 놋뱀을 만들어 그것을 장대에 매달았다. "모세가 놋뱀을 만들어 장대 위에 다니 뱀에게 물린 자마다 놋뱀을 쳐다본즉 모두 살더라" (민수기 21:4-9). 그러나 니고데모는 인자가 "들리우리라"는 언급을 이해하지 못하였는데, 왜냐하면 아직 예수님이 십자가에 "들리지" 않으셨기 때문이다. 예수님은 아직 영광스런 부활로 "들리지" 않으셨다. 인자는 아직 아버지께로 승천하기 위해 "들리우지" 않으셨다.

그날 밤이 아니라 훨씬 세월이 흐른 후에 니고데모는 깨닫게 되었다. 산헤드린 회중에서 그는 용감하게 일어나 동료 바리새인들에게 자신들의 율법에 순종하기를 요구한다. "그 중에 한 사람 곧 전에 예수께 왔던 니고데모가 그들에게 말하되 우리 율법은 사람의 말을 듣고 그 행한 것을 알기 전에 심판하느냐" (요한복음 7:50-51). 그리고 훨씬 후에, 예수님이 십자가형에 처해지던 날, 인자가 "들리우던 날"에 니고데모는 향품을 보내 예수님의 시신이 매장되는 것을 돕는다. 니고데모가 위에서부터 나는 데에는, 다시 태어나는 데에는 십자가가 필요했던 것이다.

비고란

거듭남

사마리아 여인

예수님은 니고데모를 밤에 만나셨고, 반면에 사마리아 여인을 정오에 만나셨다. 이러한 대조는 문자 그대로 어둠과 빛이 아닐 수 없다. 니고데모는 유대인 남자이며 저명한 인물이었다. 그는 이미 명성을 쌓고 권력의 중심부에서 활동하고 있었다. 사마리아인은 여인이며, 결코 이름이 밝혀져 있지도 않다. 그녀는 주변 인물이었다. 역사를 통틀어 그녀는 단지 "사마리아 여인"이라거나 혹은 "우물가의 여인"으로만 알려져 있다. 니고데모는 밤중에 어리둥절한 채로, 혼란에 싸여있는 채로, 깨달음을 얻지 못한 채로 터벅터벅 돌아갔다. 여인은 밝은 대낮에 물 항아리를 버려두고 도시로 달려가서 예수님이 바로 고대하며 기다리던 분이라고 외쳤다.

비록 변두리 인간으로 취급받고 있었지만, 사마리아 사람들은 자신들을 진실로 믿음을 지키는 사람들이라고 여겼다. 그리고 그들은 역사적으로 뼈대가 있다고 믿었다. 그들의 기억은 아브라함에게까지 거슬러갔는데, 아브라함이 약속의 땅에서 처음 멈춘 곳은 세겜으로 바로 에발 산과 그리심 산 사이에 위치해 있었다. 사마리아인들은 세겜 근처에 우물을 파고 양떼에게 물을 먹였던 야곱을 우러러 모셨다. 사마리아 사람들은 북왕국 이스라엘의 후손이었는데, 이들은 이스라엘이 주전 722/721년에 패망한 후 앗수르에서 옮겨온 사람들과 국제 결혼한 사람들이었다.

사마리아 사람들은 성경의 처음 다섯 책인 모세오경만을 순수한 성경으로 여겼다. 그들은 율법을 현대화하고 해석하려는 바리새인들을 비웃었다. 더 중요한 것은 그들은 결코 예루살렘 성전을 인정하지 않았다. 그들은 그리심 산과 유대관계를 맺고 있었는데, 이스라엘의 종교 유산에 따르면, 그리심 산은 시온 산보다 먼저 있었던 산이었다. 사마리아인들은 주전 4세기에 그리심 산에 신전을 지었다.

느헤미야가 예루살렘에 성벽을 재건하고 에스라가 언약 공동체를 회복했을 때, 사마리아인들은 그들을 반대하고 페르시아로 하여금 성전과 예루살렘의 회복을 중지하게 하려고 했다.

주전 111/110년에 대제사장 요한 힐카누스가 유대를 통치하고 있을 때, 어떤 유대인들이 사마리아를 침공해서 그리심 산에 있던 신전을 완전히 불태워 버렸다.

유대인과 사마리아 사이에 이런 역사적 배경이 있는데 요한복음은 "사마리아로 통행하여야 하겠는지라" (요한복음 4:4) 라고 말하고 있다. 예수님은 굳이 사마리아로 통행해야 할 필요가 없으셨다. 유대인들은 대개 유대에서 갈릴리로 여행할 때, 요단 골짜기를 경유해서 갔다. 그렇게 하면 사마리아를 거쳐 가지 않아도 되기 때문이었다. 예수님이 사마리아를 경유하신 이유는 아버지의 뜻에 순종하시기 위함이었다.

때는 정오였다. 유대 남자가 감히 공동우물에서 사마리아 여자에게 말을 걸었다. 생각할 수 없는 일이었다. 예수님은 모든 사회적인 장벽을 넘으셨다. 대체로 근동지역에서는 여자들은 공개식상에서 남자 친척과도 말을 나누시 않았다. "당신은 유대인으로서 어찌하여 사마리아 여자인 나에게 물을 달라 하나이까." 이방인 독자들을 위해 요한은 이렇게 덧붙이고 있다. "이는 유대인이 사마리아인과 상종하지 아니함이러라" (4:9). 즉 그들은 서로 상종하지도, 함께 먹지도, 마시지도 않았다.

예수님은 서서히 대화를 진전시키셨다. 왜냐하면 니고데모처럼 여자도 처

비고란

예수께서 예루살렘을 떠나 갈릴리로 여행하실 때, 예수님은 사마리아를 경유하여 북쪽으로 가셨다. 그리고 다시 예루살렘으로 가실 때는 요단 강 길을 따라 가셨다. 즉 처음에는 강 서쪽으로 가다가 다음에는 강 동쪽으로 가다가, 다시 강을 건너 베다니에 이르고 동쪽에서 예루살렘으로 들어가셨다.

제자

음에는 단지 문자 그대로 생각했기 때문이다. 예수님은 물을 달라고 하시다가 나중에는 "생수"에 대해 말씀하셨다. 이중적인 의미를 주목하라. 생수는 신선한 샘물을 의미할 수도 있다. 그러나 그것은 또한 하나님의 영이라는 물을 의미할 수도 있다. "너희 모든 목마른 자들아 물로 나아오라 돈 없는 자도 오라 너희는 와서 사 먹되 돈 없이, 값 없이 와서 포도주와 젖을 사라" (이사야 55:1).

그녀는 "물 길을 그릇도 없고"라고 대답한다. 사마리아 여인은 니고데모가 어미의 자궁을 언급한 것처럼, 여전히 육적인 차원에 머물러 있다. 예수께서 영원히 목마르지 않는 물을 말씀하시자 여인은 다시는 머리에 물동이를 이고 매일매일 물을 길러 오지 않아도 되게끔 그 물을 청한다. 여전히 말귀를 못 알아듣고 있다. 예수님은 말씀을 잇는다. "가서 네 남편을 불러 오라." "나는 남편이 없나이다"라고 여인은 대답한다. 예수님은 그 말이 옳다고 하면서 그녀의 의견을 존중하신다. 여인에게 남편 다섯이 있었으나 지금 있는 자도 네 남편이 아니라고 하자 여인은 예수가 선지자라고 결론을 짓게 된다.

여인은 부도덕한 사람이었을까? 종종 그런 모습으로 그려져 왔다. 아마도 그녀는 임신을 할 수 없었거나, 차례로 이혼을 하게 되었을지도 모른다. 아마도 다말처럼 수혼법(계대법)에 걸렸을지도 모른다. 그렇다면 몇 번이나 과부가 된 것일까? 아마도 지참금이나 가족이 없이 빈곤하여 그저 생존해야 할 곳을 찾아 헤매야 했을지도 모른다. 어떤 학자들은 제안하기를 그녀가 여느 아낙들이 물을 길러 오는 시각인 선선한 아침이나 이른 오후 시간이 아니라 정오에 우물에 간 이유는 왕따를 당하고 있었기 때문이라고도 한다. 그녀는 의심할 바 없는 주변 인간이었고 외로웠다.

예수님은 이에 개의치 않으셨다. 그러나 예수님은 예루살렘에서 그가 행하신 표적을 목격한 사람들의 속마음을 읽었던 것처럼, 그녀에 대해 모든 것을 알고 계셨다 (2:25). 니고데모가 "우리는 아나이다" 라고 말했으나 실은 그가 알지 못하던 것을 기억하는가. 예수님은 여인을 있는 그대로 인정하셨다.

처음에 여인은 예수님을 "주"라고 하다가 후에 "선지자"라고 한다. 여인은 눈을 들어 그리심 산을 바라보고, 눈 아래 야곱의 우물을 내려다보고, 그러고 나서 오래된 적대감을 보여주었다. 그리심 산 아니면 예루살렘 성전, 이 중에 과연 어디가 하나님을 예배할 올바른 곳인가?

어느 산에서도 말지니, 왜냐하면 "하나님은 영이시니 예배하는 자가 영과 진리로 예배할지니라" (4:24). 그것은 오로지 메시야가 오시면 이루어질 것이다. "내가 그라"고 예수님은 말씀하신다 (4:26). 모세가 하나님께 이름을 가르쳐 달라고 했던 것을 기억하는가? 하나님은 "나는 스스로 있는 자" (출애굽기 3:14) 라고 하신다. 예수님 안에서 여인은 "내가 그라"고 하시는 인간의 형태로 오신 하나님, 말씀이 육신이 되신 분을 대면하게 된다.

여자는 동네 사람들에게 증인이 되었으며 또 우리들에게 목격자가 되었다. 그녀는 사람들에게 "와 보라"고 초청하는데, 이는 모든 사람들에게 예수님을 만나보라는 초청이다. 여인은 혹 의심을 가졌을지도 모름에도 불구하고 온 열정을 가지고 증거하였다. 그리고 요한복음은 이렇게 기록하고 있다. "그들이 동네에서 나와 예수께로 오더라" (요한복음 4:30). 예수님은 당신을 향한 의심, 냉소, 성냄 때문에 예루살렘을 떠나셨다. 그러나 이제 "그 동네 중에 많은 사마리아인이 예수를 믿는지라" (4:39) 예수님은 사마리아에 머무르셨다. 자기 백성에게서는 쫓겨났지만 예수님은 "아웃사이더"들의 믿음을 받으셨다. "우리가 친히 듣고 그가 참으로 세상의 구주신 줄 앎이라" (4:42).

비고란

거듭남

제자들이 예수께 누가 잡수실 것을 갖다 드렸는가를 물었던 것을 상기하라. 예수님은 나의 양식은 "나를 보내신 이의 뜻을 행하며 그의 일을 온전히 이루는 이것이니라"(4:34)고 하신다. 그것이 바로 그가 여인을 새로운 생명으로 이끌고 그녀에게 "생수"를 주면서 하신 일이시다. 그리고 예수님은 아마도 자라나는 보리나 밀이 푸른 물결처럼 보였을 밭을 바라보며 말씀하셨다. 이번에도 이중적인 의미를 띠고서 말이다. 너희는 "넉 달"이 지나야 추수할 때가 이르겠다 하지 아니하느냐 그러나 나는 너희에게 이르노니 "너희 눈을 들어 밭을 보라 희어져 추수하게 되었도다"(4:35). 사마리아에서 개종한 사람들의 믿음은 추수가 벌써 시작되었음을 보여주기 때문이다.

신실한 공동체의 모습

예수님은 살아있는 사람들에게 새로운 생명을 허락하신다. 이번 주 요한복음을 읽으면서 등장하는 사람들과 사건을 생각해 보라. 예수께서 이 성경에서 주신 삶에서 어떤 것이 새로웠는가?

성경의 다른 번역본들은 예수께서 니고데모에게 하신 말씀을 "중생," "위로부터 남," 혹은 "새롭게 태어남"이라고 적고 있다. 당신은 이 구절을 각각 어떻게 이해하는가?

이 세 가지 용어 중 어떤 것이 그리스도 안에서 당신이 경험한 새 삶을 가장 잘 묘사하는가?

철저한 제자

철저한 제자는 매일 믿음에 찬 삶을 행동으로 실천함으로써 그리스도 안의 새로운 삶을 증거하는 증인이 된다. 새로운 삶에 대한 경험으로 인해 당신 주위에 있는 사람들에게 어떻게 명확한 증거를 보여준다고 생각하는가?

추가 연구

"물과 성령으로 난다"(요한복음 3:5)는 것은 다양하게 해석되고 있다. 여러 주석에서 이 구절을 연구하고 전체 그룹에게 2, 3분간 보고하도록 준비하라.

비고란

우리는 신실한 믿음의 공동체이기 때문에 육적인 면과 영적인 양면을 본다. 우리가 육체로 존재하는 동안, 우리는 예수 그리스도 안에서 하나님께서 주신 새로운 삶을 은혜롭게 산다.

생명의 떡

"나는 생명의 떡이니
내게 오는 자는 결코 주리지 아니할 터이요
나를 믿는 자는 영원히 목마르지 아니하리라."
—요한복음 6:35

19 생명의 떡

인간의 모습

우리는 끊임없이 허기를 느낀다. 그리고 그 허기를 채우기 위해 더 많은 흥분거리, 더 많은 쾌락, 더 많은 소유물, 더 많은 인정을 추구하게 된다. 기본 필수품은 충분하지 않다.

성경 읽기

예수님은 요한복음에서 "나는—이다" 라는 말을 통해 자신을 계시하신다. "나는—이다" 라는 말과 구약성경의 연관성을 주의해서 보라.

첫째 날: 요한복음 5:1-24 (안식일에 병을 고치심, 아버지께서 일하시니 나도 일한다); 마태복음 12:9-14; 마가복음 3:1-6; 누가복음 13:10-17; 14:1-6 (안식일에 고치심)

둘째 날: 요한복음 5:25-47 (예수님과 하나님의 관계에 대한 증거); 신명기 17:2-7; 19:15-21; 마태복음 18:15-20; 디모데전서 5:19 (두세 사람의 증인)

셋째 날: 요한복음 6:1-15; 마태복음 14:13-21; 마가복음 6:30-44; 누가복음 9:10-17 (오천 명을 먹이심)

넷째 날: 요한복음 6:16-21; 마태복음 14:22-27; 마가복음 6:45-52 (바다 위를 걸으심); 시편 107편과 비교하라 (하나님이 폭풍을 잠재우심)

다섯째 날: 요한복음 6:22-71 (생명의 떡, 하늘에서 내려온 떡, 살아 있는 떡); 출애굽기 13:3-10 (무교병 절기, 주님의 구원의 표적); 16장 (하늘에서 내려온 떡, 만나)

여섯째 날: "생명나무의 열매"와 "신실한 공동체의 모습"을 읽고 답하라.

일곱째 날: 안식

금주의 시편

매일 시편 65편을 큰 소리로 읽고, 일용할 양식을 주시는 하나님께 감사하라. 주중 한 날을 택해 다른 사람과 떡과 시편을 함께 나누라. 떡의 맛, 떡의 성분, 풍미를 음미하면서 하나님의 선하심을 기억하라.

기도

매일 성경공부 전에 드릴 기도:
"하나님이여 우리가 주께 감사하고 감사함은
주의 이름이 가까움이라
사람들이 주의 기이한 일들을 전파하나이다"
(시편 75:1).

금주의 기도 제목:

생명의 떡

첫째 날: 요한복음 5:1-24 (안식일에 병을 고치심, 아버지께서 일하시니 나도 일한다); 마태복음 12:9-14; 마가복음 3:1-6; 누가복음 13:10-17; 14:1-6 (안식일에 고치심)

둘째 날: 요한복음 5:25-47 (예수님과 하나님의 관계에 대한 증거); 신명기 17:2-7; 19:15-21; 마태복음 18:15-20; 디모데전서 5:19 (두세 사람의 증인)

셋째 날: 요한복음 6:1-15; 마태복음 14:13-21; 마가복음 6:30-44; 누가복음 9:10-17 (오천 명을 먹이심)

넷째 날: 요한복음 6:16-21; 마태복음 14:22-27; 마가복음 6:45-52 (바다 위를 걸으심); 시편 107편과 비교하라 (하나님이 폭풍을 잠재우심)

다섯째 날: 요한복음 6:22-71 (생명의 떡, 하늘에서 내려온 떡, 살아 있는 떡); 출애굽기 13:3-10 (무교병 절기, 주님의 구원의 표적); 16장 (하늘에서 내려온 떡, 만나)

여섯째 날: "생명나무의 열매"와 "신실한 공동체의 모습"을 읽고 답하라.

제자

생명나무의 열매

안식일은 언약의 갓돌(capstone)이었다. "이스라엘은 안식일을 지키고, 하나님은 이스라엘을 지키신다." 그러나 하나님께서 간단하게 일곱째 날에 쉬라고 하셨던 명령은 일을 정의하는 39가지 율법들이 뒷받침해 주게 되었으며, 그리고 많은 랍비들이 일을 해석하는데 참여하였다. 이를 뒷받침하는 법규들은 사람들이 안식일을 범하는 것을 피하도록 도와주기 위한 "울타리" 혹은 "담장"으로 불렸다.

사복음서 모두에서 예수께서 안식일에 지키는 율법을 어기셨을 때, 예수님은 성경, 하나님의 본성, 그리고 랍비의 해석에서 영감을 얻어 자신의 행동을 변호하셨다.

마태복음에서 예수님은 손이 마른 한 사람을 안식일에 고쳐주셨다 (마태복음 12:9-14; 마가복음 3:1-6; 누가복음 6:6-11). 회당장의 의견에 따르면, 그가 생명의 위협을 느끼는 상태는 아니었으므로 다음날까지 기다렸다가 고칠 수 있었다는 것이었다. 예수님은 두 가지 면에서 호소하셨다. 첫 번째는 랍비의 해석에 호소하셨다. 만일 양이 구덩이에 빠지면 건져내지 않겠느냐. 양이 안식일 다음날까지 살지 못하게 될지도 모르지 않느냐? 그리고 예수님은 하나님의 본성에 호소하셨다. 마가복음은 예수께서 이렇게 말씀하셨다고 기록하고 있다. "안식일에 선을 행하는 것과 악을 행하는 것, 생명을 구하는 것과 죽이는 것, 어느 것이 옳으냐" (마가복음 3:4). 이스라엘의 하나님은 생명과 치유와 기쁨을 주시는 분이시다. 하나님께서 안식을 만드셨다. "안식일이 사람을 위하여 있는 것이요 사람이 안식일을 위하여 있는 것이 아니니" (마가복음 2:27).

누가복음에서 예수님은 18년간 꼬부라져 조금도 설 수 없었던 한 여인을 고쳐주셨다 (누가복음 13:10-17). 회당장이 반대하자 예수님은 그에게 두 가지 이유를 들어 외식하는 자라고 하셨다. 율법을 해석하는 랍비 해석에 따르면, 사람이 안식일에 황소를 풀어서 물가로 이끌도록 허락할 것이다. 그렇다면 왜 예수님이 사람을 "푸는 것"이 합당하지 않는가? 그러나 그보다 더한 것은 아브라함의 자녀들은 그들을 애굽에서 해방시켜 주신 하나님을 경배했다. 그렇다면 왜 지도자들은 "해방된" 이스라엘 사람들에 대해 기뻐하지 못하는가? 모든 공관복음에는 "인자가 안식일의 주인"(마태복음 12:8; 마가복음 2:28; 누가복음 6:5)이라는 예수님의 말씀이 기록되어 있다. 하나님의 불쌍히 여기는 마음이 안식일 법규를 정하는 기준인 것이다.

"네가 낫고자 하느냐?"

요한복음에서 예수님은 병든 사람과 약한 사람에게 자연스레 마음이 기우셨다. 베데스다 못의 아픈 사람들 가운데 예수님은 어려운 케이스를 택하셨다. 그는 장장 38년간을 앓던 사람이었다 (요한복음 5:2-18). 확실히 가끔씩 지하수나 공기 분출 때문에 물이 방울을 일으키며 동했던 것 같다. 고대 사본 모두가 포함하고 있지 않은 5:4에 따르면, 사람들은 천사들이 물을 동하게 해서 사람을 낫게 한다고 생각했다.

예수님은 돌연히 이렇게 물으셨다. "네가 낫고자 하느냐" (5:6). 그는 대답했다. "물이 움직일 때에 나를 못에 넣어 주는 사람이 없어 내가 가는 동안에 다른 사람이 먼저 내려가나이다" (5:7). 이 말에는 자기 연민, 떠맡을 수 없는 책임, 그리고 다른 사람들에게 책임을 전가하는 것 등이 포함되어 있다.

생명의 떡

예수님은 곧장 요점을 말씀하셨다. 선행된 믿음이 필요하지 않다. 못에 가서 씻을 필요도 없다. 그리고 다른 사람들에게 기댈 필요도 없다. 예수님은 그에게 세 가지 명령을 내리셨다. "일어나," "네 자리를 들고," "걸어가라" (5:8). 요한복음은 순종이 믿음에 필수불가결한 것임을 명백하게 하고 있다.

38년간 병자로 있었던 이 사람은 치유되어 걸을 수 있게 되었다. 그러나 그는 이내 곤경에 빠지게 되었다. 그는 명령을 받은 대로 자기 자리를 들었다. 즉 안식일에 일을 함으로써 안식일 법규를 범하게 된 것이다. 그에 대한 종교 지도자들의 반응을 살펴보자. 놀라운 치유로 인해 하나님께 찬양을 드리는 대신에 종교 지도자들은 이렇게 말하였다. "안식일에 자리를 들고 가는 것이 옳지 아니하니라." 병자가 온전하게 된 것을 축하하는 대신에 바리새인들은 이렇게 물었다. "너에게 자리를 들고 걸어가라 한 사람이 누구냐?"

과연 토라(모세의 율법)에 흐르는 심장의 고동소리는 무엇인가? 하나님은 공의로우시며 자비로 가득 차 있는 분이시다. 복잡한 안식일 법규에 초점을 맞춘 종교 지도자들은 율법의 핵심을 벗어나고 있었다. 그들은 법규를 보았지만 율법을 제정하여 주신 분을 미처 몰랐다. 다시 말하지만, 예수님은 랍비의 이해에 의존하고 계셨다. 하나님은 일곱째 날에 일을 그만 두셨는가? 그러하기도 하고, 그렇지 않기도 하다. 창세기의 하나님은 일곱째 날에 쉬셨다. 쉼이 없다면 인생은 무의미한 반복이 될 것이다. 안식을 통해 하나님의 돌보심을 인식하게 된다. 쉼은 믿음의 행위이다. 그러나 하나님은 또한 심지어 안식일에도 아이들이 태어나게 하시고, 곡식들이 자라게 하시고, 기도를 들어주신다. 그렇게 하나님은 여전히 일하시면서 생명을 주관하시고 계신다. 일주일 내내 말이다.

"이스라엘을 지키시는 이는 졸지도 아니하시고 주무시지도 아니하시리로다" (시편 121:4). 예수님은 이러한 하나님의 특성을 이해하시면서 "내 아버지께서 이제까지 일하시니 나도 일한다" 라고 하셨다 (요한복음 5:17).

물론 예수님과 아버지의 관계에 대한 언급은 더 많은 논쟁을 불러일으켰다. 요한복음에서 예수님의 치유 사건 다음에는 조심성 있는 설교가 뒤따라 나온다. 병자를 건강하게 낫게 하신 다음에 예수님은 이제는 그가 새로운 생명을 받았고, 그분을 순종하고 믿는 사람 모두에게 주어지는 영생을 얻게 되었다고 설명해 주신다. 병자처럼 심지어 "죽은 자들이 하나님의 아들의 음성을 들을 때가 오나니 곧 이 때라 듣는 자는 살아나리라" (5:25).

당신이 예수 그리스도의 말씀을 듣고 영적으로 회복되었던 때는 언제인가? 신체적으로 회복되었던 때는 언제인가?

_____

_____

다음에 예수께서 예루살렘으로 올라가셨을 때, 사람들은 여전히 전에 안식일에 낫게 하신 것을 놓고 논란을 벌이고 있었다 (7:19-24). 예수께서 왜 그를 죽일 기회를 찾고 있느냐고 몇몇 사람들에게 묻자, 군중들은 "당신은 귀신이 들렸도다" 라고 대답한다 (7:20). 그래서 예수님은 유대 율법을 사용하셔서 또 다른 논쟁을 하신다. 남자아이는 출생 후 여덟째 되는 날에 할례를 받아야 한다 (레위기 12:3). 그렇다면 그 여덟째 날이 하필 안식일에 걸리면 어떻게 되는가? 랍비 법에 의하면, 할례—일이 요구되는—가 선례를 취하게

비고란

제자

되어 있었다. 예수님은 진정한 랍비식 방식을 사용하여 말씀하시기를 그처럼 안식일에도 온전함을 위해 몸의 일부분을 돌볼 수 있다면, 그렇다면 왜 온 몸을 치유하는 것은 허락되어서는 안 되는가 하고 의문을 제기하셨다. 예수님이 가르치신 것은 표면적인 형식치레에 의해 판단하지 말라는 것이다. 그보다 무엇이 올바른지에 따라 판단하라고 하신다 (요한복음 7:24). 예수님은 율법이 지향하고 있는 구속하시는 하나님의 역사를 행하셨기 때문이다. 지도자들은 이런 시편을 노래하지 않았는가?

> "여호와의 율법은 완전하여 영혼을 소성시키며
> 여호와의 증거는 확실하여 우둔한 자를 지혜롭게 하며
> 여호와의 교훈은 정직하여 마음을 기쁘게 하고
> 여호와의 계명은 순결하여 눈을 밝게 하시도다" (시편 19:7-8).
>
> "여호와 내 하나님이여 내가 주께 부르짖으매 나를 고치셨나이다…
> 주께서 나의 슬픔이 변하여 내게 춤이 되게 하시며
> 나의 베옷을 벗기고 기쁨으로 띠 띠우셨나이다
> 이는 잠잠하지 아니하고 내 영광으로 주를 찬송하게 하심이니
> 여호와 나의 하나님이여 내가 주께 영원히 감사하리이다"
> (30:2, 11, 12).

예수님은 최초에 율법을 주신 하나님의 마음을 드러내셨다. 예수님의 말씀과 행적은 하나님의 영광을 행동으로 친히 보여주셨다.

우리는 현재 세속사회에 살고 있다. 정신없이 짜여진 행사들, 24시간씩 7일 내내 계속되는 상업주의, 그리고 끝없는 향락이 판치는 세상에 살고 있다. 어떻게 하면 안식일에 쉬는 것이 율법주의적인 것으로 다시 돌아가지 않고, 치유의 능력을 덧입은, 하나님이 주신 선물로 회복될 수 있을까?

사회를 위해서가 아니라면, 적어도 기독교인들을 위해서라도 그렇게 하려면 어떻게 해야 할까?

증거

요한복음에서 예수님의 "표적"과 "기사"는 예수께서 하나님으로부터 오셨다는 것을 증거하는 것이다. 예수님을 비판하던 자들이 예수의 권위에 대해 의문을 제기했을 때, 예수님은 자신이 스스로 한 것이 아니라고 대답하면서 하나님께로 그 공을 돌리셨다.

예수님은 바리새인들에게 그들이 세례 요한에게 사자를 보냈던 것을 상기시켜 주셨다 (요한복음 5:33). 그러면 기사와 표적들은 증거가 된다. 실제로 예수님이 행하신 일은 하나님이 하신 일이었으며, 그러므로 하나님의 증거가 된다 (5:36-38). 게다가 만일 바리새인들이 성경을 제대로 읽었다면, 그들은 성경이 바로 "곧 내게 대하여 증거하는 것이로다" (5:39) 라는 뜻을 알았을 것이다. 다른 말로 하면, 영생이 예수 안에 있었다. "모세를 믿었더라면 또 나를 믿었으리니 이는 그가 내게 대하여 기록하였음이라" (5:46). 그러한 증거 때문에 종교 지도자들은 믿어야만 했다. 그러나 그들은 믿지 않았다. 그들은 더 많은 "표적들"을 더 원하였다.

비고란

생명의 떡

만나

공관복음에서는 예수님의 사역이 1년 동안 계속되다가 예루살렘 입성에서 그 절정을 이룬다. 요한복음에서는 예수님이 3년 동안 가르치고 치유하셨다. 요한복음에서 요한은 예수께서 갈릴리와 예루살렘 사이를 이리저리 여러 번 오가신 것으로 보고하고 있다. 예수님은 세 번 예루살렘에 가셨고, 적어도 두 번 유월절을 지키셨다.

하나님은 모세를 통해 이스라엘 백성이 무교절(유월절)을 잊지 않도록 명하셨다. 애굽에서 있었던 400년간의 종살이를 기억하여라. 빵 반죽을 빚을 시간도 부풀기를 기다릴 시간도 없었던 그날 밤을 잊지 말아라. 압제에서 벗어난 경험은 경축할 시간, 기억할 시간을 필요로 한다. 이 때문에 유대인들은 집안 곳곳을 살펴보아서 누룩이 있으면 던져 버리고, 웃고, 춤추고, 기도하고, 그리고 무교병을 먹는다. 해방된 경험은 결코 작은 사건이 아니기 때문이다!

이 절기는 또한 그들의 조상들이 광야에서 헤매던 40년이라는 긴 세월을 상기시켜 준다. 위장은 배고픔으로 뒤틀리고, 목구멍은 갈증으로 타는 듯하던 기간이었다. 만일 하나님이 만나를 제공하지 않으셨더라면, 그들은 그 황량한 광야에서 죽었을지도 모를 일이다. 만나는 문자 그대로 "이것이 무엇이냐" (출애굽기 16:15) 라는 뜻이다. "깟씨 같이 희고 맛은 꿀 섞은 과자 같았더라" (16:31). 이 달콤한 물질은 거둔 당일에 먹어야만 했는데 그렇지 않으면 상했기 때문이다 (16:19-20). 만나는 안식일 음식을 위해 거둔 6일째를 제외하고는 저장해 둘 수 없었다. "오늘날 일용할 양식을 주옵시고" (마태복음 6:11) 배후에 있는 아이디어가 만나인 것이다.

이제 예수께서 오천 명을 먹이신 상징을 주목해 보자. 모세의 책에 대해 듣거나 읽었고, 시편을 노래했던 유대인들이라면 누구나 오천 명을 먹이신 일을 광야에서 만나를 보내신 일과 즉시 연결시킬 수 있었을 것이다.

- 예수님과 제자들은 바다(갈릴리)를 건너셨다. 모세 또한 바다를 건너지 않았던가?
- 그들은 갈릴리 바다 북동쪽 해안에 위치한 "한적한 곳"(마태복음 14:13, 15)에 갔는데, 오늘날까지 화산으로 인한 돌이 전해져 내려온다. 이스라엘 사람들은 시내 광야로 갔다.
- 모두가 피곤하고 배고프고 마을에서 떨어진 한적한 곳에 있었다. 광야에서의 모세와 마찬가지로 수천 명의 사람들은 먹을 음식이 필요하였다.
- 사복음서 모두가 이 이야기를 기록하고 있지만, 오로지 요한복음만이 가난한 사람들의 음식이었던 보리를 언급한다. 자원은 보잘 것이 없었다. 작은 보리 떡 다섯 개와 소금에 절여 말린 정어리 같은 생선 두 마리가 있을 뿐이다. 희망이 없어 보이는 상황은 출애굽과 마찬가지였다.
- 모든 사람들이 먹기에 충분한 만나가 있었다. 예수님은 열두 광주리를 채우고도 남을 정도로 넉넉한 여유분량의 음식을 남기셨다. 요한은 우리에게 이중적인 의미를 다시 제공하고 있는가? 예수께서 이스라엘의 12지파를 "먹일" 수 있을 것인가? 가나의 혼인잔치에서 150갤런의 포도주를 기억하는가? 하나님은 넘치도록 후하시다!
- 오늘날에도 마찬가지이지만, 해저 690피트에 위치한 갈릴리 바다에서 부는 따스한 공기가 올라오다가 헤르몬 산에서부터 불어오는 찬 공기와 부딪치게 되었다. 몇 분 내에 8-12피트 높이의 파도가 작은 호수(가로 세로가

비고란

무교절은 세 개의 순례 절기 중의 하나로서 유대인 남자라면 모두가 필히 지켜야 했다. 무교절의 첫날에 가졌던 유월절 만찬은 원래는 별도의 순서로써 천사들이 어린양의 피로 문설주가 발라진 이스라엘의 집은 "넘어갔던" 것을 축하하는 것이었다. 이는 장자의 구원을 나타내는 것이었다. 세 가지 주요 축제를 위해서는 엄청난 준비가 필요했는데, 이 모든 필요한 일들은 축제가 시작되기 전에 끝나야 했다. 그래서 축제 전의 한 주는 "예비 기간" (week of preparation) 이라고 불리게 되었고, 그 전 날은 "예비일"이라고 불리게 되었다. 신약성경 시대에는 모든 준비는 축제가 준비되기 전날 오후 3시까지 끝나야 했다. 유월절에 먹을 어린양은 예비일(day of preparation)에 잡았다.

제자

각각 13마일과 8마일)에 오르내리게 되었다. 강한 바람이 불었다 (요한복음 6:18). 유월절과 연관되는 강한 바람은 물을 말아 올려 해방된 백성들로 하여금 홍해를 건너게 했다 (출애굽 14:21-22).

- 이야기는 표적을 본 후에 사람들이 예수님을 따라 가버나움으로 가는 데서 정점을 이룬다. 그들은 이스라엘 백성들이 그러했던 것처럼 더 많은 음식을 원했다. 또한 음식 이외에도 그들은 예수님을 왕으로 삼기를 원하였다 (요한복음 6:15). 예수님은 세례를 받으시고 사탄과 씨름하실 때에 정치적인 유혹을 물리치신 적이 있었다 (마태복음 4:8-10). 그래서 예수님은 그들로부터 물러나셨다 (요한복음 6:15).

이제 백성들은 그들의 조상들이 광야에서 불평을 늘어놓았던 것처럼 마찬가지로 불평하기 시작했다. 그들은 더 많은 음식, 또 다른 표적을 원하였다. 예수님은 이제 당신 스스로를 "하늘에서 내려온 떡"으로 내어 놓으셔야 했다. "표적"이 행해졌다. 그것은 바로 예수님 자신을 향한 것이었다. 그러나 예수께서 "하늘에서 내려온 떡"에 대해 말씀하시자 백성들은 사마리아 여인이 행했던 것과 똑같은 실수를 저질렀다. 그녀는 계속 물을 길러 우물에 오지 않아도 될 수 있게 더 많은 물을 달라고 요청했다. 사람들은 말했다. "주여 이 떡을 항상 우리에게 주소서" (6:34).

"나는 생명의 떡"이라는 엄청난 선언 후에 예수님은 하나님께서 제공하시는 물질적인 떡에 대한 것으로부터 풍성하고 영생을 주는 영적인 "떡"에 대한 말씀으로 옮겨가신다. "나는 생명의 떡이니 내게 오는 자는 결코 주리지 아니할 터이요 나를 믿는 자는 영원히 목마르지 아니하리라" (6:35).

예수님의 말씀을 듣던 사람들은 십자가를 아직 보지 못한 사람들이었다. 그들은 부활을 체험하지도 못했다. 그래서 이들은 혼란을 느꼈다. 예수님은 다시는 그들을 육적인 것으로 먹이지 않으셨다.

예수께서 회당에서 "인자의 살을 먹지 아니하고 인자의 피를 마시지 아니하면 너희 속에 생명이 없느니라" (6:53) 라고 말씀하셨을 때, 그를 따르던 많은 사람들은 그 말씀을 듣고 불평을 했다. 유대인들은 피를 먹는 것을 금하고 있었기 때문이다. 피 속에는 생명이 있기 때문이었다. 그래서 군중은 흩어지게 되었고, 오로지 충성스러운 열두 제자들만 남게 되었다. 이들은 베드로와 더불어 "주여 영생의 말씀이 주께 있사오니 우리가 누구에게로 가오리이까" 라고 하였다 (6:68).

많은 사람들은 예수님의 말씀에 담긴 심오한 의미를 깨닫지 못했다. "먹고" 그리고 "마시는" 것은 예수님을 신뢰하는 것, 예수님을 따르는 것, 예수님께 순종하는 것, 예수님의 영을 먹는 것, 즉 그를 믿는 것을 의미했다. 요한복음이 쓰여졌을 당시 성만찬은 적어도 먹고 마신다는 단어에 내포되어 있었다. 한두 세대가 지나는 동안 기독교인들은 그리스도의 몸과 피에 "참예"하는 것으로써 떡을 먹고 잔을 마시고 있었다. 기독교 공동체는 회당의 청중들이 결코 이해하지 못했던 영적인 일치와 몸을 먹고 피를 마시는 것의 의미를 이해했다.

"내 살을 먹고 내 피를 마시는 자는 내 안에 거하고 나도 그의 안에 거하나니" 하는 말씀을 당신은 어떻게 이해하는가? (6:56-58)

비고란

생명의 떡

신실한 공동체의 모습

예수께서 병자에게 던지신 질문을 생각해 보라. "네가 낫기를 원하느냐" (요한복음 5:6). 당신의 생애를 생각해 보라. 약한 것도 아픈 것도 있을 것이다. 예수께서 당신에게 마찬가지의 질문을 던지신다면, 당신은 어떤 대답을 하겠는가?

_____

당신이 속한 교회의 건강 상태를 생각해 보라. 회중으로서 예수께로부터 마찬가지 질문을 받는다면 어떻게 대답하겠는가?

_____

당신에게 있어 치유의 대가는 무엇인가? 회중에게 있어서는?

_____

하나님께서 우리 심장의 고동소리와 우리가 숨 쉬는 공기를 제공하신다는 것을 우리는 알고 있다. 우리는 "오늘날 우리에게 일용할 양식을 주옵시고"라고 기도하고 삶 자체에 대한 감사를 표현한다.
"나는 생명의 떡"이라는 예수님의 말씀은 당신에게 무엇을 뜻하는가?

_____

생명의 떡에 의해 당신은 어떤 영양분을 공급받는가?

_____

철저한 제자

철저한 제자는 듣기에 거북한 예수님의 말씀을 듣고도 고개를 돌리지 않는다. 금주의 성경에서 예수님의 말씀 중에 어떤 것이 실천하기에 어려웠는가?

추가 연구

기독교는 교단에 따라 성만찬을 다르게 이해하고 있다. 성서사전이나 교회사 사전에서 *유카리스트* (Eucharist), *성만찬*, *주의 만찬* 이라는 용어와 특별히 관계되는 의미를 찾아보라.

비고란

우리는 신실한 믿음의 공동체이기 때문에 오로지 "영생을 위한 양식"인 생명의 떡이신 예수님 외에는 아무 것도 추구하지 않는다.

인도함

"나는 세상의 빛이니
　나를 따르는 자는 어둠에 다니지 아니하고
　생명의 빛을 얻으리라."

—요한복음 8:12

20 세상의 빛

인간의 모습

대부분의 경우 우리는 우리 스스로가 삶의 길을 결정한다. 우리를 인도할 어떤 사람도 필요로 하지 않는다. 우리 나름대로 스스로의 길을 찾을 것이다.

성경 읽기

요한이 어떻게 빛과 어둠, 눈으로 보는 것과 눈먼 상태를 대조하는지 주의를 기울이라.

첫째　　날: 요한복음 7:1-52 (장막절, 생수);
　　　　　　레위기 23:33—24:4 (장막절, 빛이 정기적으로
　　　　　　타오르는 장막의 등잔불);
　　　　　　신명기 16:13-17 (순례의 절기들)
둘째　　날: 요한복음 7:53-8:11 (음행 중에 잡힌 여인);
　　　　　　레위기 20장 (거룩한 법을 어길 경우의 처벌)
셋째　　날: 요한복음 8:12-59 (세상의 빛, 예수님과
　　　　　　아브라함, 나는—이다); 출애굽기 13:17-22;
　　　　　　민수기 14:1-25 (낮에는 구름 기둥, 밤에는
　　　　　　불 기둥); 출애굽기 40장 (장막 안의 등대와 등,
　　　　　　낮에는 주의 구름, 밤에는 불 기둥)
넷째　　날: 요한복음 9장 (맹인으로 태어난 사람, 생명의
　　　　　　빛이신 예수)
다섯째 날: 요한복음 10:1-21 (선한 목자 예수, 문, 풍성한
　　　　　　삶); 에스겔 34장 (이스라엘의 참 목자이신
　　　　　　하나님)
여섯째 날: "생명나무의 열매"와
　　　　　　"신실한 공동체의 모습"을 읽고 답하라.
일곱째 날: 안식

철저한 제자

그리스도의 빛을 보았기에, 철저한 제자는 그 빛을 비추는 사람이 된다. 금주에는 날마다 과연 어디서 어떻게 누구에게 그리스도의 빛을 비출 수 있을지 결정하라.

금주의 시편

매일 시편 27편을 큰 소리로 읽어라. 가능하면 낮에 읽어라. 그리고 매일 14절에서 강력하게 권하는 말을 따라하라. "여호와를 기다릴지어다." 가만히 앉아서 하나님께 귀를 기울이라. 빛으로 인해 나타나는 안전함, 위로, 인도함에 관해 묵상하라.

기도

매일 성경공부 전에 드릴 기도:
　　"주의 말씀은 내 발에 등이요 내 길에 빛이니이다
　　　주의 의로운 규례들을 지키기로 맹세하고
　　　굳게 정하였나이다" (시편 119:105-106).

금주의 기도 제목:

인도함

첫째 날: 요한복음 7:1-52 (장막절, 생수); 레위기 23:33—24:4 (장막절, 빛이 정기적으로 타오르는 장막의 등잔불); 신명기 16:13-17 (순례의 절기들)

둘째 날: 요한복음 7:53—8:11 (음행 중에 잡힌 여인); 레위기 20장 (거룩한 법을 어길 경우의 처벌)

셋째 날: 요한복음 8:12-59 (세상의 빛, 예수님과 아브라함, *나는—이다*); 출애굽기 13:17-22; 민수기 14:1-25 (낮에는 구름 기둥, 밤에는 불 기둥); 출애굽기 40장 (장막 안의 등대와 등, 낮에는 주의 구름, 밤에는 불 기둥)

넷째 날: 요한복음 9장 (맹인으로 태어난 사람, 생명의 빛이신 예수)

다섯째 날: 요한복음 10:1-21 (선한 목자 예수, 문, 풍성한 삶); 에스겔 34장 (이스라엘의 참 목자이신 하나님)

여섯째 날: "생명나무의 열매"와 "신실한 공동체의 모습"을 읽고 답하라.

제자

생명나무의 열매

초막절 혹은 장막절은 추수감사절이며, 휴가를 가고, 가족끼리 야외에서 요리 파티를 하고, 성전으로 순례를 가며, 즐거워하고, 노래하고, 춤추는 것들이 일주일 동안 계속되는 절기이다. 티스리 달 (9-10월) 15일에 보름달 아래서 시작되는데, 이때는 마지막 곡물을 수확하는 때이다. 고대 농경 달력에 깊이 뿌리를 둔 초막절은 곡식이 자라나는 것의 끝을 표시하는 동시에 다음 곡식이 자라나기 위한 새 시작을 표시한다. 히브리어로 "숙곳"(Sukkoth)이라고 불리는데, 모세의 율법에 의해 정해진 세 개의 순례 절기 가운데 하나이다 (레위기 23:34-44; 신명기 16:13-17).

가을 곡물들은 대체로 줄기와 나무에서 오는 것들이다. 포도, 마지막 무화과, 초록색 올리브, 익은 올리브, 시트론 (레몬) 같은 곡물들이다. 건조한 기후가 계속되는 5개월 동안 열심히 일한 것이 이제야 결실을 맺으면서 끝이 나며 새로운 해를 위한 소망이 시작된다. 사람들은 하나님께 추수감사를 드렸다. 그리고 다가오는 해에도 비를 내려 주십사고 기도드렸다. 그들은 전도서 두루마리를 읽으면서 인생은 여전히 땀과 수고로 가득 차 있지만 그럼에도 불구하고 여전히 좋다는 것을 기억했다.

초막절 혹은 장막절(숙곳)은 광야에서 유랑했던 것을 상기시켜 주었다. 약속된 땅에 들어가기를 기다리면서 이스라엘 사람들은 40년 동안 시내 광야에서 유랑했다. 그때 그들은 집이 아니라 텐트 안에서 살았다. 심지어 예배처소도 텐트 안이었다. 하나님은 낮에는 구름 기둥으로, 밤에는 불 기둥으로 그들을 인도하셨다. 어떤 랍비들은 이 시대를 가리켜 "신혼여행 기간"이라고 했다. 왜냐하면 이때 이스라엘은 하나님과 상호 언약 아래에서 삶 그 자체를 하나님께 의지하면서 하나님과 사랑에 빠져 있었기 때문이다.

이 절기 동안 사람들은 "장막"에서 살았다. 장막은 쉽게 세우고 쉽게 이동할 수 있는 것이었는데, 지붕은 나무 가지들로 엮었다. 그들은 그 가지들 사이로 세 개의 별을 보도록 장막을 지어 안식일이 언제인지 알도록 고안했다.

세 가지 행렬

유월절과 마찬가지로 초막절에도 수십만 명에서 이백만 명에 이르는 사람들이 예루살렘을 향해 순례하였다. 날마다 세 가지 행렬이 있었다. 첫 번째 행렬에서는 남자 예배자들이 시트론(레몬과 비슷하다)을 왼손에 *루라브(lulav)* 혹은 가지 뭉치(세 개의 은매화, 두 개의 버들가지, 그리고 한 개의 야자수)를 오른손에 들었다. 제사장들이 감사 제물을 드리는 동안, 이들은 제단 주위로 행진하면서 "애굽 할렐"(시편 113-118)을 노래 불렀다. 시편에서 화답하는 대목에 이르면, 남자들은 과일과 나무 가지를 든 팔을 올리면서 "그의 인자하심이 영원함이로다" 라고 소리쳤다 (118:1-4).

두 번째 행렬에서는 남자, 여자, 그리고 아이들 모두가 대제사장을 따라 성전 뜰 지역에서 실로암 물가로 따라내려 갔다. 이 못 물은 바로 성벽 밖에 있는 기혼 샘에서 흘러나온 것이었다. "생수"로 불리는 이 물은 물탱크에 고여 있던 물과는 달랐는데, 왜냐하면 바로 하나님의 손으로부터 직접 흘러나온 것이었기 때문이다. 이 자연적으로 생성된 샘은 쉬지 않고 솟아올랐다. 제사장은 실로암 못에서 물주전자를 채워서 경사진 지역을 따라 행렬을 이끌었다. 제사장은 수문을 지나 성스러운 뜰 지역을 지난 후 물을 제단 아래에 부었다. 제사장이 물을 부을 때 백성들은 하나님이 모세를 통해 사막에 있는 바위로부터 물을 가져왔던 것을 상기했다.

비고란

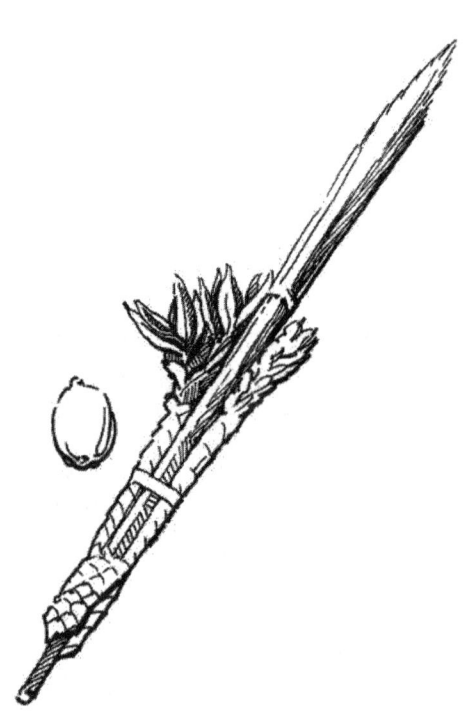

장막절 축제 때에는 주님 앞에서 나뭇가지를 흔들면서 기뻐하였다 (레위기 23:40). *루라브 (lulav)* 라고도 불리는 이 나뭇가지는 종려나무 한 가지와, 시내 버들 두 가지와, 화석류 세 가지를 묶어 만들었다. 그 옆에 있는 것은 시트론 계로써 이 또한 축제 때 사용되었다.

인도함

세 번째 행렬은 밤에 진행되었다. 제사장과 레위인들은 여인의 뜰에다가 75피트 높이 등불을 위한 스탠드를 네 개 세웠다. 등 기름 안에 넣을 심지는 제사장이 입던 헤어진 옷으로부터 만든 것이었다. 이 등에 불이 밝혀지면 예루살렘에 있는 모든 가정에서 그 빛을 볼 수 있을 정도였다. 축제의 마지막 밤이 되면 사람들은 횃불을 들고 밤새도록 춤을 추었다. 그들은 광야에서 하나님이 불 기둥으로 그들을 인도하셨다는 것을 기억했다.

예루살렘은 활기를 띠었다. 앞서 절기 때 예수께서 치유와 가르침을 행하며 소동을 불러일으키셨다. 그래서 사람들은 이렇게 말했다. 이번에도 그가 올까? 그가 가르칠까? 그가 병자들을 고칠까? 그가 온다면 무슨 일이 일어날까? 갈릴리에 있던 그의 형제들은 예수님이 이 순례에 합류할 것을 종용했다. 그러나 예수님은 거절하셨다. 첫날 사람들 눈에 띄게 수많은 무리와 더불어 성에 들어가는 대신에, 예수님은 축제의 중간 무렵에야 도시에 가만히 들어오셔서 가르침을 시작하셨다 (요한복음 7:10, 14).

성전에서 시험을 받으심

음행 중에 잡힌 여인이 논쟁거리가 아니라, 예수님이 논쟁거리였다. 예수님을 기소하던 사람들이 덫을 준비했었다. 만일 예수님이 "여인에게 돌을 던지라"고 했다면, 그는 로마법을 어기는 것이었다. 사형은 로마 법정에서만 결정할 수 있었기 때문이다. 돌을 던지는 것은 예수께서 전하신 용서의 메시지에 반대되는 것처럼 보였다. 만일 예수께서 "여인을 놓아주어라"고 했다면, 이 또한 모세의 법과 직접 충돌되는 것이었다. 그래서 종교 지도자들은 예수님을 시험하기 위해 여인을 데리고 왔다. "고발할 조건을 얻고자 하여" (8:6).

음행은 두 사람이 연루되어 있다. 만일 여인이 음행하다 붙잡혔다면 상대편 남자는 어디에 있는가? 모세의 법에 의하면, 남자와 여자 둘 다를 죽여야 했다 (레위기 20:10). 그리고 증인들은 어디에 있는가? 공중도덕을 보호해야 마땅할 사람들이 스스로 관례를 깨뜨리고 있었다. 여인을 성전 뜰로 데려와서 검증을 받지 않은 랍비 앞에 "여자를 끌고 와서 가운데 세우고" 수치를 가하는 것은 이미 공정한 처리에 요구되는 여러 가지 법을 무시한 처사였.

성경해석자들은 예수께서 과연 땅에 무어라 썼을지 궁금해왔다. 그것은 주위를 둘러싼 남자들의 죄였을까? 아마도 예수님은 가장 존경받던 사람들로 시작해서 사람들의 이름과 그들의 죄를 썼을 것이다. 그러나 예수께서 허리를 숙였을 때, 예수님은 자신을 낮추셨다. 아무 말도 하지 않으심으로 예수님은 그들의 기소에 대해 반응하는 것을 거절하셨다. 예수님의 침묵, 허리를 숙이심, 땅에 쓰는 행위는 모든 것을 변화시켰다. 그들이 "묻기를 마지 아니하는지라" 예수님은 이렇게 대답하셨다. "너희 중에 죄 없는 자가 먼저 돌로 치라" (8:7).

심문은 끝났다. 남자들은 심판관이었다. 이제 그들은 겸손해졌다. 여인은 어떤 사물에 불과했다. 이제 그녀는 인격체가 되었다. 모든 사람들은 옛 방식을 버리도록 초대받았다. 남자들은 율법주의와 심판주의로부터 떠나도록 초대받았으며, 여인은 죄와 성적인 부도덕에서 떠나도록 초대받았다. 예수님은 병자를 낫게 하실 때 하셨던 말씀을 여인에게도 던지신다. "가서 다시는 죄를 범하지 말라" (8:11). 예수님은 은혜와 긍휼을 베푸셨지만 또한 서기관과 바리새인들과 여인에게 책임감을 요구하셨다.

비고란

요한복음에서 가장 오래된 사본에는 음행하다 잡혀 온 여인의 이야기를 다루는 7:53-8:11이 빠져 있다. 다른 사본에는 이 부분이 7:36 뒤나 혹은 21:25 뒤에 나온다.

제자

세상의 빛

이러한 밤 풍경을 마음에 그려보라. 커다란 등이 기름으로 채워져 활활 타고 있다. 횃불이 붙여진 성전 뜰은 밝게 빛나고 있다. 예수님은 말씀하신다. "나는 세상의 빛이니" (요한복음 8:12). 모세에게 "나는 스스로 있는 자니라"라고 하신 분이 지금 말씀하고 계시다.

그리고 여기에 날 때부터 눈먼 사람이 있다. 예수님과 제자들은 그를 보았다. 제자들은 큰 소리로 과연 누구의 죄로 인해 그가 이렇게 비참하게 되었는지 의아해 한다. 이 사람은 날 때부터 볼 수 없었다. 아마도 자신의 죄는 아닌 것 같고 부모의 죄인 것 같다. 예수님은 명확하고도 단호하게 말씀하신다. "이 사람이나 그 부모의 죄로 인한 것이 아니라 그에게서 하나님이 하시는 일을 나타내고자 하심이라" (9:3).

비록 그 날이 안식일이었지만, 예수님은 "때가 아직 낮이매" 일하여야 한다고 말씀하셨다 (9:4). 즉 하나님의 역사가 자신을 통해 드러나야 함을 말씀하신 것이다. 예수님은 하나님의 구속의 역사에 참여하고 계셨으며, 남은 때가 길지 않으셨다.

예수님은 땅에 침을 뱉고 진흙을 이겨 (안식일을 어김) 그것을 눈에 바르고 말씀하신다. "실로암 못에 가서 씻으라" (9:7). 절기 동안 날마다 이 눈먼 사람은 무리들이 실로암에서 길은 "생수"를 제단으로 가져가면서 노래를 부르는 소리를 들었다. 그렇다면 이는 얼마나 충분히 상징적인 것인가! 이 사람들의 조상들에게 광야에서 물을 주신 하나님의 손으로부터 그의 눈을 치유하고 그를 보게 하는 "생수"가 흘러나왔다.

요한복음에는 전형적으로 세 부분으로 이야기가 이루어진다. "표적"과, 사람들 간의 의견과, 예수님의 가르침이다. 날 때부터 맹인 된 사람을 기적적으로 치유하시자 지도자들 간에 행동이 분분히 나뉘게 되었다. 그들은 맹인이었던 자에게 질문을 던지고, 그 다음으로 부모에게 질문을 던지고 나서는, 그에게 다시 질문을 퍼부었다. 하나님을 찬양하고 예수님을 깎아 내리라는 요구를 받았으나 그는 이를 거절했다. 부모는 지도자들에게 대항하지 않도록 조심했는데 이는 "출교를 당할까 두려웠기" 때문이다 (9:22). 여전히 이름 없이 나오는 맹인은 점차로 자기주장을 밝히기 시작한다. 그는 심지어 권위자들에게 과연 그들이 믿는 자들이 되기를 원하는지 묻는다. 화가 난 그들은 그를 "죄인"이라 부르면서 회당에서 쫓아낸다. 예수님은 "그들이 그 사람을 쫓아냈다 하는 말을" 듣고 가서 그를 만나신다 (9:35). 그 사람은 믿는 사람이 되었다 "내가 믿나이다." 그리고 그는 "절하는지라" (9:38).

그 사람을 회당에서 축출한 것과, 빛과 대면했음에도 불구하고 눈먼 채로 남은 바리새인(9:39-41)과의 대화는 요한으로 하여금 다음에 나오는 예수님에 대한 가르침을 준비하게 했다.

선한 목자

"나는—이다"가 다시 나온다. 예수님은 말씀하신다. "나는 선한 목자라 선한 목자는 양들을 위하여 목숨을 버리거니와" (10:11). 에스겔 선지자는 선한 목자가 되어야 할 왕과 제사장들을 비판했다. "…자기만 먹는 이스라엘 목자들은 화 있을진저 목자들이 양 떼를 먹이는 것이 마땅하지 아니하냐 너희가 살진 양을 잡아 그 기름을 먹으며 그 털을 입되 양 떼는 먹이지 아니하는도다 너희가 그 연약한 자를 강하게 아니하며 병든 자를 고치지 아니하며

비고란

인도함

비고란

상한 자를 싸매 주지 아니하며 쫓기는 자를 돌아오게 하지 아니하며 잃어버린 자를 찾지 아니하고 다만 포악으로 그것들을 다스렸도다 목자가 없으므로 그것들이 흩어지고 흩어져서 모든 들짐승의 밥이 되었도다 내 양 떼가 모든 산과 높은 멧부리에마다 유리되었고 내 양 떼가 온 지면에 흩어졌으되 찾고 찾는 자가 없었도다" (에스겔 34:1-6). 그래서 "주 여호와께서 이같이 말씀하셨느니라 나 곧 내가 내 양을 찾고 찾되" (34:11). 하나님이 참 목자가 되신다! 그리고 예수님은 "나는—이다" 라고 말씀하신다. "나는 양의 문이라" (요한복음 10:7). 무슨 뜻일까? 시골 사람이라면 누구나 알 수 있는 이미지를 사용해서 예수님은 목자가 양들을 문안으로 모으는 것을 그려주셨다. 꾸물거리는 양들은 제각기 자신의 이름으로 불렸다. 상처가 났거나 아픈 양들은 돌봄을 받았다. 목자는 문 앞에 누움으로써 양들을 야생짐승들이나 도적으로부터 보호했다. 밤에는 문자 그대로 "문"이 되었다. 양들은 오직 그 문을 통해 나가고 들어가고 있다.

목자는 양들을 위해 자기 목숨을 바칠 것이다.

신실한 공동체의 모습

요한복음은 그리스도 안에 나타난 하나님이 나면서부터 맹인 된 사람을 고치신 놀라운 역사를 사용하여 예수께서 우리들의 길에 빛을 주실 것이라는 것을 보여주려 했다. 서론 부분에서 선언한 것처럼 "참 빛 곧 세상에 와서 각 사람에게 비추는 빛"이다 (요한복음 1:9).

우리는 신실한 믿음의 공동체이기 때문에 부지런히 그리스도의 빛에 대해 증거할 것을 택한다.

금주의 성경에서 다음 구절을 묵상해 보라 "주의 말씀은 내 발에 등이요 내 길에 빛이니이다" (시편 119:105). 그리고 "너희가 내 말에 거하면 참으로 내 제자가 되고 진리를 알지니 진리가 너희를 자유롭게 하리라" (요한복음 8:31-32). 제자 성경연구에 참여하며 성경을 공부하는 동안 이 구절들이 어떻게 진실로 마음에 다가오는가?

_____

당신은 일상생활에서 어떻게 "빛"을 찾고 또한 인식하는가?

_____

현재 당신의 삶에서 좀더 빛을, 그리고 좀더 인도를 필요로 하는 영역이 있다면?

_____

추가 연구

성경에 있는 양의 이미지에 대해 공부하려면 성서용어 색인에서 목자라는 단어를 포함하는 구절을 찾아보라. 목자의 역할이 어떻게 다양하게 표현되었는지 주의를 기울이라.

믿어라

"나는 부활이요 생명이니
나를 믿는 자는 죽어도 살겠고."
—요한복음 11:25

21 십자가를 위한 준비

인간의 모습

우리는 삶과 죽음 가운데 살면서도 삶과 죽음에 관해 무엇을 믿어야 할지 확신이 없는 가운데 살고 있다. 우리는 불확실한 가운데서 우리를 자유롭게 해준다는 약속을 해주는 그룹이나 아이디어를 찾고 있다.

성경 읽기

이제 사건들이 재빨리 진행되어 가기 시작한다. 예수께서 무엇을 행하시고, 왜 그렇게 행동하시는지 주의를 기울이라. 요한이 지금과 같은 방식으로 사건을 기록하면서 무엇을 말하려고 의도하는지 물어보라.

첫째 날: 요한복음 10:22-42 (수전절, 하누카)
둘째 날: 요한복음 11:1-54 (부활과 생명, 마르다의 고백, 나사로를 살리심);
다니엘 12장 (종말의 때, 부활의 소망);
욥기 19:23-29 (대속자를 믿음)
셋째 날: 요한복음 11:55—12:11 (베다니에서 기름부음)
넷째 날: 요한복음 12:12-36 (예수께서 나귀를 타고 예루살렘으로 입성, 예수님의 때); 마태복음 21:1-17; 마가복음 11:1-11; 누가복음 19:28-44 (예언을 이루기 위함, 예루살렘을 보고 우심); 스가랴 9:9-10 (평강의 임금); 이사야 62장 (시온의 구원); 누가복음 13:31-35 (예루살렘을 보고 슬퍼하심)
다섯째 날: 요한복음 12:37-50 (신앙과 불신앙, 심판하려 함이 아니라 구원하려 함이라); 이사야 6장 (이사야의 환상)
여섯째 날: "생명나무의 열매"와 "신실한 공동체의 모습"을 읽고 답하라.
일곱째 날: 안식

금주의 시편

할당된 성경 읽기를 마친 후 시편 116편을 큰 소리를 내어 기도하라. 읽는 성경과 관련해서 시편 116편이 매일 어떤 다른 의미를 지니는지 주의를 기울이라.

기도

매일 성경공부 전에 드릴 기도:
"여호와여 주의 이름이 영원하시니이다
여호와여 주를 기념함이 대대에 이르리이다"
(시편 135:13).

금주의 기도 제목:

믿어라

첫째 날: 요한복음 10:22-42 (수전절, 하누카)

둘째 날: 요한복음 11:1-54 (부활과 생명, 마르다의 고백, 나사로를 살리심); 다니엘 12장 (종말의 때, 부활의 소망); 욥기 19:23-29 (대속자를 믿음)

셋째 날: 요한복음 11:55—12:11 (베다니에서 기름부음)

넷째 날: 요한복음 12:12-36 (예루께서 나귀를 타고 예루살렘으로 입성, 예수님의 때); 마태복음 21:1-17; 마가복음 11:1-11; 누가복음 19:28-44 (예언을 이루기 위함, 예루살렘을 보고 우심); 스가랴 9:9-10 (평강의 임금); 이사야 62장 (시온의 구원); 누가복음 13:31-35 (예루살렘을 보고 슬퍼하심)

다섯째 날: 요한복음 12:37-50 (신앙과 불신앙, 심판하려 함이 아니라 구원하려 함이라); 이사야 6장 (이사야의 환상)

여섯째 날: "생명나무의 열매"와 "신실한 공동체의 모습"을 읽고 답하라.

제자

생명나무의 열매

요한복음에서는 낱말 한 개도 버릴 것이 없다. 그렇다면 왜 "수전절," 즉 하누카를 언급하고 있는 것일까 (요한복음 10:22)? 왜 "때는 겨울이라"고 말했을까? 왜냐하면 그러한 배경이 예수께서 이제 막 말씀하시려는 것과 활동하시려는 것이 필수불가결하기 때문이다.

봉헌과 겨울

비록 성경에 기록되어 있는 절기는 아니지만, 수전절(Hanukkah)은 중요한 유대 축제일로 지켰다. 수전절은 주전 167년 셀루커스에 의해 성전이 더럽혀진 후로 다시 재봉헌 되었던 때를 기념하는 것이다. 8일간 계속되는 절기는 키스레브 (11/12월) 25일에 시작되는데, 이는 성전이 더럽혀졌던 날이다. 주전 167년 안티오커스 4세(에피파네스)는 애굽에 또다시 공격을 감행했다. 하지만 이 무렵 애굽인들은 막 새로 로마와 동맹을 맺고 강대해져 있었다. 패배하는 수치를 당한 후 당황한 안티오커스는 황급히 유대를 거쳐 철수하게 된다. 안티오커스는 유대의 대제사장이 반역을 꾀한다고 믿기도 했지만, 또한 시리아의 수도로 되돌아 갈 때 가져갈 승리의 깃발도 필요했기에 예루살렘을 격파하게 된다. 그는 성전에서 돼지를 희생제물로 드리고, 또한 제단에서 제사장들을 살해함으로써 성전을 더럽혔다. 그는 유대 절기, 희생제사, 그리고 종교적인 관습들을 불법화해 버렸다.

하스모니안이라고 불리는 가족이 있었는데, 이 가족의 지도자는 유다 마카비라는 사람이었다. 그는 유대 애국자들을 모으고 시리아를 패배시키면서 예루살렘을 재탈환하고 성전을 깨끗하게 하여 재봉헌하였다 (제1마카비 4:52-58, 외경). 성전을 정화하는 데 7일이나 걸렸으며, 8일째 되는 날에는 축제를 거행했다. 당분간 하누카는 군사적인 승리에 초점을 맞추었었다. 그러나 주후 1세기 말에 와서는 군사적인 강조점을 잃게 되었는데, 로마의 치리 아래서는 어떠한 무력의 기미도 금지되어 있었기 때문이다. 그래서 차차 이 절기는 성별된 기름을 담은 조그만 항아리를 상기하게 되었다. 기름을 정결하게 하는 8일 동안, 새로운 기름을 짜서 성별되기까지 기적적으로 그 항아리의 기름이 내내 타올랐기 때문이다. 그래서 이 절기 동안은 메노라(menorah)라고 불리는 촛대가 사용되었는데, 이 촛대는 8개의 가지와 중앙에 있는 한 개의 초로 되어 있다. 수전절은 빛의 절기로 알려지게 되었다.

왜 요한은 솔로몬 행각을 언급하고 있을까 (요한복음 10:23)? 왜냐하면 헤롯 왕은 성전의 북쪽, 서쪽, 그리고 남쪽 뜰을 변형시키고 확장시켰기 때문이다. 원래 솔로몬 행각이 있었던 동쪽의 가장 오래된 부분은 그 기원을 마카비 시대로 거슬러간다. 혹은 요세푸스에 따르면, 솔로몬 시대에까지 거슬러간다. 그곳은 기드온 골짜기 너머로 죽은 자들이 "마지막 날"을 기다리는 무덤이 보이는 곳이기도 했기 때문에 역사적으로 볼 때 슬픔을 기억하는 장소로 정통성을 띄었다. 요한은 "때는 겨울이라"(10:22)고 상기시켜 주고 있다. 수전절은 일 년 중 땅이 죽어 가는 가장 어두운 시기에 행해졌다.

예수님은 예루살렘에 계셨다. 예수님과 "유대인" 종교 지도자들 간에 논쟁이 벌어졌다 (10:24-30). 그들은 예수께서 "아버지와 나는 하나" (10:30)라고 주장하시자 격분해서 예수께 돌을 던지기 일보 직전이었다. 곧 예수님은 죽게 될 것이다. 그래서 요한은 나사로 이야기를 들려줌으로써 우리를 준비시키고 있다. 배경은 사망의 이미지로 가득 차 있다.

비고란

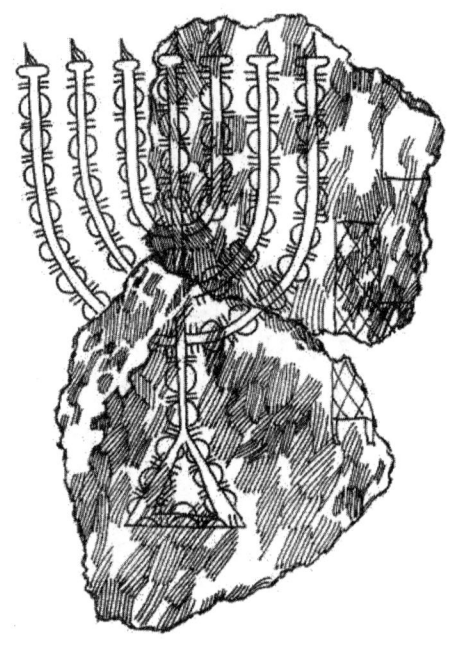

예루살렘에 있는 어느 집의 회반죽 벽에서 나온 이 파편들은 헤롯 왕 (주전 37-주전 4) 때의 것으로, 우리가 가지고 있는 성전의 메노라의 가장 초기 것을 대표하고 있다. 두 개의 커다란 파편은 우리로 하여금 전체 모양이 어떠했는지 상상할 수 있게 해준다.

하누카 메노라는 여덟 개의 가지로 되어 있어서 성전 정화와 봉헌을 하는 8일 동안 기적적으로 타올랐던 등을 각 가지에 하나씩 꽂도록 되어 있다. 중앙에 있는 가지는 *샤마쉬 (shamash)* 용으로써 다른 것들을 밝히는데 사용되던 아홉 번째 초를 꽂도록 되어 있었다.

믿어라

나사로

다른 복음서에는 예수께서 야이로의 딸(마가복음 5:22-24, 35-43; 누가복음 8:41-42, 49-56)과 과부의 외아들(누가복음 7:11-15)을 살리는 것으로 되어 있다. 그러나 요한복음의 기사는 오로지 나사로의 부활만을 기록함으로써 마치 이 드라마틱한 사건만이 하나님의 영광을 위해 이루어진 놀라운 역사인 듯이 증거하고 있다. 요한복음에서 예수님은 가나의 혼인잔치에서 처음 표적을 행하셨으며, 마지막 표적은 베다니 근처에 있는 무덤에서 행하셨다. 예수님의 어머니 마리아가 혼인잔치에서 예수께서 무언가를 하실 수 있으리라 믿었던 것과 마찬가지로, 마리아와 마르다는 예수께서 나사로를 위해 무엇인가를 하실 수 있으리라고 믿었다.

두 자매가 예수께 나사로가 심히 아프다는 말을 전했을 때, 예수님은 가지 않으셨다. 일부러 꾸물거리셨다. 그는 표적을 행할 시간과 당도할 때를 알아서 정하셨다. 마찬가지로 그는 자신의 죽음을 위한 시간을 정하셨다. "이를 내게서 빼앗는 자가 있는 것이 아니라 내가 스스로 버리노라" (요한복음 10:18).

유대인들은 시체를 방부 처리하지 않는 반면 향수를 뿌려 사망한 날 매장하였다. 때때로 매장한 후에도 혼수상태에 있던 사람이 깨어나 "되살아나는 경우가" 있었다. 사람들은 죽은 자의 영혼이 시신 옆에 사흘간 머무르다가 떠난다고 믿었다.

나사로가 죽은 지 나흘이 지났다. 애도하던 사람들은 장송가를 불렀다. 마르다와 마리아는 상실감으로 인해 분함과 고통을 느끼고 있었다. 이 세 명의 독신 남녀들은 예수님과 가장 친한 친구들이었다. 그들의 집은 예수께 안식처였었다. 그들은 제자들이었다.

예수님은 우셨다.

왜 예수님은 우셨을까? 요한복음에는 예수님이 "심령에 비통히 여기시고 불쌍히 여기사" (11:33) 라고 적고 있다. 예수님은 자신이 얼마나 나사로를 사랑했는지를 보이면서 우리가 울 때 하나님의 마음도 운다는 것을 보이면서 자신의 인성을 드러내고 계셨을까? 요한이 주로 관심을 보였던 것은 예수님의 인성이 아니라 예수님의 신성이었다. 예수님은 마르다와 마리아를 포함한 무리가 당신이 누구인지 이해하지 못해서 우셨을까? 그들이 예수님을 믿지 못해서 우셨을까? 예수님은 나사로를 살리심으로써 자기 자신의 운명을 단단하게 봉하는 것으로 느끼셨던 것일까? 예수님은 "맨 나중에 멸망 받을 원수" (고린도전서 15:26) 라고 사도 바울이 말한 사망의 권세에 마음이 동요되셨을까?

예수님은 나사로를 일으킬 능력을 달라고 아버지께 기도하지도 않으셨고, 아버지더러 그렇게 해달라고 요구하지도 않으셨다. 대신 감사의 기도를 드리고 아버지께서 이미 자기 기도를 들으시고 응답하신 것에 대해 감사드리셨다. 나사로를 살리시는 것은 많은 사람들로 하여금 믿게 하는 표적이 되는 것이었다 (요한복음 11:41-42).

예수님은 어디에 서 계셨는가? 나사로 무덤에서 예수님은 유대인들이 수세기 동안 매장되어서 "마지막 날," 즉 부활의 날을 기다리고 있는 감람산에 있는 묘지 근처에 계셨다.

메시야가 어디에 나타나게 될까? 물론 동쪽으로 예루살렘을 굽어보는 감람산일 것이다. 메시야는 동쪽으로부터 오실 터였다. 메시야가 언제 나타나시

비고란

165

제자

게 될까? 마지막 날이다. 묘지에 묻힌 유대인들은 비문에다 히브리어 알파벳의 마지막 글자인 타브(tav)를 새겨 넣었는데, 이는 마지막 날 부활할 것에 대한 믿음을 나타내기 위함이었다.

이처럼 죽음에 대한 상징이 충만한 가운데 예수님은 "나는 부활이요 생명"(11:25)이라고 선언하셨다. 후일 언젠가가 아니라 오늘에 말이다. "내가 될 것이다"가 아니라 "나는—이다"라고 되어 있다. 마르다는 부활에 대해 "후일 언젠가" 올 것이라는 관점을 가졌다. 예수님은 "현재"의 시각을 가지셨다. 예수님 안에서 부활의 생명은 이미 현존하고 있다. 오로지 소수의 사람들만이 예수님의 부활 전에 이 메시지를 파악하는 것처럼 보였다. 마태복음에 따르면 베드로는 "주는 그리스도시요 살아 계신 하나님의 아들"(마태복음 16:16)이라고 고백했다. 사마리아 여인은 "이는 그리스도가 아니냐" (요한복음 4:29) 라고 말했다. 이제 마르다는 강력한 증거를 발하고 있다. "주여 그러하외다 주는 그리스도시요 세상에 오시는 하나님의 아들이신 줄 내가 믿나이다" (요한복음 11:27).

나사로 사건은 종교 지도자들을 당혹스럽게 했다. "유대인의 큰 무리가 예수께서 여기 계신 줄을 알고 오니 이는 예수만 보기 위함이 아니요 죽은 자 가운데서 살리신 나사로도 보려 함이러라 대제사장들이 나사로까지 죽이려고 모의하니 나사로 때문에 많은 유대인이 가서 예수를 믿음이러라" (12:9-11). 증거가 강력해질수록 믿음과 불신 사이에 놓인 차이는 깊어만 갔다.

유월절

이제 추진력은 유월절, 즉 무교절로 옮아간다. 다시 한번 예수님과 그 제자들은 베다니에 있는 나사로, 마르다, 그리고 마리아 집에 유하고 계셨다. 마르다가 식사를 대접하고 있는데, 마리아가 예상치 못한 일을 저질렀다. 그녀는 수입산 향유를 샀다. 유다에 따르면, 그 가격은 "삼백 데나리온"으로 하루 노동자가 1년간 벌어야 할 돈에 해당했다. 마리아는 그 향유를 예수께서 돌아가시면 그 시신에 부으려고 아껴두었었다. 그녀는 예수께서 그의 "때"가 오고 있다고 말씀하셨을 때 그대로 믿었다. 그녀는 예수님의 발에 그 향유를 붓고 그녀의 머리칼로 예수님의 발을 씻겨드렸다. 값비싼 향유 냄새가 온 집안을 진동했다. 유다는 다른 복음서에서 도적으로 불리고 있진 않다. 그러나 요한복음에서는 그렇게 불리고 있다. 그는 물었다. "이 향유를 어찌하여 삼백 데나리온에 팔아 가난한 자들에게 주지 아니하였느냐" (요한복음 12:5).

예수님의 대답은 세 부분으로 이루어진 것 같아 보인다. 첫째로, 마리아의 아름다운 사랑의 선물을 조롱하거나 질책해서는 안 된다. 하나님께서 사치스러울 만큼 풍성하게 주시는 것처럼 마리아도 그렇게 했다. 우리는 가나의 혼인잔치에서 있었던 포도주 사건을 기억한다. 또한 기적적으로 사람들을 먹이실 때 열두 광주리나 빵이 남았던 것을 기억한다.

두 번째로, 유다가 "가난한 자" 라고 말한 것은 설득력이 없어 보인다. 요한의 기사에 따르면, 유다는 가난한 자를 돕기 위해 사용되었던 "공동의 지갑"에서 훔치고 있었다. 대체로 사랑의 헤픈 선물에 반대하는 사람들은 가난한 자들을 위해 희생하지 않는다.

더 중요한 것은 마리아는 다른 모든 사람들이 무시하거나 받아들이기를 거부하였던 것을 알고 있었다. 예수님의 때가 왔다는 것이다. 예수님은 말씀을

비고란

믿어라

비고란

할 만큼 하셨다. "가난한 자들은 항상 너희와 함께 있거니와 나는 항상 있지 아니하리라" (12:8). 만일 누구든지 예수께 친절을 베풀려고 한다면 바로 지금이어야 할 것이다. 그러나 제일 중요한 것은 향유를 부은 것은 영광을 가리키는 것으로 십자가 위에 부으실 하나님의 사랑을 표시하는 것이었다. 마리아의 헤픈 선물은 예수님의 측량할 수 없는 사랑의 쏟아 부으심을 눈에 보이듯 보여주었다.

예수님의 때가 다다랐다. "인자가 영광을 얻을 때가 왔도다…지금 내 마음이 괴로우니 무슨 말을 하리요 아버지여 나를 구원하여 이 때를 면하게 하여 주옵소서 그러나 내가 이를 위하여 이 때에 왔나이다 아버지여, 아버지의 이름을 영광스럽게 하옵소서…" (12:23, 27-28).

요한복음은 우리에게 예수께서 하나님의 아들이며 말씀이 육신이 된 것을 믿으라고 한다. 어떤 사람들은 믿는 것처럼 보이지만 아무런 변화시키는 능력도 경험하지 못하는 것처럼 보인다. 다른 사람들은 경험하는 것처럼 보인다. 믿는 데 없어서는 안 될 요소는 무엇인가?

_____

_____

종려주일

예루살렘은 화약창고와 같았다. 모든 로마 군인들이 경계 태세에 있었다. 종교 순례자들이 온 세계 방방곡곡으로부터 물밀듯 들어오고 있었다. 남자, 여자, 아이들 할 것 없이 번잡한 도로를 어깨를 서로 스치며 활보하고 있었다. 심지어 먼 로마에 있던 황제까지도 고분고분하지 못한 유대인이 반란을 일으킬지도 모른다고 생각하고 있었다. 만일 그런 일이 일어난다면 유월절에 일어날 것이었다.

이스라엘의 다른 예언자들과 마찬가지로 스가랴는 원수가 그들의 힘을 잃고 공의와 평화가 다스릴 날에 대한 환상을 가졌다. 이스라엘은 더 이상 병거나 싸울 말이 필요 없을 터인데 왜냐하면 메시야가 오실 것이기 때문이다. 그러면 시온이 "크게 기뻐할" 것이다 (스가랴 9:9-10). 메시야는 왕과 같이 "승리에 찬 모습으로" 오실 것이다. 그러나 이 이상스러운 평화의 왕은 어떻게 올 것인가? 그는 겸손하여 "나귀의 작은 것 곧 나귀 새끼"(9:9)를 타고 오실 것이다. 예수님은 의도적으로 스가랴에 나와 있는 평화롭고 겸손한 이미지를 사용하셨다. 왜냐하면 그는 메시야를 재해석하려고 하셨기 때문이다. 그는 군대를 이끈 장군 마냥 흰 종마를 타고 오지 않을 것이다. 대신에 겸손한 선생의 모습으로 나귀새끼를 타고 발을 거의 땅에 닿을 만한 자세로 오실 것이다. 예수님은 일반적인 오해 때문에 사람들이 자신을 "왕"이라 부르는 것을 원치 않았다.

그러나 군중은 여리고로부터 종려나무 가지를 흔들었다. 그들은 "호산나… 이스라엘의 왕"(요한복음 12:13)이라고 외치면서 마치 유다 마카비가 안티오커스의 군대를 패배시킨 것처럼 예수께서 로마의 통치를 전복해 주기라도 하듯 떠들었다.

오직 요한복음만이 군중들이 예수님을 향해 흔든 가지가 종려나무 가지라고 언급하고 있는데 이는 나라의 연합과 자유의 상징이었다. 함성은 할렐루

대추나무

제자

야 시편인 "애굽의 할렐"로부터 따온 것인데, 이 시편에서는 애굽에서의 해방, 적을 이기고 승리한 것, 그리고 승리를 이끈 왕이 개선하는 것을 상기하였다. 열광적인 함성은 시편 118편에서 정확히 따온 것이다. "주의 이름으로 오시는 이 곧 이스라엘의 왕이시여" (시편 118:26; 요한복음 12:13). 군중들은 예식적인 순간을 감지했다.

"여호와는 하나님이시라 그가 우리에게 빛을 비추셨으니
밧줄로 절기 제물을 제단 뿔에 맬지어다" (시편 118:27).

아마도 이 위대한 능력을 지닌 예언자로 인해 그들이 오랫동안 바라던 자유를 얻을 수 있을지도 모르는 것이었다. 그들의 심장은 헐떡이는 열의로 인해 터질 듯했다.

예수께서 성 안으로 들어오시자 유대 지도자들은 곤경에 빠질 가능성이 있으리라는 것을 인정해야만 했다. 왜냐하면 메시야라고 자처하는 이들은 때로는 추종자를 무력화해서 로마의 분노를 자아내기도 했기 때문이었다. 이전에 로마 군대는 여러 번에 걸쳐 메시야적인 봉기를 진압한 적이 있었다. 몇 년 전만 해도 로마는 반란을 진압하느라 오만 명이나 되는 사람들을 학살했다. 이후에 (주후 70년) 로마는 항거하는 유대인들을 짓밟고 성전을 영구히 파괴하고 예루살렘을 폐허로 만들고 만다.

종교 지도자들은 로마 지배층들을 위해 시민들의 질서를 유지하기로 되어 있었다. 그러므로 수없이 많은 군중이 성 안으로 예수께 찬양을 드리며 들어왔을 때, 바리새인들은 예수께 이렇게 명령한다. "선생이여 당신의 제자들을 책망하소서." 예수님은 대답하신다. "내가 너희에게 말하노니 만일 이 사람들이 침묵하면 돌들이 소리지르리라" (누가복음 19:39-40). 아마도 예수님은 이사야에 나온 메시야의 이미지를 상기하고 있었을 것이다. "시온을 위하여 잠잠하지 아니하며" (이사야 62:1). 예수님은 행동과 말씀으로 메시야를 재정의하셨으나 백성들은 이해하지 못했다. 종려주일의 입성은 아무런 칼도 지니고 오지 않았지만 종교 공동체와 로마 제국에 대항하여 도전을 던졌다.

예수님은 그의 때가 왔다는 것을 알고 계셨다 (요한복음 13:1). 사망하실 일이 임박했다. 앞서 예루살렘을 방문한 것들이 갈등을 불러일으켰다. 성전 경비대가 그를 체포하려고 시도한 적이 있었다 (7:45-47). 예수께서 나사로를 살리신 기적 때문에 많은 사람들이 예수님을 믿게 되었다. 희랍인들은 예수님을 보기 위해 절기에 참석했다 (12:20-22). 바리새인들은 좌절감을 느꼈다. "볼지어다 너희 하는 일이 쓸 데 없다 보라 온 세상이 그를 따르는도다" (12:19).

예수님은 계속해서 자기가 누구인지 해석해 주려고 하셨다. 앞서 나다나엘이 예수의 지지를 얻자 그를 "하나님의 아들" 그리고 "이스라엘의 왕"이라고 불렀을 때, 예수님은 나다나엘이 가진 생각을 도전하셨다. "이보다 더 큰 일을 보리라" (1:49-50). 오천 명의 사람들이 기적적으로 음식을 먹은 후에 억지로 예수님을 왕으로 삼고자 했을 때, 예수님은 홀로 물러나셨다 (6:15). 요한은 심지어 스가랴의 본문을 약간 수정한다. 스가랴 예언자는 "시온의 딸아 크게 기뻐할지어다" (스가랴 9:9) 라고 썼으나, 요한복음은 서두 부분을 재구성하였다. "시온 딸아 두려워하지 말라" (요한복음 12:15). 제자들은 혼란스러웠다. 군중들은 정신없이 흥분했다. 지배층들은 정치적인 위기를 감지했다. 그러나 예수님은 그 순간의 기회를 타서 앞으로 올 자신의 죽음에 대해 가르치셨다. 그리고 그것을 영광을 입을 시간이라고 일컬었다. "한 알의 밀이 땅에 떨어져 죽지 아니하면 한 알 그대로 있고 죽으면 많은 열매를 맺느니라"

비고란

믿어라

(12:24). 예수님은 메시지의 강도를 낮추시고, 치유하는 것을 중단하시고, 기존에 있던 조직 종교에 대해 좀 더 존경을 보일 수도 있었을 것이다. 하지만 대신에 예수님은 순종적인 자기희생을 통해 생명을 포기하시고 더 풍성한 추수를 가져오기 위해 죽으셨다. 한 알의 밀이 땅에 떨어짐으로 인해 얼마나 많은 소경들이 눈을 뜨게 되었고, 얼마나 많은 사람들이 용서를 받았으며, 얼마나 많은 어린이들이 축복을 받았고, 얼마나 많은 배고픈 사람들이 그 "열매"를 먹고 배부르게 되었는지 생각해 보라. 요한복음에 따르면, 예수님의 희생적인 죽음은 풍성한 삶을 가져오게 된다.

신실한 공동체의 모습

우리는 죽음이 삶의 일부라는 것을 알고 있다. 심지어 우리가 사랑하는 어떤 사람이 죽게 될 때라도 우리는 소망이 없는 사람들 마냥 애통해 하지는 않는다. 우리의 소망은 예수 안에 있다. 예수님은 이렇게 선언하셨다. "나는 부활이요 생명이니" (요한복음 11:25). 후일 언젠가가 아니라 바로 지금 그러하다. "나는 될 것이다"가 아니라 "나는—이다." 마르다는 부활에 대해 "후일 언젠가" 하는 시각을 가졌다. 예수님은 "지금"의 시각을 가지셨다. 예수 안에서 부활의 삶이 벌써 현실에서 이루어지게 된다.

당신은 어떻게 지금 영생을 체험하고 있는가?

_____

"나는 부활이요 생명이니" 라는 예수님의 말씀이 어떻게 당신을 삶과 죽음의 불확실한 것에서 자유함을 주는가?

_____

예수께서 계속해서 그의 "때"에 대해 말씀하실 때, 과연 예수님은 무엇을 언급하고 계신가? 왜 요한에게는 예수님이 자신의 때를 통제하고 있다는 것이 중요했는가?

_____

철저한 제자

"한 알의 밀이 땅에 떨어져 죽지 아니하면 한 알 그대로 있고 죽으면 많은 열매를 맺느니라" (요한복음 12:24). 철저한 제자는 열매를 맺기 위해서 무엇에 죽고, 무엇을 잊어버려야 하는가?

추가 연구

요한복음에서 예수께서 행하신 마지막 표적인 나사로의 부활이 어떤 상황에서 일어났는지 더 자세히 알기를 원한다면, 유대인들이 죽음, 스올, 미래의 부활에 대해 어떤 믿음을 갖고 있었는지 연구하라. 정보는 성서사전이나 주석 혹은 인터넷에서 찾아볼 수 있다.

비고란

우리는 신실한 믿음의 공동체이기 때문에 예수님을 하나님의 아들이신 메시야로 믿으며 살다가 죽는다.

내 안에 거하라

"내 안에 거하라 나도 너희 안에 거하리라
가지가 포도나무에 붙어 있지 아니하면 스스로 열매를 맺을 수 없음 같이
너희도 내 안에 있지 아니하면 그러하리라."

—요한복음 15:4

22 열매를 맺는 능력

인간의 모습

우리는 서로 연결되어 산다고 착각하고 있다. 과학기술 덕분이다. 그러나 우리는 고립되어 단절되어 있는 것처럼 느낀다. 우리는 누가 우리의 이웃인지 알지 못한다. 우리는 가족에게조차 조금밖에 시간을 할애하지 못하고 있다. 우리는 관계를 지속할 수 없어 시들어가는 포도나무와 같다.

성경 읽기

천천히, 생각하면서 성경을 읽어라. 예수님은 믿는 사람들을 친밀하게 인도하고 계시다. 예수께서 체포되기 전에 당신에게 개인적으로 말씀하고 있다고 상상하라.

첫째 날: 요한복음 13장 (예수께서 제자들의 발을 씻기다, 새 계명)
둘째 날: 요한복음 14장 (예수님과 하나님은 한 분, 성령을 보내기로 약속하심)
셋째 날: 요한복음 15장 (포도나무와 가지, 포도나무에 붙어 있어 열매를 맺어라, 서로 사랑하라, 박해를 경고하심, 진리의 영)
넷째 날: 요한복음 16장 (성령이 당신을 인도하실 것이다, 예수께서 제자들을 위로하심, 구하라 그리하면 받을 것이라)
다섯째 날: 요한복음 17장 (예수께서 자신과 제자들과 그리고 교회를 위해 기도하심)
여섯째 날: "생명나무의 열매"와 "신실한 공동체의 모습"을 읽고 답하라.
일곱째 날: 안식

철저한 제자

당신에게 있어 섬김의 행위는 어떤 것인지 묘사해 보라. 이번 주에 할 수 있다 하시는 성령의 능력을 받기를 간구하라. 그런 후에 행동하라.

금주의 시편

시편 80편을 큰 소리로 기도함으로써 하나님과의 관계를 회복하는 기회를 삼아라. 공동체가 하나님께 무엇을 구하고 있는지, 그리고 관계 회복을 위해 공동체가 하나님께 무엇을 약속하고 있는지 생각해 보라.

기도

매일 성경공부 전에 드릴 기도:
"주의 증거들은 놀라우므로
    내 영혼이 이를 지키나이다
주의 말씀을 열면 빛이 비치어
    우둔한 사람들을 깨닫게 하나이다"
        (시편 119:129-130).

금주의 기도 제목:

내 안에 거하라

첫째 날: 요한복음 13장 (예수께서 제자들의 발을 씻기다, 새 계명)

둘째 날: 요한복음 14장 (예수님과 하나님은 한 분, 성령을 보내기로 약속하심)

셋째 날: 요한복음 15장 (포도나무와 가지, 포도나무에 붙어 있어 열매를 맺어라, 서로 사랑하라, 박해를 경고하심, 진리의 영)

넷째 날: 요한복음 16장 (성령이 당신을 인도하실 것이다, 예수께서 제자들을 위로하심, 구하라 그리하면 받을 것이라)

다섯째 날: 요한복음 17장 (예수께서 자신과 제자들과 그리고 교회를 위해 기도하심)

여섯째 날: "생명나무의 열매"와 "신실한 공동체의 표"를 읽고 답하라.

제자

생명나무의 열매

예수님의 지상 사역이 끝나가면서, 제자들을 위한 그의 사역이 시작되었다. 그러한 전환 과정이 요한복음 13:1에 나타난다. 예수님은 계속해서 자신의 "때"가 다가오고 있다고 말씀하셨다. 그리고 이제 그때가 이르렀다는 것을 확신하셨다. 예수님은 "자기 사람들을" 사랑하셨다. 이제 그들에게 "끝까지 사랑하시는 것"을 보여주실 준비가 되셨다 (13:1).

사복음서 모두는 예수께서 제자들과 함께 하신 마지막 만찬에 초점을 맞추고 있다. 공관복음에서 예수님은 무교절의 첫 번째 밤에 유월절 만찬을 드셨다. 요한의 기사에서 보면, 그 식사는 "유월절 전"에 드신 것으로 되어 있다 (13:1). 요한이 측정한 시간에 의하면, 예수님의 십자가형은 성전에서 희생양이 도살되는 예비일에 행하여졌다. 이는 우연이 아니다. 요한에게 있어서 예수님은 바로 양이시기 때문이다.

요한복음은 우리의 죄를 용서하기 위해 예수께서 흘리신 피를 상징하는 포도주 잔을 상기시켜 주지 않는다. 또한 제자들을 위해 떼어주신 예수의 몸인 떡에 대해서도 상기시켜 주지 않는다. 공관복음서와 바울의 증거에 의하면, 예수님은 마지막 만찬 때 성만찬을 제정하신 것으로 되어 있다. 성만찬은 최초의 기독교 교제에서 중심이 되던 것이었다. 오순절이 막 지나 신자들은 "사도의 가르침을 받아 서로 교제하고 떡을 떼며 오로지 기도하기를 힘쓰니라"고 되어 있다 (사도행전 2:42). 바울은 이미 제도화된 예수의 말씀, 즉 "이것은 너희를 위하는 내 몸"(고린도전서 11:24)을 인용할 뿐 아니라, 11:33-34에서는 늦게 오는 사람들과 함께 먹기 위해 그들을 기다리는 대신 미리 떡을 먹어버리는 철없는 어린아이 같은 고린도 교인들을 나무라고 있다.

제자들의 발을 씻기심

직접 두 눈으로 목격한 요한은 교회가 잊어버리지 않았으면 하는 특별하게 기억하고 싶은 것이 있었다. 복음서 기자들 가운데 오로지 요한만이 요한복음에서 교회를 위해 남겨준 기억이 하나 있는데, 그것이 바로 만찬 중에 예수께서 제자들의 발을 씻기신 사건이었다.

예루살렘에 감도는 긴장감은 이만저만하게 높은 것이 아니었다. 예수님의 권위와 종교적인 권위 구조 사이에 이을 수 없는 넓은 선이 그어져 있었다. 의심할 바 없이 제자들도 긴장감을 느꼈을 것이다. 유다는 마리아에게 값비싼 향유를 왜 허비하느냐고 비판했다 (요한복음 12:4-5). 요한은 이렇게 말한다. "마귀가 벌써 시몬의 아들 가룟 유다의 마음에 예수를 팔려는 생각을 넣었더라" (13:2). 만찬 때에 예수님은 또한 모든 사람이 듣게끔 이렇게 말씀하셨다. "너희 중 하나가 나를 팔리라" (13:21). 베드로는 새벽이 오기 전에 예수님을 세 번 부인할 것이라는 말을 듣는다 (13:38). 마태복음은 만찬을 마치자마자 예수께서 이렇게 말씀하셨다고 기록하고 있다. "너희가 모두 나를 버리리라" (마태복음 26:31).

더 강도 높은 말은 긴장감을 더했다. 요한복음 전체를 통해 예수님은 다가오는 시간에 맞추어 조심스레 사역을 수행하셨다. 몇 번이나 예수님은 "그의 때가 아직 이르지 아니하였으므로" 대면하는 것을 피하셨다 (요한복음 7:30). 이제 식사 시간에 "예수께서 자기가 세상을 떠나 아버지께로 돌아가실 때가 이른 줄" 아셨다 (13:1).

비고란

내 안에 거하라

이렇게 감동적인 순간에 예수님은 일어나서 겉옷을 벗고, 수건을 허리에 두르고, 물을 대야에 부은 후 제자들의 발을 씻기기 시작하셨다 (13:4-5). 예수님이 맡은 역할은 부자 집 하인이나 종이 하는 일이요, 가난한 집에서는 어린이가 하는 일로써, 누구든지 지위가 가장 낮은 사람이 하는 일이었다. 종종 주인은 간단하게 물을 준비해 두어서 방문객들이 스스로 자기 발을 씻게끔 하기도 했다. 물론 식사 전에 손님들이 속속 도착할 때 발을 씻게 되어 있었다. 그러나 이 기사에서 예수님은 식사 도중에 자리에서 일어나 겉옷을 "벗으셨다" (13:4). (이 동사는 예수께서 목숨을 "버리셨다"에 나오는 것과 같은 단어이다.) 마치 종과 같이 예수님은 무릎을 꿇고 제자들의 발을 씻기셨다. 예수님은 어떤 메시지를 보내고 계셨다. 예수님은 종처럼 섬기는 교회로 초점을 맞추고 일치를 이룬 그런 교회를 남기고 싶으셨다.

항상 성급했던 베드로는 세족식에 담긴 뜻을 이해하지 못했다. 출생에 대해 니고데모가 그러했던 것처럼, 물에 대해 사마리아 여인이 그러했던 것처럼, 베드로는 영적인 의미를 깨닫지 못했다. 그는 "내 발을 절대로 씻지 못하시리이다"에서 "내 발 뿐 아니라 손과 머리도 씻어 주옵소서" 라고 태도를 180도 돌변하였다. 베드로는 혼란스러웠다.

이 세족식은 세례와는 달랐다. 세족은 일종의 환영이며, 겸손이며, 섬기는 행위였다. 이 행위는 전 세계의 발을 씻기는 행위도 아니었다. 예수님은 당신의 교회가 서로 팔꿈치로 밀어제치는 것보다는 서로를 섬기기 위해 무릎을 꿇게 되기를 바랬다. "내가 주와 또는 선생이 되어 너희 발을 씻었으니 너희도 서로 발을 씻어 주는 것이 옳으니라" (13:14).

세족은 신적인 계시가 나타난 행위였다. 예수님은 주인으로 행사하셨다. 제자들의 발을 씻기실 때 예수님은 제자들을 아버지의 집으로 환영하신 것이다. 세족은 십자가 처형 전날에 행하신 거룩한 낭비의 행위였다. 그것은 은혜 위에 은혜인 궁극적인 사랑의 낭비를 가리키고 있는 것이다 (1:16).

포도원

포도송이, 건포도, 포도주, 그리고 꿀이라고 불리는 걸쭉한 시럽은 성경 시대 팔레스타인에서는 주요 산물에 속했다. 기후와 지형상으로 보아 포도를 재배하기에 적합하였기 때문에 포도원이 천지에 널려 있었다. 큰 포도원은 부자들이 소유했으며, 작은 포도원은 가난한 자들에게 물려졌다.

성경 역시 포도원에 대한 언급으로 가득 차 있다. 이사벨 왕후는 나봇의 포도원을 빼앗기 위해 그를 죽인다 (열왕기상 21:1-16). 아가서에 나오는 처녀는 태양 아래서 포도를 가꾸며 지냈기에 게달의 장막 같이 피부가 검다 (아가 1:5-6).

종종 포도원은 하나님의 백성인 이스라엘을 상징하는 것으로 사용되었다. 호세아는 이스라엘을 가리켜 "열매 맺는 무성한 포도나무"라고 하였다 (호세아 10:1). 예레미야는 하나님께서 "순전한 참 종자 곧 귀한 포도나무"로 심었거늘 "이방 포도나무의 악한 가지가" 되었다고 한탄했다 (예레미야 2:21). 바벨론에 포로로 잡혀간 에스겔은 포도나무가 "심어졌으나" 강한 동풍 때문에 시드는 것을 보았다 (에스겔 17:7-8, 10). 이사야는 이스라엘을 가리켜 벽을 두르고 잘 지은 주의 포도원이라 하면서 포도원 안에는 망대도 있다고 하였다. 그런데도 포도원은 신 들포도를 맺었다. 그래서 하나님은 담을 헐고 포도원을 짓밟아 버리셨다고 했다.

비고란

제자

> "무릇 만군의 여호와의 포도원은 이스라엘 족속이요
> 그가 기뻐하시는 나무는 유다 사람이라
> 그들에게 정의를 바라셨더니 도리어 포학이요
> 그들에게 공의를 바라셨더니 도리어 부르짖음이었도다"
> (이사야 5:7).

시편 기자도 그 은유법을 사용하고 있다.

> "주께서 한 포도나무를 애굽에서 가져다가
> 민족들을 쫓아내시고 그것을 심으셨나이다
> 주께서 그 앞서 가꾸셨으므로
> 주께서 어찌하여 그 담을 허시사…" (시편 80:8-12).

예수님은 이 풍부한 포도원의 이미지를 비유로 사용하셨다. 포도원 비유 이야기는 이렇게 진행된다. 주인이 포도원을 만들고 포도를 심고 농부들에게 세를 주었다. 그리고 종을 보내 포도원 세를 받아오도록 보냈다. 농부들은 첫 번째 두 번째 종을 패서 소출을 주지 않고 거저 보냈다. 세 번째 종은 죽여 버리고 만다. 주인이 최후로 상속자인 "사랑하는 아들"을 보내면서 소출을 받아오라 하니 농부들은 그도 죽여 버렸다. 이제 비유의 핵심 부분이다. 주인은 "농부들을 진멸하고 포도원을 다른 사람들에게 주리라" (마가복음 12:1-9). 초대교회는 이 비유가 예수님이 거부당하고 십자가에 처형당하시는 것임을 명확하게 이해했다.

참 포도나무

제자들에게 마지막으로 이별을 고하면서 예수님은 포도원 은유법을 계속 사용했으나 조금 변형시키셨다. 더 이상 이스라엘이 포도원이 아니다. 이젠 예수님이 포도가 되신다. "나는 참 포도나무요" 라고 예수님은 말씀하셨다 (요한복음 15:1). 포도를 재배하는 자, 포도나무, 가지들이 은유를 이루고 있다. 아버지는 "심으셨으며", 예수님은 포도나무가 되시며 제자들은 가지이다. 포도나무가 존재하는 목적은 단 한 가지이다. 탐스럽게 익은 열매를 많이 맺는 것이다. 제자들은 "그리스도 안"에 살면서 제자도의 열매를 맺도록 되어 있었다.

어떤 포도나무는 열매를 맺을 기미가 보인다. 다른 나무는 그렇지 않다. 쓸모없는 가지는 잘라 버려서 포도나무의 기가 열매를 맺는 가지 쪽으로 흐르도록 해야 할 것이다. 포도를 재배하는 사람, 포도나무, 그리고 가지 이야기의 전체 요점은 열매에 있다. 그리고 포도나무에 있어서 열매와 가지의 관계는 예수님의 지상 사역과 제자들과의 관계나 마찬가지였다. 그것은 사람들을 듣도록 초청하고, 믿도록 초청하고, 그리고 말씀을 순종하도록 초대하는 것이다. 열매를 맺는다 함은 니고데모가 위로부터 거듭날 수 있도록 증거하는 것이며, 우물가의 여인이 메시야를 경험할 수 있도록 증거하는 것이며, 병자가 일어나 자기 들 것을 지고 걸을 수 있도록 돕는 것이다. "길이요 진리요 생명"이신 그분께로 다른 사람들을 손짓해 보여 주는 것이 열매를 맺는 것이다 (14:6).

예수님은 제자들이 다른 충성할 꺼리에 솔깃해질 수 있다는 것을 알고 계셨다. 땅에 있는 가지는 그 나름대로 뿌리를 내릴 수 있으나 그 뿌리는 깊지 못하다. 중심 가지와 분리된 그러한 가지들은 생기를 잃고 열매를 조금밖에 맺지 못한다. 결국에는 죽는 것이 태반이다. "그가 내 안에, 내가 그 안에

비고란

내 안에 거하라

거하면 이 사람은 열매를 많이 맺나니 나를 떠나서는 너희가 아무 것도 할 수 없음이라" (15:5).

에스겔 선지자도 죽은 포도나무는 아무 소용이 없다고 말했다.
"그 나무를 가지고 무엇을 제조할 수 있겠느냐
그것으로 무슨 그릇을 걸 못을 만들 수 있겠느냐" (에스겔 15:3).
잘린 마른 가지는 장작거리로도 쓸모가 없고 버려질 뿐이다. 때때로 가난한 남녀가 저녁 식사를 지을 일회용 땔감으로 사용하기 위해 장작더미를 지고 가기도 했다. "가지"는 벌을 받지 않는다. 그 가지는 그저 쓸모가 없고 소용될 곳이 없어서 잘라 내버릴 뿐이다.

당신이 속한 교회를 생각해 보라. 어떤 열매를 맺고 있는가?

당신은 언제 어디서 제자 삼는 일을 가장 효과적으로 할 수 있는가?

나무의 가지를 친다는 것은 "자르다"와 "깨끗하게 하다"라는 두 가지 뜻을 지니고 있다. 예수님은 엄청난 확신을 주셨는데, 즉 "너희는 내가 일러준 말로 이미 깨끗하여졌으니" (요한복음 15:3) 라는 말이다. 모든 시대를 통해 우리 제자들은 감사함으로 이 말씀을 받아들여 왔다. 우리는 우리가 선해서가 아니라 하나님 말씀으로 용서받았다고, 그리고 깨끗케 되었다고 선언되었으므로 깨끗해진 것이다.

아버지와 아들 간의 관계는 포도나무의 이미지에 열쇠를 제공해 주고 있다. 아버지와 아들은 하나인데, 왜냐하면 아버지가 아들을 사랑 안에서 보내시고 아들은 사랑 안에서 아버지께 온전히 순종하고 계시기 때문이다. 예수님의 사명은 그 사랑을 온 세상에 보여주는 것이었다. 우리는 "하나님이 세상을 이처럼 사랑하사 독생자를 주셨으니 이는 그를 믿는 자마다 멸망하지 않고 영생을 얻게 하심이라"는 말을 이해하게 될 것이다 (3:16). 그러나 제자들이 세상을 향한 사랑을 버리고, 아들을 사랑하며, 하나님 사랑하는 마음을 서로 간에 보여주게 될 때 그러한 그림이 완성되게 된다. "나의 사랑 안에 거하라" (15:9). 우리가 그렇게 할 때 여러 가지 일들이 일어날 것이다.

- 우리는 열매를 맺을 수 있게 되어서 아버지를 영화롭게 할 것이다 (15:8). 예수께서는 당신이 아버지께로 감으로써 제자들이 예수님보다 더 "큰 일"을 하리라는 놀라운 약속을 하셨다 (14:12).
- 우리는 예수께서 기도하신 것처럼 기도할 수 있게 될 것이며, 예수님의 기도가 응답되었던 것처럼, 우리가 드리는 기도 또한 응답을 받게 될 것이다 (15:7).
- 우리는 예수님을 친구로 여기게 되고 다른 친구들을 또한 친구로 여기게 될 것이다. 예수께서 제자들의 발을 씻기셨을 때 그는 주인-종의 언어를 사용했다. 그러나 죽음이 다가오게 되자 예수님은 이렇게 말씀하셨다. "이제부터는 너희를 종이라 하지 아니하리니 종은 주인이 하는 것을 알지 못함이라 너희를 친구라 하였노니 내가 내 아버지께 들은 것을 다 너희에게 알게 하였음이라" (15:15).

비고란

제자

- 우리는 기쁨을 경험하게 될 것이다. 이 기쁨은 하나님의 마음에 속해 있으며 쾌락보다 큰 기쁨이며, 행복보다 심오한 기쁨이며, "충만한" 기쁨이다 (15:11).
- 우리는 "세상"에서 미움을 받게 될 것이다. "세상"은 선함, 사랑, 그리고 예수님의 증거를 미워했다. 세상은 세상에 대한 충성을 버리고 대신에 하나님의 아들에게 충성을 맹세할 사람들을 미워할 것이다. 요한의 사랑의 공동체는 다음과 같은 예언이 무엇을 뜻하는지를 직접 체험했다. "사람들이 너희를 출교할 뿐 아니라 때가 이르면 무릇 너희를 죽이는 자가 생각하기를 이것이 하나님을 섬기는 일이라 하리라" (16:2).

보혜사

보혜사 (요한복음 16:7) 라는 희랍어는 여러 가지 의미를 가지고 있다. 번역본에 따라 "옹호자," "기묘자," "위로자," "조력자" 라고 번역한다. 그 이미지에는 믿을 수 있고, 지혜로우며, 당신에게 심적으로 최대의 관심을 보이는 사랑하는 변호사나 카운슬러가 담겨져 있기 때문에 모두 맞는 말이다. 보혜사는 성령이며 진리의 영이시다.

- 예수님이 떠난 후에 보혜사가 오실 것이다. 보혜사가 오시면 예수께서 떠나가셨다 해도 믿는 이들에게는 유익이 생기는 것이다 (16:7).
- 보혜사는 아버지로부터 예수님의 이름으로 오실 것이다. 아버지께서 예수님을 보내신 것처럼 예수님은 성령을 보내실 것이다 (14:26; 15:26).
- 예수님이 아버지께서 원하시는 것을 말씀하신 것처럼 보혜사는 예수님이 원하시는 것을 말할 것이다 (16:13-15).
- 보혜사는 제자들에게 예수님이 말씀하시고 행하신 것을 기억하도록 도우실 것이다. "내가 너희에게 말한 모든 것을 생각나게 하리라" (14:26).
- 보혜사는 제자들이 십자가와 부활이 일어나기 이전에는 이해할 수가 없었던 새로운 것들을 가르치고 설명해 주실 것이다. 예수님은 아직도 우리에게 가르쳐 주실 것이 많으셨다 (16:12).
- 보혜사는 우리들에게 후일 언젠가가 아니라 바로 지금 평화를 주실 것이다. 예수께서 배 위에서 제자들에게 말씀하신 것처럼 성령은 "두려워하지 말라"고 말씀하실 것이다 (6:20; 14:26-27).
- 보혜사는 세상에게 그 죄를 알게 해주고, 또한 예수께서 세상에서 보여주셨던 것처럼 의가 무엇인지 보여주실 것이다. 예수님의 영이 있는 곳이면 어디에나 빛과 어둠, 생명과 사망을 드러내는 심판이 일어난다 (16:8-11).
- 보혜사는 예수님의 영이며 진리의 영이시다. 예수님은 진리이다. 성령은 예수께서 말씀하시고 행하실 일을 말씀하시고 행하실 것이다 (16:14).

대제사장적 기도

요한복음만이 예수께서 겟세마네 동산에 가기 전에 드린 기도를 기록하고 있다. 교회는 이 기도를 대제사장적인 기도라고 일컬어 왔는데, 이는 예수께서 중보자의 역할을 하고 계시기 때문이다. 기도는 세 부분으로 되어 있다.

첫째, 예수님은 자기 때가 이르렀음을 알고 자신을 위해 기도하셨다 (요한복음 17:1-5). 예수님은 십자가가 영광으로 가득 차기를 원하셨다. 아버지는 아들을 영화롭게 하셨기에 아들도 아버지를 영광스럽게 해야 할 것이다. 이것이 무슨 뜻일까? 종종 교회는 십자가를 비극으로, 부활을 승리로 만드는

비고란

내 안에 거하라

경향이 있다. 금요일에는 피와 죽음이, 주일에는 열려진 무덤과 생명이 놓여 있다. 그러나 요한이 전하는 메시지는 온 사건에 걸쳐 영광이 가득한데, 특히 십자가상에서 그러하다는 것이다. 십자가 위에서 사랑이 완전하게 충만하게 표현되어지고 있다. "아버지께서 내게 하라고 주신 일을 내가 이루어 아버지를 이 세상에서 영화롭게 하였사오니" (17:4). 예수께서 하신 말씀을 기억하라. "사람이 친구를 위하여 자기 목숨을 버리면 이보다 더 큰 사랑이 없나니" (15:13). 끝맺는 것은 아주 중요한 것이다. 요한이 전하는 메시지는 명료하다. "세상에 있는 자기 사람을 사랑하시되 끝까지 사랑하시니라" (13:1). 끝까지. 완전히. 오직 요한만이 예수께서 십자가에서 "다 이루었다"고 하신 말씀을 기록하고 있다 (19:30). 예수님은 자신을 아버지께 되돌려 드리고 한때 자신에게 속했던 영광을 아버지께 되돌려 드렸다. 십자가는 영광이다.

그러나 기도의 핵심에는 제자들을 위한 기도가 놓여있다 (17:6-19). 예수님의 몸은 이제 그들을 떠나야했다. 예수님은 그들에게 사랑과 진리의 말씀을 주셨다. 예수님은 하나님께 제자들이 "악에 빠지지 않게 보전하시기를" 기도했다 (17:15). 예수님은 그들이 고통을 받지 않게 해달라고 기도하지 않으셨다. 대신에 그들이 믿음에 차 있기를 기도하셨다.

그리고 나서 예수님은 앞으로 믿게 될 사람들, "그들의 말로 말미암아 나를 믿는 사람들"(17:20-26)을 위하여 기도하셨다. 바로 우리들을 위한 기도이다! 기도는 이중으로 되어 있다. "그들도 다 하나가 되어"와 "세상으로 아버지께서 나를 보내신 것을 믿게" 기도하셨다 (17:21). 예수님은 간증을 하신 것이다. 대제사장적인 기도를 통해 예수님은 그를 따르는 자들이 실족하지 않고 서로 서로를 돌보며 그 사랑과 일치를 통해 온 세상에 강력하고도 효과적인 증거를 할 것이라고 간증하셨다.

신실한 공동체의 모습

세족의 모범을 통해, 포도나무의 이미지를 통해, 그리고 성령을 약속하심을 통해, 예수님은 섬기는 교회, 예수 안에서 사는 교회를 준비하셨다.

거하라 는 단어는 오늘날 거의 사용되지 않는다. *거하라* 는 생각을 표현하는 다른 단어나 이미지가 당신에게 있다면 그것은 무엇인가?

___

세족의 모범에 의해 제자도가 형성된다면 그것은 어떤 모습일까?

___

포도나무의 이미지에 의해 형성된 제자의 도는 어떤 모습일까?

___

추가 연구

요한복음 16장을 읽은 후 성령이 예술, 음악, 시, 기록된 기도, 춤 등을 통해 어떤 작용을 한다고 생각하는지 의견을 나누어 보라. 당신은 무엇을 나눌 수 있는지 생각해 보라.

우리는 신실한 믿음의 공동체이기 때문에 섬김의 열매를 맺기 위해서 그리스도 안에 거한다.

십자가

"그들이 예수를 맡으매 예수께서 자기의 십자가를 지시고
해골(히브리 말로 골고다)이라 하는 곳에 나가시니
그들이 거기서 예수를 십자가에 못 박을새
다른 두 사람도 그와 함께 좌우편에 못 박으니 예수는 가운데 있더라."
—요한복음 19:17-18

23 아무도 갈 수 없는 곳

인간의 모습

우리는 우리 자신을 사랑한다. 우리는 우리 자신을 중심으로 하여 삶을 살아간다. 이기심 없는 사랑은 우리 심기를 불편하게 만든다. 그런 사랑이 우리에게 주어지면 우리는 어떻게 그것을 받아야할지 어리둥절해질 것이다. 그래서 대개 우리는 그것을 사양한다.

성경 읽기

공관복음과 요한복음의 유사점과 차이점을 찾아보라. 레위기와 히브리서가 복음서의 내용을 해석하는데 얼마나 도움을 주는지 주목하라.

첫째 날: 요한복음 18:1-14 (배반과 체포);
마태복음 26:30-56; 마가복음 14:26-50;
누가복음 22:39-53 (겟세마네 기도, 배신과 체포, 말씀이 이루어짐)

둘째 날: 요한복음 18:15—19:16; 마태복음 26:57—27:26; 마가복음 14:53—15:15; 누가복음 22:54—23:25 (가야바 앞에 선 예수; 베드로의 부인, 빌라도 앞에 선 예수, 넘겨짐)

셋째 날: 요한복음 19:16-42; 마태복음 27:27-66;
마가복음 15:16-47; 누가복음 23:26-56
(십자가, 옷을 나누기 위해 제비를 뽑음, 명패, 요셉의 무덤)

넷째 날: 레위기 17장 (속죄를 위한 피)

다섯째 날: 히브리서 10:1-25; 4:14-16 (단 한 번에 걸친 예수님의 희생, 우리의 대제사장 예수)

여섯째 날: "생명나무의 열매"와
"신실한 공동체의 모습"을 읽고 답하라.

일곱째 날: 안식

철저한 제자

우리가 사는 사회에서 십자가는 거룩한 상징이라기보다는 장식용 액세서리로 진열되고 있다. 이번 주에 여러 가지 모양으로 진열된 십자가를 유심히 살펴보라. 각종 십자가의 전시가 어떤 메시지를 당신에게 전해 주는가?

금주의 시편

책 혹은 인터넷에서 예수님의 십자가를 묘사하고 있는 예술 작품을 찾아보라. 매일 다른 이미지를 사용하여 시편 22편을 큰 소리로 읽어라. 혹은 시편을 기도하면서 당신이 지금까지 본 십자가의 모형들을 기억해도 좋다.

기도

매일 성경공부 전에 드릴 기도:
"하나님이여 나를 건지소서
여호와여 속히 나를 도우소서" (시편 70:1).

금주의 기도 제목:

십자가

첫째 날: 요한복음 18:1-14 (배반과 체포); 마태복음 26:30-56; 마가복음 14:26-50; 누가복음 22:39-53 (겟세마네 기도, 배신과 체포, 말씀이 이루어짐)	넷째 날: 레위기 17장 (속죄를 위한 피)
둘째 날: 요한복음 18:15—19:16; 마태복음 26:57—27:26; 마가복음 14:53—15:15; 누가복음 22:54—23:25 (가야바 앞에 선 예수; 베드로의 부인, 빌라도 앞에 선 예수, 넘겨짐)	다섯째 날: 히브리서 10:1-25; 4:14-16 (단 한 번에 걸친 예수님의 희생, 우리의 대제사장 예수)
셋째 날: 요한복음 19:16-42; 마태복음 27:27-66; 마가복음 15:16-47; 누가복음 23:26-56 (십자가, 옷을 나누기 위해 제비를 뽑음, 명패, 요셉의 무덤)	여섯째 날: "생명나무의 열매"와 "신실한 공동체의 모습"을 읽고 답하라.

제자

생명나무의 열매

누가 십자가 처형을 추진했는가? 누가 예수님을 죽였는가? 요한복음은 몇 가지 차원에서 다양한 의미로 해답을 준다.

세상. "세상"이 예수님을 거부했다. 세상(코스모스)이라는 단어에는 두 가지 뜻이 있다. 첫째, 모든 인류를 포함하는 우주이다. 두 번째는 인류가 가지고 있는 이기적인 태도이다. 이 두 번째 의미가 세상이 예수에게 등을 돌렸다고 요한이 말하는 것이다. 머리 부분에서 요한은 "그가 세상에 계셨으며 세상은 그로 말미암아 지은 바 되었으되 세상이 그를 알지 못하였고" (1:10) 라고 하였다. "빛이 세상에 왔으되 사람들이 자기 행위가 악하므로 빛보다 어둠을 더 사랑한 것이니라" (3:19).

죄. 요한복음에서 죄는 하나님의 율법을 거역하는 행위로서의 죄가 아니다. 죄는 그리스도와 그의 사역을 거부하고, 예수님이 주시는 용서, 치유, 목자와 같은 사랑을 받아들이기를 거부하는 것이다. 예수님은 "세상이 너희를 미워하지 아니하되 나를 미워하나니 이는 내가 세상의 일들을 악하다 증언함이라"고 말씀하셨다 (7:7). 예수님의 사랑을 대면해서 세상이 미움을 보일 때 죄를 드러내게 되었다. "지금은 그 죄를 핑계할 수 없느니라" (15:22). 빛이 왔을 때, 죄가 보이게 되었다. 어떤 의미에서 인간이 신의 사랑을 거부하는 것—온 세기를 통틀어 죄가 되는—이야말로 예수님을 십자가 처형으로 이끈 이유라고 할 것이다.

예루살렘의 종교 지도자들. 요한은 종종 예수님을 직접 대적한 사람들을 일컬어 "유대인들"이라고 하지만, 사실 그 용어는 복합적인 것이다. 희랍어로 *이우다이오이(Ioudaioi)*는 "유다 사람" 혹은 "유대인"으로 번역될 수 있다. 갈릴리에 있는 사람은 예루살렘에 있는 사람, 즉 유다 사람들을 일컬어 "유대인들"이라고 부를 수 있었다.

예수님은 유대인이셨다. 그리고 마르다와 마리아, 베드로와 요한도 유대인이었다. 예수님을 왕으로 삼고자 하던 오천 명도 마찬가지로 유대인들이었다. 유월절에 종려나무 가지를 흔들며 호산나를 외치던 사람들 역시 유대인들이었다. 그러나 요한복음은 그 구절을 특별한 의미로 사용하고 있다. "유대인"이라고 할 때, 요한은 예수님을 확실하게 반대하던 예루살렘의 종교 지도자들을 의미했다. 불행하게도 수세기 동안 기독교인들은 요한의 그러한 구절을 잘못 이해한 나머지, 모든 유대인을 뜻하는 것으로 생각했다. 그러한 오해로 말미암아 많은 기독교인들이 예수님, 제자들, 그리고 대부분의 초대교회가 비유대인인 것으로 생각한 경향이 있었다. 요한에게 있어 그 표현은 로마와 손을 잡고서 사람들의 일상사를 다스리던 유대의 강력한 기성세력을 의미한 것이었다.

의심할 바 없이 요한은 종교 지도자들이 예수를 십자가에 못 박는 데 있어서 인간적인 도구가 되는 역할을 담당했다고 말하고 있다. 그들은 동산에 계신 예수님을 체포하기 위해 성전 경비대와 로마 병정을 파견하였으며 이리저리 관원들에게로 예수님을 데리고 갔다. 그들이 빌라도에게 고소를 하였다.

여기에는 커다란 아이러니가 들어 있다. 지도자들은 밤에 작은 군대를 보내 성전에서 가르치곤 하던 사람을 체포하도록 했다. 예수께서 "내가 그로다" (18:5) 라고 하셨을 때 예수님은 자신의 신원을 확인하는 것 이상의 일을 하셨다. 자신을 내어 주시면서도 예수님은 "나는—이다" (나는 스스로 있는 자니라) 라고 신적인 고백을 하신 것이다. 그러나 가장 역설적인 것은 이 종교

비고란

십자가

지도자들이 간헐적으로 하나님을 주님으로 이스라엘의 유일하신 왕으로 찬양했다는 것이다. 그들은 성전에서 즉위 시편을 노래했다.

"여호와께서 다스리시니 만민이 떨 것이요…" (시편 99:1).
"오라 우리가 여호와께 노래하며
　우리의 구원의 반석을 향하여 즐거이 외치자…
여호와는 크신 하나님이시요
　모든 신들보다 크신 왕이시기 때문이로다" (95:1, 3).

빌라도가 "내가 너희 왕을 십자가에 못 박으랴" 라고 물었을 때, 그들은 "가이사 외에는 우리에게 왕이 없나이다" 라고 대답한다 (19:15). 그렇게 함으로써 그들은 자신들의 신앙을 거부하고, 하나님만이 오로지 왕이라고 하는 언약 공동체를 저버리고, 하나님의 백성이라는 자신들의 정체성을 내동댕이쳐버렸던 것이다.

로마 제국. 로마 제국도 예수님을 십자가에 처형하는 데 가담했다. 로마 총독인 헤롯 안디바는 군사를 보내 예수님을 감시하게 했다. 로마 군대는 성전 경비대와 힘을 합쳐 동산에 계신 예수님을 체포했다. (요한복음만이 유대 경찰과 로마 군대가 체포 당시에 둘 다 있었다는 것을 보여준다.) 로마 군인들은 예수님을 조롱하고, 옷 벗기고, 가시관을 머리에 씌우고 겉옷을 누가 가질까 내기를 했다. 로마의 평화는 무기로 강압해서 이루어진 것이었다. 유대 관원들은 자기들이 조금만 어긋난 행동을 하거나 열심당 무리가 조그만 반역을 꾀하기만 해도 로마 군대가 성전을 무너뜨리고 그들이 지니고 있던 권력을 빼앗으며 심지어 나라를 멸망시키기까지 하리라는 것을 알고 있었다. 예수께 내려진 판결은 로마인들이 가장 두려워하던 것이었다. 그는 "왕이라고 주장했다." 그것은 자기 스스로가 "가이사를 반역하는 것"이었다 (19:12).

빌라도. 빌라도도 역할에 가담했다. 예수님이 빌라도에게 "위에서 주지 아니하셨더라면 나를 해할 권한이 없었으리니" (19:11) 라고 했을 때 예수님은 아마도 하나님께로부터 오는 권세를 의미했거나 혹은 가이사로부터 오는 권세를 의미한 것 같다. 아니면 둘 다일 수도 있었을 것이다. 그러나 빌라도는 그의 권위가 가이사로부터 왔다는 것을 잘 알고 있었으며, 유대에서 질서를 유지하는 자신의 능력을 의존하고 있었다.

빌라도가 좋은 사람이었다고 생각지 말라. 그의 사고는 정치적인 편의와 타협이 지배하고 있었다. 그는 유대인들을 싫어했고, 자신의 생각이 옳다고 생각하면 수천 명의 유대인들을 죽일 수 있었다. 그는 그들의 신정을 무시했다. 그는 예수를 재판할 때 그가 스스로 왕이라 했다고 하는 유대인들의 기소에 주의를 기울이지 않았다. 그것은 그들의 율법에 관한 것이지 정치와는 무관한 것이었기 때문이다. 그는 기소하는 사람들에게 그 기소 내용을 선동죄로 바꾸라고 말했다. 그가 두려워한 것은 예수님이 아니었다. 예수님에게는 군사가 없었기 때문이다. 그가 두려워한 것은 심한 탄압 때문에 폭동이 일어날까 염려하는 것이었다. 빌라도가 두려워한 것은 빌라도 자신이 다루기에는 너무나 큰 사건이라는 말을 로마로부터 듣는 것이었다.

종교 지도자들은 예수가 스스로 왕이라고 주장한다고 기소하였다. 빌라도는 그들에게 왕처럼 보이는 예수를 넘겨주었다. 채찍질하게 했다. 왕이 입는 색깔인 자색 옷을 입혀라. 머리에는 가시관을 씌워라. 빌라도가 재판석에 앉았다고 할 때, "앉았다"는 단어는 "앉히게 했다"는 뜻을 의미할 수도 있다 (19:13). 예수님을 재판석에 앉힌 것은 의미 있는 몸짓이 아닐 수 없다. "너희 왕이로다." 복음서에 나타난 이중의 의미가 확실하다. 그들은 자기가 재판관이라고 생각했으나 사실은 그들이 왕에 의해 재판을 받고 있었다.

비고란

제자

빌라도는 한 걸음 더 나아갔다. 원래 과정은 죄목이나 패를 죄수의 목에 걸고 그것을 십자가에 못 박게 되어 있었다. 예수님은 스스로 왕이라고 했다. 그들은 예수님이 왕이라고 주장했다고 말했다. 패에는 "나사렛 예수 유대인의 왕"이라고 적혀 있었다 (19:19).

사탄. 사탄도 역할을 담당했다. 요한복음에는 분명히 군주와 정치세력 간의 다툼이 나와 있다. 예수님은 사탄을 "이 세상 임금"(12:31)이라고 부르셨다. 예수님은 또한 사탄을 "살인자," "거짓말쟁이요 거짓의 아비" 라고도 부르셨다 (8:44). 예수님은 당신이 사탄과 대항해서 싸웠음을 알고 계셨다. 그는 아버지께 온전히 순종하는 것이야말로 사탄이 이 세상을 움켜쥔 세력을 끊는 것이라고 알고 계셨다. 제자들에게 주신 고별 강화에서 예수님은 이렇게 말씀하셨다. "이 세상의 임금이 오겠음이라 그러나 그는 내게 관계할 것이 없으니" (14:30). 배신과 거부를 겪는 와중에서도 예수님은 "끝까지" 충성하실 것이다 (13:1). 거짓의 와중에서도 예수님은 진리를 말씀하실 것이다. 미움 중에서도 예수님을 사랑하실 것이다. 사탄이 가진 힘은 예수께서 십자가로 "들리실 때" 끊어질 것이다.

하나님 아버지. 하나님 아버지께서 예수님이 십자가에 처형당하시도록 하셨는가? 예수님에 대한 경험을 가지고 히브리 성경을 읽는 기독교인들은 그러한 희생이 앞서 예언된 것을 볼 수 있다. 이사야 선지자는 "그가 찔림은 우리의 허물 때문이요 그가 상함은 우리의 죄악 때문이라 그가 징계를 받으므로 우리가 평화를 누리고 그가 채찍에 맞으므로 우리는 나음을 받았도다 우리는 다 양 같아서 그릇 행하여 각기 제 길로 갔거늘 여호와께서는 우리 모두의 죄악을 그에게 담당시키셨도다" 라고 기록했다 (이사야 53:5-6). 예수님은 말씀이 이루어지는 것을 보셨다. 초대교회 또한 그러했다.

예수께서 돌아가실 때, 시편 22편을 기도하셨다. 고대 탄식시의 일부인 이 시는 마치 십자가형의 기사를 눈으로 목격하고 있는 것 같다. 이는 예수님이 직접 읊조린 말로 시작하고 있다. "내 하나님 내 하나님 어찌하여 나를 버리셨나이까" (시편 22:1; 마태복음 27:46). 예수님이 경험으로 어떻게 시편 말씀을 이루셨는지 주목하여 보라. 병정들은 예수님을 조롱했다. "유대인의 왕이여 평안할지어다" (요한복음 19:3). "나를 보는 자는 다 나를 비웃으며" (시편 22:7). 병정들은 이음매가 없는 예수님의 옷을 놓고 내기를 했다 (요한복음 19:23-24). "내 겉옷을 나누며 속옷을 제비뽑나이다" (시편 22:18).

하나님께서 개입하셨는가? 라는 질문을 이해하는 열쇠는 "잔"을 어떻게 이해하는가에 달려 있다. 다른 복음서는 예수님의 고통 가운데 하시는 기도를 이렇게 기록하고 있다. "내 아버지여 만일 할 만하시거든 이 잔을 내게서 지나가게 하옵소서 그러나 나의 원대로 마옵시고 아버지의 원대로 하옵소서" (마태복음 26:39; 마가복음 14:36; 누가복음 22:42). 요한복음에서 "잔"은 아버지께서 주신 선물이다. 이 선물을 아들은 값없이 받았다. 왜냐하면 그 잔을 마시는 것이 하나님이 자기에게 행하라고 주신 일에 꼭 필요한 것이었기 때문이다. "아버지께서 주신 잔을 내가 마시지 아니하겠느냐" (요한복음 18:11).

주어진 사명은 예수님께 고난의 잔을 마실 것을 요구했다. 아버지는 아들이 죽음에 이르기까지 충성되고 순종하기를 요구하셨다.

예수. 예수님의 역할은 무엇인가? 예수님은 사역을 시작하시던 순간부터 자신의 때가 오리라는 것을 아셨다. 그는 하나님의 뜻을 반대하지 않으셨고,

비고란

십자가

또 자신을 내어 놓으셨다. 예수님은 자신의 삶을 통제하셨다. "이를 내게서 빼앗는 자가 있는 것이 아니라 내가 스스로 버리노라 나는 버릴 권세도 있고 다시 얻을 권세도 있으니 이 계명은 내 아버지에게서 받았노라" (10:18). 예수님은 언제라도 사역을 안 하겠다고 말씀하실 수 있었다. 예수께서 십자가로 향하신 것은 가장 크나큰 사랑의 행위셨다. 이루신 일과 증거로는 충분하지 않았다. 예수께서 니고데모에게 하신 말을 기억하라. "모세가 광야에서 뱀을 든 것 같이 인자도 들려야 하리니 이는 그를 믿는 자마다 영생을 얻게 하려 하심이니라" (3:14-15). 요한복음에서 십자가는 증오 가운데서 반짝이는 사랑이며 거부 가운데서 빛을 발하는 절개와 같다. 영광은 모욕을 받으신 후에 다가오게 될 부활에 놓여 있지 않다. 바로 영광은 십자가상의 사랑인 것이다.

이제 우리는 예수께서 "내가 가는 곳에는 너희가 오지 못하리라" (8:21) 하신 말씀이 무슨 뜻인지 이해할 수 있다. 예수님의 십자가는 아무도 갈 수 없는 곳이었으며, 아무도 행할 수 없는 사랑의 행위였다. 십자가와 부활에서 예수님은 아버지를 영화롭게 하실 것이다. 나중에 이 사건을 돌아보면서 교회는 이해하게 될 것이었다. 십자가는 아버지가 아들을 통해 세상에 베푸신 이제까지 들어본 적이 없는 사랑의 행위였다.

때

요한복음에서 예수님은 예비일 오후에 십자가에 달리셨다. 그날 오후 유월절 양이 희생되어 피가 뿌려지고, 동물들은 유월절 식사를 위해 가족들에게 주어졌다. 유월절 양은 예수님이 죽는 시간에 희생되었다. 예수께서 유월절 희생양이 되셨다.

신 포도주를 예수님의 입에 갖다 대었을 때 병정들은 우슬초 가지를 사용했는데, 이는 이스라엘 사람들이 애굽에서 유월절 양의 피를 문지방에 묻힐 때 사용하던 것과 같은 식물이다. 그 피로 인해 죽음의 사자가 이스라엘 사람들 집을 지나가서 그들의 자녀들이 살 수 있었다. 여기에 담긴 상징은 놀라운 것이다. 이제 교회는 세례 요한의 말을 기억한다. "보라 세상 죄를 지고 가는 하나님의 어린 양이로다" (1:29).

신실한 공동체의 모습

신실한 공동체는 하나님께서 예수 안에서 아무도 할 수 없는 일을 행하셨음을 안다. 비록 십자가가 신비에 둘러싸여 있지만 우리는 십자가에 끌린다. 십자가는 우리 죄를 사하여 주고 우리 위에 매인 죄의 권세를 끊어준다.

십자가 위에서 죽어가는 한 사람이 우리의 죄와 도대체 무슨 상관이 있는지 이해하는 데 우리는 어려움을 겪는다. 우리는 예수께서 돌아가셨다고 믿는다. 그러나 우리는 어떻게 그의 죽음이 우리의 삶에 영향을 미치는지 이해하지 못한다. 당신의 이해를 만족시키는 어떤 설명이 있는가?

추가 연구

찬송가 중에서 십자가에 대한 몇몇 찬송을 찾아서 가사를 읽어라. 가사가 십자가에 대해 전하는 메시지는 무엇인가?

비고란

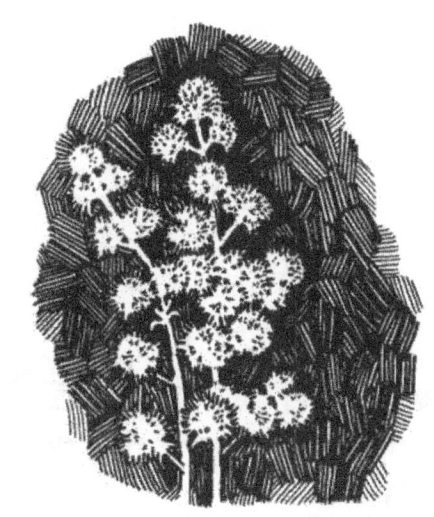

우슬초는 가지가 있는 흰 색깔의 야생 꽃이다. 사람들이 신 포도주를 적신 해면을 우슬초에 매어 예수의 입에 갖다 대었다 (요한복음 19:28-30).

우리는 신실한 믿음의 공동체이기 때문에 십자가에 달리신 그리스도를 통하여 보여주신 하나님의 희생적인 사랑을 받아들인다. 그리고 그것을 우리의 삶을 통하여 전한다.

가서 전하라

"예수께서 이르시되 너는 나를 본 고로 믿느냐
보지 못하고 믿는 자들은 복되도다 하시니라."
—요한복음 20:29

24 우는 자들이 증인이 되다

인간의 모습

우리는 우리 눈에 보이는 것만 믿는다. 보이지 않으면 회의적이다. 그리고 다른 사람들에게 보이지 않는 것을 믿으라고 확신을 주는 것은 거의 불가능하다. 그렇다면 왜 시도해 본단 말인가?

성경 읽기

각 복음서마다 나름대로 강조하고 싶은 내용이 있다. 활기를 주는 진리를 찾으려고 애쓰라. 상세한 내용에 주목하라.

첫째 날: 요한복음 20:1-18 (예수께서 막달라 마리아에게 나타나심); 마태복음 28:1-10 (돌이 굴려짐); 마가복음 16:1-11 (빈 무덤); 누가복음 24:1-12 (빈 무덤 앞에 있는 여인들과 베드로)

둘째 날: 요한복음 20:19-31 (예수님이 제자들에게 나타나심, 도마에게 믿으라고 초대하심); 누가복음 24:36-43 (예수께서 제자들에게 나타나심, 물고기를 잡수심)

셋째 날: 마가복음 16:12-13; 누가복음 24:13-35 (예수께서 엠마오로 가는 두 제자에게 떡을 떼시며 나타나심)

넷째 날: 요한복음 21장 (갈릴리 바닷가에서 아침을 드심, 내 양을 먹이라, 나를 따르라)

다섯째 날: 마태복음 28:16-20 (제자를 삼으라); 누가복음 24:44-49 (회개와 용서를 선포하라); 사도행전 1:3-5, 8장; 2:1-4 (성령의 능력)

여섯째 날: "생명나무의 열매"와 "신실한 공동체의 모습"을 읽고 답하라.

일곱째 날: 안식

금주의 시편

매일 시편 98편을 큰 소리로 읽고 기도하면서 부활을 축하하라. 시편에 나타난 기쁨을 표현하기 위해 손동작을 몇 가지 만들어 보고 기도할 때 손동작들을 사용하라.

기도

매일 성경공부 전에 드릴 기도:
"주는 나의 하나님이시라 내가 주께 감사하리이다
주는 나의 하나님이시라 내가 주를 높이리이다"
(시편 118:28).

금주의 기도 제목:

가서 전하라

첫째 날: 요한복음 20:1-18 (예수께서 막달라 마리아에게 나타나심); 마태복음 28:1-10 (돌이 굴려짐); 마가복음 16:1-11 (빈 무덤); 누가복음 24:1-12 (빈 무덤 앞에 있는 여인들과 베드로)

둘째 날: 요한복음 20:19-31 (예수님이 제자들에게 나타나심, 도마에게 믿으라고 초대하심); 누가복음 24:36-43 (예수께서 제자들에게 나타나심, 물고기를 잡수심)

셋째 날: 마가복음 16:12-13; 누가복음 24:13-35 (예수께서 엠마오로 가는 두 제자에게 떡을 떼시며 나타나심)

넷째 날: 요한복음 21장 (갈릴리 바닷가에서 아침을 드심, 내 양을 먹이라, 나를 따르라)

다섯째 날: 마태복음 28:16-20 (제자를 삼으라); 누가복음 24:44-49 (회개와 용서를 선포하라); 사도행전 1:3-5, 8장; 2:1-4 (성령의 능력)

여섯째 날: "생명나무의 열매"와 "신실한 공동체의 모습"을 읽고 답하라.

제자

생명나무의 열매

예수님은 자신이 어디서 와서 어디로 가시는지 알고 계셨다. 그는 아버지께로부터 오셨으며 아버지께로 되돌아가셨다. 그는 아버지의 뜻을 이룸으로써 아버지를 영화롭게 하셨다. 십자가의 사랑으로 그의 생명을 주신 후, 부활 승천하심으로써 아버지의 뜻을 완성하셨다. 예수님은 생명의 근원을 밝혀 주시기 위해 오셨고, 죽어 가는 세상에 구원을 주시기 위해 오셨다.

예수님은 숨어서 활동하시고, 말씀하시고, 사역을 하신 것이 아니라, 밝은 대낮에 사람이 가득 모인 언덕이나 혹은 회당에서 행하셨다. 심지어 십자가 처형도 번잡한 길가에서 행해졌다. 예수님은 대제사장에게 이렇게 말씀하셨다. "내가 드러내 놓고 세상에 말하였노라 모든 유대인들이 모이는 회당과 성전에서 항상 가르쳤고 은밀하게는 아무 것도 말하지 아니하였거늘" (요한복음 18:20).

예수님은 몸 껍데기 안에 담긴 영이 아니셨다. 또한 인간의 가면을 입은 신적인 영도 아니셨다. 예수님은 목마름과 배고픔을 아는 인간이셨으며, 나사로의 무덤에서 운 인간이었으며, 제자들의 발을 씻기신 인간이었다. 그가 겪은 고난은 실제적인 것이었다. 그는 우리가 진짜 죽게 될 것처럼 죽으셨다.

부활 후 나타나심

요한은 모든 부활 기사를 기록하지 않았다. 그는 그럴 필요가 없었다. 다른 복음서는 예수께서 엠마오로 가는 식탁에서 떡을 뗀 것을 기록하고 있으며 (누가복음 24:28-35), 갈릴리에 있는 산에서 11명을 파송하신 이야기도 기록하고 있다 (마태복음 28:16-20). 게다가 요한의 공동체는 요한이 직접 목격한 것 이외에도 다른 목격자들도 있었다. 바울은 전통을 인용하였다: "장사 지낸 바 되셨다가 성경대로 사흘 만에 다시 살아나사 게바에게 보이시고 후에 열두 제자에게와 그 후에 오백여 형제에게 일시에 보이셨나니 그 중에 대다수는 살아 있고 어떤 사람은 잠들었으며 그 후에 야고보에게 보이셨으며 그 후에 모든 사도에게와 맨 나중에 만삭되지 못하여 난 자 같은 내게도 보이셨느니라" (고린도전서 15:4-8).

요한은 독특하게 강조하고 싶은 것을 선택하여 자료로 사용하였다. 부활하시는 모습에서 예수님은 약속을 지키셨다. 그분은 고별설교에서도 "내가 너희를 고아와 같이 버려두지 아니하고 너희에게 오리라"는 약속을 하셨다 (요한복음 14:18). 그리고 예수님은 그렇게 하셨다. 부활하신 모습으로 예수님은 불신자들이 아닌 신자들에게 나타나셨다. "세상은 다시 나를 보지 못할 것이로되…나를 사랑하는 자는 내 아버지께 사랑을 받을 것이요 나도 그를 사랑하여 그에게 나를 나타내리라" (14:19-21).

하나님의 가족

예수님은 새로운 하나님의 가족을 창조하셨다. 요한복음은 "열두 제자"를 나열하지 않거니와, 그런 표현도 별로 사용되지 않는다는 것을 기억하라. 그 대신에 차츰차츰 숫자가 늘어나는 믿는 사람들을 일컬어 "제자들"이라는 표현이 주로 사용되고 있다. 사마리아 여인이 믿음을 표현했다. 눈먼 사람이 소리쳤다. "주여 내가 믿나이다" (요한복음 9:38). 십자가 아래 모인 사람들,

가서 전하라

즉 예수님의 어머니와 동생, 글로바의 아내, 막달라 마리아, 그리고 사랑하시는 제자들이 모두 이 새 가족의 특별 회원이었다.

막달라 마리아는 부활절 아침에 부활의 소식을 제일 처음 알린 사람이었다. 누가복음은 예수님이 "일곱 귀신" 들린 그녀를 고쳐주셨다고 기록하고 있다. 막달라 마리아는 "악귀를 쫓아내심과 병 고침을 받은" 다른 여인들과 제자들과 함께 다니면서 그들에게 재정적인 도움을 주셨다 (누가복음 8:2-3). 우리는 마리아가 십자가 아래에서 예수님 모친의 어깨에 팔을 두르고 있는 모습을 그려볼 수 있다. 사랑하는 제자만 제외하고 다른 제자들은 모두 도망을 갔지만 그녀는 한결같았다. 그녀는 안식일(토요일)이 끝날 때까지 기다렸다. 그리고 나서 우리는 그녀가 "아직 어두울 때에" 무덤으로 급히 가서 커다란 돌이 옮겨간 것을 발견하는 것을 보게 된다 (요한복음 20:1).

무덤 문이 열린 것을 보고 놀라서 "시몬 베드로와 예수께서 사랑하시던 그 다른 제자에게 달려가서 말하되 사람들이 주님을 무덤에서 가져다가 어디 두었는지 우리가 알지 못하겠다"고 말한다 (20:2). "우리"라고 할 때 그녀는 모든 사람을 대신하여 빈 무덤의 신비를 말하고 있었을까? 그녀는 무덤 밖에 서서 울고 있었다. 예수께서 "여자여 어찌하여 울며 누구를 찾느냐" (20:15)라고 말했을 때, 막달라 마리아는 순간적으로 육적인 것에만 신경을 모으고 있다. 이른 시간 빛도 아직 어둑하고 시야도 아물거렸기에 그녀는 예수님을 동산지기인 줄로 착각했다. "주여 당신이 옮겼거든 어디 두었는지 내게 이르소서 그리하면 내가 가져가리이다" (20:15).

증언

예수님은 한 마디 말씀만 하셨다. 그것은 생명의 말씀이요, 계시의 말씀이요, 궁극적인 사랑의 말씀이었다. 그분은 "마리아야!" 라고 하셨다. 그분은 그녀의 이름을 부르셨다. 선한 목자는 양의 이름을 안다. "내가 내 양을 알고 양도 나를 아는 것"이다 (요한복음 10:14). 확실하게 구원에 있어 우리가 취할 역할은 주님께서 개인적으로, 그리고 친밀하게 우리 이름을 아신다는 것을 우리 마음을 다해 믿는 것이다. 마리아의 반응은 즉각적이었다. "랍오니" (이는 선생님이라는 말이다) (20:16). 요한은 독자들이 실제로 아람어를 듣기를 원했을 뿐 아니라, 그것이 의미하는 바가 무엇인지 알기를 원했다. 마리아의 말은 "어디 두었는지 내게 이르소서"에서 다른 사람들에게 "내가 주를 보았다"고 말하는 것으로 변해갔다 (20:15, 18).

이제 그녀는 요점을 알게 되었다. 그 요점이란 예수께서 계속해서 말씀하셨던 것으로 요한이 부활의 장면을 통해 강조하고자 하던 것이었다. 그녀는 복음의 소식을 선포하게 되었다. 그녀는 다른 사람들에게 말하게 되었다. 그녀는 열매를 맺게 되었다. 막달라 마리아는 가서 다른 제자들에게 선포했다: "내가 주를 보았다." 그리고 그녀는 예수께서 그녀에게 말해 주신 것을 다른 사람들에게 말해 주었다 (20:18).

몸

부활하신 예수님의 몸은 과학적인 사고를 지닌 현대인들에게 문제거리이지만 예수님 동시대 사람들에게도 역시나 문제거리였다. 나사로는 죽은 자들 가운데서 살아서 돌아왔다. 예수님은 부활하셨다. 나사로는 세마포로 덮여 있었다. 예수님을 덮던 세마포는 "무덤에 들어가 보니 세마포가 놓였고" 머리를 쌌던 수건은 "세마포와 함께 놓이지 않고 딴 곳에 쌌던 대로 놓여 있더라"

비고란

둘레가 2인치가 채 되지 않았던 양철과 납으로 만든 이런 플라스크는 성지를 가는 순례자들이 집으로 돌아올 때 예수님의 무덤 위에 있는 등잔에서 거룩한 기름을 가지고 오는데 사용되었다. 이 플라스크는 주후 6세기의 것으로 세 명의 여자, 콘스탄틴에 의해 지어진 매장지 위의 무덤의 로툰다, 그리고 "주님은 부활하셨다" 라고 희랍어로 새긴 것을 보여주고 있다.

제자

고 했다 (요한복음 20:6-7). 세마포가 있었다는 것으로 보아 아무도 예수님의 시신을 다른 곳으로 옮기지 않은 것이 된다. 예수님은 죽음을 뒤에 남기고 떠나셨다. 아무도 예수님의 생명을 갖고 갈 수 없었던 것과 마찬가지로 또한 아무도 예수님으로부터 그분의 죽음을 가지고 갈 수 없었다. 그분은 단지 죽음 곁을 떠나가셨다.

나사로는 다시 죽게 될 것이다. 예수님은 구세주요 주님으로 살아나셨다. 새로운 몸을 입으셨는데 예수님이신 것은 알 수 있었음에도 불구하고 확실히 딴 모습의 몸을 입으셨다. 부활하신 형태의 예수님은 영혼도 아니고, 영도 아니었으며, 몸을 입으시고 하늘로 바로 가실 수 있는 준비가 되셨다. 그 몸은 십자가에서 처형당하기 이전에 입으셨던 물리적인 몸과도 다른 것이었다. 예수님은 막달라 마리아에게 말씀하셨다. "나를 붙들지 말라 내가 아직 아버지께로 올라가지 아니하였노라" (20:17). 그분은 변화하셨다.

왜 요한은 예수께서 잠겼던 문 사이로 걸으신 것을 기록했을까? 요한은 부활하신 예수님의 몸이 얼마나 신비한지를 강조하려 했을까? 아니면 제자들이 체포될까봐 너무 겁이 나서 잠긴 문 뒤에 있었다는 것을 상기하고 있었을까?

요한은 이전에 예수님이 나타나셨을 때, 그 자리에 함께 있지 않았던 도마가 얼른 믿기를 주저했다는 것을 독자들이 알기를 바랐다. 예수님은 도마에게 말씀하셨다. "네 손가락을 이리 내밀어 내 손을 보고 네 손을 내밀어 내 옆구리에 넣어 보라 그리하여 믿음 없는 자가 되지 말고 믿는 자가 되라" (20:27). 그 뜻은 이러하다. 십자가형은 실제로 일어난 것이다. 부활 또한 마찬가지로 실제로 일어난 것이다. 도마는 부활하신 몸을 만져보라는 초청을 받았다. 그가 대답한 것은 간증이었다. "나의 주님이시요 나의 하나님이시니이다" (20:28). 도마 같은 의심꾼도 가장 강력한 고백을 드린 것이다. 그러나 예수님은 도마를 깎아내리지 않으시면서 이렇게 말씀하셨다. "보지 못하고 믿는 자들은 복되도다" (20:29).

보는 것과 믿는 것과의 관계는 무엇인가?

_____

_____

평강

예수께서 제자들에게 나타나셨을 때, "너희에게 평강이 있을지어다" (요한복음 20:19, 21, 26) 라고 말씀하셨다. 이 말은 단순히 "샬롬," 혹은 "안녕" 이라고 하는 인사말이 아니었다. 예수님은 언젠가 갈릴리 바다에서 폭풍 때문에 배 위에서 무서워 떨고 있을 때 하셨듯이 그들을 안심시키고 계신 것이다. "내니 두려워하지 말라" (6:20). 그분은 고별 강화에서 하신 약속을 재확인하시는 것이기도 했다. "평안을 너희에게 끼치노니 곧 나의 평안을 너희에게 주노라" (14:27). "평안"을 인사말로 던지는 것과 십자가 처형 뒤에 "평안"을 말하는 것은 별개의 것이다. 그들이 자유롭게 움직일 수 있을 때 "평안"을 말하는 것과 그들이 문을 꼭꼭 잠그고 숨어있을 때 "평안"을 말하는 것과는 별개의 것이다. "샬롬"의 평안은 이제 공의, 정의, 그리고 평화와 같은 왕국의 약속을 의미하게 되었는데, 이는 이사야서에 잘 나타나 있다. "이리가 어린 양과 함께 살며" (이사야 11:6). "너희는 마음에 근심하지 말라 하나님을 믿으니 또 나를 믿으라" (요한복음 14:1).

비고란

가서 전하라

성령

누가는 그의 복음서를 부활에 대한 기사로 끝을 맺고 사도행전을 강력한 오순절 기사로 시작하고 있다. 오순절은 바로 교회가 성령을 받은 날이다. 요한은 성령 강림을 사도행전만큼 장엄하지는 않지만, 그래도 강력한 방법으로 묘사하고 있다. "그들을 향하사 숨을 내쉬며 이르시되 성령을 받으라" (요한복음 20:22).

"숨을 내쉬며" 라는 표현은 창조 때에 하나님이 사용하셨던 표현을 상기시킨다. "여호와 하나님이 땅의 흙으로 사람을 지으시고 생기를 그 코에 불어넣으시니 사람이 생령이 되니라" (창세기 2:7). 우리에게 숨을 주신 분이 우리에게 성령을 불어주심으로 또한 풍성하고 영원한 생명을 허락하셨다.

예수님은 그를 따르던 사람들이 세상에서 그의 사역을 수행하도록 준비시키고 계셨다. 성령의 역사는 예수께서 아버지께 연관되던 것처럼 제자들을 예수께 연관시켜 준 것이었다. 성령을 받는 것은 단지 경험을 맛보는 것이 아니라 능력을 받는 것이다. 심지어 예수께서도 이렇게 말씀하셨다. "성령을 받으라". "또 그의 이름으로 죄 사함을 받게 하는 회개가 예루살렘에서 시작하여 모든 족속에게 전파될 것이 기록되었으니" (누가복음 24:47).

갈릴리 바닷가에서 아침식사를 하심

20장 끝에 이르면서 요한은 성육신에 관한 메시지와, 대속, 부활, 그리고 영광에 관한 메시지 모두를 선포했다. 마치 증언의 두루마리가 빼곡 채워지기나 한 것처럼 복음서는 앞으로도 할 말이 많이 남아 있음에도 불구하고 결말에 다다른 것처럼 보인다. "예수께서 제자들 앞에서 이 책에 기록되지 아니한 다른 표적도 많이 행하셨으나 오직 이것을 기록함은 너희로 예수께서 하나님의 아들 그리스도이심을 믿게 하려 함이요 또 너희로 믿고 그 이름을 힘입어 생명을 얻게 하려 함이니라" (20:30-31).

그러나 믿음의 공동체가 "조금만 기다려요"라고 말하기나 했듯이 요한복음 21장이 뒤따르고 있다. 다른 복음서에는 담겨지지 않은 그 기억은 너무나 소중하고 너무나 중요한 이야기라서 첨가되어야만 했다. "그 후에" 라는 첫 단어부터가 재고한 후에 첨가한 것이라는 뜻을 함축하고 있다.

그 기사는 상징과 이중적인 의미로 가득 차 있다. 예수님은 예루살렘이 아닌 갈릴리에 나타나고 계신데, 이는 어디에고 나타나실 수 있다는 것을 기억시켜 주는 것이다. 제자들은 물고기를 잡고 있었다. 그들은 그 날 밤에 고기를 잡았다. 우리는 밤이라는 시간을 혼란의 표시로 생각한다. 그들은 아무 것도 낚지 못하였다. 그들은 열매를 맺으라고 부름을 받았으나 빈손으로 허탕을 치고 말았다.

날이 샐 무렵, 빛으로 오신 예수께서 그들에게 말씀하셨다. "얘들아 너희에게 고기가 있느냐." 그들은 대답했다. "없나이다" (21:5). 오천 명에게 먹을 음식이 없었던 것처럼 그들에게도 먹을 것이 없었다. 예수께서 음식을 제공해 주실 것이다. "그물을 배 오른편에 던지라 그리하면 잡으리라" (21:6). 어부였던 베드로가 어떻게 물고기를 잡는지 몰랐을까? 혹은 예수께서 바닷가에서 계신고로 신선한 아침의 첫 빛살 때문에 물고기 떼 그림자를 볼 수 있으셨던 걸까? 혹은 복음서는 제자들이 제자 삼기를 원한다면 그들도 예수님의 방식으로 해야 한다고 말해주고 싶었던 걸까?

비고란

제자

그들은 너무나 많은 물고기를 낚은 나머지 그물을 들 수가 없을 정도였다. 150갤런이나 되는 포도주, 그리고 오천 명을 먹이시고도 열두 광주리에 넘치게 남던 빵과 물고기에 대한 기억이 그들의 뇌리를 스쳤음에 틀림없다.

그물을 "들다" (21:6) 라는 단어는 예수께서 사람들을 믿음으로 이끌 때 사용하던 것과 같은 단어였다. 시몬 베드로는 "그물을 육지에 끌어 올리니" (21:11) 라고 했는데 이는 끌어당기는 것과 이끄는 것을 뜻할 수 있었다. "나를 보내신 아버지께서 이끌지 아니하시면 아무도 내게 올 수 없으니" (6:44). "내가 땅에서 들리면 모든 사람을 내게로 이끌겠노라" (12:32).

우리가 언제 마지막으로 물고기와 떡의 이야기를 들었던가? 오천 명을 먹이실 때였다. 언제 우리가 숯불 이야기를 들었는가? 베드로가 대제사장의 뜰에 서서 숯불에 몸을 쪼이면서 예수를 부인할 때였다 (18:18).

근동 지역에서 화해는 종종 식사를 나누는 가운데 행해지곤 했다. 만일 적들이 앉아서 "소금을 함께 먹으면," 그들은 화해를 하는 거였다. 떡을 함께 나누면서 우정이 회복되었다. 사람들이 함께 식탁에 앉을 때 계약이 이루어진다. 식사 중에 친교는 친밀감, 조화, 그리고 일치를 나타낸다.

시몬 베드로

무언가 빠진 것이 있었다. 예수님이 식사를 주관하는 호스트가 되셨다. 마지막 만찬 때, 그는 베드로의 발을 씻기셨다. 이제 예수님은 베드로를 따로 부르셨다.

예수님은 그의 이름을 부르셨는데 베드로에게 주신 이름, 바위를 뜻하는 "게바"라고 부르진 않았다. 예수님은 "요한의 아들 시몬아"라고 부르셨는데 이 이름은 베드로의 모친이 그에게 지어준 이름이자 베드로가 제자가 되기 전에 가지고 있었던 이름이었다. 베드로는 언제나 불같은 성격을 가진 사람이었다. 그는 과민반응을 보이는 경향이 있었다. 그 혼자만 바다로 뛰어들었다 (요한복음 21:7). 그는 세족식 때 반응을 보였다 (13:8-9). 그는 종의 귀를 잘랐다 (18:10). 종종 그는 자신이 제자들의 대변인이라도 된 듯이 다른 제자들의 생각을 엉겁결에 말하곤 했다 (6:68-69). 베드로는 이제 자신의 오래된 방식, 오래된 자아, 오래된 직업으로 돌아온 걸까? 그는 예수께서 처음 자신을 "네가 요한의 아들 시몬이니" (1:42) 라고 부르셨던 곳으로 되돌아옴으로써 최근에 일어난 사건에 반응하고 있는 걸까? "네가 이 사람들보다 나를 더 사랑하느냐" (21:15). 예수님은 베드로가 예수님을 위해 자신의 몸을 내버리겠다고 말하면서 온 몸을 씻어달라던 그 마지막 만찬 때를 언급하고 계셨다 (13:37). "주님 그러하나이다 내가 주님을 사랑하는 줄 주님께서 아시나이다" (21:15, 16). 여기에는 뽐내는 흔적이 없다.

베드로는 예수께서 세 번이나 "네가 나를 사랑하느냐" 라고 물으시자 마음에 상처를 받았다 (21:17). 제자는 "주여 모든 것을 아시오매" 라고 대답한다. 이제 베드로는 예수께서 그가 부인하기 훨씬 전부터 그의 마음을 읽으셨던 것을 깨닫게 된다.

세 번이나 물으심으로써 예수님은 죄의식과 고통을 불러일으키셨다. 용서와 화해가 관계의 형식으로 표현되었다. 가지는 포도나무가 하고자 했던 것을 해야 했다. "내 양을 먹이라" (21:17).

"주님 이 사람은 어떻게 되겠사옵나이까" (21:21) 라는 질문은 한 제자가 취해야 할 어떤 행동이 있고, 또 다른 제자가 취해야 할 어떤 행동이 있다는

| 비고란 |

가서 전하라

사실을 명확히 해준다. 오늘날도 예수님은 "네게 무슨 상관이냐" 라고 말씀하시는데 이는 다른 사람이 무엇을 드리든지, 다른 사람들이 무엇을 말하든지, 다른 사람들이 어떤 희생을 치르든지 네게 무슨 상관이냐는 것이다. "나를 따르라."

당신은 제자가 되는 것이 당신의 소명이라고 생각하는가?

_____

_____

신실한 공동체의 모습

신실한 믿음의 공동체는 부활하신 그리스도를 믿으며, 그리스도의 승리를 기쁨으로 자신 있게 증언한다. 우리에게는 전해야 할 놀라운 이야기가 있다. 좋은 책을 읽은 사람이나 대단히 좋은 영화를 본 사람과 같이 우리는 다른 사람들에게 말해 주고 싶어 한다. 우리는 증인들이며 전도자들이다.

부활 이야기의 어떤 부분이 당신으로 하여금 증거하도록 힘을 주는가?

_____

_____

부활에 대한 이야기 중 무엇이 당신이 증거하는 것을 힘들게 하는가?

_____

_____

어떤 사람들은 말하기를 "나는 삶으로 증거한다"고 한다. 말 또한 필요한 때는 언제인가?

_____

_____

철저한 제자

철저한 제자는 빈 무덤에 담긴 복음의 소식을 듣고 다른 사람들이 꺼려하는 곳까지 가는 위험을 감수한다. 당신이 꺼려하는 그곳은 어디인가?

추가 연구

전승에 의하면, 예수님의 제자들 가운데는 순교를 당한 사람도 있다고 한다. 도서관과 인터넷을 이용해서 성인과 순교자에 관한 책과 정보를 찾아보라. 제자들의 운명에 대해 더 자세히 알아보라.

비고란

> *우리는 신실한 믿음의 공동체이기 때문에 부활하신 그리스도를 믿으며, 그리스도께서 승리하신 것을 기쁜 마음으로 자신 있게 증거한다.*

하나됨

"사랑하는 자들아 우리가 서로 사랑하자
사랑은 하나님께 속한 것이니
사랑하는 자마다 하나님으로부터 나서 하나님을 알고."
—요한1서 4:7

25 함께 하는 삶

인간의 모습

우리는 그룹에 속하기도 원하고, 독립적으로 생각하고 행동하기도 원한다. 우리가 예 하고 말해야 하는 것은 무엇이며, 우리가 아니요 하고 말해야 하는 것은 무엇인가? 경계심을 두고 이익을 따지는 것이 사람들이나 그룹 간에 관계를 형성하는 데 미치는 영향은 무엇일까? 우리가 삶을 함께 한다는 정의는 무엇일까?

성경 읽기

가지고 있는 성경에 서신들을 위한 해설 부분이 있으면, 서론 부분들을 읽어보라. 교회 안에 있는 불화에 초점을 맞추어 보고, 신앙과 행위에 대하여도 초점을 맞추어 보라—겸손 대 오만, 용서 대 죄가 없다는 주장, 사랑 대 의견충돌 등등. 하나됨을 향한 바울의 간청을 연구하라.

첫째 날: 요한1서 1장 (말씀이신 그리스도와 생명의 근원);
로마서 14장 (서로 판단하지 말라 혹은 실족케 하지 말라);
에베소서 4:1–16 (그리스도의 몸으로 일치)
둘째 날: 요한1서 2–3장 (하나님을 알고 순종하는 것, 이 세상을 사랑하지 말라, 적그리스도에 대한 경고, 하나님의 자녀)
셋째 날: 요한1서 4–5장 (진리의 영과 거짓의 영, 하나님은 사랑이시다, 믿음이 세상을 정복하다)
넷째 날: 요한2서 (진리와 사랑);
요한3서 (환영을 향한 권면)
다섯째 날: 유다서 (거짓 교사들과 끝까지 참는 자들을 위한 심판)
여섯째 날: "생명나무의 열매"와
"신실한 공동체의 모습"을 읽고 답하라.
일곱째 날: 안식

금주의 시편

시편 133편에 나타나 있는 예배에서 기름이 하나님의 축복이며, 이슬이 창조 중에 하나님의 축복인 것과 마찬가지로, 요한의 서신과 유다서에서 하나됨은 공동체를 향한 하나님의 축복이다. 매일 시편 133편을 소리 내어 읽을 때, 당신이 속한 회중의 삶에서 축복으로 경험되는 하나됨의 표현들에 대해 생각해 보라. 그러한 단합의 표현을 어떻게 상징으로 나타내겠는가?

기도

매일 성경공부 전에 드릴 기도:
"진리의 말씀이 내 입에서 조금도 떠나지 말게 하소서
내가 주의 규례를 바랐음이니이다
내가 주의 율법을 항상 지키리이다
영원히 지키리이다" (시편 119:43–44).

금주의 기도 제목:

하나됨

첫째 날: 요한1서 1장 (말씀이신 그리스도와 생명의 근원); 로마서 14장 (서로 판단하지 말라 혹은 실족케 하지 말라); 에베소서 4:1-16 (그리스도의 몸으로 일치)	넷째 날: 요한2서 (진리와 사랑); 요한3서 (환영을 향한 권면)
둘째 날: 요한1서 2—3장 (하나님을 알고 순종하는 것, 이 세상을 사랑하지 말라, 적그리스도에 대한 경고, 하나님의 자녀)	다섯째 날: 유다서 (거짓 교사들과 끝까지 참는 자들을 위한 심판)
셋째 날: 요한1서 4—5장 (진리의 영과 거짓의 영, 하나님은 사랑이시다, 믿음이 세상을 정복하다)	여섯째 날: "생명나무의 열매"와 "신실한 공동체의 모습"을 읽고 답하라.

제자

생명나무의 열매

얼핏 보면 요한서신들(요한1서, 요한2서, 요한3서)은 가벼운 글로 보인다. "자녀들아 우리가 말과 혀로만 사랑하지 말고" (요한1서 3:18), "하나님은 사랑이시라" (4:16), "우리도 빛 가운데 행하면" (1:7) 등과 같은 구절들은 온유해서 거의 피상적으로 들리기까지 한다. 그러나 자세히 행간을 공부해 보면, 초대교회가 살아남기 위해 씨름하던 것이 드러나 있다. 초대교회는 이리저리 흔들리면서 믿음에 충실하려고 애쓰고 있었다. 우리는 세속의 역사와 다른 성경을 통해서 주후 1세기 교회가 적대적인 사회에서 살고 있었다는 것을 알고 있다. 로마인들은 유대인들과 유대 기독교인들이 고집스레 신앙을 지키는 것을 보고 무력으로 대항하였다. 네로 황제는 로마의 도로를 기독교인들의 시체에서 나온 기름으로 불을 밝혔다 (주후 64년). 로마 장군 디도는 예루살렘을 점령하고 성전을 파괴하였다. 주후 70년이 지나면서 유대교가 살아남으려고 씨름하는 동안 회당은 유대계 기독교인들을 포함한 비유대인들을 축출하기 시작했다.

게다가 희랍 문화와 로마 문화가 기독교인들에게는 낯선 무대를 제공하였다. 희랍 철학자들과 신비종교(mystery religions)들은 비밀스러운 지식이나 이 세상과는 유리된 구원의 진리에 대해 설파하였다.

그러나 초대교회를 직면했던 이러한 모든 외부 세력이 사방에서 밀려오게 되자 요한의 서신들과 유다서는 명백하게 교회 내에 있었던 문제들에 초점을 맞추고 있다. 그러한 이슈들은 바로 불화, 분리, 그리고 탈당과 같은 것들이었다. 서신들은 확실한 의도를 염두에 두고 씌어졌다. 바로 공동체에 중심이 되는 신앙을 예수 그리스도 안에서 유지하고, 친교를 통해 충성, 조화, 그리고 믿음을 유지하려는 것이었다.

하나님의 가족

종종 일반서신이라 불리는 서신들에는 베드로전후서, 요한1서, 요한2서, 요한3서, 유다서, 그리고 야고보서가 포함되어 있다. 그들은 소아시아에 흩어져 있는 신생 교회들에게 믿음을 충실하게 실천하도록 권면하고 위로하고 있다. 요한서신은 복음서에 나오는 요한이 세운 친교그룹의 경험을 통하여 생긴 것 같다. 구성원들 간에 서로 사랑하라고 호소(요한1서 3:11)하는 것은 논리적으로 세족식을 생각하며 한 말이다 (요한복음 13장). 단합에 대한 호소는 예수께서 "그들도 다 하나가 되어 우리 안에 있게 하사 세상으로 아버지께서 나를 보내신 것을 믿게 하옵소서"(17:21)를 반영해 주고 있다.

요한2서와 요한3서의 저자는 아마 요한1서의 저자이기도 했을 터인데 자신을 "장로"라고 밝히고 있다. 그는 신뢰받는 조언자요, 나이 지긋한 존경받는 지도자의 입장에서 접근하고 있다. 그의 호소와 권위는 사람들에게 영적으로 도덕적으로 영향을 끼칠 수 있는 능력에서 유래하고 있다. 의심할 바 없이 그는 요한복음에 깊이 몰입하여 있었으며 요한이 형성한 교회들의 오래된 교인이었을 것이다. 사도 요한의 제자였거나 혹은 요한의 신앙과 사고에 영향을 받았을 가능성이 농후하다.

그의 언어는 요한의 언어에 함빡 젖어 있다: "진리를 알라" (진리 안에서 행하라는 의미를 내포) (요한복음 8:32; 요한2서 1, 4장); "서로 사랑하라"를 새롭고도 불변하는 명령으로 내린 것 (요한복음 13:34; 요한1서 2:7; 3:11); 그리스도 안에 "거하라" (요한복음 15:4; 요한1서 2:6). "보혜사"

비고란

하나됨

(요한1서 2:1에서는 요한복음 14:16-17의 성령과는 달리 그리스도를 일컫는다), 믿지 않는 "세상," 믿는 자들의 기쁨에 대한 표현이 풍부하다. 요한복음에 대한 지식이 없는 사람은 요한서신을 거의 이해할 수가 없을 정도이다.

전통적으로 이 문서들을 *서신* 이라고 불러왔으나, 요한1서는 서신이라기보다는 강화 혹은 설교로 보인다. 인사말도 결론도 없다. 아마도 에베소서와 마찬가지로 그룹과 그룹 간에 회람되기 위해 씌어졌던 것 같다. 요한2서와 요한3서는 서신임이 확실하며, 특별한 친교그룹이나 개인에게 씌어진 것으로 구체적인 문제를 다루고 있다. 일반적으로 쓰이던 인사말이 포함되어 있다. 그러나 바울서신과 마찬가지로 인사말은 믿음의 용어("은혜, 사랑, 평강" 요한2서 3절)가 많이 나온다. "택하심을 받은 부녀"는 성인 구성원들을 "자녀"(요한2서 1절)로 삼은 가정교회였던 것처럼 보인다. 가이오는 다른 가정교회의 지도자였던 것처럼 나타나 있다 (요한3서 1절).

여기서 계속 사용되고 있는 언어는 가족 중심적인 경향이 있다. 오로지 존경을 받는 장로만이 마치 예수께서 그러셨던 것처럼 교회에 있는 믿는 자들을 향해 "자녀"라고 편안하게 부를 수 있었다. 열띤 논쟁과 긴장에 찬 논박을 부드러운 표현들이 덮고 있다. "사랑하는," "자녀," "아버지," "형제자매,"라는 단어들이 글에 넘쳐나고 있다. 하나님을 "아버지"로, 그리스도를 "아들"로 칭하는 표현이 계속 나타나고 있으며, 이는 성별을 강조한다기보다는 친밀감, 따스함, 부모의 애정을 강조하기 위해 사용되었다. 가족적인 용어는 청중을 유화시키기 위한 책략으로 사용된 것이 아니다. 온화한 말들은 은혜로운 메시지를 만들도록 도와준다. 교회는 가족이다.

어떤 의미에서 당신은 교회의 친교를 가족이라고 생각하는가?

위험

물론 궁극적인 대적은 악, "세상"을 다스리는 "악인"이다. 그러나 직접적인 위험은 어떤 모양으로든지 교회 안에 분열이 생기는 것이다. 예수 그리스도는 생명에 악한 힘이 연루되는 것을 깨뜨리셨다. 믿는 자들은 자유로이 빛 가운데 걸을 수 있으며 자유 안에서 사랑할 수 있다. 그러나 만일 악이 교회 안에 들어오면 그리스도의 구속하시는 역사가 경감하게 된다.

요한1서 2:18을 읽을 때, 우리는 "적그리스도가 온다는" 것을 듣고 놀라지 않는다. 성경은 종종 마지막 날이나 마지막 때의 조건에 대해 말하고 있다. 그러나 우리는 갑자기 "많은 적그리스도가 일어났나니"(2:18)와 같은 낯선 표현을 접하게 된다. 그들은 누구였을까? 그들은 무엇을 한 것일까? 왜 그런 위기가 발생했을까? 우리는 답에 대한 힌트만을 알뿐이다. "그들이 우리에게서 나갔으나" (2:19). 확실히 그들은 상이한 신앙을 갖고 있었다. 그들은 교회를 떠난 후에도, 계속해서 그릇된 가르침을 가르치고 다른 사람들도 자기들처럼 생각하도록 부추겼다. 그들은 "거짓 선지자들"로서 전통적인 가르침을 왜곡시키고 있었다. 그들은 예수 그리스도는 존경했지만 그가 주님이시라는 것에 대해 의문을 가지고 있었던 걸까?

아니면 그들은 예수께서 온전히 인간이심을 부인하고 있었던 걸까? "이로써 너희가 하나님의 영을 알지니 곧 예수 그리스도께서 육체로 오신 것을 시인하는 영마다 하나님께 속한 것이요 예수를 시인하지 아니하는 영마다 하나님께 속한 것이 아니니 이것이 곧 적그리스도의 영이니라 오리라 한 말

비고란

적그리스도라는 (희랍어 적그리스도는 "그리스도를 대적하여" 혹은 "반그리스도"를 뜻한다) 용어는 성경에서 요한1서 2:18, 22; 4:3, 그리고 요한2서 7절에만 유일하게 등장하고 있다. 이 서신에서 적그리스도는 예수 그리스도의 인성-신성을 부인하는 사람들을 일컫는다. 일찍이 주후 2세기경에 적그리스도라는 용어는 그리스도의 반대자들―마태복음 24:24와 마가복음 13:22에 있는 "거짓 메시야와 거짓 선지자" 그리고 데살로니가전서 2:3-10에 있는 "부정한 자"―과 연관되어 사용되게 되었다. 비록 적그리스도라는 용어가 요한계시록에는 나타나지 않지만 이 기독교 문서는 요한계시록에서 그리스도의 대적자들을 보았는데 특히 요한계시록 13, 16, 17, 19에 있는 두 짐승을 적그리스도로 보았다.

제자

너희가 들었거니와 지금 벌써 세상에 있느니라" (요한1서 4:2-3). 장로인 저자는 "택하심을 받은 부녀와 자녀들에게" 예수 그리스도께서 육신을 입고 이 세상에 오셨다고 고백하지 않는 "미혹하는 자"들을 조심하라고 편지에 썼다 (요한2서 7-8절).

이 무렵에 희랍인과 유대인 지식인들 층에서는 육체적인 세상—육과 물질의 세상—은 더 낮고, 더럽고, 악한 것이라고 인식하던 영적 사조가 유행하고 있었다. 이 가르침은 물질적인 세계는 악하기 때문에 영적인 지식인들은 그것을 저버려야 한다고 가르쳤다. 희랍의 영성주의자들은 비밀지식(gnosis, secret knowledge)을 가지고서 부패해 가는 물질세계로부터 자신들을 건질 수 있다고 믿었다. 가현설(docetism) 이라는 이단도 생겨났으며, 가현설은 수세기 동안 교회를 괴롭혔다. 가현설은 간단하게 말해서 "보이는 것" 혹은 "나타나는 것"을 의미했다. 예수는 신으로서 실제로 인간이 되신 것은 아니라고 이단은 가르쳤다. 인간이 되었다기보다는 "말씀"은 단지 인간의 형상을 입은 것"처럼" 혹은 그런 것처럼 "보인" 것뿐이었다. 이 철학은 하나님의 영 혹은 말씀이 육신이 되셨다는 그 당시로서는 끔찍한 사상을 회피했다. 이들의 논리를 따르면, 하나님이 실제로 십자가 나무에 달려서 피 흘리신 것을 부정하게 된다. 그는 단지 고통을 당한 "것처럼 보인 것" 뿐이다. 그러한 사고를 반박하기 위해 후기 신조는 예수님이 온전한 인성을 지니셨다는 것을 고수했다. 그는 "동정녀 마리아에게 나시고, 본디오 빌라도에게 고난을 받으사 십자가에 달려 돌아가신 후 장사지낸" 것이 된다.

오늘날 반대자들이 있다면, 예수님의 인성은 부인하지 않고 오히려 예수님의 신성을 부인할 것이다. 당신 생각에는 어떠한가?

가현설이 신학적인 후계자들을 분열시켰는가? 요한과 그를 따르는 자들에게는 그렇지 않았다. 만일 성육신을—진실로 하나님의 말씀이 진정으로 육신이 되었다는 것을—부인한다면, 그러면 십자가는 그 대속하시는 능력을 상실하게 된다. 하나님 이외에는 죄를 사해 주실 분이 없기 때문이다. 만일 예수께서 인간으로 오셔서 "끝까지" (요한복음 13:1) 사랑하시기 위해 고난을 받으신 것이 아니라면, 그러면 기독교인들은 화해에 이르지 못하고 우리는 세상과 마찬가지로 잃어버린 것이 된다. 그것이 바로 장로가 반대자들을 가리켜 "적그리스도"라고 부른 이유였다. 그들은 구원자를 반대하고 있었다. 장로는 그들을 "미혹하는 자"라고 불렀는데, 왜냐하면 그들은 근본적인 진리를 고수하지 않았기 때문이다. 그들은 그릇된 가르침으로 인해 구원의 모퉁이 돌을 옮겨버렸고 복음을 거짓말로 만들어버렸다.

만일 우리가 그리스도가 신일뿐 인간이 아니었다고 믿는다면, 그렇다면 그리스도는 우리를 위해 고난을 받지 아니한 것이 된다. 만일 구원은 비밀스런 지식을 통해 온다고 우리가 생각한다면, 그리고 만일 우리가 그러한 지식을 가지고 있다면, 우리는 순종할 필요가 없게 된다. 그러므로 거짓말에 뿌리를 둔 의견의 불일치는 자라나서 미움이 된다. 미움은 살인에 이르게 한다 (요한1서 3:15). 예수님의 보혈과 신앙고백을 통해 죄에서 깨끗함을 받는 용서의 능력을 체험한 기독교인들은 다른 형제자매들에게 믿음 안에서 사랑을 보여주게 된다. "우리도 빛 가운데 행하면 우리가 서로 사귐이 있고 그 아들 예수의 피가 우리를 모든 죄에서 깨끗하게 하실 것이요" (1:7).

| 비고란 |

감람나무

하나됨

영접하는 것과 거짓 교사들

하나님은 사랑의 주도권을 쥐고 계신다. 창조되는 가족은 하나님의 가족이다. "그가 우리를 위하여 목숨을 버리셨으니 우리가 이로써 사랑을 알고 우리도 형제들을 위하여 목숨을 버리는 것이 마땅하니라" (요한1서 3:16). 사랑은 단순히 감상적인 것이 아니다. 사랑은 일상생활에서 실용적인 것이다. 만일 어떤 기독교인이 "이 세상의 재물을 가지고 형제의 궁핍함을 보고도 도와줄 마음을 닫으면" (3:17), 그 기독교인은 주님을 부인하는 것이다. 가족의 구성원은 서로서로 돕는다.

장로는 가이오의 사랑을 인하여 감사한다. 가이오는 순회하는 증거자들을 환영하고 재정적인 지원을 받지 못하는 낯선 기독교인들을 잘 영접하였다 (요한3서 5-7절). 우리는 믿는 사람들과 다른 곳에서 온 낯선 사람들을 우리 식탁으로 초대할 때 그리스도의 환대를 실천하는 것이 된다. 영접함으로써 "함께 일하는 자가 되게" 할 수 있다 (요한3서 8절).

하지만 장로는 거짓 교사들을 영접하는 것에 대해 경고하고 있다. 만일 그들이 그리스도의 가르침을 멀리 하거나 혹은 말씀이 예수님 안에서 육신이 되었다는 것을 부인한다면 그들의 가르침은 신자들의 모임에 독소가 될 것이기 때문이다. "너희는 스스로 삼가 우리가 일한 것을 잃지 말고 오직 온전한 상을 받으라…그에게 인사하는 자는 그 악한 일에 참여하는 자임이라" (요한2서 8, 11절).

유다서에 따르면, 거짓 교사들은 방탕에 이르게 한다. 신자들이 은혜를 거슬릴 때, 그들은 예수님이 "홀로 하나이신 주재 곧 우리 주 예수 그리스도"임을 부인하는 것이 된다 (유다서 4절). "가만히 들어온 사람 몇"이라고 극적으로 표현된 분노는 그들이 가인이 동생 아벨에게 가졌던 것과 같은 분노를 들고 왔기 때문이다 (창세기 4:1-8). 그들은 발람의 예언과도 같이 (민수기 22—24장) 탐욕을 불러 올 수 있기 때문이다. 그들은 모세에 대항해서 반역을 이끈 레위 족속 고라 자손처럼 반역의 본성을 가지고 올 수 있기 때문이다 (민수기 16장). 어떤 사람들은 "원망하는 자", "불만을 토하는 자" "정욕대로 행하는 자"였다 (유다서 16-18절).

"육체를 더럽히던" (유다서 8절) 꿈꾸는 자들은 누구였을까? 분명히 두 종류의 사람들이었을 것이다. 어떤 사람들은 성이 불순하다고 말했다. 그들은 "영적인" 상태에서 성적인 것을 초월하고 있다고 생각했었다. 또 다른 사람들은 성은 신앙과 무관한 것이라고 생각해서 음탕하게 행동했으며 ("정욕대로 행하는 자", 16절), 또 이러한 행동을 자랑했다. 이 사람들은 타락시키는 영향을 미치고 있었다. 그들은 "애찬에 암초"(12절)였다. 이 사람들은 용서에 목말라하지도 않았으며, 구원을 찾으려고 하지도 않았다. 그 대신 그들은 오만한 사람들로서 자기만족에 빠져서 자기도취에 젖어 있었다. "그들은 기탄 없이 너희와 함께 먹으니…자기 몸만 기르는 목자요" (12절). 그들이 받을 심판은 하나님께로부터 올 것이다. 그들은 캄캄한 흑암으로 돌아갈 유리하는 별들과 같이 될 것이다 (13절).

어떻게 하면 당신의 교회가 죄에 빠진 사람들에게 마음을 열 수 있으며, 또한 동시에 오만하고 분열을 일삼는 사람들도 직면할 수 있을까?

당신이 속한 교회에서 분열이나 의견 충돌이 일어난 이유는 무엇인가?

비고란

제자

죄

이 서신들에 있는 죄에 대한 논의는 죄 자체만큼이나 복합적이다. 요한복음과 같이 죄는 하나님이 예수 그리스도 안에서 계시하셨다는 것을 부인하는 것이다. 그것은 빛을 보고서도 어둠 속에서 걷기를 고집하는 것과 같다. 핵심이 되는 사상은 "우리 스스로를 속이지 않는" 것이다. 죄를 전적으로 드러내 놓는 것이 필요하다. 우리가 마음을 열면 그리스도의 보혈을 경험하게 된다. 우리는 권위의 충돌로 씨름을 하고 있는데, 세상의 지배에 굴하고 그리스도의 지배에 굴하지 못하는 것으로 인해 우리의 영혼은 찢어지는 듯하다. "만일 우리가 죄가 없다고 말하면 스스로 속이고 또 진리가 우리 속에 있지 아니할 것이요 만일 우리가 우리 죄를 자백하면 그는 미쁘시고 의로우사 우리 죄를 사하시며 우리를 모든 불의에서 깨끗하게 하실 것이요" (요한1서 1:8-9).

아마도 요한은 믿는 자들에게는 죄의 힘과 영향력이 없어졌다는 것을 뜻하는 것이리라. 우리는 새로운 관계 안에서 살고 있다. 그러나 아마도 때때로 요한은 우리가 계속하여 사랑 안에서 걸을 수 있도록 급하게 재촉하기 위해서 그의 사례를 강조하고 있는 것이리라. 요한은 빛의 자녀들조차 새로운 용서를 필요로 한다는 것을 확실히 알고 있다. 그는 이렇게 설명한다. "내가 이것을 너희에게 씀은 너희로 죄를 범하지 않게 하려 함이라" (2:1). 요한은 우리들 눈앞에 희망의 빛을 비추어 주고 있다. "만일 누가 죄를 범하여도 아버지 앞에서 우리에게 대언자가 있으니 곧 의로우신 예수 그리스도시라 그는 우리 죄를 위한 화목 제물이니 우리만 위할 뿐 아니요 온 세상의 죄를 위하심이라" (2:1-2). 그러므로 대속하시는 희생은 우리에게 가해지는 죄의 사슬을 끊을 뿐만 아니라 우리가 계속 회개할 때 새롭게 깨끗하게 하는 힘을 발휘한다.

어떤 독자들은 장로가 예수 그리스도의 메시지를 너무 자기가 편한 대로 생각해서 이웃을 돌보라는 예수님의 계명과 원수를 사랑하라는 예수님의 명령을 강조하지 않았다고 생각한다. 그러나 그들은 때로는 형제나 자매를 사랑하는 것이 낯선 사람을 사랑하는 것보다 더 어렵다는 것을 잊어버렸다.

그러나 하나님은 우리가 서로 사랑하려고 애쓸 수 있도록 우리에게 많은 도움을 주신다. 우리에게는 복음의 소식이 있다. 하나님의 사랑은 예수 그리스도 안에서 우리에게 명확해졌다. 우리에게는 강력한 증거가 있다. 물, 피, 그리고 성령이다 (5:6-8). 물은 세례 때에 깨끗케 하시는 물을 일컫는다. 피는 십자가상에서 보여주신 희생적이고 영광에 찬 사랑을 가리킨다. 영은 물과 피를 증거하신다. "영은 진리이다".

교회 안에 있는 친구들도 도울 수 있다. 우리는 형제자매를 사랑해야 할뿐 아니라 그들 역시 우리를 사랑해야 한다. 가이오는 방문하는 기독교인들을 친절히 영접했다 (요한3서 5-6절). 접대하지 않는 디오드레베가 있는 반면에 (9-10절) 권면하고 선을 행하는 데메드리오도 있었다 (12절).

기독교인들이 친목을 통하여 나누는 기쁨은 세상이 주는 그 어떤 것과도 같지 않다. 그것은 요란한 쾌락이 아니라 깊은 신뢰와 내적인 확신에 뿌리를 둔 것이다. 그러나 신자들을 사랑 안에서 한결같게 만들어주는 위대한 힘의 근원은 유다서를 끝맺는 의미심장한 축도에서 발견할 수 있다. "능히 너희를 보호하사 거침이 없게 하시고 너희로 그 영광 앞에 흠이 없이 기쁨으로 서게 하실 이 곧 우리 구주 홀로 하나이신 하나님께 우리 주 예수 그리스도로 말미암아 영광과 위엄과 권력과 권세가 영원 전부터 이제와 영원토록 있을지어다 아멘" (유다서 24-25절).

하나됨

신실한 공동체의 모습

모든 공동체는 존재해야 할 이유가 있다. 기독교 공동체가 존재하는 이유는 그리스도 때문이다. 우리는 맨 처음부터 있어왔던 것—예수 그리스도 안에서 보고 계시된 것—에 바탕을 두고 무엇을 믿는가, 어떻게 사랑하는가, 언제 용서할까에 대해 서로서로를 책임진다.

요한1서, 요한2서, 요한3서가 예수님에 대해 진실로 믿고 있는 것은 무엇인가?

___

당신은 예수님에 대해 무엇을 믿고 있는가?

___

요한이 말하는 것과 당신이 믿는 것 사이에서 어떤 차이점을 볼 수 있는가?

___

당신이 속한 교회는 교회가 예수님에 대해 *믿고 있는 것*을 교회가 교회로서 *하고 있는 것*과 연관을 짓기 위해 어떤 것을 의도적으로 하고 있는가?

___

공동체를 이루는 중심적인 교리로부터 우리가 멀어지게 될 때 우리는 하나됨의 관점에서 어떤 위험을 감수하게 되는가?

___

철저한 제자

오래된 사고, 오래된 명령을 의문시하게 되는 새로운 상황에 접하게 될 때, 철저한 제자는 상황을 명확한 눈으로 직시하고, 변화를 참아내는 데 필요한 한계가 무엇인지 알고, 자신과 공동체를 그리스도의 중심 되는 가르침에 붙들려 있고자 한다.

추가 연구

요한복음과 요한서신들을 받았던 공동체에 대한 감을 잡기 위해서 요한복음과 요한서신들에 나타난 단어, 구절, 주제들을 비교해 보라.

비고란

우리는 신실한 믿음의 공동체이기 때문에 서로 사랑하라는 맨 처음에 받은 메시지로 서로의 관계를 맺어가는 사람들이다.

말

"이와 같이 혀도 작은 지체로되 큰 것을 자랑하도다
보라 얼마나 작은 불이 얼마나 많은 나무를 태우는가
혀는 곧 불이요 불의의 세계라 혀는 우리 지체 중에서 온 몸을 더럽히고
삶의 수레바퀴를 불사르나니 그 사르는 것이 지옥 불에서 나느니라."

—야고보서 3:5-6

26 혀의 위력

인간의 모습

사람들은 다른 사람들에 대하여 이야기한다. 모두가 다 이야기한다. 말하기란 쉬운 것이다. 우리가 말을 한다고 해서 항상 그 말을 곧이곧대로 뜻하지는 않는다. 때로는 우리가 하는 행동이 말보다 더 큰 위력을 나타낼 때도 있지만, 항상 그런 것은 아니다. 모든 사람들이 가끔씩은 진리를 왜곡한다. 우리가 말하는 것을 곧이곧대로 믿는 사람은 거의 없다. 우리는 끊임없이 말을 한다.

성경 읽기

당신의 행위를 주시해 보면서 성경을 읽어라. 야고보서는 실용적인 지혜서이다. 성경을 연구하면서 당신의 삶, 특히 언어 습관을 자세히 들여다보라.

첫째 날: 야고보서 1장 (말을 듣고 행하는 것)
둘째 날: 야고보서 2장 (믿음과 행위)
셋째 날: 야고보서 3장 (혀의 위력, 참된 지혜는 하나님께로부터 나오는 것)
넷째 날: 야고보서 4장 (하나님께 속한 것과 세상에 속한 것의 대조)
다섯째 날: 야고보서 5장 (참으라, 의로운 기도의 능력)
여섯째 날: "생명나무의 열매"와 "신실한 공동체의 모습"을 읽고 답하라.
일곱째 날: 안식

철저한 제자

금주에는 들으려고 애써 보라. 라디오, 텔레비전, 그리고 영화에서 헐뜯고, 조롱하고, 야유하고, 깎아내리는 말에 귀를 기울이라. 가정과 일터와 노는 가운데 나누는 대화에 귀를 기울이라. 당신이 그러한 대화에 어떻게 참여하는지 점검해 보라. 혀를 긍정적으로 사용하는 것에 귀를 기울이라. 믿음과 언어 사이에 어떤 관계가 있는지 생각해 보라.

금주의 시편

매일 시편 141편을 소리 내어 기도하면서 당신이 쓰는 말을 염두에 두라. 141:3에 초점을 맞추라. 그 구절을 외우고 낮 동안 당신이 할 말을 선택해서 쓰는 동안에 계속 스스로에게 그 구절을 반복하라.

기도

매일 성경공부 전에 드릴 기도:
"주여 내 입술을 열어 주소서
    내 입이 주를 찬송하며 전파하리이다"
(시편 51:15).

금주의 기도 제목:

말

첫째 날: 야고보서 1장 (말을 듣고 행하는 것)

둘째 날: 야고보서 2장 (믿음과 행위)

셋째 날: 야고보서 3장 (혀의 위력, 참된 지혜는 하나님께로부터 나오는 것)

넷째 날: 야고보서 4장 (하나님께 속한 것과 세상에 속한 것의 대조)

다섯째 날: 야고보서 5장 (참으라, 의로운 기도의 능력)

여섯째 날: "생명나무의 열매"와 "신실한 공동체의 모습"을 읽고 답하라.

제자

생명나무의 열매

야고보서의 주제가 "혀"라고 하기에는 초점이 너무 좁은 것처럼 보인다. 그러나 혀는 마음과 직접 연결되어 있다고 생각해 보면 어떨까? 마음이 하나님의 은혜와 조화를 이루고 있을 때에는 언행일치를 이룬 연민과 감사에 가득 찬 말들이 혀를 통해 흘러나온다. "행함"이 없는 믿음은 죽은 것이며, "행함"은 신실한 사람들의 말에서 나오는 것이다. 그런 관점에서 보면 혀는 기독교인이 행동하는데 핵심이 되는 도구가 된다.

야고보가 확실히 인식하고 있듯이, 신자들은 혀 사용하는 것을 가볍게 생각하는 경향이 있다. 아무도 결코 죽이지 않을 기독교인이라도 종종 그들이 가진 입으로 생명을 파멸시키곤 한다. 재정 잔고를 결코 속이지 않을 사람들도 종종 그들의 입술로는 거짓말을 한다. 야고보서는 믿는 자들에게 일터에서나 혹은 저녁 식탁에서 좀 더 조심스럽게 말하라고 도전하고 있다. 구약성서의 지혜서처럼 야고보서는 예배가 끝난 후 일상생활에서 어떻게 해야 할 것인지를 다루고 있다.

교사

아마도 야고보는 선생으로서 말의 위력을 알고 있었던 같다. 그는 우아한 희랍어, 조화를 갖춘 용어 선택, 수사학적 질문, 희랍어 구약성경 칠십인역을 언급하기도 하고 인용하기도 한다. 야고보서만큼 말로 생생하게 묘사하는 것에 숙련된 저자가 없는데, 이는 우수한 교사가 가지고 있는 자질이기도 하다. 그가 사용하는 은유는 요점을 적시적소에 구사하기 위해 조심스레 계산된 리듬을 따르고 있다. 그가 사용하는 시각적 언어만 보아도 그렇다. 혀는 제어되어져야 하는데 마치 길길이 뛰는 말에 재갈 물리듯 길들여야 한다고 한다. 혀는 큰 배를 인도하는 작은 키와 같다. 혀는 불이며, 마치 성냥과 같아서 숲에 환히 불을 놓을 수 있다.

야보고는 말을 할 때 "형제자매들"을 염두에 두고 있었기 때문에 매일을 살아가는 보통사람들이 사용하는 비유적 표현―신선한 물과 소금기 있는 물, 무화과와 감람나무와 포도나무, 말과 배―에 호소하고 있다. 야생 동물, 새, 파충류, 그리고 해양 동물을 길들이는 것과 이보다 어려운 혀를 길들이는 것을 비교한 것은 모든 사람이 이해하기 쉬운 것이었을 것이다.

이 편지의 권위는 예수님의 형제이며, 초대 예루살렘 교회의 지도자였던 야고보에게 힘입고 있다. 바울과 바나바는 이방인들 가운데 선교사역을 위한 허락을 얻기 위해 야고보와 베드로를 만난 적이 있다 (사도행전 15:1-29). 이 책이 야고보의 손에 씌어졌는지, 혹은 그의 영향 아래 씌어졌는지, 혹은 그를 기념하여 씌어졌는지 우리는 알지 못한다. 우리가 아는 것은 야보고가 존경을 받았으며 존중을 받았다는 것이었다.

이 책은 편지라기보다는 권면으로 되어 있다. 인사말을 제외하고는 서신에서 찾아볼 수 있는 일반적인 특징이 없다. 인사말은 "흩어져 있는 열두 지파"(1:1)에게로 되어 있다. 이 글은 아마도 지중해에 두루 흩어져 살던 특정 유대계 기독교인들을 향한 것이었거나 아니면 모든 곳에 있는 일반 기독교인들을 향한 것일 수도 있다. 대부분의 학자들은 이 글은 1세 혹은 2세 기독교인들로부터 왔다고 생각하는데, 그 이유는 교회에 조직이나 행정 체계가 없고 여전히 친교 그룹이었던 것처럼 보이기 때문이다. 그러나 그들이 직면하고 있었던 문제는 모든 세대를 두고 교회를 괴롭혀온 것과 같은 성질의 것이다.

비고란

말

지혜

혀를 훈련시키는 것은 지혜 전승에 뿌리를 깊게 박고 있다. 고대 현인들은 말의 위력을 알고 있었다. 욥과 지혜문학의 저자들은 언행일치는 신적인 속성으로서 진실한 연설을 통해 됨됨이가 표현된다는 것을 알고 있었다. 욥이 하나님 앞에서 자신의 무고함을 밝혔을 때 그는 이렇게 물었다. "내 혀에 어찌 불의한 것이 있으랴" (욥기 6:30). 전도서의 전도자는 사람들에게 너무 말을 많이 하지 말라고 했다. "지혜자의 입의 말들은 은혜로우나 우매자의 입술들은 자기를 삼키나니 그의 입의 말들의 시작은 우매요 그의 입의 결말들은 심히 미친 것이니라 우매한 자는 말은 많이 하거니와 사람은 장래 일을 알지 못하나니 나중에 일어날 일을 누가 그에게 알리요" (전도서 10:12-14). 하나님은 진실을 말할 것을 십계명의 중심에 심으셨다. "네 이웃에 대하여 거짓 증거하지 말라" (출애굽기 20:16). 시편과 잠언은 혀를 과격한 이미지로 묘사하고 있다. 혀는 "날카로운 삭도" (시편 52:2) 같다. "칼로 찌름 같이 함부로 말하는 자가 있거니와" (잠언 12:18). 거짓말하는 입술, 우둔한 말, 침도 안 바르고 하는 유혹적인 말, 험담, 이 모든 것들은 악한 무기와도 같아서 가족을 분열시키고 정부를 무너뜨리며 사업을 망하게 하고 살인을 일으키고 전쟁을 일으키게 한다. 잠언에 이르기를 주께서 "거짓된 혀" (6:17)를 미워하신다고 하는 것은 당연하다. 시편 기자가 이렇게 맹세하는 것도 놀랄 만한 일이 아니다.

"내가 말하기를 나의 행위를 조심하여
　　내 혀로 범죄하지 아니하리니 악인이 내 앞에 있을 때에
　　내가 내 입에 재갈을 먹이리라 하였도다" (시편 39:1).

그러나 혀는 크게 유익할 수도 있다. 잠언은 함부로 하는 말은 칼로 찌르는 것 같지만, 지혜로운 사람의 혀는 치유할 수 있다는 것을 지적하고 있다 (잠언 12:18). 또한 "온순한 혀는 곧 생명나무" (15:4) 라고 적고 있다. "현숙한 아내"는 입으로 "입을 열어 지혜를 베풀며" (31:26) 라고 되어 있다. 절대적인 됨됨이를 나타내는 말은 반석으로 기초를 놓고 지은 집과 같다. 야고보가 "무엇보다도 맹세하지 말지니 하늘로나 땅으로나 아무 다른 것으로도 맹세하지 말고 오직 너희의 그렇다고 생각하는 것은 그렇다 하고 아니라고 생각하는 것은 아니라 하여 정죄받음을 면하라" (야고보서 5:12; 마태복음 5:34-37) 라고 할 때는 마치 그가 산상수훈을 한 단어 한 단어 인용한 것 같다.

야고보서의 지혜

야고보는 흔히 신약성경의 지혜 선생으로 불린다. 현인들처럼 야고보는 삶에 대해 사리에 맞는 견해를 제공하고 있기 때문이다. 그러나 그는 구약성경의 저자들과는 다른 입장에서 글을 쓴다. 잠언의 지혜는 피조물—사물이 있는 그대로 (the way things are)—에 근거를 둔 반면, 야고보의 지혜는 예수 그리스도—사물이 그렇게 되어야 하는 대로 (the way things are coming to be)—에 근거를 두고 있다. 전도서의 선생은 쾌락을 향해 줄달음치는 것과 세상 재물을 정신없이 축적하는 것은 어리석고도 바람을 좇는 것과 같다고 하면서 거부하였다. 야고보는 세상적인 가치는 예수님이 공생애 동안 가르치신 것과 갈등관계에 있다고 보아 거부하였다. 욥은 정의를 강조하면서 그의 정의의 기준틀을 모세의 율법에 두었다. 한편 야고보는 "최고의 법"인 복음, 즉 이웃 사랑의 율법에 호소하고 있다. 야고보는 기독교인들이 단지 이

맵시 있는 생명나무

제자

땅 위에서의 생애만을 이해하기보다 다가올 생애의 면류관을 확실히 받을 수 있는 방식으로 살기를 원하고 있다.

야고보는 세상이 보는 방식과 다르게 이 세상을 바라보고 있다. "세상"은 성공하기 위해 서로 경쟁하는 조직 안에서 사람들을 인정하는 경향이 있다. 사회적인 지위가 중요하다. 소유가 우선순위로 되어 있다. 고난은 회피하게 된다. 쾌락은 열렬히 추구하게 된다.

야고보가 보는 견해에 의하면, 사회조직은 거꾸로 되어야 한다. 그에 의하면, 가난한 자들이 대접을 받아야 한다. 부자들은 섬기도록 요청된다. 모든 사람들이 동등하게 서로서로 친교 안에서 서로를 낮추어야 한다. 모든 사람들에게 충분히 돌아갈 만한 것이 없을까봐 전전긍긍하는 이 세상에서, 하나님은 후히 주시는 분이시기 때문에 우리 또한 후히 주어야 한다고 한다. 거짓된 세상에서도 믿는 이들은 진실을 말해야 하는데 왜냐하면 "자기의 뜻을 따라 진리의 말씀으로 우리를 낳으셨느니라" (야고보서 1:18). 분노의 세상에서 믿는 이들은 "듣기는 속히 하고 말하기는 더디 하며 성내기도 더디 하라 사람이 성내는 것이 하나님의 의를 이루지 못함이라" (야고보서 1:19-20). "형제를 사랑하여 서로 우애하고 존경하기를 서로 먼저 하며" (로마서 12:10). 믿음의 공동체는 동등하게 서로를 존중하는 기쁨에 찬 새로운 사회질서 안에서 살아가게 된다.

야고보는 다른 어떤 신약성경의 저자들보다도 믿는 이들이 세상적인 생각으로 되돌아가는 것에 대해 비판적인데, 특히 부자와 가난한 자를 대할 때에 그러하다. 만일 교회가 "아름다운 옷"을 입고 "금가락지"를 낀 사람들에게 경의를 표한다면 교회는 공동체라기보다 사교 클럽이 되는 것이다. 만일 "더러운 옷"을 입은 가난한 사람이 들어와서 "거기 서 있든지 내 발등상 아래에 앉으라" (2:3) 하는 업신여기는 말을 듣고 수치심을 느끼게 되면 그 공동체는 무너지게 된다. 신자들은 "최고의 법" 아래서 살고 있는데, 이는 "네 이웃 사랑하기를 네 몸과 같이 하라"이다 (2:8, 레위기 19:18). 외모로 사람을 취하는 것은 살인이나 간통에 버금가게 하나님의 율법을 어기는 것이 된다 (야고보서 2:9-11). 말에 있어서나 행동에 있어서 믿는 이들은 "자유의 율법대로" (2:12), 즉 복음에 의해 판단을 받게 될 것이다.

깨끗한 마음

야고보는 신자들에게 입을 조심하라고 충고하는 단순한 도덕주의자가 아니다. 그는 마음이 변화되어야 함을 알고 있다. 비록 야고보가 외부로 보이는 "행함"을 강조하고 있지만 그는 행함은 믿음에서 우러나는 것임을 이해하고 있다. 야고보는 예수께서 니고데모에게 던진 말씀 "네가 거듭나야 하겠다" (요한복음 3:7)는 말과 제자들에게 하신 말씀, "너희는 내가 일러준 말로 이미 깨끗하여졌으니"(15:3)에 동의하였다. 야고보는 순수하고 깨끗한 언어는 우리 입술에서 나올 수 있다고 하는데, 왜냐하면 하나님께서 우리를 "진리의 말씀으로 우리를 낳으셨"기 때문이라고 말한다 (야고보서 1:18). 마치 정결한 물이 솟구쳐 올라오는 깨끗한 샘과 같이 정결한 마음은 언행이 일치되고 경배에 가득 찬 말들을 낳을 수 있다.

다 함께 성스러운 삶을 살려고 하면 고난을 초래할 수도 있는데, 이는 신자들의 삶이 이 세상의 방법과는 대조되고 반대되는 것이 될 수 있기 때문이다. "여러 가지 시험을 당하거든 온전히 기쁘게 여기라"(1:2)고 한다. 왜? 시련은 인내를 낳고 인내는 성숙에 이르게 하기 때문이다.

비고란

"누구든지 말씀을 듣고 행하지 아니하면 그는 거울로 자기의 생긴 얼굴을 보는 사람과 같아서 제 자신을 보고 가서 그 모습이 어떠한 것을 곧 잊어버리거니와" (야고보서 1:23-24). 이와 같이 청동으로 된 거울을 윤이 날 때까지 닦으면 어둡지만 그래도 희미하게 얼굴을 비춰볼 수 있었다.

말

우리는 "시기와 다툼"과 혼란과 악한 일에 빠지지 않아야 한다 (3:16). 세상의 친구는 하나님의 원수이다. 세상의 방법은 사망에 이르게 한다. "주의 강림이 가까우므로" (5:8) 농부가 곡식이 익을 것을 기다리듯이 인내하라. "인내"한 욥을 기억하면 주께서 결말에 "자비하시고 긍휼히 여기셨"다는 것을 알 수 있을 것이다 (5:10-11).

행함이 없는 믿음

어떤 학자들은 야고보를 바울과 대조하면서 야고보는 "행함"을, 바울은 "믿음"을 강조한 것으로 본다. 마틴 루터가 그 덫에 빠진 것처럼 보였다. 비록 야고보와 바울이 이슈를 다른 방식으로 접근한다고 해도 그들은 둘 다 신자들은 그리스도 안에 있는 하나님의 은혜를 믿음으로 구원을 받고 행동으로 그 믿음을 행해야 한다는 것을 알았다.

야고보는 사례를 강력하게 주장하고 있지만 믿음의 공동체와 더불어 호소하고 있다. 그는 단지 지적이기만 한 믿음(intellectual belief)은 무력하다고 주장한다. 윤리적인 표현이 없는 개인적인 경건에는 장점이 없다. 야고보는 우리가 말을 할 때 그 말에 스스로 귀를 기울이기를 원한다. 또한 우리 손을 주의해서 보고 우리 발을 주의해서 보고 우리의 지갑을 연구하기를 원하고 있다. 물론 믿음은 필수이다. 그러나 믿음이 진실하게 되면, 그것은 행위를 통해 스스로 모습을 드러내게 될 것이다.

추측 대 섭리

세상에 살면서 우리는 스스로 통제하기를 바라고, 자유를 행사하기를 원한다. 우리는 "나는 여기 갈려고 해; 나는 저리로 가려고 해"라고 큰 소리를 친다. 그러나 사실을 말하자면, 우리는 과연 내일 무슨 일이 일어날지 알지 못한다. 믿는 우리는 사랑이신 하나님의 은혜로운 보살핌 속에서 살아간다고 이해하고 있다. 우리가 내일에 대해 자랑하기 전에 먼저 우리는 두 가지 이유로 조심해야 한다. 첫째로, 우리 심장이 발딱발딱 뛰는 것, 우리가 매 순간 숨 쉬는 것, 이 모든 것이 하나님의 은혜로운 섭리의 선물이라는 것이다. 두 번째로, 우리는 길을 가는 동안 한 걸음 한 걸음 성령에 이끌림을 받으려고 애쓴다. 그러므로 우리는 이렇게 말해야 할 것이다. "주의 뜻이면 우리가 살기도 하고 이것이나 저것을 하리라 할 것이거늘" (야고보서 4:15).

능력

혀가 선행을 행하는데 얼마나 필수적인지 주목해 보라. 노래를 부르라. 일이 잘되어 갈 때 찬양하라 (야고보서 5:13). 기도하라. 서로가 서로를 위해 기도하라. 병자들을 위해 기도하라. 병자들과 더불어 기도하라. 장로들을 청하여 그들을 위해 기도해 달라고 하라. 여기 영적인 원동력이 놓여 있다. "너희 죄를 서로 고백하며 병이 낫기를 위하여 서로 기도하라 의인의 간구는 역사하는 힘이 큼이니라" (5:16). 역사가들은 죄나 잘못을 고백하는 참회가 주 후 13세기가 되어서야 비로소 교회에서 성례전으로 공식화되었다고 기록하고 있다 (로마 가톨릭에서 행하는 고해성사의 성례전). 그러나 그전에도 온 세계에 있는 기독교인들은 서로에게 고백하면서 고해를 행해왔다. 잘못을 다른 사람에게 직접 고백하는 것이 어떤 힘을 지니는지 알지 못하는 사람이

비고란

제자

어디 있겠는가? 많은 기독교인들은 서로를 배려하는 기독교 모임에서 자신의 경험을 나누었을 때 죄의식이 어깨에서 떨어져나가는 것을 경험해 왔다.

당신은 고백을 해본 경험이 있는가? 당신은 얼마만큼 마음을 열 의사가 있고, 또한 다른 사람 앞에서 취약해질 의사가 있는가? 당신의 그룹에 속한 사람들은 어떠한가?

___

고백이 도움이 될 수 있게도 하고 효과적일 수도 있게 만드는 요소는 무엇인가?

___

다른 사람들을 구함

편지에 두루 걸쳐서 야고보는 믿는 사람들에게 혀와 생활로서 악을 피하라고 권면하고 있다. 마지막 말은 더욱 나아가 "내 형제들아 너희 중에 미혹되어 진리를 떠난 자를 누가 돌아서게 하면 너희가 알 것은 죄인을 미혹된 길에서 돌아서게 하는 자가 그의 영혼을 사망에서 구원할 것이며 허다한 죄를 덮을 것임이라" 라고 하고 있다 (야고보서 5:19-20). 비방하거나 험담을 하는 대신 우리는 사랑으로 서로를 돌보아 주라고 권고 받는다. 사랑으로 충만해 있지 않는 한, 이를 실천하기는 아주 까다로운 일이다. 세상 사람들은 방어적 태도를 취할 것이나 믿는 이들은 책망이 배려하는 마음에서 우러나온 진실한 것이라면 받아들일 것이다.

에스겔은 하나님의 말씀인 두루마리를 먹고 "이스라엘 족속"을 책망하였다 (에스겔 3:1-11). 모세 율법은 명령하기를 "너는 네 형제를 마음으로 미워하지 말며 네 이웃을 반드시 견책하라" (레위기 19:17) 라고 했다. 레위기에 있는 바로 그 율법이 예수님의 가르침과 야고보의 권면 "네 이웃을 네 몸과 같이 사랑하라"의 기초가 되었다 (19:18).

그러나 어떻게 다른 사람들을 구하는 것이 죄를 극복하는 데 도움이 될 수 있을까? 잠언에서 우리는 "사랑은 모든 허물을 가리느니라" (잠언 10:12) 라고 배운다. 베드로전서에서 우리는 "무엇보다도 뜨겁게 서로 사랑할지니 사랑은 허다한 죄를 덮느니라"는 말을 듣는다 (베드로전서 4:8). 세상은 죄로 인해 병든 사람을 저버리는 경향이 있다. 기독교 공동체는 고통 받는 사람을 위해 기도하기 위해 함께 모인다. 세상은 타락한 사람을 쉽게 단념하지만 신자들은 구원의 손길을 뻗친다. 의도적인 기독교 공동체는 약하고 소외된 사람들을 구원하기를 열망한다.

우리가 교회를 측정할 때 가진 것 없고 번민하는 중에 있으며 도덕적으로 타락한 사람들을 위해 얼마나 잘 배려하는가가 척도가 되어야 할 것이다. 당신이 속한 교회는 어떻게 측정되고 있는가?

___

만일 사랑하게 되면 죄인들에게 죄를 고백하게 만들고, 이웃을 향한 관심을 표출하게 되어 결국은 사랑이 죄를 덮어준다면, 우리는 사랑의 강도를 높여야 할 것이다. 그렇게 될 때 우리는 정확하게 야고보가 우리에게 가르치신 것을 행하는 것이 된다. 야고보는 사랑으로 우리를 책망하면서 우리에

말

게 간소하고 정직하게 살며, 주님이 오시기까지 기도와 사랑 안에 거하라고 했다.

우리가 가진 자원은 충분한가? 세상은 아무리 많이 가져도 결코 충분하지 않다고 믿고 있다. 그래서 세상은 초조해 하면서 다른 사람을 밀치고 미래를 대비해서 저장해 둔다. 기독교인은 우리가 가지고 있는 것이 풍성하다고 믿는다. 예수께서 오천 명을 먹이시고도 여분의 음식을 남기셨던 것과 마찬가지로, 야고보는 "후히 주시고 꾸짖지 아니하시는 하나님께 구하라 그리하면 주시리라"고 주장한다 (야고보서 1:5). 우리는 후히 줄 수 있고 후하게 사랑할 수 있다. "온갖 좋은 은사와 온전한 선물이 다 위로부터 빛들의 아버지께로부터 내려오나니" (1:17). 그래서 우리는 구하는데 두려워할 필요가 없으며, 주는 것 또한 두려워할 필요가 없다.

신실한 공동체의 모습

"오직 위로부터 난 지혜는 첫째 성결하고 다음에 화평하고 관용하고 양순하며 긍휼과 선한 열매가 가득하고 편견과 거짓이 없나니 화평하게 하는 자들은 화평으로 심어 의의 열매를 거두느니라" (야고보서 3:17-18).

우리는 비방하고 잡담하고 거짓말하고 불평하고 싶어 하는 유혹을 이겨내기 위해 우리의 혀를 길들이려고 한다. 우리는 진리를 말하고 싶고, 위로하는 말을 하기 원하고, 연민을 보이고 싶어 하며, 찬양의 기도를 드리기 원한다.

혀를 함부로 사용하지 않는 것으로는 문화가 용인하는 언어를 편리한 대로 사용하려는 유혹도 포함한다. 그것들은 비난하는 말이나 음담패설, 언어희롱, 점잖지 못한 농담이나 다른 사람에 관한 농담 등등이다. 당신은 어떨 때, 왜, 그러한 언어 습관에 빠져 있는 자신을 발견하게 되는가?

어떻게 하면 그러한 말에 끼어드는 것을 피할 수 있는가?

당신이 가장 어려움을 느끼는 말을 밝히고 그것에 대해 생각해 보라 (거짓말? 잡담? 욕? 부정적인 코멘트? 다른 사람들을 놀리는 것? 다른 것?) 그런 습관을 극복하는 데 도움이 되는 것은 무엇인가?

언어생활에 있어 더 긍정적으로 발전할 수 있는 방법을 생각해 보라 (위로, 기도, 간증, 다른 사람들의 믿음을 세워주는 것).

추가 연구

반원들끼리 제자도를 지키기 위한 언약을 맺으라. 혀를 조심하고, 진실을 말하고, 친절하게 말하고, 서로를 긍정해 주고 하나님을 찬양하겠다는 언약을 맺으라. 다시 말해서, 말을 조심스럽게 하겠다고 약속하라.

비고란

우리는 신실한 믿음의 공동체이기 때문에 말이라고 하는 것이 세울 수도 있고 파괴할 수도 있는 힘이 있음을 안다. 그러므로 우리는 혀를 사용하는 것을 가볍게 생각하지 않는다.

묵시

"이 예언의 말씀을 읽는 자와 듣는 자와
그 가운데에 기록한 것을 지키는 자는 복이 있나니
때가 가까움이라."

—요한계시록 1:3

27 마지막 때의 비전

인간의 모습

세상은 여기까지 오랫동안 존재해 왔고, 앞으로도 오랫동안 계속 존재할 것이다. 세상은 계속될 것이고, 생명도 계속될 것이다. 종말은 눈 씻고 보려고 해도 보이지 않는다.

성경 읽기

일어서라. 요한계시록을 큰 소리로 읽어라. 왜냐하면 요한이 우리에게 그렇게 하라고 하면서 축복을 약속하고 있기 때문이다 (요한계시록 1:3). 요한계시록은 이미지로 가득 찬 환상의 책이기 때문이다. 책 전체를 큰 소리로 읽는 것이 신비스러움과 일체감을 유지하는데 도움이 되기 때문이다. 요한의 말을 순종하고 존중하라. 책을 큰 소리로 읽어라.

첫째 날: 요한계시록 1—3장을 큰 소리로 읽어라
(요한의 환상, 교회들에게 보내는 편지).

둘째 날: 요한계시록 4—11장을 큰 소리로 읽어라
(하나님의 환상, 일곱 인, 나팔을 든 일곱 천사, 두 명의 증인, 무저갱으로부터 올라오는 짐승).

셋째 날: 요한계시록 12—14장을 큰 소리로 읽어라
(여자와 붉은 용, 두 짐승, 어린 양, 대속자).

넷째 날: 요한계시록 15—18장을 큰 소리로 읽어라
(하나님의 분노의 일곱 대접, 음녀와 짐승, 멸망한 바벨론을 향한 탄식).

다섯째 날: 요한계시록 19—22장을 큰 소리로 읽어라
(하늘의 찬양, 사탄과 죽음의 종말, 새 하늘과 새 땅, 새 예루살렘, 생명나무와 강).

여섯째 날: "생명나무의 열매"와
"신실한 공동체의 모습"을 읽고 답하라.

일곱째 날: 안식

금주의 시편

매일 성경을 소리 내어 읽으면서 시편 2편을 소리 내어 기도하라. 시편이 요한계시록의 성경 읽기 내용을 어떻게 다루고 있는지 생각해 보라.

기도

매일 성경공부 전에 드릴 기도:
"주의 교훈으로 나를 인도하시고
  후에는 영광으로 나를 영접하시리니
하늘에서는 주 외에 누가 내게 있으리요
  땅에서는 주 밖에 내가 사모할 이 없나이다"
(시편 73:24-25).

금주의 기도 제목:

묵시

첫째 날: 요한계시록 1—3장을 큰 소리로 읽어라 (요한의 환상, 교회들에게 보내는 편지).

둘째 날: 요한계시록 4—11장을 큰 소리로 읽어라 (하나님의 환상, 일곱 인, 나팔을 든 일곱 천사, 두 명의 증인, 무저갱으로부터 올라오는 짐승).

셋째 날: 요한계시록 12—14장을 큰 소리로 읽어라 (여자와 붉은 용, 두 짐승, 어린 양, 대속자).

넷째 날: 요한계시록 15—18장을 큰 소리로 읽어라 (하나님의 분노의 일곱 대접, 음녀와 짐승, 멸망한 바벨론을 향한 탄식).

다섯째 날: 요한계시록 19-22장을 큰 소리로 읽어라 (하늘의 찬양, 사탄과 죽음의 종말, 새 하늘과 새 땅, 새 예루살렘, 생명나무와 강).

여섯째 날: "생명나무의 열매"와 "신실한 공동체의 모습"을 읽고 답하라.

제자

생명나무의 열매

주의 날에 내가 성령에 감동되어" (요한계시록 1:10). 요한은 주일에 환상을 보고, 음성을 듣고, 그리스도를 보았다. 부활의 아침이었다. 아마도 때는 막달라 마리아가 무덤에서 예수를 본 날처럼, "안식 후 첫날 이른 아침 아직 어두울 때"(요한복음 20:1)였을 것이다. 아마도 "날이 새어갈 때에" (요한복음 21:4-7) 베드로가 갈릴리 바다의 물결을 느끼고 부활하신 그리스도를 얼핏 보았을 때처럼, 요한도 밧모 섬 바닷가에 있는 바위에 물결이 부딪치는 소리를 들었을 것이다.

성경을 공부하는 사람들은 선지자들이 환상을 보는 것에 익숙해져 있다. 에스겔은 "그발 강가 사로잡힌 자 중에" 있을 때, 그의 말에 의하면, "하늘이 열리며 하나님의 모습"을 보았다 (에스겔 1:1). 에스겔이 바퀴 안에 바퀴가 있는 것과 또 네 둘레로 돌아가면서 눈이 가득한 것을 본 것처럼, 요한도 백마를 탄 자를 하늘에 있는 군대들이 따르는 것을 보았다 (요한계시록 19:11, 14). 다니엘 선지자가 3주간 금식한 후에, "세마포 옷을 입었고," "그의 팔과 발은 빛난 놋과 같"은 (다니엘 10:5-6) 사람을 본 것처럼, 요한은 "인자 같은 이가 발에 끌리는 옷을 입고…발은 풀무불에 단련한 빛난 주석 같"은 것을 보았다 (요한계시록 1:13-15).

요한은 에베소 해안에서 75마일 떨어진 에게 해안에 있는 작은 바위섬인 밧모 섬에 유배 중이었다. 짠물에 둘러싸여 뜨거운 태양에 쏘이는 섬 생활은 혹독했다. 그곳에서 도망갈 수 있는 기회는 거의 없었다. 게다가 바다는 혼돈과 악을 상징하였다. 요한이 하늘을 상상할 때 "바다도 다시 있지 않더라" (21:1) 라고 한 것은 놀랄 만한 일이 아니다.

요한은 박해를 경험했다. "나 요한은 너희 형제요 예수의 환난과 나라와 참음에 동참하는 자라". 그는 "하나님의 말씀과 예수를 증언하였음으로 말미암아 밧모라 하는 섬에 있었더니" (1:9). 예수께 충성한 이유로 요한은 감금되었고, 그는 환상을 보았다. 그가 사도 요한이었는지, 아니면 장로였는지 우리는 알지 못한다. 그는 단지 자신을 "너희 형제 요한"이라고 밝히고 있다.

묵시

이 책은 "묵시"라고 불리는데 이는 계시를 의미한다. 그러나 그것은 종말에 대한 계시로서 이해하기가 힘들다. 오래 전부터 수많은 사람들을 어리둥절하게 했고, 지금도 많은 사람들이 이 책을 놓고 당황해 하고 있으며, 심지어는 겁을 먹기도 한다. 이유는 여러 가지이다. 환상이란 그 본질 자체가 때때로 이해하기가 힘든 것이다. 또한 이 문서는 의도적으로 암호를 많이 쓰고 있다. 오직 내부 사람만이 666과 42 같은 숫자나 바벨론과 이사벨 같은 이름이 무엇을 뜻하는지 이해할 수 있었을 것이다. 게다가 1세기 정치, 경제, 종교라는 배경 자체가 현대 독자에게는 낯선 것이다. 무엇보다도 어떤 해석자들은 이 책을 악용하여 사람을 위협하거나 혼란스럽게 하는 데 사용하거나, 아니면 의심 없이 그대로 받아들이는 데서 오는 유익을 취하려고 한다.

그러나 요한계시록을 이해하는데 가장 장애가 되는 것은 이 책이 유배당한 채 압박을 받고 있던 소수의 사람들을 위해 씌어졌다는 사실이다. 예수를 믿는 이들은 생명을 무릅쓰고 신앙에 매달려 있었다. 오늘날도 이 지구 어딘가는 박해가 무엇인지 이해하는 기독교인들이 있을 것인데, 오늘날도 주님 때

비고란

요한계시록이 기록되던 때는 도미시안 황제(주후 81-96)가 다스리고 있었는데, 그 당시 로마 제국은 서쪽으로는 대서양에서 동쪽으로는 카스피안 바다까지 걸쳐 있었으며, 북으로는 대부분의 유럽을 포함하고, 남으로는 아프리카의 해변과 대부분의 애굽을 포함하고 있었다.

묵시

문에 고난을 받고 있는 사람들이 있기 때문이다. 그러나 좋은 환경에서 편안하게 살고 있는 기독교인들은 늘 존재하는 박해의 위협 아래서 경험한 암흑과 같은 절망이나 고통의 깊이를 이해하기가 어려울 것이다.

주후 1세기 후반에 로마 제국은 악마 같은 성격을 띠고 있었다. 플라비안 가계—아버지 베스파시안과 아들들인 디도와 도미시안—는 종교적인 충성심을 자신들의 정치적인 이익을 위해 사용했다. 사람들은 희랍과 로마 신들에게 선처를 바라면서 자신들이 원하는 신을 고르고 선택할 수 있었다. 그러나 황제들은 자신들을 기념하는 신전들을 짓기 시작하였다. 그러자 신들은 더 이상 대리석 조각 속에 갇히지 않게 되었다. 신이 된 황제들은 칼을 든 군대를 가지고 자신의 형상을 새긴 화폐를 주조하였고 국가의 축제를 경축하기 시작하였다. 이제 유대인들과 기독교인들은 맹종하든지 혹은 어려움을 겪든지 두 가지 중에 하나를 선택해야 하는 압력을 받게 되었다. 어떤 기독교인들은 황제를 신으로 인정하기를 거부하다가 감금되기도 하고, 고문을 받기도 하고, 살해를 당하기도 했다. 박해는 플라비안 황제들과 더불어 끝난 것이 아니라 주후 2, 3세기까지 계속되었다. 대부분의 학자들은 요한계시록이 아마도 주후 95, 96년경 도미시안 황제가 지배할 때 씌어졌다고 생각한다.

감각적인 경험

요한은 다른 신약성경과 마찬가지로 책은 큰 소리로 읽어야 한다는 것을 알았다. 그러한 관습은 당연히 그렇게 추정되던 습관적인 것이었다. 그러나 요한의 서신은 달랐다. 본질은 듣는 것, 감정을 느끼는 것, 그리고 보는 것에 있었다. 요한계시록은 자세히 이론적으로 논리를 펴는 것이 아닌 감각적인 경험이 될 것을 염두에 두고 씌어졌다. "이 예언의 말씀을 읽는 자와 듣는 자와…복이 있나니" (요한계시록 1:3).

성경은 많은 부분을 지적인 것, 머리에 호소하고 있다. 모세 율법, 전도서의 가르침, 잠언의 훈계들은 우리로 하여금 생각하도록 도와준다. 그러나 아가서, 시편, 룻기, 에스더의 이야기 등 성경의 다른 부분들은 우리로 하여금 느끼도록 도와준다. 요한계시록은 감각적인 경험으로 용솟음치고 있다. 우리는 나팔소리를 듣고, 네 명의 기사들을 보며, 불타는 유황 냄새를 맡고, 하늘의 합창소리를 듣고, 생명나무의 열매를 맛보며 생명수 흐르는 강가의 고요함을 느끼게 된다.

성경의 하나님

요한의 신학적 입장에 대해서는 오해의 여지가 없다. 그는 어떤 수입해 온 이상한 신을 믿고 있는 것이 아니다. 그의 하나님은 아브라함, 이삭, 그리고 야곱의 하나님이시다. 모세와 선지자들의 하나님이시다. "이제도 계시고 전에도 계셨고 장차 오실 이"(요한계시록 1:4)시다. 그의 글에 있는 거의 모든 문장은 구약성경의 주제와 이미지들로 꽉 차 있다. 404절 가운데 275절이 구약성경을 어떤 식으로든 언급하고 있다. (요한은 구약성경을 단어 그대로 인용할 뿐 아니라, 그것들을 계속 언급하고 있는 것으로 보아 거의 암기하고 있었을 가능성이 높다.) 게다가 요한은 그가 성경에 나타난 예수 그리스도로부터 계시를 받았다는 사실을 우리가 확실히 알기를 원하고 있다. 그가 어떻게 구세주의 중심적인 특징을 밝히고 있는지 살펴보라.

비고란

로마 황제들

아구스도	주전27-주후14
디베료	14-37
가이오 (카리귤라)	37-41
글라우디오	41-54
네로	54-68
갈바	68-69
오쏘	69
비텔리우스	69
베스파시안	69-79
디도	79-81
도미시안	81-96
넬바	96-98
트라얀	98-117
하드리안	117-138

제자

"예수 그리스도로 말미암아 은혜와 평강이 너희에게 있기를 원하노라" (요한계시록 1:4-6). "진리에 대하여 증언하려 함" (요한1서 1:9; 요한복음 18:37); "죽은 자 가운데서 먼저 다시 살아나사" (사도행전 26:23); "모든 통치자와 권세의 머리" (골로새서 2:10); "나를 사랑하는 자" (요한복음 14:21); "의롭다 하심을 얻는 이" (사도행전 13:39; 히브리서 7:27); "그 아들 예수의 피" (요한1서 1:7); "왕 같은 제사장들이요 거룩한 나라요" (베드로전서 2:9); "도리어 섬기려 하고" (마태복음 20:28).

요한은 전통적인 신앙을 고수하고 있다. 그의 기이한 묵시는 성경의 하나님, 선지자의 하나님, 에스겔과 다니엘의 하나님으로부터 나왔으며, 신약성경이 증언하는 예수 그리스도와 같은 곳으로부터 나왔다. 요한계시록은 대속이라는 성경의 메시지를 완성케 하는 역할을 하는 것이다.

예언과 묵시의 대조

성경을 해석하는 우리는 예언과 묵시를 구별하는 것을 배운다. 예언은 실제의 시간과 공간을 다룬다. 예레미야는 사람들이 회개하고 온 마음으로 공의와 연민을 찾지 않으면 심판이 임하리라는 것을 알고 있었다 (예레미야 5:1, 29). 그런 것이 예언이 가지는 성격이다. 예언자들은 오늘을 이해하고 내일에 대해 이야기한다.

그러나 묵시서 저자들은 내일 이후를 "보고", 또 특정한 지역이나 달력에 제한되지 않은 실체에 이르는 특별한 시간과 해를 너머서 "본다". 묵시서의 환상은 우리의 정신적인 범주로 제한 짓기에는 훨씬 커다란 진리를 포함한다. 그들은 시간과 공간 너머에 있는 영적인 실체를 분별한다.

천상에 대한 환상으로 가득 찬 에스겔서는 예언으로 시작한다. 바로 시온이 회복될 것이며, 포로들이 돌아올 것이며, 성전이 재건될 것이라는 예언이다. 그러나 그 후 그의 환상은 묵시적인 것이 되었다. 성전은 온 세계 열방으로부터 온 믿는 이들을 담을 만큼 충분히 큰 곳이 된다 (에스겔 40-42장). 다니엘은 벽에 쓰인 "메네 메네 데겔 우바르신"(다니엘 5:25)이란 글을 읽고 바벨론 왕국이 무너질 것이라는 것을 알았다. 그는 바벨론, 페르시아, 그리고 희랍 통치 아래서 고통스런 박해를 당할 것에 대해 썼다. 그 후 다니엘 역시 계시에 익숙하게 되었다. 짐승들에 대해서 묘사하는 동안 그는 갑자기 옛적부터 항상 계신 이가 좌정하는 것을 보았다.

"그 옷은 희기가 눈 같고 그 머리털은 깨끗한 양의 털 같고"
(다니엘 7:9).

그는 최후로 승리하는 새로운 왕국을 미리 볼 수 있었다. "인자 같은 이가 하늘 구름을 타고 와서 옛적부터 항상 계신 이에게 나아가 그 앞으로 인도되"는 것을 그는 보았다 (7:13). 땅으로부터 하늘로 전쟁이 옮겨갔다. 심지어 다니엘조차 "내가 듣고도 깨닫지 못한지라" (12:8) 라고 말하였다. 묵시서는 종말의 때, 마지막 것, 새로운 피조물이 우리에게 다가오는 것을 다룬다. 우리는 우리가 가진 상상력을 동원하게 된다. 우리는 전체적인 의미가 무엇인지를 찾게 된다. 묵시서는 예언서와는 달리 더 실제적이며 더 심오하며 더 절대적이다. 묵시서를 예언서로 다루는 사람들은 날짜와 장소를 문자 그대로 다루는 경향이 있는데, 이렇게 되면 흔히들 상징하는 것을 오해하는 결과를 낳게 된다. 그러면 상징하고 있는 메시지를 잃어버리게 되는 것이다.

비고란

일곱 교회

교회의 수가 완전을 뜻하는 일곱이고, 이 교회들이 지형적으로 원형을 이루었으므로, 그것이 상징하는 바는 모든 곳에 있는 모든 기독교 공동체가 된다. 묵시적인 메시지는 명확하다. 예수 그리스도께서 백성들이 스스로를 아는 것보다도 더 친밀하게, 그리고 철저하게 백성들을 알고 계신다는 것이다.

그래서 요한은 주님의 날의 환상을 일곱 교회, 일곱 촛대에 보내는 편지의 형식으로 기록하였다. "처음이자 나중이신" 분의 권위 아래 그는 일곱 교회와 우리에게 그가 받은 메시지를 기록하였다 (요한계시록 1:20).

신실한 공동체의 모습

우리는 요한계시록이 우리로 하여금 자기만족에서 벗어날 수 있도록 한다는 것을 인정한다. 우리는 열렬한 기독교인이 되기를 원한다. 우리는 날마다 기대감에 차서 그리스도의 왕국을 받아들이기를 소원하고 그리스도의 일을 행함으로써 "주 예수여 오시옵소서"라고 기도할 준비가 되기를 원한다.

당신에게 주어진 시간이 한정되어 있다는 것을 알고서 준비된 삶을 사는데 보다 의도적이 되려면 어떻게 하는 것이 도움이 될까?

> 우리는 신실한 믿음의 공동체이기 때문에 마지막 때가 언제 임하든지 간에 그것이 하나님의 손에 달려 있다는 것을 확실히 알고 있다. 우리는 미래에 있을 하나님의 승리를 기대하면서 현재에 살고 일한다.

세상은 우리더러 세상이 사는 대로 살면서도 내세를 준비할 수 있다고 믿게끔 하려고 한다. 기독교인들은 어떤 식으로 작은 일도 세상적인 사고에 따라 살도록 유혹을 받는가?

세상에 편재해 있는 문화를 역행하는 입장을 택하기 위해 교회로서, 그리고 기독교인으로서 감당해야 하는 도전이 있다면 그것은 무엇인가?

철저한 제자

일반적인 사회는 문화—행동 패턴, 신조, 예술, 여흥, 제품 등—가 아무런 해가 없다고 여기지만 철저한 제자는 매일 대하는 문화의 세력에 대항한다. 그 문화가 하나님의 통치를 모르는 사이에 잠식한다는 것을 알기 때문이다.

추가 연구

로마 황제들은 요한계시록의 배경과 메시지와 밀접히 연관되어 있다. 아구스도부터 하드리안 (학생용 교재 211쪽의 명단을 보라)까지 로마 황제를 연구하면서 그들이 유대인과 기독교인들에게 특별히 어떠한 태도를 취하였는지 주목해 보라. 그리고 2, 3분간 간단히 주중 그룹 모임에 보고하라.

귀를 기울이라

"귀 있는 자는 성령이 교회들에게 하시는 말씀을 들을지어다."
—요한계시록 3:22

28 교회에 보내는 편지들

인간의 모습

우리도 처음에는 그렇게 열정적이고, 헌신적이었던 것이 오래 가지 못했다. 그러려면 너무 많은 것이 요구되었기 때문이다. 삶에는 즐길 만한 것이 많다. 우리는 타협을 해버렸는데, 그 결과 삶은 조금 편해졌다.

성경 읽기

일곱 금 촛대, 일곱 별, 좌우로 날선 검, 처음과 나중, 사망과 음부의 열쇠, 열린 문 등 세부사항에 주목하라. 그리고 다른 성경을 언급한 부분을 찾아보라. 구약성경에서 민수기, 다니엘, 열왕기상하, 창세기를 언급한 곳을 찾아보라. 바울 교회에서 문제점들을 찾아보라.

첫째 날: 이사야 6:1-7 (참회와 죄 씻음); 11:1-5 (메시야적인 왕); 44:6-8 (처음이요 나중); 마태복음 16:13-19 (천국 열쇠); 요한계시록 1:9-20 (그리스도의 환상)

둘째 날: 요한계시록 2:1-7 (에베소에 보내는 메시지); 사도행전 19:1-20 (바울이 에베소에서 가르침); 20:17-38 (바울이 에베소 교회 장로들과 작별함)

셋째 날: 요한계시록 2:8-17 (서머나와 버가모에게 보내는 메시지); 마태복음 10:26-28 (비밀이 밝혀질 것이다); 민수기 25:1-9; 31:16 (거짓 신들을 경배함); 갈라디아서 3—5장 (율법의 목적, 기독교인의 자유)

넷째 날: 요한계시록 2:18-29 (두아디라에 보내는 메시지); 사도행전 16:11-15, 35-40 (자색 옷감 장사 루디아); 열왕기상 16:29-34; 21:1-24 (아합 왕, 나봇의 포도원, 이사벨, 이방신들); 열왕기하 9:29-37 (이세벨의 죽음)

다섯째 날: 요한계시록 3장 (사데, 빌라델비아, 라오디게아 교회에 보내는 편지); 골로새서 1—2장 (그리스도의 주권, 그릇된 가르침에 대한 경고); 4:7-17 (라오디게아에 보내는 에바브라의 문안)

여섯째 날: "생명나무의 열매"와 "신실한 공동체의 모습"을 읽고 답하라.

일곱째 날: 안식

금주의 시편

매일 시편 86:1-11을 소리 내어 기도하라. 하나님께서 우리의 기도를 들으시고, 교회를 위해 나뉘지 않은 한 마음을 주셔서 성령께서 하시는 말씀에 귀 기울이기를 원하신다는 것을 알라.

기도

매일 성경공부 전에 드릴 기도:
"자기 허물을 능히 깨달을 자 누구리요
나를 숨은 허물에서 벗어나게 하소서
또 주의 종에게 고의로 죄를 짓지 말게 하사
그 죄가 나를 주장하지 못하게 하소서
그리하면 내가 정직하여 큰 죄과에서
벗어나겠나이다" (시편 19:12-13).

금주의 기도 제목:

귀를 기울이라

첫째 날: 이사야 6:1-7 (참회와 죄 씻음); 11:1-5 (메시야적인 왕); 44:6-8 (처음이요 나중); 마태복음 16:13-19 (천국 열쇠); 요한계시록 1:9-20 (그리스도의 환상)	**넷째 날:** 요한계시록 2:18-29 (두아디라에 보내는 메시지); 사도행전 16:11-15, 35-40 (자색 옷감 장사 루디아); 열왕기상 16:29-34; 21:1-24 (아합 왕, 나봇의 포도원, 이사벨, 이방신들); 열왕기하 9:29-37 (이세벨의 죽음)
둘째 날: 요한계시록 2:1-7 (에베소에 보내는 메시지); 사도행전 19:1-20 (바울이 에베소에서 가르침); 20:17-38 (바울이 에베소 교회 장로들과 작별함)	**다섯째 날:** 요한계시록 3장 (사데, 빌라델비아, 그리고 라오디게아 교회에 보내는 편지); 골로새서 1-2장 (그리스도의 주권, 그릇된 가르침에 대한 경고); 4:7-17 (라오디게아에 보내는 에바브라의 문안)
셋째 날: 요한계시록 2:8-17 (서머나와 버가모에게 보내는 메시지); 마태복음 10:26-28 (비밀이 밝혀질 것이다); 민수기 25:1-9; 31:16 (그릇 신들을 경배함); 갈라디아서 3-5장 (율법의 목적, 기독교인의 자유)	**여섯째 날:** "생명나무의 열매"와 "신실한 공동체의 모습"을 읽고 답하라.

제자

생명나무의 열매

에베소

"교회의 사자에게 편지하라 오른손에 있는 일곱 별을 붙잡고 일곱 금 촛대 사이에 거니시는 이가 이르시되" (요한계시록 2:1).

요한은 에베소를 먼저 언급하고 있다. 주후 1세기 후반 아시아 지역에서 에베소가 뛰어난 도시 가운데 하나였기 때문이다. 부활하신 그리스도께서 "오른손"에 교회를 보호하는 천사들인 "일곱 별"을 들고 계시다. 오른손은 능력을 나타낸다. 별을 손바닥에 들고 계신 것은 배려하는 것을 나타낸다. 주님 되신 예수께서는 교회들 가운데 서 계시지 않는다. 오히려 보살피시는 그리스도께서 교회들 가운데 걸어 다니신다. "나는 너희 중에 행하여 너희의 하나님이 되고 너희는 내 백성이 될 것이니라" (레위기 26:12).

광야의 성막에는 일곱 등잔대로 된 일곱 등잔을 가진 금 촛대가 있었다. 금은 하나님을 예배하는 것이었다. 빛은 하나님의 임재를 드러내었다. 그리고 일곱이라는 숫자는 완성 혹은 완전함을 의미했다.

"내가 네 행위를 알고" (요한계시록 2:2). 그리스도께서는 에베소 교회가 믿음에 굳게 서서 거짓 교사들과 그들의 가르침을 저항한 것을 칭찬하고 계시다. 수십 년 전에 바울은 그곳에 있는 회당 홀에서 날마다 복음을 가르쳤었다. 그는 다른 선교 지역보다 에베소에 더 오래 머물렀다. 브리스가와 아굴라 같은 동료들이 에베소에서 가르치고 설교하였다. 요한의 신앙 공동체가 거기에 있기도 했다.

그러나 그 후로 한 세대가 흘러갔다. 에베소 교인들의 초기의 삶을 특징짓던 서로서로에 대한 친밀한 배려는 어디로 갔는가? "너의 처음 사랑을 버렸느니라" (2:4). 이제 성령께서 에베소 교회에게 "회개하지" 않으면, 되돌아서서 처음 사랑의 열정을 회복하지 않으면, 그리스도께서 촛대를 옮겨 버리실 것이라고 경고하고 있다. 그렇게 되면 그들은 기독교회라는 정체성을 잃어버리게 될 것이다.

서머나

"처음이며 마지막이요 죽었다가 살아나신 이가 이르시되" (2:8).

이 메시지는 알파와 오메가, 즉 "처음이요 나중"이라는 데서 나왔다. 황제는 자신이 처음이라고 생각할지 모르나 그것은 아니었다. 그러나 왜 "죽었다가 살아나신 이"를 언급하는 걸까? 아마도 서머나 도시 자체가 한때 멸망해서 거의 200년간 버려져 있어서 지도상에서 없어져 버렸다가 다시 소생하게 되었기 때문일 것이다.

영광을 입으신 그리스도께서 "내가 … 알거니와" (2:9) 라고 말씀하고 계시다. 요한이 본 환상에 의하면, 그리스도께서 교회에 일어나고 있는 일들을 아셨다. 실상은 "네가 부요한 자니라" "내가 네 환난과 궁핍을 알거니와" (2:9) 라고 말씀하고 계시다. 정치적 경제적인 압박은 실업, 재산 몰수, 그리고 감금까지 초래했다. 서머나의 기독교인들은 부유한 사회 안에서 가난하고 보잘 것 없었다. 서머나는 어려움을 당하고 있던 교회였다.

교회는 "자칭 유대인이라 하는 자들의 비방도 알거니와 실상은 유대인이 아닌" 자들로부터 비방을 당하고 있었다. 이 유대계 기독교인들이 갈라디아에서 바울을 훼방하던 자들처럼 기독교인들이지만 공의의 길에 이르기 위해 모세의 율법을 지키라고 고수하던 자들이었을 수 있다 (갈라디아서 1:6-9).

요한계시록 2-3장에 언급된 일곱 교회는 모두 에게 해 동쪽에 있던 로마 지방의 소아시아 지역에 있던 반도의 비교적 작은 지역에 위치해 있었다.

에베소. 에베소는 거대한 도서관, 24,000명이나 앉을 수 있는 그리스 대리석으로 된 극장, 그리고 이제껏 지어진 것 중 가장 큰 그리스 신전을 자랑하고 있었다. 아데미 신전은 고대 세계에서 일곱 개의 기적에 속하는 것이었다. 그것은 천 년이나 넘게 거기 서 있었다. 많은 유방을 가진 아데미 여신상은 장인들과 은세공인들에 의해 베껴졌다.

마크 안토니와 클레오파트라는 이 웅장한 항구에 그들의 배를 나란히 정박한 바 있다. 가이사 아구스도는 수도를 고대 버가모에서 에베소로 자리를 옮기면서 "아시아의 로마 지방에 있는 수도"라고 선언하였다. 무역은 알렉산드리아, 로마, 아테네, 시리아 안디옥으로부터 배편으로 행해졌으며 동쪽으로부터는 낙타 상들에 의해, 그리고 비옥한 미엔더 리버 밸리로부터 농부들이 궤짝에 담아와 행해졌다.

귀를 기울이라

아마도 그들은 기독교 가르침을 받아들이지 않았던 유대인들이었을 수도 있다. 누가 진짜 유대인인가 하는 질문은 또한 유대 백성들이 황제 숭배에 참여하도록 강요되지 않았다는 것과도 관계된다. 아직 유대교와 관련되어 있던 유대계 기독교인들은 마찬가지 혜택을 받을 수 있었다. 이 말이 뜻하는 것은 이러하다. 만일 기독교인들이 유대교로부터 별개의 것이라고 여겨지게 되면, 그들은 예외 규정에서 지위와 보호를 상실하게 되는 것이었다.

그리스도는 서머나에 있는 기독교인들에게 만일 그들이 "죽도록 충성하면" "생명의 면류관"을 주리라고 약속하셨다 (2:10). 그들은 이 말을 쉽게 이해할 수 있었는데, 왜냐면 서머나 성은 바구스 (Pagus) 산꼭대기에 있는 성채를 둘러싸고 있는 커다란 돌로 된 벽으로 이름이 나 있었기 때문이다. 밤에 항구로 들어오는 선원들은 천 개의 횃불로 밝혀진 그 벽을 보고 "서머나의 면류관"이라고 불렀다.

버가모

"좌우에 날선 검을 가진 이가 이르시되" (요한계시록 2:12).

주께서 이르시되 "네가 어디에 사는 것을 내가 아노니 거기는 사탄의 권좌가 있는 데라" (2:13). 이는 횡행하던 이방신 숭배를 일컬음에 틀림이 없다. 버가모는 황제 숭배가 시작된 곳으로써 소아시아에서는 처음으로 가이사 아구스도와 로마를 위한 신전을 만든 곳이다. 트라얀 황제를 위한 신전까지 더해지자 버가모 시는 "이중으로 된 아구스도의 신전 시설"로 일컬어지게 되었다. 사탄이 권좌에 앉아있었다. 그러나 예수께서 칼을 들고 오셨는데 그의 입에 있는 하나님의 말씀은 황제의 요구보다도 더 힘있는 것이었다. 그리스도께서 심판하실 것이다.

두 가지 위험을 지적하고 있는데 니골라 당의 가르침과 발람의 가르침이다. 니골라 당은 문화와 타협하는 것을 가르쳤는데, 몇몇 교인들이 그 가르침을 따라갔다. 그들은 생각하기를 만일 그들이 "제대로 믿는다면" 원하는 대로 행하여도 좋다고 생각하였다. 그들은 신앙과 행동을 별개로 생각했는데, 특히 몸의 영역—음식, 마시는 것, 성—에 있어서 그러하였다. 결과적으로 성적으로 부도덕하게 되었고, 이방신에게 바쳐진 음식을 내어오는 축제에 참여하게 되었다.

유대인들은 선지자 발람의 행위를 혐오감을 가지고 기억하고 있었다. 첫째, 발람은 그의 신성한 말을 뇌물을 받고 기꺼이 팔았다 (민수기 22—24장). 모압 왕은 그에게 이스라엘 백성들을 저주하라고 하였다. 비록 발람이 그들이 저주하기보다는 종국에 가서는 축복을 하게 되었지만, 이스라엘 사람들은 모압인들과 결혼을 하였고 바알의 풍요 예식에 참여하였다. 이스라엘은 염병으로 인해 죽게 되었다 (25:9). 발람은 타협과 매도하는 것을 대표한다. 버가모 기독교인들에게 "발람"의 유혹은 이방신 제사에서 나온 고기를 먹고, 국가의 종교에 참여하고, 사회적인 무절제에 동참하는 것이었다.

그리스도는 인내하는 자들에게 상을 주실 것이다. 그는 "감추었던 만나," 즉 앞으로 오실 메시야의 축제 때 양식을 주실 것이다. 그는 "흰 돌"을 주실 것이다. 육상 경기에서 심판은 챔피언들에게 트로피로 흰 돌을 주었는데 종종 그 돌에는 이긴 사람의 이름이 새겨져 있었다. 기독교인들은 승리의 흰 돌, 순결의 뜻으로 새 이름이 조심스레 기록된 흰 돌을 받게 될 것이다. 하나님께서 그들의 이름을 친히 아실 것이다.

비고란

서머나. 서머나는 오늘날의 이스미르인데 터키에서 세 번째로 큰 도시이다. 시인 호머가 이곳에서 태어났다. 서머나는 주전 600년 크로데서스의 아비인 알라테스에 의해 파괴되어 거의 두 세기 동안이나 폐허로 남아있었다.

알렉산더 대왕이 서머나의 번영과 영광을 다시 일으켰다. 신약성경 시대 무렵에는 서머나는 바구스산 경사면에 위치한 해양 도시로 재건되어 번성하게 되었다. 수호신인 바다의 신 포세이던과 대지의 여신 데메테르가 선원들과 농부들을 지켜주었다. 다섯 개의 희랍 신전이 있어 시벨레, 제우스, 아폴로, 이스쿨라피우스, 그리고 아프로디테를 기렸다.

서머나는 로마 제국 뒤에 온전한 경제적이고 정치적이고 종교적인 열심을 던져주었다. *팍스 로마나*는 세계무역을 자극하였으며, 이 무역은 이 해양 도시에 엄청난 수입을 가져다주었다. 지역에 있던 부유한 가족들은 로마를 향한 열심을 나타내 보이기 위해 새로운 신전 건설에 돈을 쏟아 부었다. 그들은 또한 이내 플라비안 가문을 기리는 황제 숭배에 젖어들게 되었다. 그들은 거대한 신전을 짓고는 베스파시안 황제 가문을 경배하였다. 먼저 60년경 유대인들과 싸웠던 아비를 숭배하다가, 다음으로는 주후 70년 예루살렘을 훼파한 장남 디도스를 숭배하다가, 마침내는 그 동생 도미시안을 경배하게 되었다. 이는 과대망상적인 자아를 가지고 있는 인물이어서 로마의 동전에다가 자기 형상과 더불어 *주 하나님*이란 글을 새기게 하였다.

버가모. 카이쿠스 강둑에 오늘날의 버가마가 있는데, 이는 *버가모*에서 나온 이름이다. 오늘날의 버가마는 평지에 있지만, 고대의 버가모는 가파른 언덕 꼭대기에 1000피트 높이 위로 세워져 있었다. 이는 알렉산더 대왕 때 있던 지역의 고대 수도였는데, 그 전설은 트로이 전쟁 때까지 올라간다. 그 지역은 주전 2, 3세기 동안은 독립 국가였는데, 그 시대 왕들은 로마와 깊게 제휴를 맺고 있었다. 앗달라 3세 왕이 죽으면서 유언으로 "나의 왕궁의 모든 가구들"을 로마에 바치기를 원했다. 그러나 로마는 그의 유언을 전체 왕국을 뜻하는 것으로 해석하고는 66,750스퀘어 마일에 걸친 나라를 상속하게 되었다. 제우스에게 바쳐진 위대한 제단으로 유명한 버가모는 국교를 받아들였다.

제자

두아디라

"그 눈이 불꽃 같고 그 발이 빛난 주석과 같은 하나님의 아들이 이르시되" (요한계시록 2:18).

요한은 용광로에서 청동과 놋쇠를 만드는 일꾼들을 생생하게 마음에 그리고 있다. 그들에게 있어 그리스도는 "불꽃과 같은 눈"을 하고 "빛난 주석과 같"이 느껴질 것이다 (2:18). 그들은 노동자들이었으며 길드(guild)의 장인들이었기에 요한은 그들의 영적인 "사업", 즉 사랑, 믿음, 섬김, 인내를 칭찬하고 있다 (2:19). 그리스도께서 일꾼들에게—승리하고 계속해서 사업을 하는 사람들에게 "만국을 다스리는 권세"를 주실 것이다. 그래서 그들이 철장을 가지고 질그릇 깨뜨리는 것 같이 악을 다스려 이기게 될 것이다 (2:26-27).

그러나 요한이 "이세벨"이라고 부르는 여자가 교회를 잘못 이끌고 있다. 이스라엘 역사에서 이세벨은 아합 왕의 왕비였다. 그녀는 북왕국 이스라엘에 그녀의 종교인 바알 종교를 가지고 들어왔다. 바알은 풍요의 신으로서 십계명에 의해 장애를 받지 않았다.

두아디라의 "이세벨"은 기독교를 길드의 성스런 축제와 혼합할 것을 가르쳤음에 틀림없다. 왜냐하면 그녀는 믿는 사람들을 "꾀어 행음하게 하고 우상의 제물을 먹게" 하였기 때문이다. 기독교인들이 사업체를 가지려면 길드에 속하는 것이 필요했다. 그래서 그들의 믿음을 타협하려는 유혹은 거셌다. 그녀는 그들이 예수를 "마음으로 믿으면" 길드에 참여해서 시민 의식에 참석해도 된다고 가르쳤음에 틀림없다. 역사적으로 엘리야 선지자는 이세벨 왕후와 그 후손들이 죽임을 당할 것이라고 예언한 바 있다. "왕비가 창문에서 떨어져 거리의 개들이 그 시체를 먹을 것이다." 요한은 그러한 예언을 약간 변경한다. 두아디라의 "이세벨"은 간음하는 침상에서 "던져질" 것이다. 그녀를 따르는 그의 "자녀"는 죽임을 당할 것이다 (2:22-23). 옛적 왕후와 마찬가지로 그녀도 마땅히 받을 벌을 받게 될 것이다.

사데

"하나님의 일곱 영과 일곱 별을 가지신 이가 이르시되" (요한계시록 3:1).

영광을 입으신 그리스도는 사데 교회의 분망함, 명성, 그리고 자족한 상태를 꿰뚫어 보셨다. 그는 사데 교회가 잠들어 있는데, "죽은 자"처럼 보일 정도라고 선언했다. 사데는 그저 종교의 행동을 습관처럼 하는 교회가 되었다. 주께서 사데 교회에게 말씀하셨다. "네가 살았다 하는 이름은 가졌으나 죽은 자로다" (3:1). 그리스도께서 "도적 같이 이르"실 것이다 (3:3).

주전 549년 고레스 (Cyrus) 대제의 군대가 사데에 이르렀을 때, 사데 사람들은 페르시아 사람들이 사데를 돌아서 지나갈 것이라고 생각했었다. 왜냐하면 그들은 사데 도시가 견고하다고 믿었기 때문이다. 그 성은 천 피트 되는 언덕 꼭대기에 세워졌는데 거대한 벽과 성채로 둘러싸여 있었다. 시민들은 확신에 차서 경계도 제대로 하지 않았는데 그 정도가 자기기만에 이를 정도였다. 어느 날 저녁 어스름할 무렵, 페르시아 군인 한 사람이 어느 사데 군인이 실수로 군모를 성벽 바깥으로 떨어뜨리는 것을 보았다. 또한 그 페르시아 군인은 그 병사가 바위로 된 성벽 틈새로 난 비밀 도로를 통해 그 군모를 찾아가는 것도 보았다. 그날 밤, 페르시아의 한 소대가 그 길을 따라 성 안으로 몰래 들어왔다. 성은 삽시간에 무너졌다. 수세기가 지난 주후 17년, 모든 사람이 잠든 때에 지진이 사데를 초토화해 버렸다. 사데는 자신감에 가득 찬 상

비고란

두아디라. 두아디라는 고대 마시아와 리디아 왕국의 접경에 있었던 번성하는 산업도시로 동서로, 그리고 남북으로 가로지르는 무역로 상에 위치해 있었다. 농부들이 산출하는 마와 양치기들의 양모로 인해 소아시아에서는 고급 마직물과 모직물로 이름이 나 있었다. 갑각류로부터 추출한 염색물로 인해 이 도시는 값비싼 왕족용 자색 옷감으로도 유명하였다. 바울이 빌립보에서 첫 번째로 개종시켰던 루디아는 자주 옷감 장사로 무역을 하는 사람이었는데 두아디라 출신이었다 (사도행전 16:14-40). 이 도시는 또한 옷, 가죽제품, 도자기, 구리, 그리고 놋을 생산하였다.

직물 노동자들은 길드 혹은 노조를 형성해서 사회활동, 경제적인 힘, 그리고 정치적인 영향력을 행사하였다. 멤버십은 강제적인 것으로 구성원들은 회의에 참여하고, 법규를 배우고, 국교 의식에 참여하는 등 엄격한 질서를 따라야 했다. 각 길드마다 다른 신이 있었으나 또한 각 길드는 황제를 지지하는 종교적이고도 정치적인 열성을 보이는 조심스런 태도를 보였다.

사데. "크로에서스처럼 부유한"이라는 표현을 들어본 적이 있는가? 크로에서스는 고대 리디아의 왕이었는데 그 수도는 사데였다. 왕은 금광을 소유하고 있었다. 목동들은 시내를 따라 양들을 이끌었으며, 근처 산에서 씻겨온 금가루들이 양모에 고일 정도였다. 부는 또한 무역을 통해서도 들어왔는데 사데는 서머나에서 빌라델비아, 즉 동과 서가 만나는 왕도에 위치하고 있었기 때문이다. 사데는 자신만만한 도시였다. 육로 무역을 통해 번성했으며, 언덕에 도시가 있어 자기에게 만족하고 있었으며, 자국의 안전으로 인해 자족하고 있었다.

귀를 기울이라

태가 무엇인지 알고 있었으며, 또한 "도적"에 의해 쥐도 새도 모르게 무너지는 것이 무엇인지도 알고 있었다.

사데에 있는 어떤 사람들은 영적으로 순수하게 믿음을 지키고 있었다. 그들을 위해서는 "흰 옷을 입고 나와 함께 다니리니"라는 약속이 주어지고 있다 (3:4). 사데에 있는 아데미 신전은 순결을 상징하는 흰 옷을 입은 사제들이 지키고 있었다. 이스라엘의 제사장들은 "합당한 자"들로 불리고 있는데 이들 역시 순결의 상징으로 흰 옷을 입고 있다. 종종 기독교인들은 흰 옷을 입고 세례를 받는다.

주님은 거의 죽게 된 교회에게 "깨어 일어나라"라고 명령하시면서 "승리해서" 그들의 이름이 "생명 책"에서 지워지지 않도록 하라고 말씀하신다. 로마 시들은 공식적인 시민 명부를 만들었다. 만일 누군가가 죽게 되거나 반역을 저지르게 되면 그 사람의 이름은 그 명부에서 공식적으로 삭제되었다. 승리하는 기독교인들, 이름이 "생명 책"에 있는 기독교인들은 하나님 왕국의 시민임이 확실시된다.

"그 이름을 내 아버지 앞과 그의 천사들 앞에서 시인하리라"는 약속(3:5)은 예수님의 사역으로부터 나온 것이다. 약속과 위협의 뜻을 다 내포한 채 예수님은 이렇게 말씀하셨다. "누구든지 사람 앞에서 나를 시인하면 나도 하늘에 계신 내 아버지 앞에서 그를 시인할 것이요 누구든지 사람 앞에서 나를 부인하면 나도 하늘에 계신 내 아버지 앞에서 그를 부인하리라" (마태복음 10:32-33).

빌라델비아

"거룩하고 진실하사 다윗의 열쇠를 가지신 이 곧 열면 닫을 사람이 없고 닫으면 열 사람이 없는 그가 이르시되" (요한계시록 3:7).

"네가 작은 능력을 가지고서도"라고 그리스도께서 말씀하신다 (3:8). 빌라델비아는 정치적인 영향력이 없었다. 그들의 신은 대개가 희랍과 로마의 지역적인 신들이었다. 권세를 가진 도시와는 달리 그곳에는 로마 신전도 없었고, 황제 숭배의 증거도 거의 찾아 볼 수 없었다.

회당의 어떤 회원들은 말하기를 빌라델비아 기독교인들은 참 유대인이 아니라고 했다. 그것은 가족끼리의 분쟁과도 흡사했는데 유대인 형제, 자매, 사촌들과 유대계 기독교인들 사이의 분쟁이었다. 요한은 유대계 기독교인들이 평정을 유지하도록 돕기 위해 유대 성경을 끌어 사용했다. 이사야의 예언이었다.

"너를 괴롭히던 자의 자손이 몸을 굽혀 네게 나아오며
    너를 멸시하던 모든 자가 네 발 아래에 엎드려" (이사야 60:14).

그렇게 되면 그들은 무엇을 배울 것인가? "내가 너를 사랑하는 줄을 알게 하리라" (요한계시록 3:9).

왜 천사들이 "열린 문"의 이미지를 사용하고 있을까? 빌라델비아는 동쪽에 있는 나라들에게 "열린 문"과 같기 때문이다. 그곳은 동과 서가 만나는 교역의 관문이었다. 그래서 문이 닫혀질 수가 없었다. 상징적인 문은 무엇인가? 그것은 하나님 왕국에 이르는 문이다. 구원에 이르는 길이다.

"다윗의 열쇠"를 가지신 그리스도께서 문을 여실 것이다. 다윗 왕의 후손인 예수 그리스도는 다윗 성에서 태어나시고 이제껏 버림받고 배척당했던 사람들을 위해 길을 여실 것이다. 그분이 하나님 나라에 들어갈 수 있는 사람을 결정하실 것이다.

비고란

빌라델비아. 이 지역은 지진의 영향을 받기 쉬웠다. 산맥으로부터 씻겨온 비옥하지만 불안정한 화산토에 지어진 도시는 단층 지대와 지각 표층 위에 세워져 있었다. 흔들림이 수일 간격으로 기록되었으며, 여전히 기록되어지고 있다. 빌라델비아는 주후 17년 지진으로 파괴되었다가 재건되었고, 주후 23년 다시 파괴되었다가 로마 황제 티베리우스의 도움으로 재건되었으며, 주후 60년 다시 파괴되었다가 또다시 재건되었다.

고대에는 이 지역의 왕들이 버가모와 리쿠스 밸리에 있는 세 도시—골로새, 히에라볼리, 라오디게아—간에 의사소통 체계를 세울 필요를 느꼈다. 그리고 동쪽으로 무역을 열 필요도 느꼈다. 아탈루스 2세 왕은 그의 사랑하는 동생 데우메네스를 위해 "형제간의 사랑의 도시"를 뜻하는 빌라델비아를 세웠다. 우아한 도시도 아니요 강력한 로마의 성채도 아닌 빌라델비아는 무역도시로 버가모와 골로새 중간에 위치해 있었다. 이는 무역의 관문으로 버가모, 서머나, 그리고 사데에서 온 상인들이 몰려드는 곳이었다.

제자

주님께서 충고하신다. "네가 가진 것을 굳게 잡아 아무도 네 면류관을 빼앗지 못하게 하라" (3:11). 조그마한 힘을 가지고 그들은 지탱하고 있었다. 그들은 그리스도의 말씀을 지켰다. 그들은 그리스도의 이름을 부인하지 않았다. 지진으로 무너진 기둥과 돌들 가운데 있지만 이 미약한 기독교인들의 무리가 새로운 하나님의 신전에서 영구적인 기둥이 될 것이었다. 그들은 믿음을 단단히 지키는데 익숙해져 있었다. 지진 속에 온 가족이 매장되었다. 무덤조차 찾을 수 없게 되었다. 가계의 이름은 잊혀졌다. 하나님은 그들의 이름을 쓰시고 영원히 기억하실 것이다. 요한이 고통 중에 있는 서머나와 빌라델비아 교회들에게 줄 수 있는 것은 위로와 권면의 말씀이었다.

라오디게아

"아멘이시요 충성되고 참된 증인이시요 하나님의 창조의 근본이신 이가 이르시되" (요한계시록 3:14).

그리스도는 "아멘"이신데, 성경에서 유일하게 아멘이 적합한 이름으로 사용되고 있는 곳이 바로 여기다.

성경에서 가장 참담하게 비난을 받고 있는 라오디게아 교회는 "미지근하여 뜨겁지도 아니하고 차지도 아니하니" 라고 꾸지람을 받고 있다 (3:16). 라오디게아 도시가 겪고 있는 중요한 경제적인 문제가 있었으니 바로 신선한 마실 물이 없다는 것이었다. 부유한 도시의 재정적인 뒷받침을 입은 공학자들이 정교하게 돌로 된 수로를 10마일이나 떨어진 히에라폴리스까지 뚫어 그 도시의 끓어오를 듯 뜨거운 광천수 샘에 연결하였다. 그리하여 그 물은 수증기가 날만큼 뜨거운 물로 시작되었다. 그러나 그 물이 라오디게아에 이를 때가 되면 미지근해졌으며 또한 썩 당기지 않는 맛이 났다. 또한 차고 깨끗한 광천수가 골로새까지 파이프로 연결되었다. 그러나 그 물이 라오디게아에 도착할 무렵이면 그 또한 미지근해지기는 마찬가지였다. 라오디게아인들은 이래저래 냄새나는 차지도 뜨겁지도 않은 물밖에 마실 수가 없었다. 요한의 묘사는 너무나 이해하기 쉬웠을 것임에 틀림없다. 이런 물과 마찬가지로 교회도 미지근했다.

교회는 뻐기고 잘난 체하였다. 라오디게아는 은행 도시요 (돈), 지역의 수도요 (힘과 명예), 의학의 중심지요 (눈병 치료로 유명했다), 산업의 중심지였다 (우수한 품질의 양모 옷으로 이름나 있었다). 그리스도는 이 모양 저 모양의 자만심을 거꾸러뜨리셨다. 너희는 부자라 하나 곤고하며, 부족한 것이 없다 하나 가난하며, 눈 멀었으며 벌거벗었도다 (3:17).

그리스도가 권면하는 것은 무엇인가? "내게서 불로 연단한 금을 사서" 이는 고난으로 인해 연단된 충성심이다. 세례의 거룩함으로 된 "흰 옷"을 사서 너희의 영적인 벌거벗음을 감추어라. "안약을 사서 눈에 발라 보게 하라." (눈을 치료한 의사들은 그 지역의 화산재와 다른 화학물질에서 나온 안약을 사용하였다.) 무엇보다도 "회개하라" (3:18-19).

예수님은 문밖에 서서 두드리고 계신다. 교회를 향한 이 최후의 말씀은 모든 사람들에게 주어진 것이다. 심판이 오고 있다. "내가 속히 오리니" (3:11). 요한계시록 전체가 교회들과 우리들에게 깨어나라고 하는 경종을 울리기 위해 씌어졌다. 우리에게는 회개할 기회가 있다. 문을 열고, 그리스도를 초청해 들이고, 그리고 화해의 식사를 함께 먹고 나누라! 메시야의 잔치가 어떠할지 그 맛난 진미를 미리 맛보라! 지금 바로 행하라.

비고란

라오디게아. 리쿠스와 미앤더 강들이 모이는 곳 근처에 위치한 세 도시가 있었는데 약 10마일씩 떨어져 있었다. 골로새는 흑양모 산업으로 유명하였다. 히에라폴리스는 무역도시였다. 라오디게아는 은행의 중심지요 피가리온 지역의 수도였다. 무역은 온 방향으로 뻗치고 있었다. 바울은 이 지역을 건너뛰었으나 그의 개종자들과 동역자들은 이 지역을 복음화 하였다. 핵심이 되는 전도자는 에바브라로서 그는 이 지역 출신으로 언제나 그들을 위해 "애써 기도"하였다 (골로새서 4:12-13). 선교사들과 선교 편지들이 에베소로부터 이 중요한 세 개의 내부 도시 사이에서 주거니 받거니 하였다. 바울은 골로새에 있는 빌레몬에게 그에게서 도망간 종 오네시모에 관해 편지를 썼다. 이들 두 사람은 기독교 개종인들 중에 핵심이 되었으며, 사랑하는 교회 지도자들이 되었다. 골로새서는 힘있는 지시와 더불어 끝을 맺고 있다. "이 편지를 너희에게서 읽은 후에 라오디게아인의 교회에서도 읽게 하고" (4:16).

귀를 기울이라

일곱 교회 가운데 당신이 속해 있는 교회와 가장 비슷한 교회는 어느 교회인가? 어떤 면에서 비슷한가?

_____

_____

신실한 공동체의 모습

기독교인인 우리들은 우리가 가진 신앙과 우리가 사는 문화 사이에서 긴장을 체험한다. 왜냐하면 우리는 사회 속의 문화가 아니라, 그리스도의 가르침과 모범이 우리의 생활양식을 결정하기를 원하기 때문이다. 우리가 바라기는 "시대에 맞추는 것"이 아니라 믿음에 차 있는 것이다. 미지근한 것이 아니라 뜨거운 것이다. 우리는 그래야만 한다는 것을 알고 있다.

당신이나 당신이 속한 교회가 두둥실 떠다닐 만큼 신앙에 대해 흥분하였던 때를 상기해 보라. 그 "첫 사랑"의 현재 상태는 어떠한가?

_____

_____

타협이란 아주 미묘한 것이다. 당신과, 그리고 당신이 속한 교회가 이 세상에서 타협하는 방식을 묘사해 보라.

_____

_____

어떤 교회는 사데와 같이 너무 자기만족에 빠져 있어서 다른 사람들이 삶에 전환을 일으킬 만한 종교적인 경험을 가지면 당황해 한다. 당신의 교회는 어떠한가?

_____

_____

철저한 제자

철저한 제자는 세속문화에 대해 협력하고 타협하라는 유혹이 강할 때 교회가 서로 책임감을 갖고 그리스도처럼 믿음에 차 있기를 요청하면서 길을 이끌어 나간다.

추가 연구

역사, 지리, 고고학에 관심을 가지고 있다면 터키 서부, 일곱 교회의 장소는 연구할 여지가 많은 부분이다. 성서사전, 성서지도, 지중해 고고학에 대한 책, 그리고 인터넷을 참조하여 연구하라.

비고란

우리는 신실한 믿음의 공동체이기 때문에 하나님께서 성령으로 우리 교회에 말씀하시는 것에 귀를 기울이고, 그 말씀에 충성하려고 애쓴다.

화, 화, 화가 있으리니

"이 일 후에 내가 보니 하늘에 열린 문이 있는데
내가 들은 바 처음에 내게 말하던 나팔 소리 같은 그 음성이 이르되
  이리로 올라오라
이 후에 마땅히 일어날 일들을 내가 네게 보이리라 하시더라."

—요한계시록 4:1

29 마땅히 일어날 일들

인간의 모습

시계가 지배하고 있다. 달력이 명하는 대로 행동한다. 자동차는 대기 상태다. 하루 24시간이 부족하고, 한 주에 7일이 부족하다. 지금 이 순간에 초점을 맞추어야 한다. 이 후에 무엇이 일어날지에 대해 생각할 여유가 없다.

성경 읽기

하늘에 열린 문은 보좌를 드러내고, 보좌에 앉으신 이를 드러낸다. 어린 양이 서 계시다. 당신이 하나님의 보좌가 있는 방으로 들어간다고 상상해 보라. 바라보라. 귀를 기울이라.

첫째 날: 요한계시록 4—5장 (보좌에 앉으신 하나님의 환상, 이십사 장로, 네 생물, 일곱 인을 봉한 두루마리, 어린 양);
에스겔 1장 (보좌 마차의 환상, 네 생물)

둘째 날: 요한계시록 6—7장 (여섯 인을 떼심, 네 기사, 순교자, 심판, 하나님의 봉인, 대속받은 무리, 찬양곡)

셋째 날: 요한계시록 8—9장 (일곱째 인, 하늘이 고요함, 일곱 나팔을 든 일곱 천사, 재앙);
요엘 2:28-32; 사도행전 2:17-21 (주의 날)

넷째 날: 요한계시록 10—11장 (작은 두루마리를 든 천사, 성전을 측량함, 두 증인, 무저갱의 짐승);
에스겔 3:1-3 (두루마리를 먹음);
40—41장; 47:1-12 (새 성전의 환상)

다섯째 날: 요한계시록 12장 (여자, 아이, 붉은 용)

여섯째 날: "생명나무의 열매"와
"신실한 공동체의 모습"을 읽고 답하라.

일곱째 날: 안식

금주의 시편

시편 97편을 읽으면서 겸해서 예문을 써 보라. 매일 시편을 소리 내어 읽고 한 문장으로 하나님을 묘사한 다음에 *주님은 왕이시다! 땅이여 기뻐할지어다* 라고 적어라. 여섯째 날에는 시편을 읽은 후 예문 전체를 읽어보라.

기도

매일 성경공부 전에 드릴 기도:
"내가 전심으로 주께 감사하며
  신들 앞에서 주께 찬송하리이다
내가 주의 성전을 향하여 예배하며
  주의 인자하심과 성실하심으로 말미암아
  주의 이름에 감사하오리니
이는 주께서 주의 말씀을 주의 모든 이름보다
  높게 하셨음이라" (시편 138:1-2).

금주의 기도 제목:

화, 화, 화가 있으리니

첫째 날: 요한계시록 4—5장 (보좌에 앉으신 하나님의 환상, 이십사 장로, 네 생물, 일곱 인을 봉한 두루마리, 어린 양); 에스겔 1장 (보좌 마차의 환상, 네 생물)

둘째 날: 요한계시록 6—7장 (여섯 인을 떼심, 네 기사, 순교자, 심판, 하나님의 봉인, 대속받은 무리, 찬양곡)

셋째 날: 요한계시록 8—9장 (일곱째 인, 하늘이 고요함, 일곱 나팔을 든 일곱 천사, 재앙); 요엘 2:28-32; 사도행전 2:17-21 (주의 날)

넷째 날: 요한계시록 10—11장 (작은 두루마리를 든 천사, 성전을 측량함, 두 증인, 무저갱의 짐승); 에스겔 3:1-3 (두루마리를 먹음); 40—41장; 47:1-12 (새 성전의 환상)

다섯째 날: 요한계시록 12장 (여자, 아이, 붉은 용)

여섯째 날: "생명나무의 열매"와 "신실한 공동체의 모습"을 읽고 답하라.

제자

생명나무의 열매

하나님의 광채가 지상에 비추고 있었다. 우리는 세상에 적응하면서, 세상과 타협하는 교회들의 모습을 보았다. 별안간 무대 배경이 바뀐다. 빛이 하늘 쪽으로 비친다. 문이 열려있다. 우리는 그것을 확인하기 위하여 뚫어지게 본다. 그 광채는 눈을 멀게 할 정도로 환하다.

요한은 "올라오라"고 초청하는 음성을 듣는다. 묵시적인 면에서 요한이 지금 다른 공간과 다른 시간 안에 있음을 주목하라. "내가 곧 성령에 감동되었더니" (4:2). 이 하늘 환상이 지적하려는 것은 무엇인가? "이 후에 마땅히 일어날 일들을" 요한이 보고 있다.

보좌가 있는 곳

보좌는 신비롭고, 불꽃같으며, 영광으로 가득 차 있다. 우리는 위압당하고 있다. 아찔할 만한 이미지를 잘 감상하려면 우리도 요한처럼 거룩한 과거의 환상에 몰두할 필요가 있다. 모세가 산 정상으로 불려나갔을 때를 기억해 보라 (출애굽기 19장). 모세가 하나님께 가까이 나아갈 때, 번개가 번쩍이고, 천둥이 치고, 나팔소리가 크게 울렸다.

보좌에 대한 요한의 환상은 에스겔이 보았던 반짝이는 보석과 불의 환상을 떠올리게 한다. 에스겔과 요한 두 사람 다 홍수 이후에 하나님께서 노아에게 주신 약속의 상징인 무지개를 언급하고 있다. "그 사면 광채의 모양은 비 오는 날 구름에 있는 무지개 같으니 이는 여호와의 영광의 형상의 모양이라" (에스겔 1:28).

요한의 시선을 끄는 세 가지 보석은 벽옥과 홍보석과 녹보석이었는데, 이는 하나님 임재의 광채와 빛을 나타내는 것이었다 (요한계시록 4:3). 초대 이스라엘 역사에서 그 돌들은 대제사장의 흉패를 장식하던 보석들이기도 했었다 (출애굽기 28:17-20). 나중에 요한의 환상을 보면, 그 돌들은 거룩한 성벽의 기초를 장식하고 있다.

에스겔서를 공부하는 사람들은 "네 마리 짐승"에 대하여 조심해서 읽게 된다 (요한계시록 4:6). 4라는 숫자는 지구의 네 모퉁이를 나타내는 것으로 사방 모든 곳을 뜻한다. 사자, 황소, 인간, 그리고 독수리가 사복음서의 상징이었다. 마태는 이스라엘의 사자, 마가는 희생의 송아지, 누가는 인자, 요한은 교회를 지키는 성령, 즉 독수리였다. 에스겔에 나오는 병거에 달린 눈처럼 그들은 눈을 가지고 모든 것을 본다. 모든 자연, 동물, 그리고 인간이 하나님을 찬양하고 있다. "여호와의 지으심을 받고 그가 다스리시는 모든 곳에 있는 너희여 여호와를 송축하라" (시편 103:22). 음악이 보좌가 있는 방을 가득 채우고 있다. 네 생물은 밤낮 쉬지 않고 송축하고 있다 (요한계시록 4:8).

이십사 장로는 이스라엘의 제사장들을 나타내는 것일 것이다. 아주 많은 제사장들이 성전에서 섬겼기 때문에 그들은 스물네 그룹으로 나뉘어서 각 그룹이 정한 때에 섬기도록 되어 있었다. 전체로 하면 그들은 이스라엘이 드리는 모든 예배를 나타내는 것이 된다. 혹은 이십사는 열두 족장과 열두 사도를 상징하는 것일 수도 있다. 요한의 시대에는 열둘을 두 배로 한 것이 교회가 유대인들과 이방인들로 이루어져 있었다는 것을 상기시켜 주었을 수도 있다. 확실한 것은 이십사 장로들은 하나님의 백성이 연합된 전부를 대표한다는 것이다.

비고란

화, 화, 화가 있으리니

두루마리

미래를 알 수 있는 이는 누구인가? 오직 하나님뿐이시다. 두루마리가 나타날 때, 그것은 왕의 칙령이나 혹은 값진 유언장처럼 "일곱 인으로 봉해져" 있다. 누가 인을 떼고, 두루마리를 펼 만한 자격을 가지고 있는가? 요한이 서럽게 울고 있는 것은, 그 인을 뗄 만한 사람이 아무도 없었기 때문이다. 그러나 기다려 보라. 장로가 한 사람이 있다고 한다. 바로 유대 지파의 사자가 이겼으며, 죽임을 당한 어린 양이 있다는 것이다. 그는 합당한 자이다 (요한계시록 5:3-6). 갑자기 하늘에 있는 모든 천사들이, "만만이요 천천"(5:11)인 천사들이 "죽임을 당하신 어린 양은…합당하도다"고 "큰 음성으로" 노래를 부른다 (5:12). 하늘과 땅과 바다에 있는 모든 피조물이 우주를 쩡쩡 울리도록 "어린 양에게" 보내는 송영을 함께 노래한다 (5:13). 어린 양이 역사의 의미와 장엄한 종말이 담긴 두루마리를 개봉할 것이다.

일곱 인

앞으로 다가올 것은 무엇인가? *첫 번째 인*을 떼니 흰 말이 있는데, 그 탄 자가 활을 가졌다 (요한계시록 6:2). 이 탄 자는 혹자가 생각하듯이 그리스도가 아니다. 그리스도는 막 인을 열었기 때문이다. 예수 그리스도는 어린 양으로 활과 화살과 패배시키는 이가 아니시다. 이후에 본 환상에 의하면, 그리스도는 흰 말을 타게 될 것이나 지금은 아니다. 말을 탄 자는 정복자이다. 그는 이 지구를 파괴시킬 것이다.

*둘째 인*을 떼니 붉은 말을 탄 기사가 나온다 (6:4). 그는 사람들이 전쟁으로 서로를 죽이게 함으로써 이 땅에서 화평을 제하여 버릴 것이다.

*셋째 인*을 떼니 검은 말을 탄 기사가 나온다. 부유한 이들이 경제를 독점해 버려서 가난한 이들은 굶주리고 있다. 기사의 손에 들린 저울은 불공평하게 무게를 달고 있다.

"한결같지 않은 저울 추는 여호와께서 미워하시는 것이요
속이는 저울은 좋지 못한 것이니라" (잠언 20:23).

이 기사(horseman)는 평범한 음식을 노동하는 가족이 사기에 너무 비싼 것으로 만들었다. 물가 상승 때문에 가난한 사람들이 피폐해졌다. 좋은 수입원인 포도주와 감람유는 권세 가진 사람들에 의해 보호를 받고 있었다. 기근이 땅을 휩쓸 것이다. 탐욕으로 물든 이 세상에서 계속해서 배곯아 죽는 일이 일어나고 있다.

*넷째 인*을 떼니 시들어가는 식물과 같은 녹색, 죽음처럼 끔찍한 청황색의 말을 탄 기사가 나온다 (요한계시록 6:8). 전쟁, 기근, 질병, 들짐승, 음부와 더불어 사망 같은 것들이 땅의 일부분을 휩쓸게 될 것이다. 사망은 공평한 게임을 하지 않는다. 권세 있는 자들이 시장을 독점하고, 기독교인들의 재산을 몰수할 것이다. 다스리는 이들은 수백만의 군사들을 유혈 전쟁 속으로 몰아넣을 것이다. 신자들은 동물의 가죽으로 된 옷이 입혀져 공공 경기장에서 황소, 사자, 들개들 앞으로 끌려갈 것이고 피에 굶주린 군중들은 함성을 지를 것이다. 사망이 오고 있다.

*다섯째 인*을 떼셨다. 요한은 예루살렘 성전에 있는 제단 아래에 흘린 희생물의 피처럼 순교자들의 영혼들이 제단 아래 있는 것을 본다. 그들은 "어느 때까지 하시려나이까" 라고 부르짖고 있다. 언제까지 정의가 악용될 것입니까? 계시록이 너무 폭력적이고 변호적이라고 요한계시록을 거부하는 사람들은 무언가 중요한 것을 놓치고 있는 것이다. 요점은 악에 있다. 하나님 나라

비고란

제자

가 온전히 오게 된다면 사악함, 잔인함, 압제, 굶주림, 그리고 전쟁은 끝장이 나야 한다.

여섯째 인을 떼니 큰 지진이 나는데 그것은 소아시아를 가끔 진동케 했던 지진보다 더 엄청난 것이었다 (6:12). 피조물은 혼돈으로 싸여있다. 요엘 2:28-32는 요한과 비슷한 이미지를 사용하여 주의 날에 임할 심판을 묘사하였다. 태양이 어두워지고 달이 피 빛으로 변했다. 요한의 환상에서 동굴에 몸을 숨기는 사람은 누구인가? 모두가 숨기에 여념이 없다. 부자, 권세자, 노예, 자유인, 왕, 장군들, 그리고 사업계의 거물들 모두가 그러하다. 그들은 하나님과 어린 양의 진노로부터 구해달라고 탄원하였다. 진노는 질투에 찬 분노와는 다르다. 진노는 구원하려 하고, 잘못을 심판하려 하고, 상황을 바로 잡으려고 하는 정의감인 것이다.

일곱 번째 인을 떼는 것은 늦추어지고 있다. 우리는 숨을 죽이고 기다려야 한다. 그리고 단지 기다리기만 할 뿐 아니라, 믿음에 차 있기로 결단하여야 한다. 아직 시간이 있을 때 회개하라. 우리는 아직 되돌릴 수 있는 시간이 있다. 가능성이 있는 시간이 우리에게 남아 있다. 그 기회를 포착하라!

"우리가 우리 하나님의 종들의 이마에 인치기까지 땅이나 바다나 나무들을 해하지 말라" 라고 천사들이 소리쳤다 (요한계시록 7:3). 요한의 환상에서 모든 사람들은 주인에 의해 표가 붙여져 있다. 모든 사람들이 인을 가지고 있을 터인데 짐승의 표 혹은 하나님의 표이다. 이는 열한 번째 시간으로 각자가 선택을 해야 할 시간이다.

이스라엘의 열두 지파가 열거되어 있다. 그런데 순서가 나이가 많은 르우벤 지파부터가 아니라 다윗과 예수의 지파인 유다 지파부터 열거되어 있다. 일만 이천의 열두 배인 십사만 사천—완전한 하나님의 백성—명이 하나님의 진노로부터 안전할 것이다. 그림이 바뀐다. 각 나라와 족속과 백성에서 온 모든 사람들이 하나님 보좌 앞에 서서 그리스도를 인한 구원에 감사의 경배를 드린다. 천사들이 경배의 찬양을 드린다. 사람들은 어린 양의 피로써 정함을 입어 흰 옷을 입고 있다. 비록 이미지들이 혼합되어 있지만 메시지는 명확하다. 그리스도의 치유하시는 은혜를 입어 그의 피로 정함을 받은 사람들은 구원의 찬송을 노래할 것이다. 그들이 입은 옷은 하나도 흠이 없을 것이다. 고난은 끝이 날 것이다. "그들이 다시는 주리지도 아니하며" (7:16). 이는 음식에 주리지 아니할 것이라는 것일까? 아니면 의에 주리지 아니할 것이라는 것일까? 아니면 둘 다를 의미하는 것일까? "하나님께서 그들의 눈에서 모든 눈물을 씻어 주실 것임이라" (7:17).

마침내 일곱째 인을 떼실 때에 노래가 멈춘다. "하늘이 반 시간쯤 고요"했다 (8:1). 성찰할 시간, 회개할 시간이다. 이 거룩한 침묵의 시간에 성인들의 기도가 마치 짙은 향연처럼 우리를 위해 하늘로 올라갔다.

그리고 모든 것이 떨쳐 나왔다. 나팔소리와 천사들, 불과 지진, 피와 섞인 해일. 큰 별이 떨어진다. 우주의 모든 부분이 심판을 느끼게 된다. 산들, 바다, 강, 심지어 태양, 달, 그리고 별들도 심판을 느끼게 된다. 심판이 오는 것이다.

나팔

유대인들은 새로운 것 무엇이든지 나팔소리와 더불어 알렸다. 로쉬 하샤나 (Feast of Trumpets)는 9월-10월에 종교적인 신년을 시작하는 날이다. 예루살렘 성전 당시에 제사장은 성전 꼭대기에 올라가 나팔을 불었는데, 이는 적어도 세 사람이 새로운 달의 작은 은빛을 보았다는 것을 알리는 것이었

비고란

화, 화, 화가 있으리니

다. 새 달을 볼 때마다 다시 나팔소리가 들렸다. 유대인들은 메시야의 시대 역시 성전 꼭대기의 나팔소리로부터 알려지게 될 것이라고 믿었다.

요한계시록에서 새로운 시대의 도래는 나팔소리로 시작된다. 여섯 나팔소리가 들려도 새롭고도 무시무시한 파괴의 환상은 악한 사람들의 마음을 회개하도록 돌이키지 못한다. 그러나 회개와 회심을 부르는 간주 후에 마침내 일곱 번째 나팔소리가 들려온다.

"세상 나라가 우리 주와 그의 그리스도의 나라가 되어
그가 세세토록 왕 노릇 하시리로다" (요한계시록 11:15).

세 가지 화

"화, 화, 화가 있으리니." 독수리는 모든 사람들에게 세 가지 끔찍한 재앙을 준비하라고 외친다 (요한계시록 8:13). 황충이 침입하는 이미지의 배경을 더 잘 이해하기 위해서는 (9:3-11) 애굽의 메뚜기 재앙 (출애굽기 10:1-20), 요엘의 예언(요엘 1:1—2:27)에 대해 읽어라. 모세는 실제로 메뚜기 재앙에 대해 예언하고 있었다. 요엘은 일단의 대적 군사들을 예언하기 위해 은유법으로 사용했을 수도 있다. 요한의 본 첫째 화의 환상에서 황충은 믿을 수 없을 만큼 사납다. 또한 마치 전갈과 같아서 쏠 때에 괴롭게 함이 죽음보다 더하다. 저희에게 임금이 있는데 그 이름은 아바돈으로 "파괴"를 뜻한다.

두 번째 화는 고대 앗수르와 바벨론 제국의 모태인 유브라데 강에 초점을 두고 있다. 이 재앙에서 바벨론은 로마를 상징한다. 거대한 세력이 공격할 것이다. 대체로 5만의 군대는 강한 군사력이었다. 여기서 마병대의 수는 2억으로 나와 있다!

재앙에 죽지 않고 남은 사람들은 "손으로 행한 일을 회개하지 아니하고 오히려 여러 귀신과 또는 보거나 듣거나 다니거나 하지 못하는 금, 은, 동과 목석의 우상에게 절하고 또 그 살인과 복술과 음행과 도둑질을 회개하지 아니하더라"고 했다 (요한계시록 9:20-21). 놀라운 일이다. 이 모든 진노를 보고도 회개하지 않음은 놀라운 일이다!

힘 센 천사가 손에 작은 두루마리를 들고 있었다. 이 천사는 한 발은 바다를 밟고 다른 한 발은 땅을 밟고 있다. 바다와 땅은 로마의 배들과 아시아의 권세자들을 뜻한다. 바다와 땅은 모든 곳을 뜻한다. 천사는 모든 사람들에게 이야기할 것이다,

더 이상 늦출 수가 없다. 때가 다가왔다! "하나님이 그의 종 선지자들에게 전하신 복음과 같이 하나님의 그 비밀이 이루어지리라" (10:7). 요한은 에스겔이 하나님의 말씀이 담긴 두루마리를 먹었듯이 두루마리를 먹는다 (에스겔 3:1-3). 에스겔과 마찬가지로 요한은 꿀맛이 나는 두루마리를 먹었다. 그러나 요한에게 그것은 쓴맛이 났다. 요한은 두렵고도 "쓴" 예언을 해야만 하는 것이다. 재앙이 올 것이다. 그리고 기근과 끔찍한 전쟁이 터질 것이다.

성전

다윗의 때로부터 유대인들은 머릿속에서 성전을 지워낼 수가 없었다. 다윗은 성전을 꿈꾸었다. 솔로몬은 성전을 지었다. 포로들은 성전의 파괴를 기억했다.

"우리가 바벨론의 여러 강변 거기에 앉아서
시온을 기억하며 울었도다" (시편 137:1).

비고란

제자

에스라와 느헤미야의 지도 아래 유대 포로들은 성전과 성벽을 재건했다. 수세기가 지나 헤롯은 더 웅장한 성전을 짓게 될 것이다. 그러나 지금은 성전은 사라진 상태이다.

이제 요한은 하늘의 성전을 본다. 성전은 측량될 것인데, "그 안에서 경배하는 자들" 역시 측량될 것이다 (요한계시록 11:1). 다니엘이 사용한 시간대인 마흔두 달, 즉 안티오커스 에피파네스 4세가 성전을 더럽힌 후 살았던 기간을 사용하면서, 요한은 굵은 베옷으로 상징되는 고난의 때가 올 것이라고 말하고 있다.

어려움을 겪는 이 마흔두 달 동안 신자들에게는 위로가 주어질 것이다. 두 감람나무와 두 촛대가 계속 타게 될 것이다. 두 증인이 권세를 입을 것이다. 엘리야처럼 그들에게는 비를 멈출 만한 기도의 권세가 주어질 것이다. 사탄, 짐승이 무저갱에서 올라오게 되면 그들은 죽임을 당할 것이다. 그러나 삼일 반만에 그들은 다시 살게 될 것이다. 왜냐하면 하나님의 "숨"이 그들에게 들어갈 것이기 때문이다. 하나님은 이렇게 말씀하실 것이다. "이리로 올라오라" (요한계시록 11:12). 그들은 하늘의 큰 음성과 더불어 노래할 것이다.

"세상 나라가 우리 주와 그의 그리스도의 나라가 되어
그가 세세토록 왕 노릇 하시리로다" (11:15).

우주적인 싸움에서 어린 양이 처음에는 하늘에서, 그 다음은 땅에서 승리할 것이다.

하늘의 싸움

요한계시록 12장은 그리스도와 사탄 사이에 일어나는 하늘의 싸움을 묘사하는 것으로 요한계시록의 전반부를 끝맺고 있다. 아이를 해산하는 여인은 예수의 어머니인 마리아, 메시야가 태어난 이스라엘, 혹은 교회를 상징할 수 있다. 악의 화신인 "붉은 용"이 아이를 삼키려고 한다. 베들레헴에 있는 갓난 사내아이들을 모두 살해한 헤롯 대왕에 대한 기억이 우리에게 떠오른다. 에덴 동산에서 인류는 뱀에게 유혹을 받았다. 이제 요한의 환상에서 마리아의 아들은 큰 용에게 이길 것이다.

"하늘에 전쟁이 있으니" (12:7). 악이 반역했을 때 하늘 자체가 영향을 받게 되었다. 우리는 다니엘서에 하늘의 전쟁이 묘사되어 있는 것을 상기하게 된다. 다니엘서와 요한계시록에서 용과 그의 천사들은 지게 된다. 요한계시록에서 미가엘은 사탄을 하늘에서 던져버린다. 악은 하늘에는 존재하지 못할 것이다. 그러나 사탄을 완전히 없애기는 어렵다. 예수께서 "거짓의 아비"라고 부르던 속이는 자가 "어린 양의 피와 자기들이 증언하는 말씀으로써" (12:11) 패배했음에도 불구하고 계속해서 지구를 공격할 것이다. 교회의 믿음에 찬 증거자들이 사탄을 패배시키도록 도울 것이라는 것을 주목하라! 박해를 받던 반체제 문화가 궁극적인 승리를 가져오는데 역할을 담당하게 된다.

전쟁은 계속해서 이어진다. 하늘에서 승리할 수 없었던 용은 땅 위에 있는 믿는 자들을 계속해서 유혹한다. 악한 세력들은 그들이 전쟁에서 지고 있다는 것을 알고 있지만 계속해서 이전보다 더 힘을 내어 승강이질을 한다. 화가 난 용은 "여자에게 분노하여 돌아가서 그 여자의 남은 자손 곧 하나님의 계명을 지키며 예수의 증거를 가진 자들과 더불어 싸우려고 바다 모래 위에 서 있더라" (12:17). 우리는 예수께서 광야에서 시험을 당하실 때, 사탄이 "얼마 동안 떠나" 있던 것을 상기하게 된다 (누가복음 4:13). 에베소서는 우리

비고란

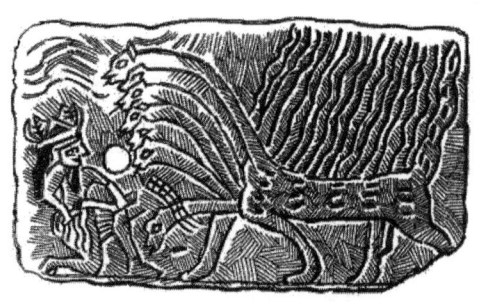

이 수메르의 조개로 된 자개는 주전 2600년의 것인데 일곱 개의 머리, 긴 뱀과 같은 목, 등에서는 불꽃이 나오는 사자와 같은 형상을 한 괴물과 싸우고 있는 신의 모습을 그리고 있다. 이는 우리들에게 요한계시록 12:3에 있는 일곱 머리를 한 붉은 용을 상기시켜 준다.

화, 화, 화가 있으리니

들에게 "마귀의 간계를 능히 대적하기 위하여 하나님의 전신갑주를 입으라 우리의 씨름은 혈과 육에 상대하는 것이 아니요 통치자들과 권세들과 이 어둠의 세상 주관자들과 하늘에 있는 악의 영들을 상대함이라"고 충고하고 있다 (에베소서 6:11-12). 마지막에는 승리할 것이 확실하지만 지구에서 씨름하는 것은 계속 될 것이다. 우리는 전쟁의 열기 속에서 살고 있다.

신실한 공동체의 모습

우리는 우리 자신의 인생사보다 훨씬 커다란 드라마에 참여하고 있다. 우리는 단지 방관자가 아니다. 우리는 적극적으로 엄청난 영적 전쟁에 개입하고 있다. 하나님과 수많은 사람들이 연루되어 있다. 모든 것이 위태롭다. 이 전쟁에 인간의 마음과 영혼이 달려 있다. 공동체의 삶은 증거이며 구원의 말씀은 밖으로 나가야만 한다.

당신은 우리가 씨름하고 있는 악의 세력에 대해 어떻게 이해하고 있는가?

_____

_____

우주의 전쟁이 당신의 삶에 어떠한 영향을 미치는가? 당신이 속한 교회에 어떤 영향을 미치는가?

_____

_____

당신은 언제 어떤 식으로 그리스도에 대한 충성심을 배반하라는 유혹을 받는가?

_____

_____

철저한 제자

성도들은 계속해서 기도하는 사람들이다. 그들이 드리는 기도는 향의 연기와 같다. 인내는 기도를 철저하게 한다. 어떻게 하면 당신이 더 힘찬 기도의 사람이 될 수 있을까?

추가 연구

요한이 어떻게 구약성경의 주제, 언어, 그리고 이미지들을 사용하는지 느껴보기 위해 스터디 바이블에 있는 구약성경의 상호 참조 부분을 찾아보라. 한 번에 한 장씩 요한계시록을 살펴보라.

비고란

우리는 신실한 믿음의 공동체이기 때문에 일상적으로 정의되고 한정시켜 주는 것들을 거부한다. 우리는 우주적인 갈등에 참여하되 궁극에 가서는 승리하는 것을 확신한다.

박해

"또 내가 들으니 하늘로부터 다른 음성이 나서 이르되
내 백성아, 거기서 나와 그의 죄에 참여하지 말고
그의 받을 재앙들을 받지 말라
그의 죄는 하늘에 사무쳤으며 하나님은 그의 불의한 일을 기억하신지라."

—요한계시록 18:4-5

30 악의 세력

인간의 모습

우리는 실제 세상에서 살고 있다. 우리는 밥벌이를 해야 하고, 이웃과 더불어 살아야 하며, 문화 속에서 살아야 한다. 타협하는 일이 가장 중요한 일이다. 다르기를 고집하는 사람들에게는 고통이 올 수 있다.

성경 읽기

하나님의 진노가 담긴 일곱 대접 후에, 로마(바벨론)가 누리던 그 막강한 경제 체제와 군사력과 세상 각처에서 보이던 로마의 손길이 완전히 없어졌다. 로마 제국은 성자(saints)들의 피로 가득 찼다. 곧 하늘이 기뻐할 것이다.

첫째 날: 요한계시록 13-14장 (두 짐승과 용, 666, 어린 양과 속량을 받은 이, 소식을 알리는 천사들)
둘째 날: 요한계시록 15장 (일곱 재앙을 가진 일곱 천사들, 유리 바다)
셋째 날: 요한계시록 16장 (하나님의 진노가 담긴 일곱 대접)
넷째 날: 요한계시록 17장 (음녀와 짐승, 어린 양이 승리하리라)
다섯째 날: 요한계시록 18장 (패망한 바벨론에 대한 탄식; 왕, 상인, 선원들이 성이 멸망한 것을 슬퍼함)
여섯째 날: "생명나무의 열매"와 "신실한 공동체의 모습"을 읽고 답하라.
일곱째 날: 안식

금주의 시편

매일 시편 26편을 소리 내어 기도하면서 교회와 기독교인들이 악의 세력에 둘러싸여 있으면서도 하나님께 충성을 다하면서 살아남으려고 씨름하는 것을 생각해 보라.

기도

매일 성경공부 전에 드릴 기도:
"하나님이여 내게 은혜를 베푸소서
내게 은혜를 베푸소서
내 영혼이 주께로 피하되 주의 날개 그늘 아래에서
이 재앙들이 지나기까지 피하리이다" (시편 57:1).

금주의 기도 제목:

박해

첫째 날: 요한계시록 13-14장 (두 짐승과 용, 666, 어린 양과 속량을 받은 이, 소식을 알리는 천사들)	넷째 날: 요한계시록 17장 (음녀와 짐승, 어린 양이 승리하리라)
둘째 날: 요한계시록 15장 (일곱 재앙을 가진 일곱 천사들, 유리 바다)	다섯째 날: 요한계시록 18장 (패망한 바벨론에 대한 탄식; 왕, 상인, 선원들이 성이 멸망한 것을 슬퍼함)
셋째 날: 요한계시록 16장 (하나님의 진노가 담긴 일곱 대접)	여섯째 날: "생명나무의 열매"와 "신실한 공동체의 모습"을 읽고 답하라.

제자

생명나무의 열매

당신이 만일 로마의 권세자이였더라면 하늘에서 벌어지는 전쟁, 천사들이 용들과 더불어 싸운다는 이야기를 듣고 어리둥절했을 것이다. 그러한 장면이 하늘에서 땅으로 옮겨진다고 해도 별로 큰 변화를 느끼지 못할 것이다. 용이 앞뒤를 연결하여 준다. 요한계시록 13장은 계시록의 후반부를 시작하는 곳이다. 언어, 문법, 스타일이 모두가 조심스레 바뀌고 있는데, 그 이유는 요한의 눈이 이제는 로마를 노려보고 있기 때문이다.

하늘에서 떨려난 용(사탄)은 바닷가에 서 있다. 사탄은 모든 곳에서 힘을 떨치고 있다. 바다와 땅은 앞으로 다가올 것들의 기미를 보여주고 있다. 용은 바다로부터 나온 짐승을 통제하고 있는데, 이는 로마를 나타낸다. 사탄은 악의 제국인 로마를 통치한다. 사탄의 악이 로마를 이용하여 이 땅 위에서 행해지고 있다. 그 짐승은 다니엘에서 따온 이미지로 옷 입은 네 가지 맹수인 표범, 곰, 사자, 그리고 용 같은 피조물을 합친 형상을 하고 있다. 요한이 생각하기에 로마 제국은 과거 어떤 왕국보다도 크고 더 무서운 것이었다.

적의를 보이던 로마 당국은 요한이 무엇을 언급하고 있는지 혼란스러웠을 것이나 믿는 자들은 곧 그 뜻을 이해할 수 있었다. 로마의 대표들이 "바다로부터" 배를 타고 소아시아에 왔다. 신자들은 로마가 짐승의 "일곱 머리," 즉 일곱 언덕 위에 서 있다는 것을 알았다. 그들은 다니엘이 그 제국의 지배 아래 있는 모든 왕국을 상징하기 위해 "열 뿔"을 사용했던 것을 기억했다.

행정당국

이전에 바울이 설교하고 서신들을 기록했을 때, 로마 제국은 좋은 도로 사정과 안전한 여행으로 이름이 나 있었다. 좋은 도로 사정은 상인, 선교사, 그리고 군인들에게 많은 혜택을 주었다. 네로 황제와 같은 잔인한 폭정을 제외하고는 로마법과 로마의 행정당국은 다양한 문화, 종교, 소수민족들로 가득 찬 왕국을 좌우로 치우치지 않고 공평하게 다스리려고 애썼다. 로마는 법 제도로 이름이 나 있었다. 바울은 고린도, 에베소, 그리고 예루살렘에서 공평한 사고방식을 가지고 있던 법적으로 책임감 있던 로마 관리 덕에 성난 군중으로부터 목숨을 부지할 수 있었다. 상당한 기간 동안 로마 원로원은 유대인들과 유대계 기독교인들이 그들의 "독특한" 종교를 행사할 수 있는 특권을 허락하는 법 조항을 통과하기도 했다. 심지어 주후 70년 디도가 예루살렘을 파멸시켰을 때도 많은 사람들은 그 전쟁을 예루살렘에 있는 반항적인 열심당을 무너뜨리기 위한 정치적인 탄압으로 이해할 정도였다.

대부분의 신약성경의 책들은 행정당국이 필요하고도 도움이 되는 것으로 생각하고 있으며, 그 덕에 질서를 유지하고 기독교인들이 명예를 잃지 않고 평안하게 살 수 있다고 이해하였다. 바울이 로마 시민 자격으로 로마에 가는 것을 준비하면서 그리스에 있을 때 그는 "각 사람은 위에 있는 권세들에게 복종하라 권세는 하나님께로부터 나지 않음이 없나니 모든 권세는 다 하나님께서 정하신 바라" (로마서 13:1) 라고 권면했다. "다스리는 자들은 선한 일에 대하여 두려움이 되지 않고 악한 일에 대하여 되나니" 라고 썼다 (13:3). 이와 같은 생각이 디모데전서에도 나와 있다. "그러므로 내가 첫째로 권하노니 모든 사람을 위하여 간구와 기도와 도고와 감사를 하되 임금들과 높은 지위에 있는 모든 사람을 위하여 하라 이는 우리가 모든 경건과 단정함으로 고

박해

요하고 평안한 생활을 하려 함이라" (디모데전서 2:1-2). 기독교인들은 "인간의 모든 제도를 주를 위하여 순종하되 혹은 위에 있는 왕이나…뭇 사람을 공경하며 형제를 사랑하며 하나님을 두려워하며 왕을 존대하라"고 권면을 받았다 (베드로전서 2:13, 17).

황제 숭배의 시작

주후 1세기 후반부터 시대가 바뀌었다. 황제들을 로마 신으로 숭배하는 국교가 시작되면서, 기독교인들은 어려운 처지에 놓이게 되었다. 이전 시대의 황제들은 다양한 종교를 가진 사람들이 로마 법과 질서 아래서 다양한 신들을 경배하면서 공존할 수 있다고 믿었었는데, 새로운 황제들은 로마 제국이 공통된 정치, 종교, 문화적인 유대감을 가지고 함께 묶여져야 한다고 주장했다. 이전에는 로마 원로원에게 꽤 다양한 능력이 주어져 있었다. 그러나 플라비안 황제들은 독재자들이 되었다. 황제는 사후에 "신"이 되는 것이 아니라 치리 기간 동안 생전에 "신"이 되었다. 예를 들어, 도미시안 황제는 동전에 그의 형상과 더불어 *주* 와 *하나님* 이란 단어를 써넣음으로써 제국의 경제와 종교를 결합시켰다.

황제에게 향을 피우지 않는다는 것은 마치 황소 앞에서 붉은 깃발을 흔드는 것과 같았다. 로마 신전에 바쳐진 음식을 먹기를 거부하는 것은 반역 행위에 해당했다. 그 지역에 통용되던 돈을 사용하기 꺼려하는 것은 실업, 보이콧, 혹은 마카비 혁명을 전후한 시대에는 재산 몰수를 의미했다.

짐승은 "마흔두 달"간 권세를 받을 것이다 (요한계시록 13:5). 로마는 강력했다. "사로잡힐 자는 사로잡혀 갈 것이요 칼에 죽을 자는 마땅히 자기도 칼에 죽을 것이니" (13:10). 요한은 믿는 이들에게 인내하라고 요청한다. 그들의 저항은 수동적이며 고통스러울 것이다.

소아시아

그러나 기다리라. 여기 또 다른 짐승이 오고 있다. 이번에는 땅으로부터 나온다 (요한계시록 13:11). 총독, 로마의 정치적인 후원자들과 버가모와 에베소의 부유한 집안들은 로마에 있는 사람들보다 더 황제 숭배에 열심이었다. 그들은 신전을 지었다. 그들은 칙령을 강화했다. 그들 또한 사탄의 권세 하에 있었는데, 왜냐하면 그들은 "용처럼 말을" 했기 때문이다.

이 짐승은 첫 짐승의 권위를 행사하였다. "짐승의 수"는 최악의 숫자로 666이다. 6은 거룩한 수인 7에서 하나가 모자라기 때문에 불완전함을 나타낸다. 세 번 반복되어 사용된 666은 정말 나쁜데, 이는 가능한 한 최고의 불완전함을 상징하기 때문이다. 폴리갑의 학생이며 요한의 제자인 이레네우스는 666은 하나님을 대적하는 모든 반항을 결집한 것이라고 하였다.

그러나 요한계시록에서 666은 또한 이름, 사람의 이름을 뜻한다. 누구의 이름일까? 희랍어와 히브리어 두 언어는 아라비아 숫자 대신에 알파벳을 나타내는 문자가 사용되었다. 우리가 네론 가이사 (Neron Caesar) 라는 히브리어 스펠링을 숫자로 계산하면 666이 된다. 소수의 고대 사본에서 숫자는 616이 되는데 이는 네로 가이사 (Nero Caesar) 라는 스펠링과 같다. 그러나 네로는 이미 죽은 뒤였다. 미친 황제였던 네로는 주후 64년 로마를 ⅔나 불태웠으며, 방화의 원인을 기독교인들에게 돌렸다. 아마 네로가 바울과 베드로를 순교케 했을 터인데 스스로도 주후 68년 자살을 해버렸다. 그가 다스리던 공포의 시절은 로마인들과 기독교인들에게 안도감을 불러일으키면서

비고란

제자

끝난 후였다. 그래서 만일 관원들이 666이 네로를 뜻하는 것이라고 밝혀냈었더라도 여전히 그들은 혼란스러웠을 것이다. 명백히 666이란 숫자는 네로를 뜻하고, 네로는 가이사를 뜻하며, 가이사는 로마—사탄의 영향 하에 있던 짐승—를 뜻한다. 오늘날 일반적으로 쓰이는 666은 종종 악의 화신인 사탄을 가리키는 것으로 쓰인다.

누가 짐승을 대항하여 일어나는가? 어린 양이다! 그의 피와 그의 말씀으로 말이다! 누가 어린 양과 더불어 일어나는가? 대속을 받은 자들, 하나님과 어린 양의 첫 번째 열매들인 로마의 우상숭배에 의해 타협 받지 않은 사람들이다. 어린 양이 시온 산 위에 서서 144,000명의 큰 음성에 둘러 싸여 있을 것이다. 그들은 노래할 것이다. 어떤 노래를 부를 것인가! 바로 그들은 대속의 노래를 부를 것이다.

하나님의 사자들인 천사들이 이제 말한다. 한 천사는 회개를 촉구하고 심판을 선언한다 (14:6-7). 하지만 아직은 이방신을 섬기는 관습에서 뒤돌아 설 시간이 남아 있다. 다른 천사가 소리친다. "무너졌도다 무너졌도다 큰 성 바벨론이여" (14:8). 위대한 로마 제국이 흔들거린다. 세 번째 천사는 "만일 누구든지 짐승과 그의 우상에게 경배하고 이마에나 손에 표를 받으면 그도 하나님의 진노의 포도주를 마시리니" 라고 소리친다 (14:9-10). 그들은 불을 느끼고 끝없이 타는 유황 냄새를 맡을 것이다. 짐승을 숭배하는 사람들은 "밤낮" 쉼을 얻지 못할 것이다 (14:11). 여전히 믿는 자들도 박해와 고난을 면치 못할 것이다. 천사, 성령, 그리고 요한은 교회더러 "하나님의 계명과 예수에 대한 믿음을 지키"라고 애원하고 있다 (14:12).

천사들이 낫을 가지고 도착한다. 추수의 때가 이르렀다. "당신의 낫을 휘둘러 거두소서 땅의 곡식이 다 익어 거둘 때가 이르렀음이니이다" (14:15).

하나님의 진노가 담긴 일곱 대접

그때에 일곱 천사가 "하나님의 진노를 가득히 담은" 금 대접 일곱을 가지고 보냄을 받는다 (요한계시록 15:7). 천사들은 땅, 바다, 강에 재앙을 쏟는다. 그리고 해에 쏟으며 사람들이 불에 타고, 짐승의 보좌, 즉 로마에 쏟으며, 생명이 시작되었다고 하는 유브라데 강에 쏟으며, 공기 중에 쏟으매 100파운드나 되는 해일이 떨어져 지구에는 지진이 일어나게 된다. (이 재앙들은 모세가 바로에게 가져온 재앙의 이미지를 불러일으킨다. 종기, 피로 변하는 강, 개구리, 메뚜기, 파리, 해일과 번개, 어둠, 그리고 죽음의 재앙들; 출애굽기 7-11장.) 애굽의 재앙들은 하나님의 백성들에게 자유를 가져다주었다. "큰 음성이 성전에서 보좌로부터 나서 이르되 되었다 하시니" (요한계시록 16:17). 하나님의 진노는 다 이루었다.

주목해 보라. 천사들은 계속하여 회개할 기회를 준다. 그러나 마지막 심판, 즉 육지, 바다, 그리고 하늘이 최후로 멸망하리라는 위협은 악한 사람들을 놀라게 하여 그들이 믿음으로 마음을 돌리도록 하지는 못한다. "또 회개하지 아니하고 주께 영광을 돌리지 아니하더라" (16:9). 심지어 캄캄한 암흑 속에 빠져서도 "사람들이 아파서 자기 혀를 깨물고 아픈 것과 종기로 말미암아 하늘의 하나님을 비방하고 그들의 행위를 회개하지 아니하더라" (16:10-11). 회개란 삶의 방향을 돌려서 그리스도의 백성 가운데 하나가 되는 것을 의미한다.

비고란

박해

회개를 가져오는데 두려움이 미치는 힘을 당신은 어떻게 평가하는가?
_____
_____

당신은 어떻게 생각하는가? "너무 늦은 감"이 든다는 생각이 생길까?
_____
_____

아마겟돈

이 세상의 왕들은 "히브리어로 아마겟돈이라 하는 곳"에 모인다 (요한계시록 16:16). 므깃도(Megiddo)는 수세기 동안 군사적으로 전략적인 요새로서, 갈멜 산 지역에서 에스드라 (이사벨) 평지로 통과하는 고속도로를 통제하고 있었다. 수없이 많은 전쟁 때문에 땅은 피로 물들어 있었다. 데보라가 시스라(Sisera)를 패배시킨 곳도 이곳이었다. 요시야 왕이 애굽 바로 왕인 느고(Neco)와의 전쟁에서 죽은 곳도 이곳이었다. 북쪽에 있는 위대한 왕국들인 앗수르와 바벨론은 므깃도에서 애굽의 군대와 충돌했다. 선과 악이 마지막 전쟁을 벌일 역사적인 격전지로 요한이 이곳을 택한 것은 우연이 아니다. 세상 사람들이 아마겟돈을 가리켜 하나님의 최후의 승리가 일어날 상징적인 곳으로 일컫는 것도 놀랄 만한 일이 아니다.

큰 음녀의 심판

앞서 요한은 "해를 옷 입은 한 여자가 있는데 그 발 아래에는 달이 있고 그 머리에는 열두 별의 관을 썼더라"고 한 바 있다 (요한계시록 12:1). 그녀는 이스라엘, 메시야의 모친, 그리고 교회를 나타낸다. 그러나 그녀의 아기를 죽이려고 하고 아들을 십자가에 처형시킨 로마는 이제 잘 차려입고서 흠모하는 이들을 그녀의 방으로 유혹하는 음녀로 묘사되고 있다. 그녀는 "물 위"에 앉으며 "붉은 빛 짐승"을 탔다 (17:1, 3). 그 짐승의 몸에는 참람한 이름들, 즉 신전, 우상, 그리고 돈에 쓰여진 황제들의 이름들로 가득하다. 그녀는 로마이다. 그녀는 일곱 언덕 위에 앉아 있으며 그녀는 "성도들의 피와 예수의 증인들의 피에 취"해 있다 (17:6).

"큰 음녀" 뒤에 있는 주요 사상은 성적인 것이라기보다는 영적인 것이다. 비록 그 문화가 성적인 방종으로 물들어 있었지만, 실제 "음행"은 종교적인 타협으로 로마 왕국을 경배하는 것이었다. 이스라엘의 예언자들은 종종 음행이나 매춘의 상징을 사용하여 이방신을 섬기는 것을 의미하곤 했다. 우상숭배는 종종 매음굴이나 음행으로 묘사되었다.

"네가 본 그 여자는 땅의 왕들을 다스리는 큰 성이라" (17:18). 그러나 지금 로마를 숭배하는 왕들과 통치자들은 이내 그녀를 발가벗기고 "그의 살을 먹고 불로 아주 사르리라"고 한다 (17:16). 이제 모든 하늘이 기뻐한다. 큰 권세를 가진 영광스런 천사가 "힘찬 음성으로 외쳐 이르되 무너졌도다 무너졌도다 큰 성 바벨론이여"라고 소리친다 (18:2). 음녀는 전통적으로 하나님의 백성을 대적하는 데 쓰이던 바벨론이란 칭호를 가지고 있다. 로마는 끝장이 났다. "어린 양은 만주의 주시요 만왕의 왕이시므로" (17:14).

비고란

제자

왕, 상인, 선장

왕, 상인, 선장들이 그들의 권세와 힘을 로마에 굴복하였다. 이제 로마가 불타므로 그들은 슬피 운다. 왕들은 "그와 함께 음행하고 사치하"였으므로 운다 (요한계시록 18:9). 땅의 상인들은 "다시 그들의 상품을 사는 자가 없"으므로 운다 (18:11). 사치품들을 보라. 세마포와 자주 옷감과 각종 향목과 계피와 향료들이다. 제국의 탐욕은 가난한 자들의 등을 치고 부를 축적함으로써 가능한 것이었다. 부자들은 모든 것의 최상품을 놓고 교역을 하였다. 그들은 인간까지 사고팔았다. 심지어 선원들도 운다. 그들 또한 제국의 불의에 힘입어 부해졌던 것이다. 그러나 성자들은 기뻐한다!

요한이 무너진 바벨론의 이미지를 사용한 것은 예레미야 선지자가 고대 바벨론의 멸망을 묘사한 것을 상기시켜 준다. 즉 사람이 거주하기에는 적당하지 않고 승냥이(hyenas)와 타조가 살 것이며, 여우 떼의 굴혈이 될 것이라고 하였다 (예레미야 50:39; 51:37). 요한은 단지 그의 "바벨론"이 "귀신의 처소와 각종 더러운 영이 모이는 곳과 각종 더럽고 가증한 새들이 모이는 곳"이 되었다고 말한다 (요한계시록 18:2). 황제들은 그들이 영원한 도시를 다스릴 것이라고 생각했으나 제국은 "한 시간에" 무너지고 말 것이다 (18:10). "하늘과 성도들과 사도들과 선지자들아, 그로 말미암아 즐거워하라" (18:20). 악한 제국이 무너질 때 우리는 기뻐해야 하는가? 그 제국이 당신과 나와 같은 사람들로 이루어진 때라도 기뻐해야 하는가? 멍에가 벗어질 때 박해받던 사람들은 방관자들보다도 더 신나서 축하할 것이다. 하늘은 인간의 고통이나 인간이 겪는 비극 앞에서 기뻐하지 않는다. 하늘은 하나님이 공평을 행하실 때, 하나님의 정의가 행사될 때 "할렐루야" 소리친다. 요한의 환상에서 모든 하늘은 악이 사라질 때 "할렐루야"를 노래한다.

한편, 신자들은 "나와 그의 죄에 참여하지 말고 그가 받을 재앙들을 받지 말라"(18:4)는 경고를 받는다. 로마의 권세가 극에 달했을 때 경험한 요한의 환상은 교회들에게 용기와 확신을 심어 주었다. 그들이 사랑하는 어린 양은 참된 최종의 권위이시며 그들의 생명을 쥐어짜는 큰 음녀는 곧 망하게 될 것이었다.

역사적으로 로마 제국은 갑자기 무너지지 않았고, 이따금 박해가 계속 지속되기도 했다. 박해가 심했던 시기는 주후 156년경으로 스타디우스 퀸드라두스(Statius Quandratus)가 총독으로 있을 때였다. 그는 빌라델비아에서 열한 명의 기독교인들을 서머나에 데리고 와서 축제 기간 동안 어느 경기장에서 죽게 했다. 피에 굶주린 군중들은 더, 더 하며 소리쳤는데 여기에는 40년간 감독으로 있었던 사랑하는 폴리갑의 피를 흘릴 것도 포함되어 있었다. 총독은 거절하면서 게임을 끝냈으나 군중들은 "이는 아시아의 선생이 아니냐 이는 우리들의 신을 파괴하는 자가 아니냐 이는 그리스도인들의 아비가 아니냐"고 소리쳤다. 총독은 할 수 없이 그들의 뜻을 따랐다. 폴리갑은 그의 신앙을 저버리기를 거부하고 말뚝에 매달린 채 태워졌다. 그의 최후의 말은 "86년간 나는 그분을 섬겨왔는데 그분은 나에게 아무런 잘못을 하신 적이 없었다. 그런데 어떻게 내가 나를 구원하신 나의 왕을 모독할 수 있단 말인가?" 의심할 바 없이 폴리갑은 요한계시록에 의해 죽기까지 충성하라는 메시지를 지킨 인물로 인정되었다. 2세기가 지난 후 순교자들은 더욱 피를 흘리게 되고 로마 제국은 멸망하게 되었다.

| 비고란 |

박해

믿음 때문에 사람들이 고난을 당하고 있는 곳들을 나열해 보라.

악에는 파멸의 씨앗이 숨어있다. 당신 생각엔 어떠한가?

신실한 공동체의 모습

모든 문화는 어떤 면에서는 하나님의 방법과는 상반된 점이 있다. 믿음의 공동체가 그리스도에 반대되는 그러한 보편적인 관습을 행하지 않을 때, 그 공동체는 고통 받을 것을 각오해야 한다. 우리는 그리스도의 백성이 되고자 애쓴다. 어떨 때는 그것 때문에 우리가 다른 사람과 다른 때도 있다.

만일 우리가 다가오는 왕국에 충실한 삶을 산다면, 어떤 비판, 비난, 압박을 우리가 다른 사람들로부터 받을 수 있을까?

심지어 교회 안에서 받을 수 있는 것은?

철저한 제자

철저한 제자는 기꺼이 고난을 받고자 하나 또한 그들이 가진 신앙 때문에 대가를 치르는 다른 사람들을 어떻게 북돋아 줄지도 알고 있다. 당신의 도움을 필요로 하는 사람은 누구인가?

추가 연구

하나님을 믿는 신앙을 가지기 위해서는 값비싼 대가를 치른다는 것을 기억하기 위해 1세기에서 15세기까지 기독교 순교자들에 대해 연구하라.

비고란

우리는 신실한 믿음의 공동체이기 때문에 두려워하기보다는 신실하기를 택한다. 어떤 대가를 치르든지 떳떳하게 증거하기를 택한다.

할렐루야

"또 내가 새 하늘과 새 땅을 보니
처음 하늘과 처음 땅이 없어졌고
바다도 다시 있지 않더라."
—요한계시록 21:1

31 새 하늘과 새 땅

인간의 모습

이 세상에는 악이 만연하다. 전쟁으로 인하여 수백만의 사람들이 죽는다. 경제 제도가 가난한 자들을 쥐어짜고 있다. 질병이 이루 말할 수 없는 고통을 일으키고 있다. 오만과 편견, 폭력과 탐욕이 난무하다. 그리고 우리는 모든 것들을 그저 있는 그대로 받아들인다. 그것이 현실이다.

성경 읽기

오늘 읽는 부분은 성경 이야기의 정점으로 우리를 인도해 줄 것이다. 우리는 성경의 마지막 장을 읽는다. 고도의 드라마가 아닐 수 없다! 승리와 패배가 나란히 놓여 있다. 계속해서 읽어나가되 가끔씩 앞부분을 읽으면서 내용을 맞추어 보라. 당신이 요한이라고 상상해 보라. 그가 본 환상을 되돌아 보라. 그가 본 이미지를 보고, 그가 들은 말들을 듣고, 신비를 경험해 보라. 무엇이 그로 하여금 할렐루야 찬송을 부르게 했고, 또 우리로 하여금 할렐루야 찬송을 부르게 하는가?

첫째 날: 요한계시록 19장 (하늘에서 찬양, 충신과 진실이라는 이름을 가진 백마를 탄 자, 짐승과 거짓 예언자들이 불못에 던져짐)
둘째 날: 요한계시록 20장 (사탄을 잠금, 첫 번째 부활, 사탄이 던져짐, 최후의 심판, 두 번째 죽음)
셋째 날: 요한계시록 21장 (새 예루살렘의 환상, 피조물의 소생)
넷째 날: 요한계시록 22장 (생명수 흐르는 강과 생명나무, 초대와 경고)
다섯째 날: 마태복음 24-25장 (깨어 있으라)
여섯째 날: "생명나무의 열매"와 "신실한 공동체의 모습"을 읽고 답하라.
일곱째 날: 안식

금주의 시편

매일 창조를 찬양하는 시편 148편을 기도하라. 달과 별들 아래서, 밝은 햇빛 아래서, 언덕과 산에 둘러싸여서, 바다를 바라보면서, 비나 눈이 내릴 때, 젊은이 늙은이들의 소리를 들으며, 새와 동물들을 바라보며 소리 내어 읽어라. 모든 피조물들이 하나님을 찬양하는 것에 주의를 기울이라.

기도

매일 성경공부 전에 드릴 기도:
"나의 말이 나의 하나님이여
　나의 중년에 나를 데려가지 마옵소서
　주의 연대는 대대에 무궁하니이다
주께서 옛적에 땅의 기초를 놓으셨사오며
　하늘도 주의 손으로 지으신 바니이다
천지는 없어지려니와 주는 영존하시겠고
　그것들은 다 옷 같이 낡으리니
　의복 같이 바꾸시면 바뀌려니와
주는 한결같으시고 주의 연대는 무궁하리이다"
　　　　　　　　　(시편 102:24-27).

금주의 기도 제목:

할렐루야

첫째 날: 요한계시록 19장 (하늘에서 찬양, 충신과 진실이라는 이름을 가진 백마를 탄 자, 짐승과 거짓 예언자들이 불못에 던져짐)

둘째 날: 요한계시록 20장 (사탄을 잠금, 첫 번째 부활, 사탄이 던져짐, 최후의 심판, 두 번째 죽음)

셋째 날: 요한계시록 21장 (새 예루살렘의 환상, 피조물의 소생)

넷째 날: 요한계시록 22장 (생명수 흐르는 강과 생명나무, 초대와 경고)

다섯째 날: 마태복음 24-25장 (깨어 있으라)

여섯째 날: "생명나무의 열매"와 "신실한 공동체의 모습"을 읽고 답하라.

제자

생명나무의 열매

최후의 승리가 완성되기 이전에 하늘에서는 잔치가 벌어진다. 이십사 장로와 네 생물이 "할렐루야"를 노래한다. "허다한 무리"가 "할렐루야"를 외친다. 로마가 멸망할 뿐 아니라 악의 세력인 죄, 사망, 지옥들도 최후를 맞이하게 될 것이다. 확실하게 절대적인 최후 승리 때문에 잔치를 벌이는 것이다. 어린 양과 그의 백성들을 위한 혼인 잔치 초대장을 보낼지어다!

이번에는 예수께서 백마를 타고 오신다. 이전에는 네 기사 가운데 첫 번째 백마에는 활을 가진 용사가 타고 있었으며 그의 이름은 "정복"이었다. 이번에 말을 탄 자의 이름은 "충신과 진실"이다 (요한계시록 19:11). 그의 옷은 전쟁이 시작되기 전 피로 뿌려진 옷이었다. 그 피는 그가 흘린 희생의 피다. 그의 군대들은 갑옷을 입지 않고 세례 때 입는 희고 깨끗한 세마포를 입었다. 전쟁은 이상한 전쟁이다. 전쟁이 끝나고 심판이 행해진 후에 이루 측량할 수 없는 하나님의 사랑이 넘치게 될 것이다. 그러나 먼저 악이 제거되어야 한다. 악은 제도와 사람들 속에 구체적으로 나타난다. 상징적으로 공중의 새들은 왕들의 고기와 장군들의 고기와 장사들의 고기를 먹을 것이다. 그러나 짐승 그 자체는 사로잡힐 것이다. 그리고 거짓 선지자들도 마찬가지이다. 짐승을 경배하는 모든 자들은 이와 같이 멸망할 것이다. 상상해 보라. 예수 그리스도의 피(사랑)와 그의 말씀(진리)으로 전쟁에서 승리하실 것이다.

악이 근절되다

한편, 삶을 통해 매일 오는 압력이 계속된다. 요한은 그의 독자들이 영혼을 쥐어짜듯 유혹받는 것을 머릿속에서 떨쳐버릴 수가 없었다. 심판이 올 때 누가 떨어져 나가겠는가? 겁 많은 사람들은 박해에서 오는 압력을 참지 못하는 사람들이다. 믿음이 없는 사람들은 복음이 진실이 아니며, 적어도 복음을 위해 죽을 필요가 없다고 결심한 사람들이다. 신앙이 오염된 사람들은 사회적인 관습과 교회의 관습을 둘 다 실천하는 사람들이고, 그들은 타협하는 사람들이고, 사회와 협력하는 사람들이며, 다른 신들도 경배하는 사람들이다. 술수를 행하는 사람들은 별들로부터 오는 "특별한 지식"을 가졌다고 생각하는 사람들이며, 마술과 점을 행하는 자들이다. 음행하는 사람들은 성적으로 부도덕할 뿐 아니라, 이방신을 숭배하면서 비밀 주신제(sacred orgies)를 행하던 사람들이다. 살인하는 사람들은 다른 사람들의 생명을 앗아가거나 혹은 살인적인 정부와 협력하는 사람들이다. 거짓말하는 사람들은 거짓 가르침을 말할 뿐만 아니라, 완전히 정직하지 않은 말을 하던 사람들이다.

성경을 공부하는 사람들이 "천 년"을 문자 그대로 해석하면 잘못 이해하는 경향이 생긴다. "십 일"(요한계시록 2:10)이나 "마흔두 달"(11:2)이 상징적인 것처럼 "천 년" 또한 상징적이다. 이는 오랜 시간을 의미하기도 하고 짧은 시간을 의미하기도 한다. 박해받는 성도들을 지치게 할 만큼 오랜 시간이며, 하나님께는 짧은 시간이다.

"주의 목전에는 천 년이 지나간 어제 같으며
밤의 한 순간 같을 뿐임이니이다" (시편 90:4).

천사가 용(사탄)을 쇠사슬로 결박하여 무저갱에 던져 잠글 것이다. 사탄은 잠시 동안—천 년 동안 미혹하지 못할 것이다. 그러나 그 후에 사탄은 잠시 동안 다시 힘을 얻어 마지막 싸움을 준비할 것이다. 사탄을 없애기란 힘들다.

비고란

할렐루야

순교자들은 조사할 필요가 없을 것이다. 그들의 피가 증명해 줄 것이다. 그들은 제일 먼저 부활할 것인데, 이는 정의로운 자들을 향한 보상이다. 그들은 그리스도와 더불어 다스릴 것이다. 사탄이 풀려나면 사탄은 모든 심복 부하들을 모을 것인데 여기에는 곡과 마곡, 즉 에스겔이 보았던 하나님의 백성들을 대적하는 묵시적 원수들이 포함되어 있다 (에스겔 38-39장). 요점은, 악한 것이라면 실제든지 신화적이든지 모든 것들이 궁극적으로 끝장이 날 것이라는 것이다. 사탄은 "불과 유황 못"에 던져졌다. 심지어 사망—바울에 의하면, 인류의 마지막 최대 원수(고린도전서 15:26)와 하데스 (칠십인역에 의하면, 죽은 자들이 거하는 스올; 신약성경에서는 고문을 당하는 지옥) 조차도 "불못에 던져"진다고 한다 (요한계시록 20:14). 악은 근절되었다.

두 번째 부활은 심판을 하기 위함이다 (20:12). 요한이 본 환상에 의하면, 각 사람은 홀로 침묵 가운데 보좌 앞에 서게 될 것이다. 나팔, 천사, 장로, 합창대—이 모든 것이 사라졌다. 심지어 "땅과 하늘이 그 앞에서 피하여 간 데 없더라"고 한다 (20:11). 두 가지 책이 펴쳐질 것이다. 첫 번째 책은 각 사람의 생애가 완전하게 적힌 책이다. 모든 생각과 모든 행위가 적혀 있다. 두 번째는 생명책이다. 그것은 구원받은 사람들의 이름이 적혀져 있다. 그렇지 않은 사람들은 "불못"(20:15)에 던져지게 될 터인데, 이는 "두 번째 죽음"이고 다시는 부활이 없다. 열정적인 신앙을 위한 자극제가 되기에 충분하지 아니한가! 에베소 교회처럼 우리는 예수님에 대한 첫사랑을 회복하고 사람들이 그리스도를 알고 사랑하도록 돕는 열정을 회복하라는 도전을 받게 된다.

새 하늘과 새 땅

요한의 환상은 영혼과는 분리된 육체가 어떤 목가적인 장소로 올라가는 희랍인의 사고와는 차이가 있다. 또한 그것은 죽어서 천국으로 가는 경건한 사람들의 사고와도 차이가 있다. 환상은 훨씬 광범위하다. 요한은 새로운 우주를 본다. 말씀으로 피조물을 존재하게 하신 하나님(창세기 1-2장)은 새 하늘과 새 땅을 창조하실 것이다. 그리고 그 순서는 아주 다른 것이다 (요한계시록 21:4). 하나님이 욥에게 혼돈의 상징인 커다란 바다의 괴물인 리워야단을 언급하신 것을 기억하는가? 바다에 살면서 가끔씩 사고를 일으키는 리워야단은 더 이상 존재하지 않게 될 것이다. "바다도 다시 있지 않더라" (21:1). 비극은 끝날 것이다.

사람들이 하늘로 가는 대신에 하늘이 땅에 내려올 것인데, 이는 마치 "신부가 남편을 위하여 단장한 것" 같이 아름다울 것이다 (21:2). 하나님을 신랑으로, 하나님의 백성을 신부로 하는 이미지는 성경 전체를 통해 흐르고 있다. 예레미야는 이스라엘을 가리켜
"여호와께서 이와 같이 말씀하시기를 내가 너를 위하여
네 청년 때의 인애와 네 신혼 때의 사랑을 기억하노니…"
(예레미야 2:2).
이사야도 기록하기를 "마치 청년이 처녀와 결혼함 같이
네 아들들이 너를 취하겠고 신랑이 신부를 기뻐함 같이
네 하나님이 너를 기뻐하시리라" (이사야 62:5).
예수님은 하나님 나라를 혼인 잔치에 비유하셨다 (마태복음 25:1-13). 예수님의 제자들은 "신랑과 함께 있는 동안"에는 금식할 필요가 없었다 (마가복음 2:19). 요한계시록은 이러한 즐거운 이미지로 가득 차 있다.

비고란

제자

"우리가 즐거워하고 크게 기뻐하며 그에게 영광을 돌리세
어린 양의 혼인 기약이 이르렀고
그의 아내가 자신을 준비하였으므로" (요한계시록 19:7).

거룩한 성

마지막 두 장은 구약성경의 이미지로 가득 차 있다. 하나님께서 광야에서 그의 백성들과 함께 "장막에 거하셨던" 때를 기억하는가? 이스라엘 백성은 이 시절을 장막절(숙곳)로 지키고 있었다. 요한복음에서 말씀이 육신이 되어 우리 가운데 "거하시매" 라는 것을 기억하는가 (요한복음 1:14)? 요한계시록은 "보좌에서 큰 음성이 나서 이르되

보라 하나님의 장막이 사람들과 함께 있으매
하나님이 그들과 함께 계시리니
그들은 하나님의 백성이 되고 하나님은 친히 그들과 함께 계셔서"
라고 했다고 한다 (요한계시록 21:3).

새 예루살렘의 벽은 느헤미야가 재건한 어떤 성벽보다 높고 튼튼하다. 벽에 놓인 열두 기초에는 열두 사도의 이름들이 적혀 있다. 이스라엘의 열두 지파의 이름이 새겨진 사면에 있는 성문은 모든 방향으로 열려져 있다. 이사야가 말한 바,

"두려워하지 말라 내가 너와 함께 하여
네 자손을 동방에서부터 오게 하며 서방에서부터 너를 모을 것이며
내가 북방에게 이르기를 내놓으라 남방에게 이르기를 가두어 두지 말라
내 아들들을 먼 곳에서 이끌며 내 딸들을 땅 끝에서 오게 하며"
(이사야 43:5-6).

그리고 예수께서 약속하셨다. "또 너희에게 이르노니 동 서로부터 많은 사람이 이르러 아브라함과 이삭과 야곱과 함께 천국에 앉으려니와" (마태복음 8:11). 하나님의 백성을 향한 문은 어디에고 열려 있다.

그렇다면 땅에 있는 도시를 위하여 문이 무슨 소용이 있을까? 무서운 짐승, 악한 사람들, 적군들로부터 지키기 위해서이다. 그러나 새 예루살렘의 성문은 날마다 넓게 열려져 있다. 그리고 하나님의 영광의 빛 때문에 "거기에는 밤이 없음"이라고 했다 (요한계시록 21:25). 예수님은 태어나면서부터 장님 된 자에게 빛을 주시면서 "나는 세상의 빛이라"고 말씀하셨다 (요한복음 8:12). 예수께서 그곳에 있는 "등불"이기 때문에 거룩한 성에는 태양도 달도 필요가 없다. 다시 말하거니와 아무 것도 두려워할 것이 없다. "너희는 마음에 근심도 말고 두려워하지도 말라"고 예수님은 말씀하셨다 (14:27).

도시는 엄청나게 커서 천오백 마일 스퀘어나 되어 많은 사람이 들어갈 수 있었다. 그러나 가만있어 보라. 또 도시는 높이가 천오백 마일이나 되었다. 도시는 성전의 지성소처럼 정육면체 모양으로 되어 있었다. 정육면체 모양은 완전을 상징한다. 오직 대제사장만이 일 년에 한 번 지성소에 들어갈 수 있었다. 이제 성인들은 완전한 장소인 지성소에서 영원토록 살게 될 것이다. 새 예루살렘의 기초와 성벽에 있는 보석은 광채가 나는데 이에 비하면 동양의 왕이 가진 보석도 어린아이의 장난감 박스로 보일 것이다. (보석에 대한 다른 언급은 출애굽기 28:15-21; 이사야 54:11-12; 에스겔 28:13을 참고하라.) 만일 리디아의 왕인 크로에수스가 자신이 부자라고 생각한다면, 그는 정금으로 만든 거리를 보아야 할 것이다! 우리에게는 더 이상 성전이 필요 없

비고란

"어린 양의 혼인 잔치에 청함을 받은 자들이 복이 있도다" (요한계시록 19:9). 하나님께서 피조물을 회복하시는 마지막 행위는 축하만찬에 초청하는 것이다. 이 혼인 잔치의 이미지는 성경을 통해 나오는 식사와 그 의미가 연관되고 있다. 하나님 앞에서 먹은 언약의 식사, 유월절 만찬, 메시야의 만찬, 예수께서 죄인들과 함께 식사하심, 마지막 만찬, 사도행전의 교회가 가정에서 함께 식사를 나누는 등. 요한계시록 19:9에서 "잔치"로 번역된 말은 하루의 주된 식사, 즉 해가 지고 난 후, 하루 일을 마치고 온 가족이 모여 풍성한 식사를 함께 나누기 위해 모였던 식사를 뜻한다. 이는 요한복음 13:2에서 예수께서 제자들과 더불어 마지막 "만찬"을 함께 나누셨다고 하는 것을 묘사하는 것과 같은 단어이다.

요한계시록의 혼인 잔치 식사는 궁극적인 식사로서 이전에 식사와 연관된 약속들이 성취되는 것이다. 초청받은 사람들은 풍성한 회복, 그리스도와 교회의 하나님, 충성된 자들의 구원, 하나님께서 죄와 죽음을 이기신 확신, 그리고 하나님의 영생의 존재로 인한 축복으로 인해 기뻐하게 될 것이다.

할렐루야

다. 심지어 에스겔과 같은 커다란 묵시적 신전도 필요하지 않다. 성전은 백성들이 하나님을 찾는 것을 돕고 하나님이 백성들을 찾도록 돕기 위해 고안된 것이다. 이제 전능하신 주 하나님과 어린 양이 성전이시다. 그 영광이 빛으로 도시를 채울 것이다.

생명수 강과 생명나무

성경을 통틀어 강과 나무는 풍부한 의미를 지닌 상징들이다. 나무는 생명과 건강의 상징이다. "의인은 종려나무 같이 번성하며" (시편 92:12).

"오직 여호와의 율법을 즐거워하여
    그의 율법을 주야로 묵상하는도다
그는 시냇가에 심은 나무가 철을 따라 열매를 맺으며
    그 잎사귀가 마르지 아니함 같으니
    그가 하는 모든 일이 다 형통하리로다" (1:2-3).

하나님이 세상을 창조하실 때, 하나님과 함께 있었던 지혜는 "그 얻은 자에게 생명나무라" (잠언 3:18). 예수께서 "나무에 달려" 우리 죄를 지셨다고 할 때 베드로전서는 생명나무를 염두에 두고 있었던 것일까 (베드로전서 2:24)?

우리는 창세기에서 나오는 두 개의 나무에 주의를 기울이게 된다. 하나는 "선악을 알게 하는 나무"로 먹는 것이 금지되어 있었다 (창세기 2:16-17). 아담과 하와가 이 나무를 먹었을 때, 그들은 하나님께 불순종하고 그들의 순진무구함을 잃어버렸으며, 죄의식과 수치감을 경험했다. 또 다른 한 나무는 "생명나무"이다 (2:9). 이 나무를 먹으면 영원히 살게 될 것이다 (3:22). 주 하나님께서 아담과 하와를 에덴에서 내보내셨을 때, 그는 동산의 동쪽에다가 "그룹들과 두루 도는 불 칼을 두어 생명나무의 길을 지키게 하시니라"고 했다 (3:23-24).

요한의 환상에서 아담과 하와의 죄는 사라질 것이다. 에덴 동산에 있었던 원래의 축복은 회복될 것이다. 더 이상 사망이 없을 터인데, 그 이유는 남자와 여자들이 생명나무로부터 먹게 될 것이기 때문이다. 더 이상 눈물이 없을 것이다. 욥이 경험한 것과 같은 비탄도 더 이상 없을 것이다. 개인적인 치유뿐만 아니라 국제적으로 치유가 일어날 터인데 왜냐하면 "그 나무 잎사귀들은 만국을 치료하기 위하여 있"기 때문이다 (요한계시록 22:2). *생명나무* 라는 창조 이야기를 유지하기 위하여 요한은 그 나무가 강의 양편에서 자라도록 하는 것에 주목해 보라. 그 상징을 유지하는 것이 중요했다. 그것은 약속의 나무이다. 그것을 먹는 자는 누구든지 "영원히 살게 될 것인데," 심지어 죄를 짓고 선악을 알게 하는 나무를 먹은 우리들도 영원히 살게 될 것이다.

에스겔 선지자는 그 이미지를 단지 묘사 차원을 넘어 묵시적 상징으로 사용했다. 에스겔이 본 성전의 환상에서 하나님의 보좌로부터 강처럼 흘러나오던 생명수는 점점 더 깊어져서 사해를 흐르게 된다. 그 물은 흐르는 동안 치유와 건강을 가져오게 된다. "강 좌우편에 나무가 심히 많더라" (에스겔 47:7). "이 강이 이르는 각처에 모든 것이 살 것이며" (47:9). "강 좌우 가에는 각종 먹을 과실나무가 자라서 그 잎이 시들지 아니하며 열매가 끊이지 아니하고 달마다 새 열매를 맺으리니 그 물이 성소를 통하여 나옴이라 그 열매는 먹을 만하고 그 잎사귀는 약 재료가 되리라" (47:12). 에스겔은 요한계시록에 있는 그림으로 보는 듯한 언어를 제공해 주고 있다.

비고란

제자

하나님께서는 목마른 자에게 물을 주신다고 약속하신다. 이사야는 이렇게 외쳤다.

"오호라 너희 모든 목마른 자들아 물로 나아오라 돈 없는 자도 오라
너희는 와서 사 먹되 돈 없이,
값없이 와서 포도주와 젖을 사라" (이사야 55:1).

예수님은 야곱의 우물에서 사마리아 여인에게 말씀하셨다 "이 물을 마시는 자마다 다시 목마르려니와 내가 주는 물을 먹는 자는 영원히 목마르지 아니하리니 내가 주는 물은 그 속에서 영생하도록 솟아나는 샘물이 되리라" (요한복음 4:13-14). 이제 충성된 신자들은 하나님의 보좌로부터 흘러내리는 수정 같이 맑은 생명수의 강에서 순수하고 차가운 물을 마시게 될 것이다 (요한계시록 22:1). 요한은 밧모 섬에서 목이 타는 듯하다. "목마른 자도 올 것이요" (22:17). 물은, 하나님의 은혜, "값없이 주"는 선물이다 (21:6).

일곱 천사들이 진노의 일곱 대접을 쏟아 부었을 때, 보좌로부터 큰 음성이 나서 "되었다"고 하였다 (16:17). 심판의 순간이 이르렀다. 종말을 가져올 모든 사건들이 준비되었다. 나중에는 하나님의 정의가 가려지고, 큰 음녀 바벨론이 무너지고, 사탄과 사망이 불못에 던져지고, 새 하늘과 새 땅이 세워지면 보좌에 앉은 이는 "다 이루었도다" 하며 최후의 승리의 말을 선포할 것이다 (21:6). 하나님의 목적이 성취된 것이다.

사망

인간들은 모든 문명을 통하여 무덤 너머에 있는 생에 대하여 관심을 끌어 왔다. 전도서의 전도자는 죽음 이후에도 생이 있다는 것을 믿을 만한 이유를 발견하지 못했지만, 여전히 하나님이 사람들 마음에 "영원을 사모하는 마음"을 주셨다고 적고 있다 (전도서 3:11).

이스라엘이 가진 메시아적인 꿈이 성취될 것이다. 언젠가 "칼을 쳐서 보습을 만들고…그들을 두렵게 할 자가 없으리니" (미가 4:3-4). 새 하늘과 새 땅에는 "이리가 어린 양과 함께 살며…어린 아이에게 끌리며" (이사야 11:6). 이생에서 겪는 모든 아픔과 고난이 사라지게 될 것이다. "슬픔과 탄식이 사라지리로다" (35:10). "우는 소리와 부르짖는 소리가 그 가운데서 다시는 들리지 아니할 것이며" (65:19). 하나님은 우리 머리 위에 재 대신에 화관을 씌워주실 것이다. "기쁨의 기름으로 그 슬픔을 대신하며 찬송의 옷으로 그 근심을 대신하시고" (61:3).

고통과 사망이 끝날 것이므로 더 이상 우는 소리가 들리지 않을 것이다. 시편 기자는 사망이 끝났다는 것을 표시하기 위해 "사망이 그들의 목자일 것이라"고 한다 (시편 49:14). 그러나 바울은 이사야와 호세아의 말을 빌려서 그 이미지를 반대로 사용하고 있다. "사망을 삼키고 이기리라" (고린도전서 15:54). 요한계시록이 "모든 눈물을 그 눈에서 닦아주시니 다시는 사망이 없고 애통하는 것이나 곡하는 것이나 아픈 것이 다시 있지 아니하리니" (요한계시록 21:4; 또한 이사야 25:8) 라고 하니 얼마나 위안이 되는지 모른다.

추정 (Presumption)

틀림없이 밧모 섬의 요한은 예수께서 종말에 대해 가르치신 것을 알고 있었을 것이다. 요한의 환상이 얼마나 예수님의 지시를 세세히 따르고 있는지 주목하라. 감람산에서 제자들은 예수님께 마지막 때에 대해 가르쳐 달라고 물었다 (마태복음 24:3). 예수님은 이렇게 말씀하셨다. "너희가 사람의 미혹

할렐루야

을 받지 않도록 주의하라 많은 사람이 내 이름으로 와서 이르되 나는 그리스도라 하여 많은 사람을 미혹하리라"(24:4-5). 요한의 환상은 에베소에 있는 교회에게 거짓 교사들을 조심하라고 명령했다 (요한계시록 2:2-6).

예수님은 전쟁, 기근, 지진들이 각 곳에서 일어날 것을 말씀하시면서 이는 표적이 아니라 중간 시기에 실제로 일어날 일들이라고 하셨다 (마태복음 24:6-7). 그래서 요한의 네 명의 말 탄 기사들은 역사의 비극을 가지고 땅을 가로질러 올 것이다 (요한계시록 6:1-8).

그때를 안다고 주장하는 사람들을 주의하라. "그 날과 그 때는 아무도 모르나니 하늘의 천사들도, 아들도 모르고 오직 아버지만 아시느니라"(마태복음 24:36). 요한이 본 환상에서 두루마리는 봉해져 있다. 아무도, 그 아무도 아버지께서 아들에게 그 봉인을 열 수 있도록 허락하시기 전에는 그것을 열 수 없다. 아들은 역사의 의미를 펼치기에 합당하며 그 마지막 장을 알리기에 합당하기 때문이다.

그 순간이 일어날 때, 그것은 지금 왕국이 그러하듯 더 이상 비밀이나 감추어진 것이 아닐 것이다. 번개가 밤하늘 위로 번쩍이면, 모든 사람들이 그것을 볼 수 있을 것이다. 독수리가 위에서 맴돌면, 모든 사람들은 그들이 죽은 짐승 위를 맴돌고 있다는 것을 안다. 무화과나무가 늦은 봄을 맞아 꽃을 피우면, 모든 사람들은 이내 여름이 오리라는 것을 안다. 다가오는 때는 그처럼 명백한 것이다, 예수님은 가르치셨다.

그리고 갑자기 일어날 것이다. 마치 밤에 도적이 오는 것처럼 말이다. 아무런 경고도 없을 것이다. 마치 노아 시대에 일어났던 홍수와 같을 것이다. 자신이 천사보다 지혜롭고 예수보다 지식이 많다고 주장하는 사람들이 나타날 것이다. 그들은 전쟁을 가리키면서 "여기 있다" 하고 지진을 가리켜 "저기 있다"고 할 것이다. 그러나 그들은 거짓 선지자들이다.

또한 거짓말쟁이들은 "그는 오지 않을 것이다"라고 말하는 자들이다. 이들은 홍수가 났을 때 아무런 일이 없는 듯이 일상의 일들, 먹고 마시는 일을 영위하던 사람들과 같다. 혹은 악한 종과 같아서 주인이 집에 오지 않을 것이라고 생각하고 술에 취해서 동료 종들을 치는 자와 같다. 그들은 자라간 다섯 처녀와 같아서 그들의 등에 있는 기름이 죄다 타버리게 한 자들과 같다. 요한의 환상에서는 회개할 시간이 있고, 심지어는 홍수와 기근이 올 때라도 참회할 시간이 남아 있다. 로마가 부서지는 때에도 어린 양의 혼인 잔치에로의 초청은 이어질 것이다. 그러나 알파와 오메가가 "다 이루었도다"고 말하는 때가 되면 그때는 끝장 난 것이요 완성된 것이다 (요한계시록 21:6).

거짓말하는 이들은 "오늘" 혹은 "오늘이 아니라"고 한다. 둘 다 그릇된 것이다. 충성된 자들은 다음과 같은 진리를 알고 있다.

• 승리는 이미 희생의 사랑인 십자가 위에서 이루어졌다. 그 승리를 완전하게 선언하게 될 것이다.

• 중간 시기에는 고난이 오게 마련이다. 예수님은 이렇게 말씀하셨다. "그 때에 사람들이 너희를 환난에 넘겨 주겠으며"(마태복음 24:9). 요한의 보좌 근처에서 "예수를 증언함과 하나님의 말씀 때문에 목 베임을 당한 자들의 영혼들"을 보았다 (요한계시록 20:4).

• 충성된 이들은 충성되게 남아서 왕국 사업을 위해 열심을 다할 것이다. 그들은 어떤 사람이 "보라 여기 그리스도가 있다"(마태복음 24:23)고 말할 때, 귀를 솔깃하지 않을 것이다. "죽도록 충성하라 그러면 내가 생명의 관을 네게 주리라"(요한계시록 2:10). 묵시적인 이미지—태양의 빛이 어두

비고란

제자

워지고, 별들이 매달렸던 자리에서 떨어지고—들은 단지 종말의 표적이 아니다. 그들은 하나님께서 공의와 대속으로 이 우주에 새로 질서를 부여하는 모습들이다.

- 등에 든 기름은 깊은 의미를 부여한다. 기름은 빛뿐만 아니라, 치유를 상징한다. 예수님의 비유에 나오는 사마리아인이 강도 맞은 자의 상처에 기름을 부은 것과 마찬가지로 (누가복음 10:29-37) 믿는 자들은 연민에 찬 사역을 감당하는 것이다. 다섯 처녀의 등에 든 기름은 앞으로 다가올 과업을 잘 보살피고 잘 예배하는 사람들을 나타낸다. 예수께서 오실 때, 제자들은 굶주린 자들을 먹이고, 목마른 자들에게 물을 주고, 낯선 이들을 환영하고, 헐벗은 자들에게 옷을 입히고, 갇힌 자들을 방문하고 있어야 할 것이다 (마태복음 25:31-46).

앗씨씨의 프란시스에 관한 기억할 만한 전승이 있다. 그는 뜰을 호미질하면서 가난한 자들을 위해 채소를 길렀다고 한다. 어떤 사람이 그를 가로막고 이렇게 물었다. "만일 그리스도가 오늘 오후에 오신다는 것을 아신다면 당신은 어떻게 하시겠습니까?" 프란시스는 대답했다. "이 고랑의 호미질을 끝내겠습니다."

- 예수님과 요한은 둘 다 깨어있으라고 강조한다. "깨어 있으라 어느 날에 너희 주가 임할는지 너희가 알지 못함이니라" (24:42). 요한은 두아디라 교회에 이렇게 썼다. "내가 네 사업과 사랑과 믿음과 섬김과 인내를 아노니" (요한계시록 2:19).

요한은 누가 오시는지 알고 있었다. 예수님이었다. 피에 젖은 옷을 입고 입에는 진리의 말씀을 가지고 오실 것이다. 그분은 두려워할 대상이 아니다. 환영하면서 열망하면서 그분을 맞이해야 할 것이다. 왜냐하면 그분의 오심은 아브라함과 사라에서 시작되고 십자가에서 명백히 드러났던 언약이 마침내 완성되는 것을 뜻하기 때문이다. 하나님은 영원히 언약 백성들과 더불어 조화를 이루며 사실 것이다.

"성령과 신부가 말씀하시기를 오라 하시는도다
듣는 자도 오라 할 것이요" (22:17).

요한은 구세주께서 "내가 진실로 속히 오리라"고 말씀하시는 소리를 듣는다. 그는 전 교회와 더불어 화답한다, "아멘 주 예수여 오시옵소서" (22:20).

요한계시록은 박해 중에 쓰여졌다. 오늘에 살고 있는 당신에게 어떠한 신앙의 의미를 주는가?

신실한 공동체의 모습

언젠가 사탄은 멸망할 것이다. 언젠가 사망은 말살될 것이다. 언젠가 눈물이 없어질 것이다. 기억하라. 요한계시록의 본질은 이것이다. 하나님께서 승리하실 것이다!

만일 하나님이 승리하시리라 믿는다면, 악으로 가득 찬 이 세상에서 우리에게 요구되는 것은 무엇인가? 당신은 어디에서 악을 보는가?

비고란

우리는 신실한 믿음의 공동체이기 때문에 우리를 둘러싸고 있는 악과 대적하면서 온전히 현재에 산다. 또한 우리는 새 하늘과 새 땅에 대한 하나님의 약속 가운데 온전히 산다.

할렐루야

당신이 가지고 있는 죽음 후의 삶에 대한 믿음이 어떤 면에서 매일 살아가는 방식에 영향을 주는가?

_____

_____

당신의 이름이 생명책에 기록되어 있다고 믿는다면, 매일 매일의 삶에서 어떤 변화가 일어날까?

_____

_____

앗씨씨의 프란시스에게 던져졌던 것과 같은 질문에 당신은 어떻게 대답하겠는가? 오늘 오후 그리스도께서 오실 것을 안다면 당신은 어떻게 하겠는가?

_____

_____

우리는 이미 승리를 맛보았다. 우리는 도중에 그만 두거나 실망하지 않을 것이다. 만일 주님께서 늦게 오시더라도 우리는 실족치 아니할 것이다. 만일 주님께서 오신다면 우리는 그분의 일을 하는 것을 보여드릴 것이다. 할렐루야 찬송이 우리의 마음속에 우리의 입술 위에 있다.

_____

_____

철저한 제자

철저한 제자는 악의 실체를 인정하고 있는 그대로 주의를 환기시키며, 악을 보고 그것에 대항하며, 악의 정면에 어떤 행동이 필요한지 결정하며, 적극적인 소망을 가지고 살아나간다.

추가 연구

요한계시록의 주제를 나타내는 위대한 예술 작품을 감상하라. 조지 프레데릭 헨델의 메시아에 귀를 기울이라. 대부분의 공립도서관에는 예술에 관한 서적이 소장되어 있다. 묵시록에 대한 예술서나 혹은 요한계시록에 대한 예술서를 빌려보라. 찬송가에서 요한계시록을 언급하거나 인용하고 있는 찬송가를 찾아 불러보라. 대개의 경우 찬송가에는 특정 성경구절에 연관된 찬송을 가리키는 성경 색인이 첨부되어 있다.

비고란

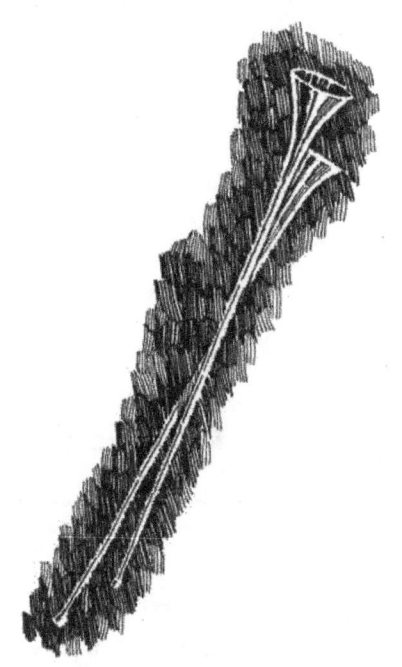

"할렐루야
주 우리 하나님
곧 전능하신 이가 통치하시도다"
(요한계시록 19:6).

영원히

"이루었도다 나는 알파와 오메가요 처음과 마지막이라
내가 생명수 샘물을 목마른 자에게 값없이 주리니."
—요한계시록 21:6

32 생명나무에 이르는 길

인간의 모습

통제. 우리는 우리의 삶을 통제하려는 데에 시간을 허비한다. 우리가 필요로 하고 원하는 것이 있어도 인정하기를 거부한다. 위험을 무릅쓰기. 우리는 위험을 무릅쓰고 해보기를 회피하는데, 특히 믿어야 할 것이 우리 스스로가 알 수 있는 한계를 초월할 때 더욱 그러하다. 특히 무엇엔가 혹은 누구엔가 의지해야 할 경우에 그러하다. 우리 스스로가 책임지고 해낼 수 있다고 생각한다.

성경 읽기

우리는 아래에 있는 성경구절들을 앞에서 읽었다. 그래서 우리는 지식을 얻기 위해 읽기보다는 자신을 성찰해 보기 위해 읽게 될 것이다. 주요점은 이러하다. 성경에 나타난 하나님의 계시가 어떻게 우리에게도 계시되는가? 풍성하고 영원한 생명을 주는 그러한 것들에 우리의 마음을 드리기 위해서는 우리가 무엇을 해야 할까?

첫째 날: *돌봄*—룻기 1:8-18; 2:8-20; 4:14-17
(가족을 돌봄); 에스더 4장 (자기 백성을 돌봄);
야고보서 2:14-26 (도움이 필요한 사람을 돌봄);
요한1서 3:14-24 (공동체를 돌봄)

둘째 날: *인도*—잠언 2:1-12; 4장 (교훈);
역대상 17장; 역대하 6:12-42 (기도);
요한복음 8:12-36 (빛)

셋째 날: *세움*—느헤미야 4:1-6:15 (성전 벽이 재건됨);
요한복음 15장 (열매를 맺는 친교);
요한계시록 3:7-13 (신실한 교회)

넷째 날: *겸손*—전도서 3:1-15; 12:1-8 (인생의 때);
욥기 29-30장 (인간의 조건);
야고보서 4:1-10 (영적으로 겸손하라)

다섯째 날: *희망*—시편 146편 (찬양); 욥기 38장;
41:1-42:11 (하나님의 위대함);
요한복음 20:19-31 (주님과 하나님);
요한계시록 21:1-14, 22-27; 22:1-5
(눈물이 없고, 사망이 없고, 밤이 없는 곳)

여섯째 날: "생명나무의 열매"와
"신실한 공동체의 모습"을 읽고 답하라.

일곱째 날: 안식

금주의 시편

매일 시편 96편을 큰 소리로 기도하라. 할 수 있으면 무릎을 꿇고 기도해 보라.

기도

매일 성경 공부 전에 드릴 기도:
"여호와여 주께서 행하신 일로 나를 기쁘게 하셨으니
주의 손이 행하신 일로 말미암아
내가 높이 외치리이다" (시편 92:4).

금주의 기도 제목:

영원히

첫째 날: **돌봄**—룻기 1:8-18; 2:8-20; 4:14-17 (가족을 돌봄); 에스더 4장 (자기 백성을 돌봄); 야고보서 2:14-26 (도움이 필요한 사람을 돌봄); 요한1서 3:14-24 (공동체를 돌봄)

둘째 날: **인도**—잠언 2:1-12; 4장 (교훈); 역대상 17장; 역대하 6:12-42 (기도); 요한복음 8:12-36 (빛)

셋째 날: **세움**—느헤미야 4:1—6:15 (성전 벽이 재건됨); 요한복음 15장 (열매를 맺는 친교); 요한계시록 3:7-13 (신실한 교회)

넷째 날: **겸손**—전도서 3:1-15; 12:1-8 (인생의 때); 욥기 29—30장 (인간의 조건); 야고보서 4:1-10 (영적으로 겸손하라)

다섯째 날: **희망**—시편 146편 (찬양); 욥기 38장; 41:1—42:11 (하나님의 위대함); 요한복음 20:19-31 (주님과 하나님); 요한계시록 21:1-14, 22-27; 22:1-5 (눈물이 없고, 사망이 없고, 밤이 없는 곳)

여섯째 날: "생명나무의 열매"와 "신실한 공동체의 모습"을 읽고 답하라.

제자

생명나무의 열매

돌봄 모압 사람인 과부 룻이 이스라엘인 시어머니 나오미에게 사랑과 충성을 보여주었을 때, 그녀의 삶이 확고하게 설 수 있었다. 룻은 가문이 계속 존속될 수 있도록 도왔으며, 이는 단지 과부들의 생존뿐만 아니라, 다윗 왕의 계보를 잇게 했다. 보아스가 가난한 자들로 밭에서 이삭을 줍도록 허락하는 모세의 율법에 순종했을 때, 그는 자기 가족을 찾게 되었을 뿐 아니라, 다른 사람들도 찾게 되었다. 룻과 나오미는 역경을 극복하고 생명을 찾았다. 베들레헴은 다시 "떡집"이 되었고, 나오미는 더 이상 괴로움을 뜻하는 마라가 아니라 "기쁨"을 뜻하게 되었다.

당신의 가족을 굳건하게 세우는 데에 있어 당신이 도울 수 있는 행위로는 어떤 것이 있을까?

_____

_____

에스더 왕후가 사촌 모르드개의 말에 귀를 기울였을 때, 그녀는 자기 백성이 자신을 필요로 한다는 사실을 알았다. 그것은 그녀에게 있어 기회나 마찬가지였다. 크게 용기(그리고 기지)를 내어, 그녀는 자신의 이익을 버리고 자기 백성을 구하는 용감한 사랑의 행위를 실천했다. 우리 삶의 대부분의 순간들은 그처럼 극적이지는 않다. 그러나 당신은 어떤 용기와 돌보는 마음으로 교회, 공동체, 나라를 도왔는가? 혹은 어떻게 하면 그렇게 할 수 있겠는가?

_____

_____

야고보는 우리가 가진 믿음을 행위로 옮기는 것을 강조하면서 특히 가난한 자들을 돌보라고 한다. 당신은 현재 어떤 방법으로 배고프고, 도움을 필요로 하고, 약한 사람과, 과부와 고아를 돕고 있는가?

_____

_____

우리는 요한의 서신들에서 친교하며 사랑을 나누는 것이야말로 기독교의 핵심임을 배웠다. 당신은 믿음 안에서 형제자매 된 이들을 향한 관심을 표현하기 위해 "진리와 행위" 안에서 무엇을 하고 있는가?

_____

_____

인도

우리는 살아가는 동안 도움을 받기 마련이다. 우리는 목사님과 선생님들로부터 인도를 받고, 제자로서의 삶을 살려는 동료들로부터 인도를 받는다. 우리는 성경으로부터 가르침을 받는다.

비고란

영원히

당신은 이 제자 성경공부를 통해 어떤 깨달음을 얻었는가? 또 어떻게 그러한 깨달음을 얻었는가?

_____
_____

당신은 그러한 깨달음을 일상생활에서 어떻게 실천하고 있는가?

_____
_____

　다윗은 자신의 기도와 나단 선지자의 기도를 통해 본인 스스로가 성전을 짓지 못하리라는 것을 알았다. 솔로몬은 성전 제단에서 기도를 드리면서 그곳을 모든 백성이 용서받을 수 있고, 방향 감각을 얻을 수 있는 기도의 집으로 봉헌했다.
　제자 성경공부를 하는 동안에 기도생활을 하면서 당신은 어떻게 인도를 받았다고 생각하는가?

_____
_____

　예수께서는 "나는 빛이라"고 말씀하셨다. 그분의 빛이 바로 지금 어떻게 당신의 발걸음을 인도하고 있는지 구체적으로 말해 보라.

_____
_____

세움

　모든 사람들은 무엇인가를 짓고, 창의적으로 만들어내고, 그리고 회복하기를 원한다. 모든 사람들은 하나님이 창조적이신 것과 마찬가지로 생산적이고, 창의적이기를 원한다. 우리는 하나님의 형상대로 지음을 받았기 때문이다. 우리는 집을 짓고 싶어 한다. 책을 쓰고 싶어 한다. 케이크를 굽고 싶어 한다. 아이를 가르치고 싶어 한다. 나무를 심고 싶어 한다. 곡식을 심고 싶어 한다. 모터를 고치고 싶어 한다. 컴퓨터를 작동하고 싶어 한다. 느헤미야는 굳건한 결심과 헌신으로 예루살렘 성벽을 중수했다.
　당신의 삶에서 목적과 의미를 주는 창의적인 것으로 무엇을 하고 있는가?

_____
_____

　예수께서는 우리가 열매를 맺기 위해서는 그분 안에 거해야 한다고 말씀하셨다. 열매를 맺는 것은 제자들을 훈련시키는 것을 뜻한다. 당신은 현재 누구에게 현명하고 성실한 조언을 주거나, 가르치거나, 인도하고 있는가?

비고란

제자

빌라델비아 교회에 주는 메시지에는 아무런 비판이 없고 오직 권면만이 있었다. 생명을 주는 사람들이 할 수 있는 위대한 공헌의 하나는 가정에서, 교회에서, 공동체에서, 신앙의 문을 계속해서 열어두는 것이다.

당신의 교회는 어떻게 정기적으로 교회 안팎에서 믿음으로 초대하고 있는가?

_____

_____

"내가 속히 오리니 네가 가진 것을 굳게 잡아" (요한계시록 3:10-11) 라는 말씀에서 당신은 무엇을 듣는가?

_____

_____

겸손

겸손은 우리가 자신을 너무 비하시키는 것도 아니고, 너무 자신을 추기는 것도 아니다. 겸손이란 하나님의 자녀가 됨을 기뻐하고, 다른 사람들과 이웃이 되는 것을 기뻐하는 것이다. 인간이기 때문에 우리는 살아가면서 변화되어가는 환경으로부터 영향을 받고 있다 (전도서 3장). 그리고 일찍 죽지 않는다면, 늙어가면서 따라오는 저항할 수 없는 힘에 휘말리게 마련이다 (전도서 12장).

당신은 인생의 오르막길과 내리막길을 어떻게 대처하고 있는가?

_____

_____

욥은 몰락하기 전에 부유한 족장이었다. 사람들은 그를 존경했으며, 그가 말할 때 귀를 기울였으며, 그가 방에 들어설 때 일어났다. 그들은 가난한 이들을 돕기 위해 그에게 돈을 요청했으며, 그는 기쁜 마음으로 응했다. 그러나 그가 목축 떼를 잃었을 때, 자녀들이 한꺼번에 죽었을 때, 병들었을 때, 그는 아무런 존경도 받지 못했다. 대부분의 사람이 별로 그다지 존경을 받지 못하듯이 말이다. 당신에게 닥친 불행, 사고, 잘못, 혹은 질병이 당신을 겸손하게 한 때는 언제였는가?

_____

_____

어떻게 그러한 경험이 당신 스스로도 다른 사람들과 마찬가지로 "나도 인간이구나" 하는 시각을 갖도록 도와주었는가?

_____

_____

비고란

영원히

야고보는 세상적인 교만에 대해 주의를 준다. 그는 갈등을 일으킬 수 있는 탐욕과 무엇인가를 몹시 원하는 욕심에 대해서도 경고한다. 어떻게 하면 자신을 비하시키지도 않고 약해지지도 않으면서 성령 안에서 겸손해질 수 있을까?

___

당신이 정기적으로 섬기는 사역을 하고 있는 것은 무엇인가?

___

희망

시편은 우리 마음속에 희망을 불러일으켜 준다. 하나님은 너무나 위엄이 있으신 듯하며, 그러면서도 우리에게 기꺼이 일어설 힘을 주신다. 우리가 시편을 노래하고 기도하면 전 세기와 온 세계에 흩어져 있는 믿음의 공동체가 우리 주위를 둘러싸게 된다. 심지어 "성도의 교제"도 우리와 함께 한다. 제자 성경연구에서 우리는 매주 매일 시편을 기도해 왔다. 어떤 식으로 시편이 당신에게 희망을 주었는가?

___

많은 사람들이 욥에게서 희망을 얻는다. 특별히 욥이 친구들과, 하나님과 고집스레 대화하는 장면에서, 하나님의 놀라우신 말씀에서, 욥이 말하는 세상과 삶에 대한 새로운 시각에서 희망을 얻게 된다. 어떤 사람들은 욥이 회복되고, 욥의 친구들이 욥이 자기 발로 다시 설 수 있도록 도와주는 장면에서 희망을 얻는다. 어려운 시기에 당신이 기력을 되찾을 수 있도록 희망을 준 것은 무엇인가?

___

비록 요한복음은 예수님이 십자가 위에서 영광을 입으셨다고 하지만, 여전히 믿는 자들에게는 예수님의 부활이야말로 위대한 승리의 상징이다. 도마는 예수님의 상처를 만진 후에야 비로소 믿었다. 예수께서 제자들에게 나타나셨을 때, 도마는 "나의 주시며 나의 하나님"이라고 외쳤다 (요한복음 20:28).

부활하신 그리스도에 대한 당신의 경험을 묘사해 보라.

___

예수님의 부활이 당신의 삶과 또한 영생에 대한 소망에 대해 계속 영향을 미치는 부분은 무엇인가?

___

요한계시록은 어려움을 당하고 위협을 받던 교회에게 꿋꿋하게 견디라고 권면했다. 새 하늘과 새 땅에 대한 환상이 당신에게 어떠한 의미와 소망을 주는지, 그리고 앞으로 다가올 세계에 대한 확신을 주는지 기술해 보라.

___

비고란

우리는 신실한 믿음의 공동체이기 때문에 하나님이 통제하고 계신다는 지식을 신뢰한다. 우리는 몸 굽혀 제자들의 발을 씻기시고 또한 우리도 다른 사람들에게 그렇게 하도록 부르시는 하나님께 우리의 삶을 순종함으로 내어드린다.

제자

애찬 (The Love Feast)

애찬은 그리스도의 공동체임을 축하하는 것이다. 우리는 세족식과, 애찬(친교의 식사)과, 성만찬이라는 세 가지 예배의 표현을 통해 그리스도의 공동체로서 맺은 언약관계를 다시 확인하고 새롭게 한다. 우리는 애찬과 성만찬 주위로 모일 때마다, 모든 제자들이 서로 맺고 있는 관계를 기억하게 되고, 또 우리가 섬기는 그리스도와 맺은 관계를 기억하게 된다.

세족. 우리는 예수께서 제자들의 발을 씻기신 아주 감동적인 의미를 생각하게 되는데, 이는 하나님께서 죄를 씻어 주시는 것과, 죄를 용서하여 주시는 것과, 우리가 섬김을 주고받을 필요가 있다는 의미를 표현해 주기 때문이다. 예수께서 발을 서로 씻으라고 명하신 것은 우리가 세족의 정신으로 살지 않으면 예수님과 상관이 없다는 것을 나타내는 명확한 경고이다.

애찬. 친교의 식사를 함께 나누는 것은 예수께서 제자들과 함께 나누신 만찬을 상기시키고 또 그리스도의 몸 안에서 함께 지체가 된 사람들을 향해 보여주신 독특한 관계를 상기시는 것이다. 그리스도는 우리의 중심이 되시며, 우리가 하나 되게 하는 근원이 되신다. 음식을 나누는 것은 상징적으로 생명을 나눈다는 것을 의미하며, 미래에 있을 메시아적 축제를 기대하게 해 준다.

성만찬. 우리는 떡과 잔을 나누면서 그리스도가 주신 놀라운 생명을 기억하고 또한 그리스도를 구체적으로 우리의 삶을 통해 나타내며 살겠다는 헌신을 새롭게 하며, 세상을 향해 그가 보여주신 희생적인 사랑을 따르겠다는 것을 기억한다.

애찬 순서

인사말
우리 주 예수 그리스도의 은혜가 함께 하시길 바랍니다.
당신과도 함께 하시길 바랍니다.

주님의 선하심을 보고 맛보십시오.
그리스도께서 애찬을 준비하셨습니다.

초청
신앙의 위대한 진리는 선포되어야 합니다. 그러나 진리는 언어라는 한계 속에 갇혀 있을 수 없습니다. 그 진리는 언어 이상의 것을 강력하게 요구합니다. 상징들을 사용하여 우리의 신앙을 재현할 때, 우리는 그 상징들이 지니고 있는 진리를 고백할 수 있을 뿐 아니라, 그것이 의미하는 것에 우리가 직접 참여함으로써 진리를 새롭게 경험하게 됩니다. 우리는 오늘 우리가 가진 신앙을 선포해 주는 극적인 사건을 위해 모였을 뿐만 아니라, 또한 성령께서 문을 열어 주셔서 복음을 새롭고도 생생하게 경험할 수 있도록 교통해 주시는 장소에 함께 참여하고 개입하기 위해 모였습니다.

찬송
"주님의 뜻을 이루소서" (217장)
"겸손히 주를 섬길 때" (347장)

성경 봉독
요한복음 13:20-25

참회의 기도문
주님, 우리는 우리 스스로가 당신의 자녀라고 하면서도, 때로 당신을 배반하였음을 고백하고, 우리들 가운데 어떤 이들은 아픔을 당하고 있는 사람들을 외면하고 있음을 고백합니다.

주님, 접니까?

우리들 가운데 어떤 이들은 당신의 나라를 찾기보다는 이 세상의 것들을 뒤쫓고 있었습니다.

주님, 접니까?

우리들 가운데 어떤 이들은 자기 방식을 고집하고, 나와 다른 의견을 가지고 있는 형제자매와 허심탄회하게 토론하거나 그들의 말에 귀를 기울이기를 꺼려하였습니다.

주님, 접니까?

우리들 가운데 어떤 이들은 당신을 증거하도록 당신께서 마련해 주신 기회에 소홀히 하였습니다.

주님, 접니까?

우리들 가운데 어떤 이들은 당신이 우리에게 주신 은사와 재능을 당신의 교회를 섬기기 위해 사용하지 못했습니다.

주님, 접니까?

우리들 가운데 어떤 이들은 날마다 분주하게 사느라고 기도와, 성경 읽기와, 묵상을 통해 당신과 함께 하는 시간을 갖지 못했습니다.

주님, 접니까?

우리들 가운데 어떤 이들은 다른 사람들에게 상처를 주는 말이나 행동을 했으면서도, 남의 상처를 치유하려고 애쓰지도 못했습니다.

주님, 접니까?

우리들 모두는 여러 번 여러 가지 방법으로 당신의 백성이 되고 당신의 교회가 되지 못했습니다.

주님, 우리를 용서하여주소서.

침묵

용서의 말씀
예수 그리스도의 이름으로 당신은 용서 받으셨습니다.
예수 그리스도의 이름으로 당신은 용서 받았습니다.

준비기도
**이 식탁을 마련해 주신 만군의 주님, 우리를 준비시켜 주소서.
애찬이 준비되어 있습니다. 우리를 준비시켜 주소서.
우리가 이 잔치에 기쁜 마음으로 나올 수 있게 하시고,
용서와 자비로 옷 입게 되었음을 알게 하시고
당신이 주신 구원의 기쁨을 값없이 받게 하소서.
아멘.**

영원히

섬김의 상징: 세족

성경 봉독
요한복음 13:1-17

찬송
"큰 죄에 빠진 날 위해" (339장)
"주 예수 해변서" (284장)

초대
어떤 사람들은 발을 서로 씻어주는 것이 구식이라고 말을 하면서, 그것이 더 이상 우리 시대에 어울리는 일반적인 상징이 아니라고 말할지도 모릅니다. 우리는 흔히 널리 알려진 교훈을 얻으려고 애쓰는 것이 아닙니다. 깊은 교훈을 얻으려고 합니다. 예수께서 발을 씻으며 행하신 섬김의 모습은 그가 이 세상에 오시고 죽으신 명분과 영원한 연관성이 있는 것입니다. 떡과 잔이 그의 생명을 희생하고 생명을 주는 것을 상징하는 것처럼, 서로의 발을 씻기 위해 무릎을 꿇는 것은 그분이 사신 목적을 상징하여 주는 것입니다.

그가 살아계신 동안 섬김의 자세를 보여주신 것처럼, 그리스도는 모든 제자들이 섬기는 종이 될 것을 요청하셨습니다.

세족 전에 드릴 기도
영원하시고 사랑이 많으신 창조주 하나님,
서로의 발을 씻기기 위해 무릎을 꿇는 행위를 통해
우리가 또한 우리 마음속에서 무릎을 꿇을 수 있게 하소서
우리가 사는 동안 우리의 뜻이 아니라 섬기는 자세로
당신의 뜻에 고개를 숙이게 하소서.

상대방이 우리의 발을 씻을 수 있도록 내버려 둠을 통해
우리의 삶이 당신의 용서로 깨끗해지게 하소서.
죄의식과 절망의 멍에로부터 해방되어
자유와 소망 속에서 살기 위해
앞으로 전진하게 하소서.

오 주님,
발 씻음을 통해
우리가 서로서로 간에 지닌 관계 또한 정화시켜 주소서.

다른 사람의 발을 씻음을 통해,
상대방을 용서하고 그가 주는 용서를 받게 하소서.
우리 간에 어떠한 상처나 잘못이나 오해가 있었더라도
당신의 식탁에 함께 앉기 위해 일어서게 하시사
당신 사랑 안에서 새롭고 튼튼해진 친교를 이루게 하소서.
그리스도의 이름으로 기도합니다. 아멘.

세족식
인도자는 모든 사람들이 편안한 마음으로 참여할 수 있도록 적절하게 안내해 주라. 세족식을 하는 동안 참여자들은 찬송을 부를 수도 있고, 적합한 악기를 연주할 수도 있다 ("신자 되기 원합니다" 등). 세족이 끝난 다음에 참여자들은 손을 씻고 애찬을 나누기 위해 식탁을 준비한다.

공동체의 상징: 친교식사 (애찬)

성경 봉독
요한복음 15:9-17

기도
다른 사람의 필요를 위한 청원기도를 드린다.

초대의 말
예수님은 우리들에게 두 개의 큰 계명을 주셨습니다. 첫째는 우리가 우리의 마음을 다하고 목숨을 다하고 뜻을 다하여 주 우리 하나님을 사랑해야 한다는 것입니다. 두 번째는 우리가 이웃을 내 몸과 같이 사랑해야 한다는 것입니다.

우리는 누구를 사랑해야 할까요? 우리의 이웃은 누구일까요? 때로는 우리와 가까이 있고, 우리가 잘 알고 있는 사람들을 사랑하기가 가장 힘이 듭니다. 예수님은 그분과 아주 가까운 사람들과 함께 식사를 하셨습니다. 도마를 아시면서도 함께 식사를 하셨고, 베드로를 아시면서도 함께 식사를 하셨고, 유다가 누군지 아시면서도 함께 식사를 하셨습니다.

우리가 함께 먹을 때, 우리는 그리스도를 통해 하나님의 사랑으로 우리가 서로를 받아들일 수 있다는 사실을 기억하게 됩니다. 우리는 그리스도를 통한 하나님의 사랑 때문에 우리가 서로서로를 받아들일 수 있고, 공동체에서 함께 생활하도록 힘을 얻는다는 사실을 알게 됩니다. 바로 이곳에서 시작되어 세상 멀리까지 뻗쳐나갈 것입니다.

찬송
"주 믿는 형제들" (525장)

감사의 기도
오 하나님, 예수께서 이 세상에 계셨을 때, 그분은 죄인들과 버림받은 이들과 함께 잡수시고, 마셨으며, 그들을 환영하고, 그들과 함께 기뻐하셨습니다. 배고픈 이들에게 예수님은 양식이 되어 주셨고, 사람들은 그 양식을 먹고 만족했습니다.

오 하나님, 우리가 친교를 위한 양식을 충분히 먹을 때, 당신께서 우리로부터 다른 사람들과 영양분 나눌 수 있는 것을 만들어 주시기를 기도합니다. 희망과 소망에 굶주린 형제자매들에게 우리가 양식이 될 수 있도록 도와주소서. 그들을 먹임으로 우리 또한 기쁨으로 충만하게 하소서. 아멘.

친교식사
감사기도를 드린 후, 그룹은 인도자가 인도하는 대로 함께 식탁을 나누게 될 것이다. 식사가 끝나면 모든 사람이 성만찬을 준비하도록 돕는다.

대속의 상징: 성만찬

성경 봉독
요한계시록 3:20-21
요한1서 4:7-12

찬송
"주 달려 죽은 십자가" (147장)

초대의 말
우리 주 예수 그리스도께서는 주님을 사랑하며, 죄를 진정으로 회개하며, 이웃과 평화롭게 살기로 결심하는 모든 사람들을 성찬에 초대하십니다.

제자

그러므로 이 성찬에 참여하기 위하여 먼저 하나님과 모든 형제자매 앞에서 우리의 죄를 고백합시다. 하나님께로 나아와서 우리 주 예수 그리스도를 통해 당신에게 거저 주시는 이 거룩한 성찬을 받으시기를 바랍니다.

> 예수께서 잡히시던 밤에 떡을 가지사 축사하시고 떼어
> 제자들에게 주며 말씀하시기를
> "이것은 너희를 위하여 주는 내 몸이니
> 너희가 이를 행하여 나를 기념하라" 하시고.
>
> 식후에 또한 그와 같이 잔을 가지고 축사하시고
> 제자들에게 주며 말씀하시기를
> "이 잔은 죄 사함을 얻게 하려고 너희와 많은 사람들의
> 죄를 위하여 흘리는 나의 새 언약의 피니
> 이것을 행하여 마실 때마다 나를 기념하라" 하고 말씀하셨습니다.

신앙 선언

그러므로 우리가 떡을 떼고 잔을 나누려고 준비할 때 우리는 신앙의 고백에 동참합니다.

우리가 떼는 이 떡은 그리스도의 몸에 참예하는 것입니다.
우리가 마시는 이 잔은 그리스도가 흘리신 보혈에 참예하는 것입니다.
하나님께 감사를 드립니다.

빵을 나눔

조용히 빵을 뗀다.
잔을 높이 든다.

성찬 분급

떡과 잔을 나누는 동안 참여자들은 다음의 말을 나눈다.
당신을 위해 주신 그리스도의 몸입니다. **아멘**.
당신을 위해 흘리신 그리스도의 피입니다. **아멘**.

성만찬 후의 기도

전능하시고 사랑이 많으신 하나님,
  당신의 크고 크신 사랑으로
우리를 주님의 식탁에서 먹여주심을 감사드립니다.
  우리를 향하신 당신의 선하심이 확실하심을
  확신시켜 주셔서 감사합니다.
우리를 그리스도의 몸의 지체가 되게 해주셔서 감사합니다.
  그리스도의 후사가 되고 하시고
  당신의 가족 안에서
  형제자매로 맺어주심도 감사합니다.
당신의 은혜로 우리의 순례길에 함께 하시사
  증거하는 일이 강하고 담대하게 하소서.
우리 주 예수 그리스도의 이름으로 기도합니다. 아멘.

성경 말씀

"보라 내가 속히 오리니 내가 줄 상이 내게 있어 각 사람에게 그가 행한 대로 갚아 주리라 나는 알파와 오메가요 처음과 마지막이요 시작과 마침이라
  자기 두루마기를 빠는 자들은 복이 있으니 이는 그들이 생명나무에 나아가며 문들을 통하여 성에 들어갈 권세를 받으려 함이로다"
"나 예수는 교회들을 위하여 내 사자를 보내어 이것들을 너희에게 증언하게 하였노라 나는 다윗의 뿌리요 자손이니 곧 광명한 새벽 별이라 하시더라
  성령과 신부가 말씀하시기를 오라 하시는도다
  듣는 자도 오라 할 것이요
  목마른 자도 올 것이요
  또 원하는 자는 값없이 생명수를 받으라 하시더라"
(요한계시록 22:12-14, 16-17).

찬송

"저 높은 곳을 향하여" (543장)
"이 몸의 소망 무엔가" (539장)

보냄

이제 가십시오.
  마음 놓고 편안히 가십시오.
    당신은 하나님이 계시지 않는 곳으로 갈 수 없습니다.
  사랑하는 마음으로 가십시오.
    사랑은 오래 참습니다.
  목적을 가지고 가십시오.
    하나님께서 당신의 헌신을 존중해 주실 것입니다.
  평안한 마음으로 가십시오.
    예수 그리스도 안에 몸과 마음을 둔 사람들에게
    하나님께서 선물을 주시기 때문입니다.

The Love Feast introduction and service are adapted from *For All Who Minister: A Worship Manual for the Church of the Brethren;* pages 183–230, incorporating litany by Larry M. Dentler (pages 221–222) and prayers by Judith G. Kipp (pages 190, 194) and Larry M. Dentler (pages 197). Copyright © 1993 by Brethren Press.

www.ingramcontent.com/pod-product-compliance
Lightning Source LLC
Chambersburg PA
CBHW080731300426
44114CB00019B/2555